張文治編

國學治要

第二編

史書治要

中華書局印行

史書治要卷一序

國學治要二

史書五種

史書與經傳古本無別。不必遠舉虞夏商周之書。卽觀漢藝文志載太史公書於春秋類。尚足以知其淵源所出。迨自魏晉以來。史書之著作日繁。分門別類。其種數竟與經傳相埒。故荀志阮錄。因更標丙部紀傳之名。而離六藝獨立。蓋其勢有不容已者也。雖然。史書之門類固多。種數固繁。苟能溯本窮源。舉重明輕。則如唐劉氏所論六家二體之中。六家謂尚書春秋左傳國語史記漢書。二體謂紀傳編年。求其文直事核。歷代取法者。亦不難屈指計。故是編特據劉說而審擇焉。謹案六家之中。如尚書春秋左傳三家之本書。皆屬於經傳範圍。不容采及。其餘三家之書。自當以國語爲最古。戰國策敘述春秋以後時事。其體本乎國語。其書亦在伯仲之閒。未能偏廢。史記漢書。冠乎正史。通古斷代。並爲初祖。此四書者。皆周秦兩漢之巨著。奇文儁蹟。歷代豔稱。後世名實俱副之作。惟資治通鑑。效法於左傳。紀事本末。導源於尚書。其書貫串古今。秩然粲然。其文與事。亦與語策史漢同垂不朽。故取之爲殿。以補夫二家之闕。都計采錄史書五種。紀事本末包括在資治通鑑中。故不數及。核以劉氏所論。則紀傳與編年二體皆備。六家之中。祇闕春秋。春秋文簡義約。以褒貶爲宗。後儒不容僭擬。朱子雖有通鑑綱目。以綱擬經。以目擬傳。然目中所載事實。皆錄自通鑑原書。其綱亦不能成篇獨行。故從闕如。更以今目錄家

史書治要卷一目錄

史書五種

國學治要二

史書治要卷二序

史評二種

史評原於諸史之論贊。所以發明刪述之旨。褒貶人物之情。前者爲作法之法。後者爲讀史之事。前者近實而難作。後者蹈虛而易成。故近代通人於其類。獨推史通一書。蓋謂其考辨體例。討論規律。其有史學三難。洵史評之楷式也。第自劉氏發憤以後。千載沈霾。始獲章氏之文史通義。庶幾追配。而猶非純一論史學者。何其難哉。淸儒考訂諸史之篇。其間發明作法者。雖亦不少可觀。惜大率爲劄記之體。文字破碎。不名一家。是編爲治要作。以爲讀史者。重在事實。無多取雌黃甲乙之論。徒迷亂人之耳目。故一切略焉。

史書治要卷二目錄

國學治要二

史評二種

史書治要卷一

史書五種

國語

周左邱明撰。邱明魯之太史。與孔子同時。或曰孔子弟子。孔子作春秋。邱明述其志而作傳。是爲春秋左傳。（詳經傳治要編）又取其遺事。分國纂記。（內分周魯齊晉鄭楚吳越八國）是爲國語。一稱爲春秋外傳。隋志載於經部。清四庫改入史部。其說曰。國語二十一篇。漢書藝文志雖入春秋類。然無外傳之名。律曆志引之。乃稱春秋外傳。然所記上包周穆王。下及魯悼公。與春秋時代不相應。與春秋經義。又不相關。考史通六家。國語居一。實古左史之遺。今案漢志著錄羣書。經史原未分部。故於國語戰國策太史公書。皆附於春秋類。後世史傳著述日富。既別立爲一部。則國語一書。自以改從清四庫所言爲是。蓋其書不獨如史通所稱。乃國別史家之祖。亦確爲吾國古史中之尤翔實而可觀者也。

祭公諫穆王征犬戎　以下四首周語

穆王將征犬戎。祭公謀父諫曰。不可。先王耀德不觀兵。夫兵戢而時動。動則威。觀則玩。玩則無震。是故周文公之頌曰。載戢干戈。載櫜弓矢。我求懿德。肆于時夏。允王保之。先王之於民也。懋正其德而厚其性。阜其財求而利其器用。明利害之鄉。以文修之。使務利而避害。懷德而畏威。故能保世以滋大。昔我先王世后稷。以服事虞夏。及夏之衰也。棄稷不務。我先王不窋。用失其官。而自竄于戎狄之閒。不敢怠業。時序其德。纂修其緒。修其訓典。朝夕恪勤。守以敦篤。奉以忠信。奕世載德。不忝前人。至于武王。昭前之光明而加之以慈和。事神保民。莫不欣喜。商王帝辛。大惡於民。庶民弗忍。欣戴武王。以致戎于商牧。是先王非務武也。勤恤民隱而除其害也。夫先王之制。邦內甸服。邦外侯服。侯衛賓服。蠻夷要服。戎狄荒服。甸服者祭。侯服者祀。賓服者享。要服者貢。荒服者王。日祭。月祀。時享。歲貢。終王。先王之訓也。有不祭則修意。有不祀則修言。有不享則修文。有不貢則修名。有不王則修德。序成而有不至則修刑。於是乎有刑不祭。伐不祀。征不享。讓不貢。告不王。於是乎有刑罰之辟。有攻伐之兵。有征討之備。有威讓之令。有文告之辭。布令陳辭而又不至。則增修於德。而無勤民於遠。是以近無不聽。遠無不服。今自大畢伯士之終也。犬戎氏以其職來王。天子曰。予必以不享征之。且觀之兵。其無乃廢先王之訓。而王幾頓乎。吾聞夫犬戎樹惇。能帥舊德。而守終純固。其有以禦我矣。王不聽。遂征之。得四白狼四白鹿以歸。自是荒服者不至。

召公諫厲王弭謗

厲王虐。國人謗王。召公告曰。民不堪命矣。王怒。得衞巫。使監謗者。以告則殺之。國人莫敢言。道路以目。王喜。告召公曰。吾能弭謗矣。乃不敢言。召公曰。是障之也。防民之口。甚於防川。川壅而潰。傷人必多。民亦如之。是故爲川者決之使導。爲民者宣之使言。故天子聽政。使公卿至於列士獻詩。瞽獻典。史獻書。師箴。瞍賦。矇誦。百工諫。庶人傳語。近臣盡規。親戚補察。瞽史教誨。耆艾修之。而後王斟酌焉。是以事行而不悖。民之有口。猶土之有山川也。財用於是乎出。猶其原隰之有衍沃也。衣食於是乎生。口之宣言也。善敗於是乎興。行善而備敗。其所以阜財用衣食者也。夫民慮之於心而宣之於口。成而行之。胡可壅也。若壅其口。其與能幾何。王不聽。於是國人莫敢出言。三年。乃流王於彘。

襄王責晉侯請隧

晉文公既定襄王于郟。王勞之以地。辭。請隧焉。王不許。曰。昔我先王之有天下也。規方千里以爲甸服。以供上帝山川百神之祀。以備百姓兆民之用。以待不庭不虞之患。其餘以均分公侯伯子男。使各有寧宇。以順及天地。無逢其災害。先王豈有賴焉。內官不過九御。外官不過九品。足以供給神祇而已。豈敢厭縱其耳目心腹以亂百度。亦唯是死生之服物采章。以臨長百姓而輕重布之。王何異之有。今天降禍災於周室。余一人僅亦守府。又不佞以勤叔父。而班先王之大物以賞私德。其叔父實應且憎。以非余一人。余一人豈敢有愛。先民有言曰。改玉改行。叔父若能光裕大德。更姓改物。以創制天下。自顯庸也。而縮取備物以鎮撫百姓。余一人其流辟旅於裔土。何辭之有與。若由是姬姓也。尙將列爲公侯。以復先王之職。大物其未可改也。叔父其懋昭明德。物將自至。余何敢以私勞變前之大章。以忝天下。其若先王與百姓何。何政令之爲也。若不然。叔父有地而隧焉。余安能知之。文公遂不敢請。受地而還。

單襄公論陳國必亡

定王使單襄公聘於宋。遂假道於陳以聘於楚。火朝覿矣。道茀不可行。候不在疆。司空不視塗。澤不陂。川不梁。野有庾積。場功未畢。道無列樹。墾田若蓺。膳宰不致餼。司里不授館。國無寄寓。縣無施舍。民將築臺於夏氏。及陳。陳靈公與孔寧儀行父南冠以如夏氏。留賓不見。單子歸告王曰。陳侯不有大咎。國必亡。王曰。何故。對曰。夫辰角見而雨畢。天根見而水涸。本見而草木節解。駟見而隕霜。火見而清風戒寒。故先王之教曰。雨畢而除道。水涸而成梁。草木節解而備藏。隕霜而冬裘具。清風至而修城郭宮室。故夏令曰。九月除道。十月成梁。其時儆曰。收而場功。徛而畚挶。營室之中。土功其始。火之初見。期於司里。此先王所以不用財賄而廣施德於天下者也。今陳國火朝覿矣。而道路若塞。野場若棄。澤不陂障。川無舟梁。是廢先王之教也。周制有之曰。列樹以表道。立鄙食以守路。國有郊牧。疆有寓望。藪有圃草。囿有林池。所以禦災也。其餘無非穀土。民無懸耜。野無奧草。不奪民時。不蔑民功。有優無匱。有逸無罷。國有班事。縣有序民。今陳國道路不可知。田在草閒。功成而不收。民罷於逸樂。是棄先王之法制也。周之秩官有之曰。敵國賓至。關尹以告。行理以節逆之。候人爲導。卿出郊勞。門尹除門。宗祝執祀。司里授館。司徒具徒。司空視塗。司寇詰姦。虞人入材。甸人積薪。火師監燎。水師監濯。膳宰致饔。廩人獻餼。司馬陳芻。工人展車。百官以物至。賓入如歸。是故小大莫不懷愛。其貴國之賓至。則以班加一等。益虔。至於王使。則皆官正莅事。上卿監之。若王巡守。則君親監之。今雖朝也不才。有分族於周。承王命以為過賓於陳。而司事莫至。是蔑先王之官也。先王之令有之曰。天道賞善而罰淫。故凡我造國。無從非彝。無卽慆淫。各守爾典。以承天休。今陳侯不念胤續之常。棄其伉儷妃嬪。而帥其卿佐以淫於夏氏。不亦嬻姓矣乎。陳我大姬之後也。棄袞冕而南冠以出。不亦簡彝乎。是又犯先王之令也。昔先王之教。懋帥其德也。猶恐隕越。若廢其教而棄其制。蔑其官而犯其令。將何以守國。居大國之間。而無此四者。其能久乎。六年。單子如楚。八年。陳侯殺於夏氏。九年。楚子入陳。

展禽論臧文仲祀爰居　以下三首魯語

海鳥曰爰居。止於魯東門之外三日。臧文仲使國人祭之。展禽曰。越哉臧孫之為政也。夫祀。國之大節也。而節。政之所成也。故慎制祀以為國典。今無故而加典。非政之宜也。夫聖王之制祀也。法施於民則祀之。以死勤事則祀之。以勞定國則祀之。能禦大災則祀之。能扞大患則祀之。非是族也。不在祀典。昔烈山氏之有天下也。其子曰柱。能殖百穀百蔬。夏之興也。周棄繼之。故祀以為稷。共工氏之伯九有也。其子曰后土。能平九土。故祀以為社。黃帝能成命百物。以明民共財。顓頊能修之。帝嚳能序三辰以固民。堯能單均刑法以儀民。舜勤民事而野死。鯀鄣洪水而殛死。禹能以德修鯀之功。契爲司徒而民輯。冥勤其官而水死。湯以寬治民而除其邪。稷勤百穀而山死。文王以文昭。武王去民之穢。故有虞氏禘黃帝而祖顓頊。郊堯而宗舜。夏后氏禘黃帝而祖顓頊。郊鯀而宗禹。商人禘舜而祖契。郊冥而宗湯。周人禘嚳而郊稷。祖文王而宗武王。幕能帥顓頊者也。有虞氏報焉。杼能帥禹者也。夏后氏報焉。上甲微能帥契者也。商人報焉。高圉大王能帥稷者也。周人報焉。凡禘郊祖宗報。此五者國之典祀也。加之以社稷山川之神。皆有功烈於民者也。及前哲令德之人。所以爲明質及天之三辰。民所以瞻仰也。及地之五行。所以生殖也。及九州名山川澤。所以出財用也。非是不在祀典。今海鳥至。已不知而祀之。以爲國典。難以爲仁且智矣。夫仁者講功。而智者處物。無功而祀之。非仁也。不知而不能問。非智也。今茲海其有災乎。夫廣川之鳥獸。恆知避其災也。是歲也。海多大風。冬煖。文仲聞柳下季之言。曰。信吾過也。季子之言。不可不法也。使書以爲三筴。

季文子論妾馬

季文子相宣成。無衣帛之妾。無食粟之馬。仲孫它諫曰。子爲魯上卿。相二君矣。妾不衣帛。馬不食粟。人其以子爲愛。且不華國乎。文子曰。吾亦願之。然吾觀國人。其父兄之食麤而衣惡者猶多矣。吾是以不敢。人之父兄食麤衣惡。而我美妾與馬。無乃非相人乎。且吾聞以德榮爲國華。不聞以妾與馬。文子以告孟獻子。獻子囚之七日。自是子服之妾衣不過七升之布。馬餼不過稂莠。文子聞之曰。過而能改者。民之上也。使爲上大夫。

敬姜論勞逸

公父文伯退朝。朝其母。其母方績。文伯曰。以歜之家而主猶績。懼干季孫之怒也。其以歜爲不能事主乎。其母歎曰。魯其亡乎。使僮子備官而未之聞耶。居。吾語女。昔聖王之處民也。擇瘠土而處之。勞其民而用之。故長王天下。夫民勞則思。思則善心生。逸則淫。淫則忘善。忘善則惡心生。沃土之民不材。淫也。瘠土之民莫不嚮義。勞也。是故天子大采朝日。與三公九卿祖識地德。日中考政。與百官之政事。師尹維旅牧相宣序民事。少采夕月。與大史司載糾虔天刑。日入監九御。使潔奉禘郊之粢盛。而後卽安。諸侯朝修天子之業命。晝考其國職。夕省其典刑。夜儆百工。使無慆淫。而後卽安。卿大夫朝考其職。晝講其庶政。夕序其業。夜庀其家事。而後卽安。士朝受業。晝而講貫。夕而習復。夜而計過無憾。而後卽安。自庶人以下。明而動。晦而休。無日以怠。王后親織玄紞。公侯之夫人加之以紘綖。卿之內子爲大帶。命婦成祭服。列士之妻加之以朝服。自庶士以下。皆衣其夫。社而賦事。蒸而獻功。男女效績。愆則有辟。古之制也。君子勞心。小人勞力。先王之訓也。自上以下。誰敢淫心舍力。今我寡也。爾又在下位。朝夕處事。猶恐忘先人之業。況有怠惰。其何以避辟。吾冀而朝夕修我曰。必無廢先人。爾今曰胡不自安。以是承君之官。余懼穆伯之絕嗣也。仲尼聞之曰。弟子志之。季氏之婦不淫矣。

管仲論爲國 齊語

桓公自莒反於齊。使鮑叔爲宰。辭曰。臣君之庸臣也。君加惠於臣。使不凍餒。則是君之賜也。若必治國家者。則非臣之所能也。若必治國家者。則其管夷吾乎。臣之所不若夷吾者五。寬惠柔民。弗若也。治國家不失其柄。弗若也。忠信可結於百姓。弗若也。制禮義可法於四方。弗若也。執枹鼓立於軍門。使百姓皆加勇焉。弗若也。桓公曰。夫管夷吾射寡人中鉤。是以濱於死。鮑叔對曰。夫爲其君動也。君若宥而反之。夫猶是也。桓公曰。若何。鮑子對曰。請諸魯。桓公曰。施伯魯君之謀臣也。夫知吾將用之。必不予我矣。若之何。鮑子對曰。使人請諸魯曰。寡君有不令之臣在君之國。欲以戮之於羣臣。故請之。則予我矣。桓公使請諸魯。如鮑叔之言。莊公以問施伯。施伯對曰。此非欲戮之也。欲用其政也。夫管子天下之才也。所在之國則必得志於天下。令彼在齊。則必長爲魯國憂矣。莊公曰。若何。施伯對曰。殺而以其屍授之。莊公將殺管仲。齊使者請曰。寡君欲以親爲戮。若不生得以戮於羣臣。猶未得請也。請生之。於是莊公使束縛以予齊。齊使受之而退。比至。三釁三浴之。桓公親逆之于郊。而與之坐而問焉。曰。昔吾先君襄公築臺以爲高位。田狩罼弋。不聽國政。卑聖侮士。而唯女是崇。九妃六嬪。陳妾數百。食必粱肉。衣必文繡。戎士凍餒。戎車待遊車之裂。戎士待陳妾之餘。優笑在前。賢材在後。是以國家不日引。不月長。恐宗廟之不埽除。社稷之不血食。敢問爲此若何。管子對曰。昔吾先王昭王穆王。世法文武遠績以成名。合羣叟。比校民之有道者。設象以爲民紀。式權以相應。比綴以度。竱本肇末。勸之以賞賜。糾之以刑罰。班序顚毛。以爲民紀統。桓公曰。爲之若何。管子對曰。昔者聖王之治天下也。參其國而伍其鄙。定民之居。成民之事。陵爲之終。而愼用其六柄焉。桓公曰。成民之事若何。管子對曰。四民者勿使雜處。雜處則其言哤。其事易。公曰。處士農工商若何。管子對曰。昔聖王之處士也。使就閒燕。處工就官府。處商就市井。處農就田野。令夫士羣萃而州處。閒燕則父與父言義。子與子言孝。其事君者言敬。其幼者言悌。少而習焉。其心安焉。不見異物而遷焉。是故其父兄之敎不肅而成。其子弟之學不勞而能。夫是故士之子恆爲士。令夫工羣萃而州處。審其四時。辨其功苦。權節其用。論比協材。旦暮從事。施於四方。以飭其子弟。相語以事。相示以巧。相陳以功。少而習焉。其心安焉。不見異物而遷焉。是故其父兄之敎不肅而成。其子弟之學不勞而能。夫是故工之子恆爲工。令夫商羣萃而州處。察其四時。而監其鄉之資。以知其市之賈。負任擔荷。服牛軺馬。以周四方。以其所有。易其所無。市賤鬻貴。旦暮從事於此。以飭其子弟。相語以利。相示以賴。相陳以知賈。少而習焉。其心安焉。不見異物而遷焉。是故其父兄之敎不肅而成。其子弟之學不勞而能。夫是故商之子恆爲商。令夫農羣萃而州處。察其四時。權節其用。耒耜耞芟。及寒。擊菒除田以待時耕。及耕。深耕而疾耰之。以待時雨。時雨既至。挾其槍刈耨鎛。以旦暮從事於田野。脫衣就功。首戴茅蒲。身衣襏襫。霑體塗足。暴其髮膚。盡其四支之敏。以從事於田野。少而習焉。其心安焉。不見異物而遷焉。是故其父兄之教不肅而成。其子弟之學不勞而能。夫是故農之子恆為農。野處而不暱。其秀民之能為士者。必足賴也。有司見而不以告。其罪五。有司已於事而竣。桓公曰。定民之居若何。管子對曰。制國以為二十一鄉。桓公曰。善。管子於是制國以為二十一鄉。工商之鄉六。士鄉十五。公帥五鄉焉。國子帥五鄉焉。高子帥五鄉焉。參國起案以為三官。臣立三宰。工立三族。市立三鄉。澤立三虞。山立三衡。桓公曰。吾欲從事於諸侯。其可乎。管子對曰。未可。國未安。桓公曰。安國若何。管子對曰。修舊法。擇其善者而業用之。遂滋民。與無財。而敬百姓。則國安矣。桓公曰。諾。遂修舊法。擇其善者而業用之。遂滋民。與無財。而敬百姓。國既安矣。桓公曰。國安矣。其可乎。管子對曰。未可。君若正卒伍。修甲兵。則大國亦將正卒伍。修甲兵。則難以速得志矣。君有攻伐之器。小國諸侯有守禦之備。則難以速得志矣。君若欲速得志於天下諸侯。則事可以隱。令可以寄政。桓公曰。為之若何。管子對曰。作內政而寄軍令焉。桓公曰。善。管子於是制國。五家為軌。軌為之長。十軌為里。里有司。四里為連。連為之長。十連為鄉。鄉有良人焉。以為軍令。五家為軌。故五人為伍。軌長帥之。十軌為里。故五十人為小戎。里有司帥之。四里為連。故二百人為卒。連長帥之。十連為鄉。故二千人為旅。

鄉良人帥之。五鄉一帥。故萬人爲一軍。五鄉之帥帥之。三軍。故有中軍之鼓。有國子之鼓。有高子之鼓。春以蒐振旅。秋以獮治兵。是故卒伍整於里。軍旅整於郊。內教既成。令勿使遷徙。伍之人祭祀同福。死喪同恤。禍災共之。人與人相疇。家與家相疇。世同居。少同遊。故夜戰聲相聞。足以不乖。晝戰目相見。足以相識。其歡欣足以相死。居同樂。行同和。死同哀。是故守則同固。戰則同彊。君有此士也三萬人。以方行於天下。以誅無道。以屏周室。天下大國之君莫之能禦也。正月之朝。鄉長復事。君親問焉。曰。於子之鄉。有居處好學。慈孝於父母。聰慧質仁。發聞於鄉里者。有則以告。有而不以告。謂之蔽明。其罪五。有司已於事而竣。桓公又問焉。曰。於子之鄉。有拳勇股肱之力。秀出於衆者。有則以告。有而不以告。謂之蔽賢。其罪五。有司已於事而竣。桓公又問焉。曰。於子之鄉。有不慈孝於父母。不長悌於鄉里。驕躁淫暴。不用上令者。有則以告。有而不以告。謂之下比。其罪五。有司已於事而竣。是故鄉長退而修德進賢。桓公親見之。遂使役官。桓公令官長期而書伐以告。且選。選其官之賢者而復用之。曰。有人居我官。有功休德。惟慎端慤以待時。使民以勸。綏謗言。足以補官之不善政。桓公召而與之語。訾相其質。足以比成事。誠可立而授之。設之以國家之患而不疚。退問之其鄉。以觀其所能而無大厲。升以爲上卿之贊。謂之三選。國子高子退而修鄉。鄉退而修連。連退而修里。里退而修軌。軌退而修伍。伍退而修家。是故匹夫有善。可得而舉也。匹夫有不善。可得而誅也。政既成。鄉不越長。朝不越爵。罷士無伍。罷女無家。夫是故民皆勉爲善。與其爲善於鄉也。不如爲善於里。與其爲善於里也。不如爲善於家。是故士莫敢言一朝之便。皆有終歲之計。莫敢以終歲之議。皆有終身之功。桓公曰。伍鄙若何。管子對曰。相地而衰征。則民不移。政不旅舊。則民不偸。山澤各致其時。則民不苟。陸阜陵墐井田疇均。則民不憾。無奪民時。則百姓富。犧牲不略。則牛羊遂。桓公曰。定民之居若何。管子對曰。制鄙。三十家爲邑。邑有司。十邑爲卒。卒有卒帥。十卒爲鄉。鄉有鄉帥。三鄉爲縣。縣有縣帥。十縣爲屬。屬有大夫。五屬。故立五大夫。各使治一屬焉。立五正。各使聽一屬焉。是故正之政聽屬。牧正聽縣。下政聽鄉。桓公曰。各保治爾所。無或淫怠而不聽治者。正月之朝。五屬大夫復事。桓公擇是寡功者而譴之。曰。制地分民如一。何故獨寡功。教不善則政不治。一再則宥。三則不赦。桓公又親問焉。曰。於子之屬。有居處爲義好學。慈孝於父母。聰慧質仁。發聞於鄉里者。有則以告。有而不以告。謂之蔽明。其罪五。有司已於事而竣。桓公又問焉。曰。於子之屬。有拳勇股肱之力。秀出於衆者。有則以告。有而不以告。謂之蔽賢。其罪五。有司已於事而竣。桓公又問焉。曰。於子之屬。有不慈孝於父母。不長悌於鄉里。驕躁淫暴。不用上令者。有則以告。有而不以告。謂之下比。其罪五。有司已於事而竣。五屬大夫。於是退而修屬。屬退而修縣。縣退而修鄉。鄉退而修卒。卒退而修邑。邑退而修家。是故匹夫有善。可得而舉也。匹夫有不善。可得而誅也。政既成矣。以守則固。以征則彊。

史蘇論驪姬必亂晉 以下四首晉語

獻公伐驪戎。克之。滅驪子。獲驪姬以歸。立以為夫人。生奚齊。其娣生卓子。驪姬請使申生主曲沃以速懸。重耳處蒲城。夷吾處屈。奚齊處絳。以儆無辱之故。公許之。史蘇朝告大夫曰。二三大夫其戒之乎。亂本生矣。日君以驪姬為夫人。民之疾心固皆至矣。昔者之伐也。起百姓以為百姓也。是以民能欣之。故莫不盡忠極勞以致死也。今君起百姓以自封也。民外不得其利。而內惡其貪。則上下既有判矣。然而又生男。其天道也。天彊其毒。民疾其態。其亂生哉。吾聞君子好好而惡惡。樂樂而安安。是以能有常。伐木不自其本。必復生。塞水不自其源。必復流。滅禍不自其基。必復亂。今君滅其父而畜其子。禍之基也。畜其子。又從其欲。子思報父之恥。而信其欲。雖好色。必惡心。不可謂好。好其色。必授之情。彼得其情。以厚其欲。從其惡心。必敗國且深亂。亂必自女戎。三代皆然。驪姬果作難。殺太子而逐二子。君子曰。知難本矣。

驪姬夜半譏申生於獻公

優施教驪姬夜半而泣。謂公曰。吾聞申生甚好仁而彊。甚寬惠而慈於民。皆有所行之。今謂君惑於我。必亂國。無乃以國故而行彊於君。君未終命而不歿。君其若之何。盍殺我。無以一妾亂百姓。公曰。夫豈惠其民而不惠於其父乎。驪姬曰。妾亦懼矣。吾聞之外人言曰。為仁與爲國不同。爲仁者愛親之謂仁。爲國者利國之謂仁。故長民者無親。衆以爲親。苟利衆而百姓和。豈能憚君。以衆故不敢愛親。衆況厚之。彼將惡始而美終。以晚蓋者也。凡民利是生殺君而厚利衆。衆孰沮之。殺親無惡於人。人孰去之。苟交利而得寵。志行而衆悅。欲其甚矣。孰不惑焉。雖欲愛君。惑不釋也。今夫以君爲紂。若紂有良子。而先喪紂。無章其惡而厚其敗。鈞之死也。無必假手於武王。而其世不廢。祀至于今。吾豈知紂之善否哉。君欲勿恤。其可乎。若大難至而恤之。其何及矣。公懼曰。若何而可。驪姬曰。君盍老而授之政。彼得政而行其欲。得其所索。乃其釋君。且君其圖之。自桓叔以來。孰能愛親。唯無親。故能兼翼。公曰。不可與政。我以武與威。是以臨諸侯。未歿而亡政。不可謂武。有子而弗勝。不可謂威。我授之政。諸侯必絕。能絕於我。必能害我。失政而害國。不可忍也。爾勿憂。吾將圖之。驪姬曰。以臯落狄之朝夕苛我邊鄙。使無日以牧田野。君之倉廩固不實。又恐削封疆。君盍使之伐狄。以觀其果於衆也。與衆之信輯睦焉。若不勝狄。雖濟其罪可也。若勝狄。則善用衆矣。求必益廣。乃可厚圖也。且夫勝狄。諸侯驚懼。吾邊鄙不儆。倉廩盈。四鄰服。封疆信。君得其賴。又知可否。其利多矣。君其圖之。公說。是故使申生伐東山。衣之偏裻之衣。佩之以金玦。僕人贊聞之曰。太子殆哉。君賜之奇。奇生怪。怪生無常。無常生不立。使之出征。先以觀之。故告之以離心。而示之以堅忍之權。則必惡其心而害其身矣。惡其心。必內險之。害其身。必外危之。危自中起。難哉。且是衣也。

狂夫阻之衣也。其言曰。盡敵而反。雖盡敵。其若內讒何。申生勝狄而反。讒言作於中。君子曰知微。

胥臣論敎因材質

文公問於胥臣曰。吾欲使陽處父傅讙也。而敎誨之。其能善之乎。對曰。是在讙也。蘧蒢不可使俯。戚施不可使仰。僬僥不可使舉。侏儒不可使援。矇瞍不可使視。嚚瘖不可使言。聾聵不可使聽。童昏不可使謀。質將善而賢良贊之。則濟可竢。若有違質。敎將不入。其何善之爲。臣聞昔者大任娠文王不變。少溲於豕牢。而得文王不加疾焉。文王在母不憂。在傅弗勤。處師弗煩。事王不怒。孝友二虢。而惠慈二蔡。刑于大姒。比於諸弟。詩云。刑于寡妻。至于兄弟。以御於家邦。於是乎用四方之賢良。及其卽位也。詢于八虞。而諮于二虢。度於閎夭。而謀於南宮。諏於蔡原。而訪於辛尹。重之以周邵畢榮。億寧百神。而柔和萬民。故詩云。惠于宗公。神罔時恫。若是則文王非專敎誨之力也。公曰。然則敎無益乎。對曰。胡爲文益其質。故人生而學。非學不入。公曰。奈夭八疾何。對曰。官師之所材也。戚施直鎛。蘧蒢蒙璆。侏儒扶盧。矇瞍修聲。聾聵司火。童昏嚚瘖僬僥。官師之所不材也。以實裔土。夫敎者因體能質而利之者也。若川然有原。以卬浦而後大。

叔向賀韓宣子貧

叔向見韓宣子。宣子憂貧。叔向賀之。宣子曰。吾有卿之名。而無其實。無以從二三子。吾是以憂。子賀我何故。對曰。昔欒武子無一卒之田。其宮不備其宗器。宣其德行。順其憲則。使越于諸侯。諸侯親之。戎狄懷之。以正晉國。行刑不疚。以免於難。及桓子驕泰奢侈。貪慾無藝。略則行志。假貸居賄。宜及於難。而賴武之德。以沒其身。及懷子改桓之行。而修武之德。可以免於難。而離桓之罪。以亡於楚。夫郤昭子其富半公室。其家半三軍。恃其富寵。以泰于國。其身尸於朝。其宗滅於絳。不然。夫八郤五大夫三卿。其寵大矣。一朝而滅。莫之哀也。唯無德也。今吾子有欒武子之貧。吾以爲能其德矣。是以賀。若不憂德之不建。而患貨之不足。將弔不暇。何賀之有。宣子拜稽首焉。曰。起也將亡。賴子存之。非起也敢專承之。其自桓叔以下。嘉吾子之賜。

伍舉與靈王論章華之臺 以下四首楚語

靈王爲章華之臺。與伍舉升焉。曰。臺美夫。對曰。臣聞國君服寵以爲美。安民以爲樂。聽德以爲聰。致遠以爲明。不聞其以土木之崇高彤鏤爲美。而以金石匏竹之昌大囂庶爲樂。不聞其以觀大視侈淫色以爲明。而以察清濁爲聰。先君莊王爲匏居之臺。高不過望國氛。大不過容宴豆。木不妨守備。用不煩官府。民不廢時務。官不易朝常。問誰宴焉。則宋公鄭伯。問誰相禮。則華元駟騑。問誰贊事。則陳侯蔡侯許男頓子。其大夫侍之。先君以是除亂克敵。而無惡於諸侯。今君爲此臺也。國民罷焉。財用盡焉。年穀敗焉。百官煩焉。舉國留之。數年乃成。願得諸侯與始升焉。諸侯皆距無有至者。而後使太宰啟彊請於魯侯。懼之以蜀之役。而僅得以來。使富都那豎贊焉。而使長鬣之士相焉。臣不知其美也。夫美也者。上下內外小大遠近皆無害焉。故曰美。若於目觀則美。縮於財用則匱。是聚民利自封而瘠民也。胡美之爲。夫君國者。將民之與處。民實瘠矣。君安得肥。且夫私欲弘侈。則德義鮮少。德義不行。則邇者騷離而遠者距違。天子之貴也。唯其以公侯爲官正也。而以伯子男爲師旅。其有美名也。唯其施令德於遠近。而小大安之也。若斂民利以成其私欲。使民蒿焉忘其安樂。而有遠心。其爲惡也甚矣。安用目觀。故先王之爲臺榭也。榭不過講軍實。臺不過望氛祥。故榭度於大卒之居。臺度於臨觀之高。其所不奪穡地。其爲不匱財用。其事不煩官業。其日不廢時務。瘠磽之地。於是乎爲之。城守之木。於是乎用之。官僚之暇。於是乎臨之。四時之隙。於是乎成之。故周詩曰。經始靈臺。經之營之。庶民攻之。不日成之。經始勿亟。庶民子來。王在靈囿。麀鹿攸伏。夫爲榭臺。將以教民利也。不知其以匱之也。若君謂此臺美而爲之正。楚其殆矣。

鬬且廷論子常必亡

鬬且廷見令尹子常。子常與之語。問蓄貨聚馬。歸以語其弟曰。楚其亡乎。不然。令尹其不免乎。吾見令尹。令尹問蓄聚積實。如餓豺狼焉。殆必亡者也。夫古者聚貨不妨民衣食之利。聚馬。不害民之財用。國馬足以行軍。公馬足以稱賦。不是過也。公貨足以賓獻。家貨足以共用。不是過也。夫貨馬郵則闕於民。民多闕則有離叛之心。將何以封矣。昔鬭子文三舍令尹。無一日之積。恤民之故也。成王聞子文之朝不及夕也。於是乎每朝設脯一束。糗一筐。以羞子文。至於今令尹秩之。成王每出子文之祿。必逃。王止而後復。人謂子文曰。人生求富。而子逃之。何也。對曰。夫從政者以庇民也。民多曠也。而我取富焉。是勤民以自封。死無日矣。我逃死。非逃富也。故莊王之世。滅若敖氏。唯子文之後在。至于今處鄖。爲楚良臣。是不先恤民而後己之富乎。今子常。先大夫之後也。而相楚君。無令名於四方。民之羸餒。日已甚矣。四境盈壘。道殣相望。盜賊司目。民無所放。是之不恤。而蓄聚不厭。其速怨於民多矣。積貨滋多。蓄怨滋厚。不亡何待。夫民心之慍也。若防大川焉。潰而所犯必大矣。子常其能賢於成靈乎。成不禮於穆。願食熊蹯。不獲而死。靈不顧於民。一國棄之。如遺迹焉。子常爲政。而無禮不顧甚於成靈。其獨何力以待之。期年。乃有柏舉之戰。子常奔鄭。昭王奔隨。

藍尹亹說子西毋患吳

子西歎於朝。藍尹亹曰。吾聞君子唯獨居思念前世之崇替者。與哀殯喪。於是有歎。其餘則否。君子臨政思義。飲食思禮。同宴思樂。在樂思舊。無有歎焉。今吾子臨政而歎。何也。子西曰。闔廬能敗吾師。闔廬卽世。吾聞其嗣又甚焉。吾是以歎。對曰。子患政德之不修。無患吳矣。闔廬口不貪嘉味。耳不樂逸聲。目不淫於色。身不懷於安。朝夕勤志。卹民之羸。聞一善若驚。得一士若賞。有過必悛。有不善必懼。是故得民以濟其志。今吾聞夫差好罷民力以成私好。縱過而翳諫。一夕之宿。臺榭陂池必成。六畜玩好必從。夫先自敗也已。焉能敗人。子修德以待吳。吳將斃矣。

王孫圉與趙簡子論楚之所寶

王孫圉聘於晉。定公饗之。趙簡子鳴玉以相。問於王孫圉曰。楚之白珩猶在乎。對曰。然。簡子曰。其爲寶也幾何矣。曰。未嘗爲寶。楚之所寶者。曰觀射父。能作訓辭。以行事於諸侯。使無以寡君爲口實。又有左史倚相。能道訓典。以敘百物。以朝夕獻善敗於寡君。使寡君無忘先王之業。又能上下說於鬼神。順道其欲惡。使神無有怨痛於楚國。又有藪曰雲連徒洲。金木竹箭之所生也。龜珠角齒皮革羽毛。所以備賦以戒不虞者也。所以共幣帛以賓享於諸侯者也。若諸侯之好幣具。而導之以訓辭。有不虞之備。而皇神相之。寡君其可以免罪於諸侯。而國民保焉。此楚國之寶也。若夫白珩。先王之玩也。何寶焉。圉聞國之寶六而已。聖能制議百物。以輔相國家。則寶之。玉足以庇廕嘉穀。使無水旱之災。則寶之。龜足以憲臧否。則寶之。珠足以禦火災。則寶之。金足以禦兵亂。則寶之。山林藪澤足以備財用。則寶之。若夫譁囂之美。楚雖蠻夷。不能寶也。

越行成於吳 以下二首吳語

吳王夫差起師伐越。越王句踐起師逆之江。大夫種乃獻謀曰。夫吳之與越。唯天所授。王其無庸戰。夫申胥華登簡服吳國之士於甲兵。而未嘗有所挫也。夫一人善射。百夫決拾。勝未可成也。夫謀必素見成事焉。而後履之。不可以授命。王不如設戎。約辭行成。以喜其民。以廣侈吳王之心。吾以卜之於天。天若棄吳。必許吾成而不吾足也。將必寬然有伯諸侯之心焉。既罷弊其民。而天奪之食。安受其燼。乃無有命矣。越王許諾。乃命諸稽郢行成於吳。曰。寡君句踐使下臣郢不敢顯然布幣行禮。敢私告於下執事曰。昔者越國見禍。得罪於天王。天王親趨玉趾。以心孤句踐。而又宥赦之。君王之於越也。繄起死人而肉白骨也。孤不敢忘天災。其敢忘君王之大賜乎。今句踐申禍無良。草鄙之人。敢忘天王之大德。而思邊垂之小怨。以重得罪於下執事。句踐用帥二三之老。親委重罪。頓顙於邊。今君王不察。盛怒屬兵。將殘伐越國。越國固貢獻之邑也。君王不以鞭箠使之。而辱軍士使寇令焉。句踐請盟。一介嫡女。執箕箒以晐姓於王宮。一介嫡男。奉槃匜以隨諸御。春秋貢獻。不解於王府。天王豈辱裁之。亦征諸侯之禮也。夫諺曰。狐埋之而狐搰之。是以無成功。今天王既封植越國。以明聞於天下。而又刈亡之。是天王之無成勞也。雖四方之諸侯。則何實以事吳。敢使下臣盡辭。唯天王秉利度義焉。

吳許越成

吳王夫差乃告諸大夫曰。孤將有大志於齊。吾將許越成而無拂吾慮。若越既改。吾又何求。若其不改。反行吾振旅焉。申胥諫曰。不可許也。夫越非實忠心好吳也。又非懾畏吾兵甲之彊也。大夫種勇而善謀。將還玩吾國於股掌之上。以得其志。夫固知君王之蓋威以好勝也。故婉約其辭。以從逸王志。使淫樂於諸夏之國。以自傷也。使吾甲兵鈍弊。民人離落。而日以憔悴。然後安受吾燼。夫越王好信以愛民。四方歸之。年穀時熟。日長炎炎。及吾猶可以戰也。為虺弗摧。為蛇將若何。吳王曰。大夫奚隆於越。越曾足以為大虞乎。若無越。則吾何以春秋曜吾軍士。乃許之成。將盟。越王又使諸稽郢辭曰。以盟為有益乎。前盟口血未乾。足以結信矣。以盟為無益乎。君王舍甲兵之威以臨使之。而胡重於鬼神而自輕也。吳王乃許之。荒成不盟。

句踐復仇始末 越語

越王句踐棲於會稽之上。乃號令於三軍曰。凡我父兄昆弟及國子姓。有能助寡人謀而退吳者。吾與之共知越國之政。大夫種進對曰。臣聞之。賈人夏則資皮。冬則資絺。旱則資舟。水則資車。以待乏也。夫雖無四方之憂。然謀臣與爪牙之士。不可不養而擇也。譬如蓑笠。時雨既至。必求之。今君王既棲於會稽之上。然後乃求謀臣。無乃後乎。句踐曰。苟得聞子大夫之言。何後之有。執其手而與之謀。遂使之行成於吳。曰。寡君句踐。乏無所使。使其下臣種。不敢徹聲聞於天王。私於下執事。曰。寡君之師徒。不足以辱君矣。願以金玉子女。賂君之辱。請句踐女女於王。大夫女女於大夫。士女女於士。越國之寶器畢從。寡君帥越國之衆。以從君之師徒。唯君左右之。若以越國之罪爲不可赦也。將焚宗廟。係妻孥。沈金玉於江。有帶甲五千人。將以致死。乃必有偶。是以帶甲萬人事君也。無乃卽傷君王之所愛乎。與其殺是人也。寧其得此國也。其孰利乎。夫差將欲聽與之成。子胥諫曰。不可。夫吳之與越也。仇讎敵戰之國也。三江環之。民無所移。有吳則無越。有越則無吳。將不可改於是矣。員聞之。陸人居陸。水人居水。夫上黨之國。我攻而勝之。吾不能居其地。不能乘其車。夫越國。吾攻而勝之。吾能居其地。吾能乘其舟。此其利也。不可失也已。君必滅之。失此利也。雖悔之。必無及已。越人飾美女八人。納之太宰嚭。曰。子苟赦越國之罪。又有美於此者將進之。太宰嚭諫曰。嚭聞古之伐國者。服之而已。今已服矣。又何求焉。夫差與之成而去之。句踐說於國人曰。寡人不知其力之不足也。而又與大國執讎。以暴露百姓之骨於中原。此則寡人之罪也。寡人請更。於是葬死者。問傷者。養生者。弔有憂。賀有喜。送往者。迎來者。去民之所惡。補民之不足。然後卑事夫差。宦士三百人於吳。其身親爲夫差前馬。句踐之地。南至于句無。北至于禦兒。東至于鄞。西至于姑蔑。廣運百里。乃致其父母昆弟而誓之曰。寡人聞古之賢君。四方之民歸之。若水之歸下也。今寡人不能。將帥二三子。夫婦以蕃。令壯者無取老婦。令老者無取壯妻。女子十七不嫁。其父母有罪。丈夫二十不娶。其父母有罪。將免者以告。公醫守之。生丈夫。二壺酒。一犬。生女子。二壺酒。一豚。生三人。公與之母。生二人。公與之餼。當室者死。三年釋其政。支子死。三月釋其政。必哭泣葬埋之如其子。令孤子寡婦疾疹貧病者。納宦其子。其達士。絜其居。美其服。飽其食。而摩厲之於義。四方之士來者。必廟禮之。句踐載稻與脂於舟以行。國之孺子之遊者。無不餔也。無不歠也。必問其名。非其身之所種則不食。非其夫人之所織則不衣。十年不收於國。民俱有三年之食。國之父兄請曰。昔者夫差恥吾君於諸侯之國。今越國亦節矣。請報之。句踐辭曰。昔者之戰也。非二三子之罪也。寡人之罪也。如寡人者。安與知恥。請姑無庸戰。父兄又請曰。越四封之內。親吾君也。猶父母也。子而思報父母之仇。臣而思報君之讎。其有敢不盡力者乎。請復戰。句踐既許之。乃致其衆而誓之曰。寡人聞古之賢君。不患其衆之不足也。而患其志行之少恥也。今夫差衣水犀之甲者億有三千。不患其志行之少恥也。而患其衆之不足也。今寡人將助天威之。吾不欲匹夫之勇也。欲其旅進旅退。進則思賞。退則思刑。如此則有常賞。進不用命。退則無恥。如此則有常刑。果行。國人皆勸。父勉其子。兄勉其弟。婦勉其夫。曰。孰是吾君也。而可無死乎。是故敗吳於囿。又敗之於沒。又郊敗之。夫差行成。曰。寡人之師徒。不足以辱君矣。請以金玉子女賂君之辱。句踐對曰。昔天以越予吳。而吳

史書治要卷一

國學治要二

史書五種

戰國策　一名長短書。本先秦諸人所記戰國時事。漢劉向重加校編。其體與國語相同。（內分東周西周秦齊楚趙魏韓燕宋衞中山十二國。）漢書藝文志亦入春秋類。後世史書離六藝獨立。而戰國策遂載於史部。隋志唐志皆然。惟宋晁公武讀書志始改入子部縱橫家。馬端臨文獻通考因之。清四庫全書則仍還之史部。謂考班固稱司馬遷作史記。所據有戰國策。則戰國策當入史部。固無疑義。且子之爲名。本以稱人。因以稱其所著。戰國策爲劉向所校編。其文不出一手。所謂子者何子乎。晁氏所考。殊爲未允。其後張之洞書目答問乃與國語並列爲古史類。今已成爲定論矣。

顏率爲周說齊王以退秦師　東周策

秦興師臨周而求九鼎。周君患之。以告顏率。顏率曰。大王勿憂。臣請東借救於齊。顏率至齊。謂齊王曰。夫秦之爲無道也。欲興兵臨周而求九鼎。周之君臣內自畫計。與秦不若歸之大國。夫存危國。美名也。得九鼎。厚寶也。願大王圖之。齊王大發師五萬人。使陳臣思將以救周。而秦兵罷。齊將求九鼎。周君又患之。顏率曰。大王勿憂。臣請東解之。顏率至齊。謂齊王曰。周賴大國之義。得君臣父子相保也。願獻九鼎。不識大國何涂之從而致之齊。齊王曰。寡人將寄徑於梁。顏率曰。不可。夫梁之君臣欲得九鼎。謀之暉臺之下。少海之上。其日久矣。鼎入梁。必不出。齊王曰。寡人將寄徑於楚。對曰。不可。楚之君臣欲得九鼎。謀之於葉庭之中。其日久矣。若入楚。鼎必不出。王曰。寡人終何涂之從而致之齊。顏率曰。敝邑固竊為大王患之。夫鼎者。非效醯壺醬甀耳。可懷挾提挈以至齊者。非效鳥集烏飛兔興馬逝。灕然止於齊者。昔周之伐殷。得九鼎。凡一鼎而九萬人輓之。九九八十一萬人。士卒師徒器械被具所以備者稱此。今大王縱有其人。何涂之從而出。臣竊為大王私憂之。齊王曰。子之數來。猶無與耳。顏率曰。不敢欺大國。疾定所從出。敝邑遷鼎以待命。齊王乃止。

蘇厲為周說白起勿攻梁 西周策

蘇厲謂周君曰。敗韓魏。殺犀武。攻趙。取藺離石祁者。皆白起。是攻用兵。又有天命也。今攻梁。梁必破。破則周危。君不若止之。謂白起曰。楚有養由基者。善射。去柳葉者百步而射之。百發百中。左右皆曰善。有一人過曰。善射。可教射也矣。養由基曰。人皆曰善。子乃曰可教射。子何不代我射之也。客曰。我不能教子支左屈右。夫射柳葉者。百發百中。而不以善息。少焉氣力倦。弓撥矢鉤。一發不中。前功盡矣。今公破韓魏。殺犀武。而北攻趙。取藺離石祁者。公也。公之功甚多。今公又以秦兵出塞。過兩周。踐韓而以攻梁。一攻而不得。前功盡滅。公不若稱病不出也。

蘇秦始以連橫說惠王 以下五首秦策

蘇秦始將連橫說秦惠王曰。大王之國。西有巴蜀漢中之利。北有胡貉代馬之用。南有巫山黔中之限。東有殽函之固。田肥美。民殷富。戰車萬乘。奮擊百萬。沃野千里。蓄積饒多。地勢形便。此所謂天府。天下之雄國也。以大王之賢。士民之衆。車騎之用。兵法之教。可以幷諸侯。吞天下。稱帝而治。願大王少留意。臣請奏其效。秦王曰。寡人聞之。毛羽不豐滿者。不可以高飛。文章不成者。不可以誅罰。道德不厚者。不可以使民。政教不順者。不可以煩大臣。今先生儼然不遠千里而庭教之。願以異日。蘇秦曰。臣固疑大王之不能用也。昔者神農伐補遂。黃帝伐涿鹿而禽蚩尤。堯伐驩兜。舜伐三苗。禹伐共工。湯伐有夏。文王伐崇。武王伐紂。齊桓任戰而霸天下。由此觀之。惡有不戰者乎。古者使車轂擊馳。言語相結。天下爲一。約從連橫。兵革不藏。文士並飭。諸侯亂惑。萬端俱起。不可勝理。科條既備。民多僞態。書策稠濁。百姓不足。上下相愁。民無所聊。明言章理。兵甲愈起。辯言偉服。戰攻不息。繁稱文辭。天下不治。舌敝耳聾。不見成功。行義約信。天下不親。於是乃廢文任武。厚養死士。綴甲厲兵。效勝於戰場。夫徒處而致利。安坐而廣地。雖古五帝三王五霸。明主賢君。常欲坐而致之。其勢不能。故以戰續之。寬則兩軍相攻。迫則杖戟相撞。然後可建大功。是故兵勝於外。義強於內。威立於上。民服於下。今欲幷天下。淩萬乘。詘敵國。制海內。子元元。臣諸侯。非兵不可。今之嗣主。忽於至道。皆惛於敎。亂於治。迷於言。惑於語。沈於辯。溺於辭。以此論之。王固不能行也。說秦王書十上。而說不行。黑貂之裘敝。黃金百斤盡。資用乏絕。去秦而歸。羸縢履蹻。負書擔橐。形容枯槁。面目黧黑。狀有愧色。歸至家。妻不下紝。嫂不爲炊。父母不與言。蘇秦喟然歎曰。妻不以我爲夫。嫂不以我爲叔。父母不以我爲子。是皆秦之罪也。乃夜發書。陳篋數十。得太公陰符之謀。伏而誦之。簡練以爲揣摩。讀書欲睡。引錐自刺其股。血流至足。曰。安有說人主不能出其金玉錦繡取卿相之尊者乎。朞年揣摩成。曰。此眞可以說當世之君矣。於是乃摩燕烏集闕。見說趙王於華屋之下。抵掌而談。趙王大說。封爲武安君。受相印。革車百乘。錦繡千純。白璧百雙。黃金萬鎰。以隨其後。約從散橫。以抑強秦。故蘇秦相於趙而關不通。當此之時。天下之大。萬民之衆。王侯之威。謀臣之權。皆欲決於蘇秦之策。不費斗糧。未煩一兵。未戰一士。未絕一絃。未折一矢。諸侯相親。賢於兄弟。夫賢人在而天下服。一人用而天下從。故曰。式於政。不式於勇。式於廊廟之內。不式於四境之外。當秦之隆。黃金萬鎰爲用。轉轂連騎。炫熿於道。山東之國。從風而服。使趙大重。且夫蘇秦特窮巷掘門桑戶棬樞之士耳。伏軾撙銜。橫歷天下。廷說諸侯之主。杜左右之口。天下莫之伉。將說楚王。路過洛陽。父母聞之。淸宮除道。張樂設飲。郊迎三十里。妻側目而視。傾耳而聽。嫂虵行匍伏。四拜自跪而謝。蘇秦曰。嫂何前倨而後卑也。嫂曰。以季子位尊而多金。蘇秦曰。嗟乎。貧窮則父母不子。富貴則親戚畏懼。人生世上。勢位富厚。

蓋可忽乎哉。

司馬錯張儀論伐蜀

司馬錯與張儀爭論於秦惠王前。司馬錯欲伐蜀。張儀曰。不如伐韓。王曰。請聞其說。對曰。親魏善楚。下兵三川。塞轘轅緱氏之口。當屯留之道。魏絕南陽。楚臨南鄭。秦攻新城宜陽。以臨二周之郊。誅周主之罪。侵楚魏之地。周自知不救。九鼎寶器必出。據九鼎。按圖籍。挾天子以令天下。天下莫敢不聽。此王業也。今夫蜀。西僻之國。而戎狄之長也。敝兵勞衆。不足以成名。得其地不足以爲利。臣聞爭名者於朝。爭利者於市。今三川周室。天下之市朝也。而王不爭焉。顧爭於戎狄。去王業遠矣。司馬錯曰。不然。臣聞之。欲富國者。務廣其地。欲强兵者。務富其民。欲王者。務博其德。三資者備。而王隨之矣。今王之地小民貧。故臣願從事於易。夫蜀。西僻之國也。而戎狄之長也。而有桀紂之亂。以秦攻之。譬如使豺狼逐羣羊也。取其地足以廣國也。得其財足以富民繕兵。不傷衆而彼已服矣。故拔一國。而天下不以爲暴。利盡西海。諸侯不以爲貪。是我一舉而名實兩附。而又有禁暴正亂之名。今攻韓劫天子。劫天子。惡名也。而未必利也。又有不義之名。而攻天下之所不欲。危。臣請謁其故。周天下之宗室也。韓周之與國也。周自知失九鼎。韓自知亡三川。則必將二國并力合謀。以因於齊趙。而求解乎楚魏。以鼎與楚。以地與魏。王不能禁。此臣所謂危。不如伐蜀之完也。惠王曰。善。寡人聽子。卒起兵伐蜀。十月。取之。遂定蜀。蜀主更號爲侯。而使陳莊相蜀。蜀既屬。秦益强富厚。輕諸侯。

張儀說楚絕齊交

齊助楚攻秦。取曲沃。其後秦欲伐齊。齊楚之交善。惠王患之。謂張儀曰。吾欲伐齊。齊楚方懽。子爲寡人慮之。奈何。張儀曰。王其爲臣約車幷幣。臣請試之。張儀南見楚王曰。敝邑之王。所說甚者。無大大王。惟儀之所甚願爲臣者。亦無大大王。敝邑之王。所甚憎者。無大齊王。惟儀之所甚憎者。亦無大齊王。今齊王之罪。其於敝邑之王甚厚。敝邑欲伐之。而大國與之懽。是以敝邑之王。不得事令。而儀不得爲臣也。大王苟能閉關絕齊。臣請使秦王獻商於之地。方六百里。若此。齊必弱。齊弱。則必爲王役矣。則是北弱齊。西德於秦。而私商於之地以爲利也。則此一計而三利俱至。楚王大說。宣言之於朝廷曰。不穀得商於之地方六百里。羣臣聞見者畢賀。陳軫後見。獨不賀。楚王曰。不穀不煩一兵。不傷一人。而得商於之地六百里。寡人自以爲智矣。諸士大夫皆賀。子獨不賀。何也。陳軫對曰。臣見商於之地不可得。而患必至也。故不敢妄賀。王曰。何也。對曰。夫秦所以重王者。以王有齊也。今地未可得。而齊先絕。是楚孤也。秦又何重孤國。且先出地絕齊。秦計必弗爲也。先絕齊後責地。且必受欺於張儀。受欺於張儀。王必惋之。是西生秦患。北絕齊交。則兩國兵必至矣。楚王不聽。曰。吾事善矣。子其弭口無言。以待吾事。楚王使人絕齊。使者未來。又重絕之。張儀反秦。使人使齊。齊秦之交陰合。楚因使一將軍受地於秦。張儀至。稱病不朝。楚王曰。張子以寡人不絕齊乎。乃使勇士往詈齊王。張儀知楚絕齊也。乃出見使者曰。從某至某。廣從六里。使者曰。臣聞六百里。不聞六里。儀曰。儀固以小人。安得六百里。使者反報楚王。楚王大怒。欲興師伐秦。陳軫曰。臣可以言乎。王曰。可矣。軫曰。伐秦非計也。王不如賂之一名都。與之伐齊。是我亡於秦而取償於齊也。楚國不尙全乎。王今已絕齊。而責欺於秦。是吾合齊秦之交也。國必大傷。楚王不聽。遂舉兵伐秦。秦與齊合。韓氏從之。楚兵大敗於杜陵。故楚之土壤士民非削弱。僅以救亡者。計失於陳軫。過聽於張儀。

范睢說昭王遠交近攻并論四貴之危國

范子因王稽入秦。獻書昭王曰。臣聞明主莅政。有功者不得不賞。有能者不得不官。勞大者其祿厚。功多者其爵尊。能治衆者其官大。故不能者不敢當其職焉。能者亦不得蔽隱。使以臣之言爲可。則行而益利其道。若將弗行。則久留臣無謂也。語曰。庸主賞所愛而罰所惡。明主則不然。賞必加於有功。刑必斷於有罪。今臣之胸不足以當椹質。要不足以待斧鉞。豈敢以疑事嘗試於王乎。雖以臣爲賤而輕辱臣。獨不重任臣者後無反覆於王前耶。臣聞周有砥厄。宋有結綠。梁有懸黎。楚有和璞。此四寶者。工之所失也。而爲天下名器。然則聖王之所棄者。獨不足以厚國家乎。臣聞善厚家者。取之於國。善厚國者。取之於諸侯。天下有明主。則諸侯不得擅厚矣。是何也。爲其凋榮也。良醫知病人之死生。聖主明於成敗之事。利則行之。害則舍之。疑則少嘗之。雖堯舜禹湯復生。弗能改已。語之至者。臣不敢載之於書。其淺者。又不足聽也。意者臣愚而不闔於王心耶。抑其言臣者將賤而不足聽耶。非若是也。則臣之志。願少賜游觀之閒。望見足下而入之。書上。秦王說之。因謝王稽。使人持車召之。范睢至秦王庭。迎范睢曰。寡人宜以身受令久矣。會義渠之事急。寡人日暮自請太后。今義渠之事已。寡人乃得以身受命。躬竊閔然不敏。敬執賓主之禮。范睢辭讓。是日見范睢。見者無不變色易容者。秦王屏左右。宮中虛無人。秦王跪而請曰。先生何以幸教寡人。范睢曰。唯唯。有閒。秦王復請。范睢曰。唯唯。若是者三。秦王跽曰。先生不幸教寡人乎。范睢謝曰。非敢然也。臣聞始時呂尙之遇文王也。身爲漁父而釣於渭陽之濱耳。若是者。交疏也。已一說而立爲太師。載與俱歸者。其言深也。故文王果收功於呂尙。卒擅天下而身立爲帝王。卽使文王疏呂望而弗與深言。是周無天子之德。而文武無與成其王也。今臣羈旅之臣也。交疏於王。而所願陳者。皆匡君之事。處人骨肉之閒。願以陳臣之陋忠。而未知王心也。所以王三問而不對者是也。臣非有所畏而不敢言也。知今日言之於前。而明日伏誅於後。然臣弗敢畏也。大王信行臣之言。死不足以爲臣患。亡不足以爲臣憂。漆身而爲厲。被髮而爲狂。不足以爲臣恥。五帝之聖而死。三王之仁而死。五霸之賢而死。烏獲之力而死。奔育之勇而死。死者人之所必不免。

處必然之勢。可以少有補於秦。此臣之所大願也。臣何患乎。伍子胥橐載而出昭關。夜行而晝伏。至於溧水。無以餌其口。坐行蒲服。乞食於吳市。卒興吳國。闔閭爲霸。使臣得進謀如伍子胥。加之以幽囚。終身不復見。是臣說之行也。臣何憂乎。箕子接輿。漆身而爲厲。被髮而爲狂。無益於殷楚。使臣得同行於箕子接輿。可以補所賢之主。是臣之大榮也。臣又何恥乎。臣之所恐者。獨恐臣死之後。天下見臣盡忠而身蹷也。是以杜口裹足。莫肯鄉秦耳。足下上畏太后之嚴。下惑奸臣之態。居深宮之中。不離保傅之手。終身闇惑。無與照奸。大者宗廟滅覆小者身以孤危。此臣之所恐耳。若夫窮辱之事。死亡之患。臣弗敢畏也。臣死而秦治。賢於生也。秦王跪曰。先生是何言也。夫秦國僻遠。寡人愚不肖。先生乃幸至此。此天以寡人慁先生而存先王之廟也。寡人得受命於先生。此天所以幸先王而不棄其孤也。先生奈何而言若此。事無大小。上及太后。下至大臣。願先生悉以敎寡人。無疑寡人也。范睢再拜。秦王亦再拜。范睢曰。大王之國。北有甘泉谷口。南帶涇渭。右隴蜀。左關阪。戰車千乘。奮擊百萬。以秦卒之勇。車騎之多。以當諸侯。譬若馳韓盧而逐蹇兔也。霸王之業可致。今反閉關而不敢窺兵於山東者。是穰侯爲國謀不忠。而大王之計有所失也。王曰。願聞所失計。睢曰。大王越韓魏而攻强齊。非計也。少出師則不足以傷齊。多之則害於秦。臣意王之計。欲少出師而悉韓魏之兵。則不義矣。今見與國之不可親。越人之國而攻。可乎。疏於計矣。昔者齊人伐楚。戰勝破軍殺將。再辟千里。膚寸之地無得者。豈齊不欲地哉。形弗能有也。諸侯見齊之罷露。君臣之不親。舉兵而伐之。主辱軍破。爲天下笑。所以然者。以其伐楚而肥韓魏也。此所謂藉賊兵而齎盜食者也。王不如遠交而近攻。得寸則王之寸。得尺亦王之尺也。今舍此而遠攻。不亦繆乎。且昔者中山之地方五百里。趙獨擅之。功成名立利附焉。天下莫能害。今韓魏中國之處。而天下之樞也。王若欲霸。必親中國而以爲天下樞。以威楚趙。趙強則楚附。楚強則趙附。楚趙附則齊必懼。懼必卑辭厚幣以事秦。齊附而韓魏可虛也。王曰。寡人欲親魏。魏多變之國也。寡人不能親。請問親魏奈何。范睢曰。卑辭厚幣以事之。不可。削地而賂之。不可。舉兵而伐之。於是舉兵而攻邢丘。邢丘拔而魏請附。曰。秦韓之地形相錯如繡。秦之有韓。若木之有蠹。人之病心腹。天下有變。爲秦害者莫大於韓。王曰。寡人欲收韓。韓不聽。爲之奈何。范睢曰。舉兵而攻滎陽。則成皋之路不通。北斬太行之道。則上黨之兵不下。一舉而攻宜陽。則其國斷而爲三。韓見必亡。焉得不聽。韓聽而霸事可成也。王曰。善。范睢曰。臣居山東。聞齊之內有田單。不聞其有王。聞秦之有太后穰侯涇陽華陽。不聞其有王。夫擅國之謂王。能專利害之謂王。制殺生之威之謂王。今太后擅行不顧。穰侯出使不報。涇陽華陽擊斷無諱。高陵進退不請。四貴備而國不危者。未之有也。爲此四者下。乃所謂無王已。然則權焉得不傾。而令焉得從王出乎。臣聞善爲國者。內固其威。而外重其權。穰侯使者操王之重。決裂諸侯。剖符於天下。

征敵伐國。莫敢不聽。戰勝攻取。則利歸於陶國。敝御於諸侯。戰敗。則怨結於百姓。而禍歸社稷。詩曰。木實繁者披其枝。披其枝者傷其心。大其都者危其國。尊其臣者卑其主。淖齒管齊之權。縮閔王之筋。懸之廟梁。宿昔而死。李兌用趙。減食主父。百日而餓死。今秦太后穰侯用事。高陵涇陽佐之。卒無秦王。此亦淖齒李兌之類已。臣今見王獨立於廟朝矣。且臣將恐後世之有秦國者。非王之子孫也。秦王懼。於是乃廢太后。逐穰侯。出高陵。走涇陽於關外。昭王謂范雎曰。昔者齊公得管仲。時以爲仲父。今吾得子。亦以爲父。

蔡澤說應侯范雎辭位

蔡澤見逐於趙。而入韓魏。遇奪釜鬲於涂。聞應侯任鄭安平王稽。皆負重罪。應侯內慙。乃西入秦。將見昭王。使人宣言以感怒應侯曰。燕客蔡澤。天下駿雄弘辯之士也。彼一見秦王。秦王必相之而奪君位。應侯聞之。使人召蔡澤。蔡澤入。則揖應侯。應侯固不快。及見之。又倨。應侯因讓之曰。子常宣言代我相秦。豈有此乎。對曰。然。應侯曰。請聞其說。蔡澤曰。吁。君何見之晚也。夫四時之序。成功者去。夫人生百體堅强。手足便利。耳目聰明聖智。豈非士之所願與。應侯曰。然。蔡澤曰。質仁秉義。行道施德於天下。天下懷樂敬愛。願以爲君王。豈不辯智之期與。應侯曰。然。蔡澤復曰。富貴顯榮。成理萬物。萬物各得其所。生命壽長。終其年而不夭傷。天下繼其統。守其業。傳之無窮。名實純粹。澤流千世。稱之而毋絕。豈非道之符。而聖人所謂吉祥善事與應侯曰。然。澤曰。若秦之商君。楚之吳起。越之大夫種。其卒亦可願與。應侯知蔡澤之欲困己以說。復曰。何爲不可。夫公孫鞅事孝公。極身毋二。盡公不還私。設刀鋸以禁姦邪。信賞罰以致治。竭智能。示情素。蒙怨咎。欺舊交。虜魏公子卬。卒爲秦擒將破敵。軍攘地千里。吳起事悼王。使私不害公。讒不蔽忠。言不取苟合。行不取苟容。行義不顧毀譽。必欲霸主強國。不辭禍凶。大夫種事越王。主離困辱。悉忠而不解。主雖亡絕。盡能而不離。多功而不矜。貴富不驕怠。若此三子者。義之至。忠之節也。故君子殺身以成名。義之所在。身雖死無憾。悔何爲而不可哉。蔡澤曰。主聖臣賢。天下之福也。君明臣忠。國之福也。父慈子孝。夫信婦貞。家之福也。故比干忠而不能存殷。子胥智而不能存吳。申生孝而晉國亂。是有忠臣孝子。國家滅亂。何也。無明君賢父以聽之。故天下以其君父爲戮辱。而憐其臣子。夫待死而後可以立忠成名。是微子不足仁。孔子不足聖。管仲不足大也。夫人之立功。豈不期於成全耶。身與名俱全者。上也。名可法而身死者。其次也。名在僇辱而身全者。下也。於是應侯稱善。蔡澤得少間。因曰。商君吳起大夫種。其爲人臣盡忠致功。則可願矣。閎夭事文王。周公輔成王也。豈不亦忠乎。以君臣論之。商君吳起大夫種。其可願孰與閎夭周公哉。應侯曰。商君吳起大夫種。不若也。蔡澤曰。然則君之主。慈仁任忠。敦厚舊故。其賢智與有道之士爲膠漆。義不倍功臣。孰與秦孝楚悼越王乎。應侯曰。未知何如也。蔡澤曰。今主固親忠臣。不過秦孝越王楚悼。君之為主正亂。批患折難。廣地殖穀。富國足家强主。威蓋海內。功彰萬里之外。不過商君吳起大夫種。而君之祿位貴盛。私家之富過於三子。而身不退。竊為君危之。語曰。日中則移。月滿則虧。物盛則衰。天之常數也。進退盈縮變化。聖人之常道也。昔者齊桓公九合諸侯。一匡天下。至葵丘之會。有驕矜之色。畔者九國。吳王夫差無敵於天下。輕諸侯。陵齊晉。遂以殺身亡國。夏育太史啟叱呼駭三軍。然而身死於庸夫。此皆乘至盛。不近道理也。夫商君為孝公明法令。平權衡。正度量。調輕重。決裂阡陌。教民耕戰。是以兵動而地廣。兵休而國富。故秦無敵於天下。立威諸侯。功已成矣。遂以車裂。楚地方數千里。持戟百萬。白起率數萬之師。以與楚戰。一戰舉鄢郢。再戰燒夷陵。南并蜀漢。又越韓魏。攻强趙。北阬馬服。誅屠四十餘萬之衆。流血成川。沸聲若雷。遂入圍邯鄲。使秦業帝。自是之後。趙楚懾服。不敢攻秦者。白起之勢也。身所服者七十餘城。功已成矣。賜死於杜郵。吳起為楚悼罷無能。廢無用。損不急之官。塞私門之請。壹楚國之俗。南攻楊越。北并陳蔡。破橫散從。使馳說之士。無所開其口。功已成矣。卒支解。大夫種為越王墾草刱邑。辟地殖穀。率四方之士。專上下之力。以禽勁吳。成霸功。句踐終棓而殺之。此四子者。成功而不去。禍至於此。此所謂信而不能屈。往而不能反者也。范蠡知之。超然避世。長為陶朱君。獨不觀博者乎。或欲大投。或欲分功。此皆君之所明知也。今君相秦。計不下席。謀不出廊廟。坐制諸侯。利施三川。以實宜陽。決羊腸之險。塞太行之口。又斬范中行之途。棧道千里通於蜀漢。使天下皆畏秦。秦之欲得矣。君之功極矣。此亦秦之分功之時也。如時不退。則商君白公吳起大夫種是也。君何不以此時歸相印。讓賢者授之。退而巖居川觀。必有伯夷之廉。長爲應侯。世世稱孤。而有喬松之壽。孰與以禍終哉。此則君何居焉。應侯曰善。乃延入坐爲上客。後數日。入朝言於秦昭王曰。客新有從山東來者蔡澤。其人辯士。臣之見人甚衆。莫有及者。臣不如也。秦昭王召見。與說大說之。拜爲客卿。應侯因謝病請歸相印。昭王彊起應侯。應侯遂稱篤。因免相。昭王新說蔡澤計畫。遂拜爲秦相。東收周室。蔡澤相秦王數月。人或惡之。懼誅。乃謝病歸相印。號爲剛成君。居秦十餘年。事昭王孝文王莊襄王。卒事始皇帝。爲秦使於燕。三年而燕使太子丹入質於秦。

鄒忌諷威王納諫　以下七首齊策

鄒忌修八尺有餘。而形貌昳麗。朝服衣冠窺鏡。謂其妻曰。我孰與城北徐公美。其妻曰。君美甚。徐公何能及君也。城北徐公。齊國之美麗者也。忌不自信。而復問其妾曰。吾孰與徐公美。妾曰。徐公何能及君也。旦日。客從外來。與坐談。問之。吾與徐公孰美。客曰。徐公不若君之美也。明日。徐公來。孰視之。自以爲不如。窺鏡而自視。又弗如遠甚。暮寢而思之。曰。吾妻之美我者。私我也。妾之美我者。畏我也。客之美我者。欲有求於我也。於是入朝見威王曰。臣誠知不如徐公美。臣之妻私臣。臣之妾畏臣。臣之客欲有求於臣。皆以美於徐公。今齊地方千里。百二十城。宮婦左右。莫不私王。朝廷之臣。莫不畏王。四境之內。莫不有求於王。由此觀之。王之蔽甚矣。王曰。善。乃下令。羣臣吏民。能面刺寡人之過者。受上賞。上書諫寡人者。受中賞。能謗議於市朝。聞寡人之耳者。受下賞。令初下。羣臣進諫。門庭若市。數月之後。時時而間進。朞年之後。雖欲言。無可進者。燕趙韓魏聞之。皆朝於齊。此所謂戰勝於朝廷。

王斗說宣王好士

先生王斗。造門而欲見齊宣王。宣王使謁者延入。王斗曰。斗趨見王。為好勢。王趨見斗。為好士。於王何如。使者復還報。王曰。先生徐之。寡人請從。宣王因趨而迎之於門。與入曰。寡人奉先君之宗廟。守社稷。聞先生直言正諫不諱。王斗對曰。王聞之過。斗生於亂世。事亂君。焉敢直言正諫。宣王忿然作色不說。有閒。王斗曰。昔先君桓公所好者。五九合諸侯。一匡天下。天子受籍。立為太伯。今王有四焉。宣王說曰。寡人愚陋。守齊國。惟恐失抎之。焉能有四焉。王斗曰。否。先君好馬。王亦好馬。先君好狗。王亦好狗。先君好酒。王亦好酒。先君好色。王亦好色。先君好士。而王不好士。宣王曰。當今之世無士。寡人何好。王斗曰。世無騏驎騄耳。王駟已備矣。世無東郭逡盧氏之狗。王之走狗已具矣。世無毛嬙西施。王宮已充矣。王亦不好士也。何患無士。王曰。寡人憂國愛民。固願得士以治之。王斗曰。王之憂國愛民。不若王愛尺縠也。王曰。何謂也。王斗曰。王使人為冠。不使左右便辟而使工者何也。為能之也。今王治齊。非左右便辟無使也。臣故曰不如愛尺縠也。宣王謝曰。寡人有罪國家。於是舉士五人任官。齊國大治。

陳軫為宣王說楚昭陽勿伐魏

昭陽為楚伐魏。覆軍殺將得八城。移兵攻齊。陳軫為齊王見昭陽。再拜賀戰勝。起而問楚之法。覆軍殺將。其官爵何也。昭陽曰。官為上柱國。爵為上執珪。陳軫曰。異貴於此者何也。曰唯令尹耳。陳軫曰。令尹貴矣。主非置兩令尹也。臣竊為公譬可也。楚有祠者。賜其舍人卮酒。舍人相謂曰。數人飲之不足。一人飲之有餘。請畫地為蛇。先成者飲酒。一人蛇先成。引酒且飲。乃左手持卮。右手畫蛇。曰。吾能為之足。未成。一人之蛇成。奪其卮。曰。蛇固無足。子安能為之足。遂飲其酒。為蛇足者。終亡其酒。今君相楚而攻魏。破軍殺將。得八城。不弱兵。欲攻齊。齊畏公甚。公以是為名。亦足矣。官之上非可重也。戰無不勝而不知止者。身且死。爵且後歸。猶為蛇足也。昭陽以為然。解軍而去。

馮諼客孟嘗君

齊人有馮諼（一作驩又作煖下並同）者。貧乏不能自存。使人屬孟嘗君。願寄食門下。孟嘗君曰。客何好。曰。客無好也。曰。客何能。曰。客無能也。孟嘗君笑而受之曰。諾。左右以君賤之也。食以草具。居有頃。倚柱彈其劍。歌曰。長鋏歸來乎。食無魚。左右以告。孟嘗君曰。食之。比門下之客。居有頃。復彈其鋏。歌曰。長鋏歸來乎。出無車。左右皆笑之。以告。孟嘗君曰。為之駕。比門下之車客。於是乘其車。揭其劍。過其友曰。孟嘗君客我。後有頃。復彈其劍鋏。歌曰。長鋏歸來乎。無以爲家。左右皆惡之。以爲貪而不知足。孟嘗君問。馮公有親乎。對曰。有老母。孟嘗君使人給其食用。無使乏。於是馮諼不復歌。後孟嘗君出記。問門下諸客。誰習計會。能爲文收責於薛者乎。馮諼署曰。能。孟嘗君怪之。曰。此誰也。左右曰。乃歌夫長鋏歸來者也。孟嘗君笑曰。客果有能也。吾負之。未嘗見也。請而見之。謝曰。文倦於事。憒於憂。而性懧愚。沈於國家之事。開罪於先生。先生不羞。乃有意欲爲收責於薛乎。馮諼曰。願之。於是約車治裝。載券契而行。辭曰。責畢收。以何市而反。孟嘗君曰。視吾家所寡有者。驅而之薛。使吏召諸民當償者。悉來合券。券徧合。起。矯命以責賜諸民。因燒其券。民稱萬歲。長驅到齊。晨而求見。孟嘗君怪其疾也。衣冠而見之。曰。責畢收乎。來何疾也。曰。收畢矣。以何市而反。馮諼曰。君云視吾家所寡有者。臣竊計君宮中積珍寶。狗馬實外廄。美人充下陳。君家所寡有者以義耳。竊以爲君市義。孟嘗君曰。市義奈何。曰。今君有區區之薛。不拊愛子其民。因而賈利之。臣竊矯君命。以責賜諸民。因燒其券。民稱萬歲。乃臣所以爲君市義也。孟嘗君不說。曰。諾。先生休矣。後朞年。齊王謂孟嘗君曰。寡人不敢以先王之臣爲臣。孟嘗君就國於薛。未至百里。民扶老攜幼。迎君道中。終日。孟嘗君顧謂馮諼。先生所爲文市義者。乃今日見之。馮諼曰。狡兔有三窟。僅得免其死耳。今有一窟。未得高枕而臥也。請爲君復鑿二窟。孟嘗君予車五十乘。金五百斤。西遊於梁。謂梁王曰。

齊放其大臣孟嘗君於諸侯。諸侯先迎之者。富而兵强。於是梁王虛上位。以故相爲上將軍。遣使者黃金千斤。車百乘。往聘孟嘗君。馮諼先驅。誡孟嘗君曰。千金。重幣也。百乘。顯使也。齊其聞之矣。梁使三反。孟嘗君固辭不往也。齊王聞之。君臣恐懼。遣太傅齎黃金千斤。文車二駟。服劍一。封書一。謝孟嘗君曰。寡人不祥。被於宗廟之祟。沈於諂諛之臣。開罪於君。寡人不足爲也。願君顧先王之宗廟。姑反國統萬人乎。馮諼誡孟嘗君曰。願請先王之祭器。立宗廟於薛。廟成。還報孟嘗君曰。三窟已就。君姑高枕爲樂矣。孟嘗君爲相數十年。無纖介之禍者。馮諼之計也。

魯仲連遺燕將書

燕攻齊。取七十餘城。惟莒即墨未下。齊田單以即墨破燕。殺騎劫。初燕將攻下聊城。人或讒之燕。燕將懼誅。遂保守聊城。不敢歸。田單攻之。歲餘。士卒多死。而聊城不下。魯連乃爲書。約之矢以射城中。遺燕將曰。吾聞之。智者不倍時而棄利。勇士不怯死而滅名。忠臣不先身而後君。今公行一朝之忿。不顧燕王之無臣。非忠也。殺身亡聊城。而威不信於齊。非勇也。功廢名滅。後世無稱。非智也。故智者不再計。勇士不怯死。今生死榮辱。尊卑貴賤。此其一時也。願公之詳計而無與俗同也。且楚攻南陽。魏攻平陸。齊無南面之心。以爲亡南陽之害。不若得濟北之利。故定計而堅守之。今秦人下兵。魏不敢東面。橫秦之勢合。則楚國之形危。且齊棄南陽。斷右壤存濟北。計必爲之。今楚魏交退。燕救不至。齊無天下之規。與聊城共據朞年之敝。卽臣見公之不能得也。齊必決之於聊城。公無再計。彼燕國大亂。君臣過計。上下迷惑。栗腹以十萬之衆五折於外。萬乘之國被圍於趙。壤削主困。爲天下戮。公聞之乎。今燕王方寒心獨立。大臣不足恃。國敝禍多。民心無所歸。今公又以聊城之民距全齊之兵。朞年不解。是墨翟之守也。食人炊骨。士無反北之心。是孫臏吳起之兵也。能以見於天下矣。故爲公計。不如罷兵休士。全車甲。歸報燕王。燕王必喜。士民見公如見父母。交游攘臂而議於世。功業可明矣。上輔孤主以制羣臣。下養百姓以資說士。矯國革俗於天下。功名可立也。意者亦捐燕棄世。東游於齊乎。請裂地定封。富比陶衞。世世稱寡。與齊久存。此亦一計也。二者顯名厚實也。願公熟計而審處一也。且吾聞效小節者不能行大威。惡小恥者不能立榮名。昔者管仲射桓公中鉤。篡也。遺公子糾而不能死。怯也。束縛桎梏。辱身也。此三行者。鄉里不通也。世主不臣也。使管仲終窮抑幽囚而不出。慙恥而不見。窮年沒壽。不免爲辱人賤行矣。然管子幷三行之過。據齊國之政。一匡天下。九合諸侯。爲五霸首。名高天下。光照鄰國。曹沫爲魯君將。三戰三北。而喪地千里。使曹子之足不離陳。計不顧後。出必死而不生。則不免爲敗軍禽將。曹子以敗軍禽將。非勇也。功廢名滅。後世無稱。非智也。故去三敗之恥。退而與魯君計也。曹子以爲遭齊桓公有天下。朝諸侯。曹子以一劍之任。劫桓公於壇位之上。顏色不變。而辭氣不悖。三戰之所喪。一朝而反之。天下震動驚駭。威信吳楚。傳名後世。若此二公者。非不能行小節。死小恥也。以爲殺身絕世。功名不立。非智也。故去忿恚之心。而成終身之名。除感忿之恥。而立累世之功。故業與三王爭流。名與天壤相敝也。公其圖之。燕將曰。敬聞命矣。因罷兵倒韣而去。故解齊國之圍。救百姓之死。仲連之說也。

魯仲連與田單論攻狄

田單將攻狄。往見魯仲子。仲子曰。將軍攻狄。不能下也。田單曰。臣以五里之城。七里之郭。破亡餘卒。破萬乘之燕。復齊墟。攻狄而不下。何也。上車弗謝而去。遂攻狄。三月而不克之也。齊嬰兒謠曰。大冠若箕。修劍拄頤。攻狄不能下。壘枯邱。田單乃懼。問魯仲子曰。先生謂單不能下狄。請問其說。魯仲子曰。將軍之在卽墨。坐而織蕢。立則杖插。爲士卒倡曰。何往矣。宗廟亡矣。去日尙矣。歸於何黨矣。當此之時。將軍有死之心。而士卒無生之氣。聞若言。莫不揮泣奮臂而欲戰。此所以破燕也。當今將軍東有夜邑之奉。西有菑上之虞。黃金橫帶。而馳乎淄澠之閒。有生之樂。無死之心。所以不勝者也。田單曰。單有心。先生志之矣。明日乃厲氣循城。立於矢石之所。乃援枹鼓之。狄人乃下。

趙威后問齊使

齊王使使者問趙威后。書未發。威后問使者曰。歲亦無恙耶。民亦無恙耶。王亦無恙耶。使者不說。曰。臣奉使使威后。今不問王。而先問歲與民。豈先賤而後尊貴者乎。威后曰。不然。苟無歲。何有民。苟無民。何有君。故有舍本而問末者耶。乃進而問之曰。齊有處士曰鍾離子。無恙耶。是其爲人也。有糧者亦食。無糧者亦食。有衣者亦衣。無衣者亦衣。是助王養其民者也。何以至今不業也。葉陽子無恙乎。是其爲人。哀鰥寡。卹孤獨。振困窮。補不足。是助王息其民者也。何以至今不業也。北宮之女嬰兒子無恙耶。徹其環瑱。至老不嫁。以養父母。是皆率民而出於孝情者也。胡爲至今不朝也。此二士弗業。一女不朝。何以王齊國子萬民乎。於陵子仲尚存乎。是其爲人也。上不臣於王。下不治其家。中不索交諸侯。此率民而出於無用者。何爲至今不殺乎。

莫敖子華對威王歷論憂社稷之臣 以下三首楚策

威王問於莫敖子華曰。自從先君文王以至不穀之身。亦有不爲爵勸。不爲祿勉。以憂社稷者乎。莫敖子華對曰。如華不足以知之矣。王曰。不於大夫。無所聞之。莫敖子華對曰。君王將何問者也。彼有廉其爵。貧其身。以憂社稷者。有崇其爵。豐其祿。以憂社稷者。有斷脰決腹。壹瞑而萬世不視。不知所益。以憂社稷者。有勞其身。愁其思。以憂社稷者。亦有不爲爵勸。不爲祿勉。以憂社稷者。王曰。大夫此言。將何謂也。莫敖子華對曰。昔令尹子文。緇帛之衣以朝。鹿裘以處。未明而立於朝。日晦而歸食。朝不謀夕。無一日之積。故彼廉其爵。貧其身。以憂社稷者。令尹子文是也。昔者葉公子高身獲於表薄而財於柱國。定白公之禍。寧楚國之事。恢先君以揜方城之外。四封不侵。名不挫於諸侯。當此之時也。天下莫敢以兵南鄉。葉公子高食田六百畛。故彼崇其爵。豐其祿。以憂社稷者。葉公子高是也。昔者吳與楚戰於柏舉。兩軍之閒夫卒交。莫敖大心撫其御之手。顧而太息曰。嗟乎子乎。楚國亡之日至矣。吾將深入吳軍。若扑一人。若捽一人。以與大心者也。社稷其庶幾乎。故斷脰決腹。壹瞑而萬世不視。不知所益。以憂社稷者。莫敖大心是也。昔吳與楚戰於柏舉。三戰入郢。寡君身出。大夫悉屬。百姓離散。棼冒勃蘇曰。吾被堅執銳。赴强敵而死。此猶一卒也。不若奔諸侯。於是贏糧潛行。上崢山。踰深谿。蹠穿膝暴。七日而薄秦王之朝。雀立不轉。晝吟宵哭。七日不得告。水漿無入口。瘨而殫悶。旄不知人。秦王聞而走之。冠帶不相及。左奉其首。右濡其口。勃蘇乃蘇。秦王身問之。子孰誰也。棼冒勃蘇對曰。臣非異。楚使新造盩棼冒勃蘇。吳與楚人戰於柏舉。三戰入郢。寡君身出。大夫悉屬。百姓離散。使下臣來告亡。且求救。秦王顧令之起。寡人聞之。萬乘之君得罪一士。社稷其危。今此之謂也。遂出革車千乘。卒萬人。屬之子滿與子虎。下塞以東。與吳人戰於濁水而大敗之。亦聞於遂浦。故勞其身。愁其思。以憂社稷者。棼冒勃蘇是也。吳與楚戰於柏舉。三戰入郢。君王身出。大夫悉屬。百姓離散。蒙穀結鬬於宮唐之上。舍鬬奔郢。曰。若有孤。楚國社稷其庶幾乎。遂入大宮。負雞次之典以浮於江。逃於雲夢之中。昭王反郢。五官失法。

百姓昏亂。蒙穀獻典。五官得法。而百姓大治。此蒙穀之功。多與存國相若。封之執珪。田六百畛。蒙穀怒曰。穀非人臣。社稷之臣。苟社稷血食。餘豈患無君乎。遂自棄於磨山之中。至今無位。故不爲爵勸。不爲祿勉。以憂社稷者。蒙穀是也。王乃太息曰。此古之人也。今之人焉能有之耶。莫敖子華對曰。昔者先君靈王好小腰。楚士約食。馮而能立。式而能起。食之可欲。忍而不入。死之可惡。就而不避。華聞之。其君好發者。其臣決拾。君王直不好。若君王誠好賢。此五臣者。皆可得而致之。

莊辛與襄王論幸臣亡國

莊辛謂楚襄王曰。君王左州侯。右夏侯。輦從鄢陵君與壽陵君。專淫逸侈靡。不顧國政。郢都必危矣。襄王曰。先生老悖乎。將以爲楚國妖祥乎。莊辛曰。臣誠見其必然者也。非敢以爲國妖祥也。君王卒幸四子者不衰。楚國必亡矣。臣請避於趙。淹留以觀之。莊辛去之趙。留五月。秦果舉鄢郢巫上蔡陳之地。襄王流揜於城陽。於是使人發騶。徵莊辛於趙。莊辛曰。諾。莊辛至。襄王曰。寡人不能用先生之言。今事至於此。爲之奈何。莊辛對曰。臣聞鄙語曰。見兎而顧犬。未爲晚也。亡羊而補牢。未爲遲也。臣聞昔湯武以百里昌。桀紂以天下亡。今楚國雖小。絕長續短。猶有數千里。豈特百里哉。王獨不見夫蜻蛉乎。六足四翼。飛翔乎天地之間。俛啄蚊虻而食之。仰承甘露而飲之。自以爲無患。與人無爭也。不知夫五尺童子。方將調飴膠絲。加己乎四仞之上。而下爲螻蟻食也。黃雀因是以俯噣白粒。仰棲茂樹。鼓翅奮翼。自以爲無患。與人無爭也。不知夫公子王孫。左挾彈。右攝丸。將加己乎十仞之上。以其類爲招。晝游乎茂樹。夕調乎酸鹹。倏忽之間。墜於公子之手。夫雀其小者也。黃鵠因是以游乎江海。淹乎大沼。俯噣鱔鯉。仰嚙蔆衡。奮其六翮而淩清風。飄搖乎高翔。自以爲無患。與人無爭也。不知夫射者方將修其碆盧。治其繒繳。將加己乎百仞之上。被礛磻。引微繳。折清風而抎矣。故晝游乎江河。夕調乎鼎鼐。夫黃鵠其小者也。蔡靈侯之事因是以。南游乎高陂。北陵乎巫山。飲茹溪流。食湘波之魚。左抱幼妾。右擁嬖女。與之馳騁乎高蔡之中。而不以國家爲事。不知夫子發方受命乎宣王。繫己以朱絲而見之也。蔡靈侯之事其小者也。君王之事因是以。左州侯。右夏侯。輦從鄢陵君與壽陵君。飯封祿之粟。而載方府之金。與之馳騁乎雲夢之中。而不以天下國家爲事。而不知夫穰侯方受命乎秦王。塡黽塞之內。而投己乎黽塞之外。襄王聞之。顏色變作。身體戰慄。於是乃執珪而授之。封之爲陽陵君。與淮北之地也。

李園謀殺春申君

楚考烈王無子。春申君患之。求婦人宜子者進之。甚衆。卒無子。趙人李園持其女弟。欲進之楚王。聞其不宜子。恐又無寵。李園求事春申君爲舍人。已而謁歸。故失期。還謁。春申君問狀。對曰。齊王遣使求臣女弟。與其使者飲。故失期。春申君曰。聘入乎。對曰。未也。春申君曰。可得見乎。曰。可。於是園乃進其女弟。卽幸於春申君。知其有身。園乃與其女弟謀。園女弟承閒說春申君曰。楚王之貴幸君。雖兄弟不如。今君相楚王二十餘年。而王無子。卽百歲後將更立兄弟。卽楚王更立。彼亦各貴其故所親。君又安得長有寵乎。非徒然也。君用事久。多失禮於王兄弟。兄弟誠立。禍且及身。奈何以保相印江東之封乎。今妾自知有身矣。而人莫知妾之幸君未久。誠以君之重而進妾於楚王。王必幸妾。妾賴天而有男。則是君之子爲王也。楚國封盡可得。孰與其臨不測之罪乎。春申君大然之。乃出園女弟謹舍。而言之楚王。楚王召入幸之。遂生子男。立爲太子。以李園女弟立爲王后。楚王貴李園。李園用事。李園既入其女弟爲王后。子爲太子。恐春申君語泄而益驕。陰養死士。欲殺春申君以滅口。而國人頗有知之者。春申君相楚二十五年。考烈王病。朱英謂春申君曰。世有無妄之福。又有無妄之禍。今君處無妄之世。以事無妄之主。安不有無妄之人乎。春申君曰。何謂無妄之福。曰。君相楚二十餘年矣。雖名爲相國。實楚王也。五子皆相諸侯。今王疾甚。旦暮且崩。太子衰弱。疾而不起。而君相少主。因而代立當國。如伊尹周公。王長而反政。不卽遂南面稱孤。因而有楚國。此所謂無妄之福也。春申君曰。何謂無妄之禍。曰。李園不治國。王之舅也。不爲兵將。而陰養死士之日久矣。楚王崩。李園必先入。據本議制斷君命。秉權而殺君以滅口。此所謂無妄之禍也。春申君曰。何謂無妄之人。曰。君先仕臣爲郎中。君王崩。李園先入。臣請爲君剸其胸殺之。此所謂無妄之人也。春申君曰。先生置之。勿復言已。李園。輭弱之人也。僕又善之。又何至此。朱英恐。乃亡去。後十七日。楚考烈王崩。李園果先入。置死士止於棘門之內。春申君後入止棘門。園死士夾刺春申君。斬其頭。投之棘門外。於是使吏盡滅春申君之家。而李園女弟初幸春申君有身而入之王所生子者。遂立爲楚幽王也。是歲。秦始皇立九年矣。嫪毒亦爲亂於秦。覺。夷三族。而呂不韋廢。

蘇秦始以合從說肅侯 以下四首趙策

蘇秦從燕之趙。始合從。說趙王曰。天下之卿相人臣。乃至布衣之士。莫不高賢大王之行義。皆願奉教陳忠於前之日久矣。雖然。奉陽君妬。大王不得任事。是以外賓客遊談之士。無敢盡忠於前者。今奉陽君捐館舍。大王乃今然後得與士民相親。臣故敢進其愚忠。爲大王計。莫若安民無事。請無庸有爲也。安民之本。在於擇交。擇交而得。則民安。擇交不得。則民終身不得安。請言外患。齊秦爲兩敵。而民不得安。倚秦攻齊。而民不得安。倚齊攻秦。而民不得安。故夫謀人之主。伐人之國。常苦出辭斷絕人之交。願大王愼無出於口也。請屏左右。白言所以異陰陽而已矣。大王誠能聽臣。燕必致氈裘狗馬之地。齊必致海隅魚鹽之地。楚必致橘柚雲夢之地。韓魏皆可使致封地湯沐之邑。貴戚父兄。皆可以受封侯。夫割地效實。五霸之所以覆軍禽將而求也。封侯貴戚。湯武之所以放殺而爭也。今大王垂拱而兩有之。是臣之所以爲大王願也。大王與秦。則秦必弱韓魏。與齊。則齊必弱楚魏。魏弱。則割河外。韓弱。則效宜陽。宜陽效。則上郡絕。河外割。則道不通。楚弱。則無援。此三策者。不可不熟計也。夫秦下軹道。則南陽動。劫韓包周。則趙自銷鑠。據衞取淇。則齊必入朝。秦欲已得行於山東。則必舉甲而向趙。秦甲涉河踰漳。據番吾。則兵必戰於邯鄲之下矣。此臣之所以爲大王患也。當今之時。山東之建國。莫如趙强。趙地方二千里。帶甲數十萬。車千乘。騎萬匹。粟支十年。西有常山。南有河漳。東有淸河。北有燕國。燕固弱國。不足畏也。且秦之所畏害於天下者。莫如趙。然而秦不敢舉兵甲而伐趙者。何也。畏韓魏之議其後也。然則韓魏。趙之南蔽也。秦之攻韓魏也。則不然。無有名山大川之限。稍稍蠶食之。傅之國都而止矣。韓魏不能支秦。必入臣於秦。秦無韓魏之隔。禍必中於趙矣。此臣之所以爲大王患也。臣聞堯無三夫之分。舜無咫尺之地。以有天下。禹無百人之聚。以王諸侯。湯武之卒不過三千人。車不過三百乘。而爲天子。誠得其道也。是故明主外料其敵國之强弱。內度其士卒之衆寡賢與不肖。不待兩軍相當。而勝敗存亡之機節。固已見於胸中矣。豈掩於衆人之言。而以冥冥決事哉。臣竊以天下地圖案之。諸侯之地。五倍於秦。料諸侯之卒。十倍於秦。六國并力爲一。西面而攻秦。秦破必矣。今西面而事之。見臣於秦。夫破人之與破於人也。臣人之與臣於人也。豈可同日而言之哉。夫橫人者。皆欲割諸侯之地以與秦成。與秦成則高臺榭。美宮室。聽竽笙琴瑟之音。察五味之和。

前有軒轅。後有長庭。美人巧笑。卒有秦患。而不與其憂。是故橫人日夜務以秦權恐喝諸侯。以求割地。願大王之熟計之也。臣聞明主絕疑去讒。屏流言之迹。塞朋黨之門。故尊主廣地强兵之計。臣得陳忠於前矣。故竊爲大王計。莫如一韓魏齊楚燕趙六國從親以儐畔秦。令天下之將相相與會於洹水之上。通質刑白馬以盟之。約曰。秦攻楚。齊魏各出銳師以佐之。韓絕食道。趙涉河漳。燕守常山之北。秦攻韓魏。則楚絕其後。齊出銳師以佐之。趙涉河漳。燕守雲中。秦攻齊。則楚絕其後。韓守成皋。魏塞午道。趙涉河漳博關。燕出銳師以佐之。秦攻燕。則趙守常山。楚軍武關。齊涉渤海。韓魏出銳師以佐之。秦攻趙。則韓軍宜陽。楚軍武關。魏軍河外。齊涉渤海。燕出銳師以佐之。諸侯有先背約者。五國共伐之。六國從親以儐秦。秦必不敢出兵於函谷關以害山東矣。如是則霸業成矣。趙王曰。寡人年少。莅國之日淺。未嘗得聞社稷之長計。今上客有意存天下。安諸侯。寡人敬以國從。乃封蘇秦爲武安君。飾車百乘。黃金千鎰。白璧百雙。錦繡千純。以約諸侯。

武靈王與羣臣論胡服騎射

武靈王平晝閒居。肥義侍坐。曰。王慮世事之變。權甲兵之用。念簡襄之迹。計胡狄之利乎。王曰。嗣立不忘先德。君之道也。錯質務明主之長。臣之論也。是以賢君靜而有道民便事之教。動而有明古先世之功。爲人臣者。窮有弟長辭讓之節。通有補民益主之業。此兩者君臣之分也。今吾欲繼襄主之業。啟胡翟之鄉。而卒世不見也。敵弱者用力少而功多。可以無盡百姓之勞。而享往古之勳。夫有高世之功者。必負遺俗之累。有獨智之慮者。必被庶人之怨。今吾將胡服騎射以教百姓。而世必議寡人矣。肥義曰。臣聞之。疑事無功。疑行無名。今王卽定負遺俗之慮。殆毋顧天下之議矣。夫論至德者。不和於俗。成大功者。不謀於衆。昔舜舞有苗。而禹袒入裸國。非以養欲而樂志也。欲以論德而要功也。愚者昧於成事。智者見於未萌。王其遂行之。王曰。寡人非疑胡服也。吾恐天下笑之。狂夫之樂。智者哀焉。愚者之笑。賢者戚焉。世有順我者。則胡服之功。未可知也。雖毆世以笑我。胡地中山。我必有之。王遂胡服。使王孫緤告公子成曰。寡人胡服。且將以朝。亦欲叔之服之也。家聽於親。國聽於君。古今之公行也。子不反親。臣不逆主。先王之通誼也。今寡人作教易服。而叔不服。吾恐天下議之也。夫制國有常。而利民爲本。從政有經。而令行爲上。故明德在於論賤。行政在於信貴。今胡服之意。非以養欲而樂志也。事有所出。功有所止。事成功立。然後德可見也。今寡人恐叔逆從政之經。以輔公叔之議。且寡人聞之。事利國者行無邪。因貴戚者名不累。故寡人願慕公叔之義。以成胡服之功。使緤謁之叔。請服焉。公子成再拜曰。臣固聞王之胡服也。不佞寢疾。不能趨走。是以不先進。王命之。臣固敢竭其愚忠。臣聞之。中國者。聰明睿智之所居也。萬物財貨之所聚也。賢聖之所教也。仁義之所施也。詩書禮樂之所用也。異敏技藝之所試也。遠方之所觀赴也。蠻夷之所義行也。今王釋此。而襲遠方之服。變古之教。易古之道。逆人之心。畔學者。離中國。臣願大王圖之。使者報王。王曰。吾固聞叔之病也。卽之公叔成家。自請之曰。夫服者。所以便用也。禮者。所以便事也。是以聖人觀其鄉而順宜。因其事而制禮。所以利其民而厚其國也。被髮文身。錯臂左衽。甌越之民也。黑齒雕題。鯷冠秫縫。大吳之國也。禮服不同。其便一也。是以鄉異而用變。事異而禮易。是故聖人苟可以利其民。不一其用。果可以便其事。不同其禮。儒者一師而禮異。中國同俗而教離。又況山谷之便乎。故去就之變。智者不能一。遠近之服。賢聖不能同。窮鄉多異。曲學多辯。不知而不疑。異於己而不非者。公於求善也。今卿之所言者。俗也。吾之所言者。所以制俗也。今吾國東有河薄洛之水。與齊中山同之。而無舟檝之用。自常山以至代上黨。東有燕東胡之境。西有樓煩秦韓之邊。而無騎射之備。故寡人且聚舟檝之用。求水居之民。以守河薄洛之水。變服騎射。以備燕東胡樓煩秦韓之邊。且昔者簡主不塞晉陽以及上黨。而襄主兼戎取代以攘諸胡。此愚智之所明也。先時中山負齊之强兵。侵掠吾地。係累吾民。引水圍鄗。非社稷之神靈。卽鄗幾不守。先王忿之。其怨未能報也。今騎射之服。近可以備上黨之形。遠可以報中山之怨。而叔也順中國之俗。以逆簡襄之意。惡變服之名。而忘國事之恥。非寡人所望於子。公子成再拜稽首曰。臣愚不達於王之議。敢道世俗之聞。今欲繼簡襄之意。以順先王之志。臣敢不聽令。再拜。乃賜胡服。趙文進諫曰。

農夫勞力。而君子養焉。政之經也。愚者陳意。而智者論焉。教之道也。臣無隱忠。君無蔽言。國之祿也。臣雖愚。願竭其忠。王曰。慮無侵擾。忠無過罪。子其言乎。趙文曰。當世輔俗。古之道也。衣服有常。禮之制也。循法無愆。民之職也。三者。先聖之所以教。今君釋此。而襲遠方之俗。變古之教。易古之道。故臣願王之圖之。王曰。卿言世俗之閒。常民溺於習俗。學者沈於所聞。此兩者。所以成官而順政也。非所以觀遠而論始也。且夫三代不同服而王。五霸不同教而政。智者作教。而愚者制焉。賢者議俗。不肖者拘焉。夫制於服之民。不足與論心。拘於俗之衆。不足與致意。故勢與俗化。而禮與變俱。聖人之道也。承教而動。循法無私。民之職也。知學之人。能與聞遷。達於禮之變。能與時化。故爲己者不待人。制今者不法古。子其釋之。趙造諫曰。隱忠不竭。奸之屬也。以私誣國。賤之類也。犯奸者身死。賤國者族宗。有此兩者。先王之明刑。臣下之大罪也。臣雖愚。願盡其忠。無遁其死。王曰。竭意不讓。忠也。上無蔽言。明也。忠不辟危。明不距人。子其言乎。趙造曰。臣聞之。聖人不易民而教。智者不變俗而動。因民而教者。不勞而成功。據俗而動者。慮徑而易見也。今王易初不循俗。胡服不顧世。非所以教民而成禮也。且服奇者志淫。俗僻者亂民。是以莅國者不襲奇僻之服。中國不近蠻夷之行。非所以教民而成禮者也。且循法無過。循禮無邪。臣願王之圖之。王曰。古今不同俗。何古之法。帝王不相襲。何禮之循。虙戲神農。教而不誅。黃帝堯舜。誅而不怒。及至三王。觀時而制法。因事而制禮。法度制令。各順其宜。衣服器械。各便其用。故理世不一其道。便國不必法古。聖人之興也。不相襲而王。夏殷之衰也。不易禮而滅。然則反古未可非。而循禮未足多也。且服奇而志淫。是鄒魯無奇行也。俗僻而民易。是吳越無俊民也。是以聖人利身之謂服。便事之謂教。進退之謂節。衣服之謂制。所以齊常民。非所以論賢者也。故聖與俗流。賢與變俱。諺曰。以書爲御者。不盡於馬之情。以古制今者。不達於事之變。故循法之功。不足以高世。法古之學。不足以制今。子其勿反也。

虞卿論割六城與秦之害

秦攻趙於長平。大破之。引兵而歸。因使人索六城於趙而講。趙計未定。樓緩新從秦來。趙王與樓緩計之曰。與秦城何如。不與何如。樓緩辭讓曰。此非人臣之所能知也。王曰。雖然。試言公之私。樓緩曰。王亦聞夫公甫文伯母乎。公甫文伯官於魯。病死。婦人爲之自殺於房中者二八。其母聞之。不肯哭也。相室曰。焉有子死而不哭者乎。其母曰。孔子。賢人也。逐於魯。是人不隨。今死而婦人爲死者十六人。若是者。其於長者薄。而於婦人厚。故從母言之。爲賢母也。從婦言之。必不免爲妬婦也。故其言一也。言者異。則人心變矣。今臣新從秦來。而言勿與。則非計也。言與之。則恐王以臣之爲秦也。故不敢對。使臣得爲王計之。不如予之。王曰。諾。虞卿聞之。入見王。王以樓緩言告之。虞卿曰。此飾說也。王曰。何謂也。虞卿曰。秦之攻趙也。倦而歸乎。王以其力尚能進。愛王而不攻乎。王曰。秦之攻我也。不遺餘力矣。必以倦而歸也。虞卿曰。秦以其力攻其所不能取。倦而歸。王又以其力之所不能攻而資之。是助秦自攻也。來年秦復攻王。王無以救矣。王以虞卿之言告樓緩。樓緩曰。虞卿能盡知秦力之所至乎。誠不知秦力之所至。此彈丸之地猶不予也。令秦來年復攻。王得無割其內而講乎。王曰。誠聽子割矣。子能必來年秦之不復攻我乎。樓緩對曰。此非臣之所敢任也。昔者三晉之交於秦相善也。今秦釋韓魏而獨攻王。王之所以事秦。必不如韓魏也。今臣爲足下解負親之攻。啓關通幣。齊交韓魏。至來年而王獨不取於秦。王之所以事秦者。必在韓魏之後也。此非臣之所敢任也。王以樓緩之言告虞卿。虞卿曰。樓緩言不講。來年秦復攻王。得無更割其內而講。今講。樓緩又不能必秦之不復攻也。雖割何益。來年復攻。又割其力之所不能取而講也。此自盡之術也。不如無講。秦雖善攻。不能取六城。趙雖不能守。亦不至失六城。秦倦而歸。兵必罷。我以六城收天下。以攻罷秦。是我失之於天下。而取償於秦也。吾國尚利。孰與坐而割地。自弱以強秦。今樓緩曰。秦善韓魏而攻趙者。必王之事秦不如韓魏也。是使王歲以六城事秦也。即坐而地盡矣。來年秦復求割地。王將予之乎。不予。則是棄前資而挑秦禍也。與之。則無地而給之。語曰。強者善攻。而弱者不能自守。今坐而聽秦。秦兵不敝而多得地。是強秦而弱趙也。以益強之秦。而割愈弱之趙。其計固不止矣。且秦虎狼之國也。無禮義之心。其求無已。而王之地有盡。以有盡之地。給無已之求。其勢必無趙矣。故曰此飾說也。王必勿與。王曰諾。樓緩聞之。入見於王。王又以虞卿之言告之。樓緩曰不然。虞卿得其一。未得其二也。夫秦趙搆難。而天下皆說。何也。曰我將因强而乘弱。今趙兵困於秦。天下之賀戰勝者。則必在於秦矣。故不若亟割地求和。以疑天下。慰秦心。不然。天下將因秦之怒。乘趙之敝。而瓜分之。趙且亡。何秦之圖。王以此斷之。勿復計也。虞卿聞之。又入見王曰。危矣。樓子之爲秦也。夫趙兵困於秦。又割地爲和。是愈疑天下。而何慰秦心哉。不亦大示天下弱乎。且臣曰勿予者。非固勿予而已也。秦索六城於王。王以六城賂齊。齊秦之深讎也。得王六城。幷力而西擊秦也。齊之聽王。不待辭之畢也。是王失於齊。而取償於秦。一舉結三國之親。而與秦易道也。趙王曰善。因發虞卿東見齊王。與之謀秦。虞卿未反。秦之使者已在趙矣。樓緩聞之。逃去。

魯仲連說辛垣衍義不帝秦

秦圍趙之邯鄲。魏安釐王使將軍晉鄙救趙。畏秦。止於蕩陰。不進。魏王使客將軍辛垣衍。間入邯鄲。因平原君謂趙王曰。秦所以急圍趙者。前與齊閔王爭强爲帝。已而復歸帝。以齊故。今齊益弱。方今惟秦雄天下。此非必貪邯鄲。其意欲求爲帝。趙誠發使尊秦王爲帝。秦必喜。罷兵去。平原君猶豫未有所決。此時魯仲連適游趙。會秦圍趙。聞魏將欲令趙尊秦爲帝。乃見平原君曰。事將奈何矣。平原君曰。勝也何敢言事。百萬之衆折於外。今又內圍邯鄲而不去。魏王使客將軍辛垣衍令趙帝秦。今其人在是。勝也何敢言事。魯連曰。始吾以君爲天下之賢公子也。吾乃今然後知君非天下之賢公子也。梁客辛垣衍安在。吾請爲君責而歸之。平原君曰。勝請爲召而見之於先生。平原君遂見辛垣衍曰。東國有魯連先生。其人在此。勝請爲紹介。而見之於將軍。辛垣衍曰。吾聞魯連先生。齊國之高士也。衍人臣也。使事有職。吾不願見魯連先生也。平原君曰。勝已泄之矣。辛垣衍許諾。魯連見辛垣衍而無言。辛垣衍曰。吾視居此圍城之中者。皆有求於平原君者也。今吾視先生之玉貌。非有求於平原君者。曷爲久居此圍城之中而不去也。魯連曰。世以鮑焦無從容而死者。皆非也。今衆人不知。則爲一身。彼秦棄禮義而上首功之國也。權使其士。虜使其民。彼則肆然而爲帝。過而遂正於天下。則連有赴東海而死耳。吾不忍爲之民也。所爲見將軍者。欲以助趙也。辛垣衍曰。先生助之奈何。魯連曰。吾將使梁及燕助之。齊楚固助之矣。辛垣衍曰。燕則吾請以從矣。若乃梁則吾乃梁人也。先生惡能使梁助之耶。魯連曰。梁未睹秦稱帝之害故也。使梁睹秦稱帝之害。則必助趙矣。辛垣衍曰。秦稱帝之害將奈何。魯仲連曰。昔齊威王嘗爲仁義矣。率天下諸侯而朝周。周貧且微。諸侯莫朝。而齊獨朝之。居歲餘。周烈王崩。諸侯皆弔。齊後往。周怒。赴於齊曰。天崩地坼。天子下席。東藩之臣田嬰齊後至。則斮之。威王勃然怒曰。叱嗟。而母婢也。卒爲天下笑。故生則朝周。死則叱之。誠不忍其求也。彼天子固然。其無足怪。辛垣衍曰。先生獨未見夫僕乎。十人而從一人者。寧力不勝。智不若耶。畏之也。魯仲連曰。然。梁之比於秦若僕耶。辛垣衍曰。然。魯仲連曰。然則吾將使秦王烹醢梁王。辛垣衍怏然不說曰。噫。亦太甚矣先生之言也。先生又惡能使秦王烹醢梁王。魯仲連曰。固也。待吾言之。昔者鬼侯鄂侯文王紂之三公也。鬼侯有子而好。故入之於紂。紂以爲惡。醢鬼侯。鄂侯爭之急。辨之疾。故脯鄂侯。文王聞之。喟然而歎。故拘之於牖里之庫百日。而欲令之死。曷爲與人俱稱帝王。卒就脯醢之地也。齊閔王將之魯。夷維子執策而從。謂魯人曰。子將何以待吾君。魯人曰。吾將以十太牢待子之君。夷維子曰。子安取禮而來待吾君。彼吾君者。天子也。天子巡狩。諸侯避舍。納筦鍵。攝衽抱几。視膳於堂下。天子已食。退而聽朝也。魯人投其籥。不果納。不得入於魯。將之薛。假涂於鄒。當是時。鄒君死。閔王欲入弔。夷維子謂鄒之孤曰。天子弔。主人必將倍殯柩。設北面於南方。然後天子南面弔也。鄒之羣臣曰。必若此。吾將伏劍而死。故不敢入於鄒。鄒魯之臣。生則不得事養。死則不得飯含。然且欲行天子之禮於鄒魯之臣。不果納。今秦萬乘之國。梁亦萬乘之國。俱據萬乘之國。交有稱王之名。睹其一戰而勝。欲從而帝之。是使三晉之大臣不如鄒魯之僕妾也。且秦無已而帝。則且變易諸侯之大臣。彼將奪其所謂不肖。而予其所謂賢。奪其所憎。而與其所愛。彼又將使其子女讒妾。爲諸侯妃姬。處梁之宮。梁王安得晏然而已乎。而將軍又何以得故寵乎。於是辛垣衍起。再拜謝曰。始以先生爲庸人。吾乃今日而知先生爲天下之士也。吾請去。不敢復言帝秦。秦將聞之。爲卻軍五十里。適會公子無忌奪晉鄙軍以救趙。擊秦。秦軍引而去。於是平原君欲封魯仲連。魯仲連辭讓者三。終不肯受。平原君乃置酒。酒酣起前以千金爲魯連壽。魯連笑曰。所貴於天下之士者。爲人排患釋難解紛亂而無所取也。即有所取者。是商賈之人也。仲連不忍爲也。遂辭平原君而去。終身不復見。

魯君侍惠王宴避席擇言爲戒　以下三首魏策

梁王魏嬰觴諸侯於范臺。酒酣。請魯君舉觴。魯君興。避席擇言曰。昔者帝女令儀狄作酒而美。進之禹。禹飲而甘之。遂疏儀狄。絕旨酒。曰。後世必有以酒亡其國者。齊桓公夜半不嗛。易牙乃煎熬燔炙。和調五味而進之。桓公食之而飽。至旦不覺。曰。後世必有以味亡其國者。晉文公得南之威。三日不聽朝。遂推南之威而遠之。曰。後世必有以色亡其國者。楚王登強臺而望崩山。左江而右湖。以臨彷徨。其樂忘死。遂盟強臺而弗登。曰。後世必有以高臺陂池亡其國者。今主君之尊。儀狄之酒也。主君之味。易牙之調也。左白台而右閭須。南威之美也。前夾林而後蘭臺。強臺之樂也。有一於此。足以亡其國。今主君兼此四者。可無戒與。梁王稱善相屬。

張儀爲秦以連衡說哀王

張儀爲秦連橫說魏王曰。魏地方不至千里。卒不過三十萬人。地四平。諸侯四通。條達輻湊。

無有名山大川之限。從鄭至梁。不過百里。從陳至梁。二百餘里。馬馳人趨。不待倦而至梁。南與楚境。西與韓境。北與趙境。東與齊境。卒戍四方守亭障者。參列。粟糧漕庾。不下十萬。魏之地勢。故戰場也。魏南與楚而不與齊。則齊攻其東。東與齊而不與趙。則趙攻其北。不合於韓。則韓攻其西。不親於楚。則楚攻其南。此所謂四分五裂之道也。且夫諸侯之爲從者。以安社稷尊主强兵顯名也。合從者一天下。約爲兄弟。刑白馬以盟於洹水之上。以相堅也。夫親昆弟同父母。尚有爭錢財。而欲恃詐僞反覆蘇秦之餘謀。其不可以成亦明矣。大王不事秦。秦下兵攻河外。拔卷衍燕酸棗。劫衞取晉陽。則趙不南。趙不南則魏不北。魏不北則從道絕。則大王之國欲求無危不可得也。秦挾韓而攻魏。韓劫於秦。不敢不聽。秦韓爲一國。魏之亡可立而須也。此臣之所以爲大王患也。爲大王計。莫如事秦。事秦則楚韓必不敢動。無楚韓之患。則大王高枕而臥。國必無憂矣。且夫秦之所欲弱莫如楚。而能弱楚者莫若魏。楚雖有富大之名。其實空虛。其卒雖衆多。然而輕走易北。不敢堅戰。悉魏之兵南面而伐。勝楚必矣。夫虧楚而益魏。攻楚而適秦。內嫁禍安國。此善事也。大王不聽臣。秦甲出而東伐。雖欲事秦而不可得也。且夫從人多奮辭而寡可信。說一諸侯之王。出而乘其車。約一國而成。反而取封侯之基。是故天下之遊士。莫不日夜搤腕瞋目切齒以言從之便。以說人主。人主覽其辭。牽其說。惡得無眩哉。臣聞積羽沈舟。羣輕折軸。衆口鑠金。故願大王之熟計之也。魏王曰。寡人戇愚。前計失。之請稱東藩。築帝宮。受冠帶。祠春秋。效河外。

信陵君諫安釐王與秦攻韓

魏將與秦攻韓。無忌謂魏王曰。秦與戎翟同俗。有虎狼之心。貪戾好利而無信。不識禮義德行。苟有利焉。不顧親戚兄弟。若禽獸耳。此天下之所同知也。非所施厚積德也。故太后。母也。而以憂死。穰侯。舅也。功莫大焉。而竟逐之。兩弟無罪。而再奪之國。此其於親戚兄弟若此。而又況於仇讎之敵國也。今大王與秦伐韓。而益近秦。臣甚惑之。而王弗識也。則不明矣。羣臣知之。而莫以此諫。則不忠矣。今夫韓氏。以一女子承一弱主。內有大亂。外安能支強秦魏之兵。王以為不破乎。韓亡。秦有鄭地。與大梁鄰。王以為安乎。王欲得故地。而今負強秦之禍也。王以為利乎。秦非無事之國也。韓亡之後。必且更事。更事必就易與利。就易與利。必不伐楚與趙矣。是何也。夫越山踰河。絕韓之上黨。而攻強趙。則是復閼與之事也。秦必不為也。若道河內。倍鄴朝歌。絕漳滏之水。而以與趙兵決勝於邯鄲之郊。是受智伯之禍也。秦又不敢。伐楚。道涉山谷。行三千里。而攻危隘之塞。所行者甚遠。而所攻者甚難。秦又弗為也。若道河外。倍大梁。而右上蔡召陵。以與楚兵決於陳郊。秦又不敢也。故曰。秦必不伐楚與趙矣。又不攻衞與齊矣。韓亡之後。兵出之日。非魏無攻矣。秦故有懷茅邢丘安城垝津。以臨河內。河內共汲。莫不危矣。秦有鄭地。得垣雍。決熒澤而水大梁。大梁必亡矣。王之使者大過矣。乃惡安陵氏於秦。秦之欲許之久矣。然而秦之葉陽昆陽與舞陽高陵鄰。聽使者之惡也。隨安陵氏而欲亡之。秦繞舞陽之北。以東臨許。則南國必危矣。南國雖無危。則魏國豈得安哉。且夫憎韓不愛安陵氏。可也。夫不患秦之不愛南國。非也。異日者。秦乃在河西晉國之去梁也千里有餘。有河山以闌之。有周韓而閒之。從林鄉軍以至於今。秦十攻魏。五入國中。邊城盡拔。文臺墮。垂都焚。林木伐。麋鹿盡。而國繼以圍。又長驅梁北。東至陶衛之郊。北至乎闞。所亡乎秦者。山北河外河內大縣數百。名都數十。秦乃在河西晉國之去大梁也尚千里。而禍若是矣。又況於使秦無韓而有鄭地。無山河以闌之。無周韓以閒之。去大梁百里。禍必百此矣。異日者。從之不成矣。楚魏疑而韓不可得而約也。今韓受兵三年矣。秦撓之以講。韓知亡。猶弗聽。投質於趙。而請爲天下雁行頓刃。以臣之愚觀之。則楚趙必與之攻矣。此何也。則皆知秦欲之無窮也。非盡亡天下之兵。而臣海內之民。必不休矣。是故臣願以從事乎王。王速受楚趙之約。而挾韓之質。以存韓爲務。因求故地於韓。韓必效之。如此則士民不勞而故地得。其功多於與秦共伐韓。然而無與强秦鄰之禍。夫存韓安魏而利天下。此亦王之大時已。通韓之上黨於共寧。使道已通。因而關之。出入者賦之。是魏重質韓以其上黨也。共有其賦。足以富國。韓必德魏愛魏重魏畏魏。韓必不敢反魏。是韓則魏之縣也。魏得韓以爲縣。則衛大梁河外必安矣。今不存韓。則二周必危。安陵必易。楚趙大破。衛齊甚畏。天下之西鄉而馳秦入朝爲臣之日不久矣。

秦韓濁之戰　韓策

秦韓戰於濁澤。韓氏急。公仲朋謂韓王曰。與國不可恃。今秦之心欲伐楚。王不如因張儀爲和於秦。賂之以一名都。與之伐楚。此以一易二之計也。韓王曰。善。乃儆公仲之行。將西講於秦。楚王聞之大恐。召陳軫而告之。陳軫曰。秦之欲伐我久矣。今又得韓之名都一而具甲。秦韓并兵南鄉。此秦所以廟祠而求也。今已得之矣。楚國必伐矣。王聽臣爲之儆四境之內。選師言救韓。令戰車滿道路。發信臣。多其車。重其幣。使信王之救已也。縱韓爲不能聽我。韓必德王也。必不爲鴈行以來。是秦韓不和。兵雖至。楚國不大病矣。爲能聽我絕和於秦。秦必大怒。以厚怨於韓。韓得楚救。必輕秦。輕秦。其應秦必不敬。是我困秦韓之兵。而免楚國之患也。楚王大說。乃儆四境之內。選師言救韓。發信臣。多其車。重其幣。謂韓王曰。弊邑雖小。已悉起之矣。願大國遂肆意於秦。弊邑將以楚殉韓。韓王大說。乃止公仲。公仲曰。不可。夫以實告我者秦也。以虛名救我者楚也。恃楚之虛名。輕絕强秦之敵。必爲天下笑矣。且楚韓非兄弟之國也。又非素約而謀伐秦也。秦欲伐楚。楚因以起師言救韓。此必陳軫之謀也。且王以使人報於秦矣。今弗行。是欺秦也。夫輕强秦之禍。而信楚之謀臣。王必悔之矣。韓王弗聽。遂絕和於秦。秦果大怒。興師與韓氏戰於岸門。楚救不至。韓氏大敗。韓氏之兵非削弱也。民非蒙愚也。兵爲秦禽。智爲楚笑。過聽於陳軫。失計於韓明也。

郭隗對昭王論致士以下四首燕策

燕昭王收破燕後。卽位卑身厚幣以招賢者。欲將報讎。故往見郭隗先生曰。齊因孤國之亂。而襲破燕。孤極知燕小力少。不足以報。然得賢士與共國。以雪先王之恥。孤之願也。敢問以國報讎者奈何。郭隗先生對曰。帝者與師處。王者與友處。霸者與臣處。亡國與役處。詘指而事之。北面而受學。則百己者至。先趨而後息。先問而後嘿。則什已者至。人趨己趨。則若己者至。馮几據杖。眄視指使。則厮役之人至。若恣睢奮擊。跔藉叱咄。則徒隸之人至矣。此古服道致士之法也。王誠博選國中之賢者。而朝其門下。天下聞王朝其賢臣。天下之士必趨於燕矣。昭王曰。寡人將誰朝而可。郭隗先生曰。臣聞古之君人。有以千金求千里馬者。三年不能得。涓人言於君曰。請求之。君遣之。三月得千里馬。馬已死。買其首五百金。反以報君。君大怒曰。所求者生馬。安事死馬。而捐五百金。涓人對曰。死馬且買之五百金。況生馬乎。天下必以王爲能市馬。馬今至矣。於是不能期年。千里之馬至者三。今王誠欲致士。先從隗始。隗且見事。況賢於隗者乎。豈遠千里哉。於是昭王爲隗築宮而師之。樂毅自魏往。鄒衍自齊往。劇辛自趙往。士爭湊燕。燕王弔死問生。與百姓同其甘苦。二十八年。燕國殷富。士卒樂佚輕戰。於是遂以樂毅爲上將軍。與秦楚三晉合謀以伐齊。齊兵敗。閔王出走於外。燕兵獨追北入至臨淄。盡取齊寶。燒其宮室宗廟。齊城之不下者。唯獨莒卽墨。

蘇秦自解於燕王以忠信得罪

人有惡蘇秦於燕王者曰。武安君天下不信人也。王以萬乘下之。尊之於廷。示天下與小人羣也。武安君從齊來。而燕王不館也。謂燕王曰。臣東周之鄙人也。見足下身無咫尺之功。而足下迎臣於郊。顯臣於廷。今臣爲足下使。利得十城。功存危燕。足下不聽臣者。人必有言臣不信傷臣於王者。且臣之不信。是足下之福也。使臣信如尾生。廉如伯夷。孝如曾參。三者天下之高行也。而以事足下可乎。燕王曰。可。曰。有此臣亦不事足下矣。蘇秦曰。且夫孝如曾參。義不離親一夕宿於外。足下安得使之之齊。廉如伯夷。不取素飡。汙武王之義而不臣。辭孤竹之君。餓而死於首陽之山。廉如此者。何肯步行數千里。而事弱燕之危主乎。信如尾生期而不來。抱梁柱而死。信至如此。何肯揚燕秦之威於齊而取大功乎哉。且夫信行者。所以自爲也。非所以爲人也。皆自覆之術。非進取之道也。且夫三王代興。五霸迭盛。皆不自覆也。君以自覆爲可乎。則齊不益於營邱。足下不踰境。不窺於邊城之外。且臣有老母於周。離老母而事足下。去自覆之術。而謀進取之道。臣之趣固不與足下合者。足下皆自覆之君也。僕者進取之臣也。所謂以忠信得罪於君者也。燕王曰。夫忠信何得罪之有也。對曰。足下不知也。臣鄰家有遠爲吏者。其妻私人。其夫且歸。其私之者憂之。其妻曰。公勿憂也。吾已爲藥酒以待之矣。後二日。夫至。妻使妾奉卮酒進之。妾知其爲藥酒也。進之則殺主父。言之則逐主母。乃佯僵棄酒。主父大怒而笞之。妾之棄酒。上以活主父。下以存主母也。忠至如此。然不免於笞。此以忠信得罪者也。臣之事。適不幸而有類妾之棄酒也。且臣之事足下。亢義益國。今乃得罪。臣恐天下後事足下者。莫敢自必也。且臣之說齊。曾不欺之也。使之說齊者。莫如臣之言也。雖堯舜之智。不敢取也。

惠王使人讓樂毅幷樂毅報書

昌國君樂毅。爲燕昭王合五國之兵而攻齊。下七十餘城。盡郡縣之。以屬燕。三城未下。而燕昭王死。惠王卽位。用齊人反間。疑樂毅而使騎劫代之將。樂毅奔趙。趙封以爲望諸君。齊田單欺詐騎劫。卒敗燕軍。復收七十餘城以復齊。燕王悔懼趙用樂毅。承燕之敝以伐燕。燕王乃使人讓樂毅。且謝之曰。先王舉國而委將軍。將軍爲燕破齊。報先王之讎。天下莫不振動。寡人豈敢一日而忘將軍之功哉。會先王棄羣臣。寡人新卽位。左右誤寡人。寡人之使騎劫代將軍。爲將軍久暴露於外。故召將軍且休計事。將軍過聽。以與寡人有隙。遂捐燕而歸趙。將軍自爲計則可矣。而亦何以報先王之所以遇將軍之意乎。望諸君乃使人獻書報燕王曰。臣不佞。不能奉承先王之敎。以順左右之心。恐抵斧質之罪。以傷先王之明。而又害於足下之義。故遁逃奔趙。自負以不肖之罪。故不敢爲辭說。今王使使者數之罪。臣恐侍御者之不察先王之所以畜幸臣之理。而又不白於臣之所以事先王之心。故敢以書對。臣聞賢聖之君。不以祿私其親。功多者授之。不以官隨其愛。能當者處之。故察能而授官者。成功之君也。論行而結交者。立名之士也。臣以所學者觀之。先王之舉錯。有高世之心。故假節於魏王。而以身得察於燕。先王過舉。擢之乎賓客之中。而立之乎羣臣之上。不謀於父兄。而使臣爲亞卿。臣自以爲奉令承教。可以幸無罪矣。故受命而不辭。先王命之曰。我有積怨深怒於齊。不量輕弱。而欲以齊爲事。臣對曰。夫齊霸國之餘教。而驟勝之遺事也。閑於兵甲。習於戰攻。王若欲攻之。則必舉天下而圖之。舉天下而圖之。莫徑於結趙矣。且又淮北宋地。楚魏之所同願也。趙若許。約楚魏宋盡力。四國攻之。齊可大破也。先王曰。善。臣乃口受令。具符節。南使臣於趙。顧反命。起兵隨而攻齊。以天之道。先王之靈。河北之地。隨先王舉而有之於濟上。濟上之軍。奉令擊齊。大勝之。輕卒銳兵。長驅至齊。齊王逃遁走莒。僅以身免。珠玉財寶。車甲珍器。盡收入燕。大呂陳於元英。故鼎反乎歷室。齊器設於寧臺。薊丘之植。植於汶皇。自五霸以來。功未有及先王者也。先王以爲慊於其志。以臣爲不頓命。故裂地而封之。使之得比乎小國諸侯。臣不佞。自以爲奉令承教。可以幸無罪矣。故受命而弗辭。臣聞賢明之君。功立而不廢。故著於春秋。蚤知之士。名成而不毀。故稱於後世。若先王之報怨雪恥。夷萬乘之强國。收八百歲之蓄積。及至棄羣臣之日。餘令詔後嗣之遺義。執政任事之臣。所以能循法令。順庶孽者。施及萌隸。皆可以教於後世。臣聞善作者不必善成。善始者不必善終。昔者伍子胥說聽乎闔閭。故吳王遠迹至於郢。夫差弗是也。賜之鴟夷而浮之江。故吳王夫差不悟先論之可以立功。故沈子胥而弗悔。子胥不蚤見主之不同量。故入江而不改。夫免身全功以明先王之迹者。臣之上計也。離毀辱之非。墮先王之名者。臣之所大恐也。臨不測之罪。以幸爲利者。義之所不敢出也。臣聞古之君子。交絕不出惡聲。忠臣之去也。不潔其名。臣雖不佞。數奉教於君子矣。恐侍御者之親左右之說。而不察疏遠之行也。故敢以書報。惟君之留意焉。

燕太子丹使荊軻刺秦王

燕太子丹質於秦。亡歸。見秦且滅六國。兵已臨易水。恐其禍至。太子丹患之。謂其太傅鞠武曰。燕秦不兩立。願太傅幸而圖之。武對曰。秦地遍天下。威脅韓魏趙氏。則易水以北未有所定也。奈何以見陵之怨。欲批其逆鱗哉。太子曰。然則何由。太傅曰。請入圖之。居之有間。樊將軍亡秦之燕。太子客之。太傅鞠武諫曰。不可。夫秦王之暴而積怨於燕。足爲寒心。又況聞樊將軍之在乎。是以委肉當餓虎之蹊。禍必不振矣。雖有管晏。不能爲之謀也。願太子急遣樊將軍入匈奴以滅口。請西約三晉。南連齊楚。北講於單于。然後乃可圖也。太子丹曰。太傅之計。曠日彌久。心惛然恐不能須臾。且非獨於此也。夫樊將軍困窮於天下。歸身於丹。丹終不迫於强秦而棄所哀憐之交。置之匈奴。是丹命固卒之時也。願太傅更慮之。鞠武曰。燕有田光先生者。其智深而慮沈。可與之謀也。太子曰。願因太傅交於田先生可乎。鞠武曰。敬諾。出見田光。道太子願圖國事於先生。田光曰。敬奉敎。乃造焉。太子跪而逢迎。卻行爲道。跪而拂席。田先生坐定。左右無人。太子避席而請曰。燕秦不兩立。願先生留意也。田光曰。臣聞騏驥盛壯之時。一日而馳千里。至其衰也。駑馬先之。今太子聞光壯盛之時。不知吾精已消亡矣。雖然。光不敢以乏國事也。所善荊軻可使也。太子曰。願因先生得交荊軻可乎。田光曰。敬諾。則起趨出。太子送之至門。戒曰。丹所報。先生所言者。國大事也。願先生勿泄也。田光俛而笑曰。諾。僂行見荊軻曰。光與子相善。燕國莫不知。今太子聞光壯盛之時。不知吾形已不逮也。幸而敎之曰。燕秦不兩立。願先生留意也。光竊不自外。言足下於太子。願足下過太子於宮。荊軻曰。謹奉敎。田光曰。光聞長者之行。不使人疑之。今太子約光曰。所言者。國之大事也。願先生勿泄也。是太子疑光也。夫爲行而使人疑之。非節俠士也。欲自殺以激荊軻。曰。願足下急過太子。言光已死。明不言也。遂自剄而死。軻見太子。言田光已死。致光之言。太子再拜而跪。膝下行。流涕。有頃而後言曰。丹所請田先生不言者。欲以成大事之謀。今田先生以死明不泄言。豈丹之心哉。荊軻坐定。太子避席頓首曰。田先生不知丹不肖。使得至前。願有所道。此天所以哀燕而不棄其孤也。今秦有貪饕之心。而欲不可足也。非盡天下之地。臣海內之王者。其意不饜。今秦已虜韓王。盡納其地。又舉兵南伐楚。北臨趙。王翦數十萬之衆臨漳鄴。

而李信出太原雲中。趙不能支秦。必入臣。入臣則禍至燕。燕小弱。數困於兵。今計舉國不足以當秦。諸侯服秦。莫敢合從。丹之私計。愚以爲誠得天下之勇士使於秦。闚以重利。秦王貪其贄。必得所願矣。誠得劫秦王。使悉反諸侯之侵地。若曹沫之與齊桓公。則大善矣。則不可。因而刺殺之。彼大將擅兵於外。而內有大亂。則君臣相疑。以其間諸侯得合從。其破秦必矣。此丹之上願。而不知所以委命。唯荊卿留意焉。久之。荊軻曰。此國之大事也。臣駑下。恐不足任使。太子前頓首。固請無讓。然後許諾。於是尊荊軻爲上卿。舍上舍。太子日日造門下。供太牢。具異物。間進車騎美女。恣荊軻所欲。以順適其意。久之。荊軻未有行意。秦將王翦破趙。虜趙王。盡收其地。進兵北略地。至燕南界。太子丹恐懼。乃請荊卿曰。秦兵旦暮渡易水。則雖欲長侍足下。豈可得哉。荊卿曰。微太子言。臣願得謁之。今行而無信。則秦未可親也。夫樊將軍。秦王購之金千斤。邑萬家。誠能得樊將軍首。與燕督亢之地圖。獻秦王。秦王必說見臣。臣乃得有以報太子。太子曰。樊將軍以窮困來歸丹。丹不忍以己之私。而傷長者之意。願足下更慮之。荊軻知太子不忍。乃遂私見樊於期曰。秦之遇將軍。可謂深矣。父母宗族。皆爲戮沒。今聞購將軍之首。金千斤。邑萬家。將奈何。樊將軍仰天太息流涕曰。吾每念常痛於骨髓。顧計不知所出耳。軻曰。今有一言。可以解燕國之患。而報將軍之仇者。何如。樊於期乃前曰。爲之奈何。荊軻曰。願得將軍之首。以獻秦王。秦王必喜而善見臣。臣左手把其袖。而右手揕其胸。

然則將軍之仇報而燕國見陵之恥除矣。將軍豈有意乎。樊於期偏袒扼腕而進曰。此臣之日夜切齒腐心。乃今得聞教。遂自刎。太子聞之。馳往伏屍而哭。極哀。既已無可奈何。乃遂收盛樊於期之首。函封之。於是太子預求天下之利匕首。得趙人徐夫人匕首。取之百金。使工以藥淬之。以試人。血濡縷。人無不立死者。乃爲裝遣荊軻。燕國有勇士秦武陽。年十三殺人。人不敢與忤視。乃令秦武陽爲副。荊軻有所待。欲與俱。其人居遠未來。而爲留待。頃之未發。太子遲之。疑其有改悔。乃復請之曰。日已盡矣。荊卿豈無意哉。丹請先遣秦武陽。荊軻怒叱太子曰。今日往而不反者。豎子也。今提一匕首入不測之强秦。僕所以留者。待吾客與俱。今太子遲之。請辭決矣。遂發。太子及賓客知其事者。皆白衣冠以送之。至易水上。既祖取道。高漸離擊筑。荊軻和而歌。爲變徵之聲。士皆垂淚涕泣。又前而爲歌曰。風蕭蕭兮易水寒。壯士一去兮不復還。復爲羽聲忼慨。士皆瞋目。髮盡上指冠。於是荊軻遂就車而去。終已不顧。既至秦。持千金之資幣物。厚遺秦王寵臣中庶子蒙嘉。嘉爲先言於秦王曰。燕王誠振怖大王之威。不敢興兵以逆軍吏。願舉國爲內臣。比諸侯之列。給貢職如郡縣。而得奉守先王之宗廟。恐懼不敢自陳。謹斬樊於期頭。及獻燕督亢之地圖。函封。燕王拜送於庭。使使以聞大王。唯大王命之。秦王聞之大喜。乃朝服設九賓。見燕使者咸陽宮。荊軻奉樊於期之頭函。而秦武陽奉地圖匣。以次進。至陛下。秦武陽色變振恐。羣臣怪之。荊軻顧笑武陽。前爲謝曰。北蠻夷之鄙人。未嘗見天子。故振慴。願大王少假借之。使得畢使於前。秦王謂軻曰。起取武陽所持圖。軻既取圖奉之秦王。發圖。圖窮而匕首見。因左手把秦王之袖。而右手持匕首揕之。未至身。秦王驚。自引而起。袖絕。拔劍。劍長。操其室。時恐急。劍堅。故不可立拔。荊軻逐秦王。秦王環柱而走。羣臣驚愕。卒起不意。盡失其度。而秦法。羣臣侍殿上者。不得持尺寸之兵。諸郎中執兵。皆陳於殿下。非有詔不得上。方急時。不及召下兵。以故荊軻逐秦王。而卒惶急無以擊軻。而乃以手共搏之。是時侍醫夏無且以其所奉藥囊提荊軻。秦王方環柱走。卒惶急不知所爲。左右乃曰。王負劍。王負劍。遂拔以擊荊軻。斷其左股。荊軻廢。乃引其匕首提秦王。不中。中柱。秦王復擊荊軻。軻被八創。軻自知事不就。倚柱而笑。箕踞以罵曰。事所以不成者。乃欲以生劫之。必得契約以報太子也。左右既前斬荊軻。秦王目眩良久。已而論功賞羣臣及當坐者各有差。而賜夏無且黃金二百鎰。曰。無且愛我。乃以藥囊提荊軻也。於是秦大怒燕。益發兵詣趙。詔王翦軍以伐燕。十月而拔燕薊城。燕王喜太子丹等。皆率其精兵東保於遼東。秦將李信追擊燕王。王急。用代王嘉計。殺太子丹。欲獻之秦。秦復進兵攻之。五歲而卒滅燕國。而虜燕王喜。秦兼天下。其後荊軻客高漸離。以擊筑見秦皇帝。而以筑擊秦皇帝。爲燕報仇。不中而死。

墨子說止楚王攻宋　宋策

公輸般為楚設機。將以攻宋。墨子聞之。百舍重繭。往見公輸般。謂之曰。吾自宋聞子。吾欲藉子殺王。公輸般曰。吾義固不殺王。墨子曰。聞公為雲梯。將以攻宋。宋何罪之有。義不殺王而攻國。是不殺少而殺衆。敢問攻宋何義也。公輸般服焉。請見之王。墨子見楚王曰。今有人於此。舍其文軒。鄰有敝輿而欲竊之。舍其錦繡。鄰有短褐而欲竊之。舍其粱肉。鄰有糟糠而欲竊之。此為何若人也。王曰。必為有竊疾矣。墨子曰。荆之地方五千里。宋方五百里。此猶文軒之與敝輿也。荆有雲夢。犀兕麋鹿盈之。江漢魚鼈黿鼉。為天下饒。宋所謂無雉兔鮒魚者也。此猶粱肉之與糟糠也。荆有長松文梓楩楠豫樟。宋無長木。此猶錦繡之與短褐也。臣以王吏之攻宋。為與此同類也。王曰。善哉。請無攻宋。

南文子論智伯遺君璧馬 衞策

智伯欲伐衞。遺衞君野馬四百。白璧一。衞君大悅。羣臣皆賀。南文子有憂色。衞君曰。大國大懽。而子有憂色何。文子曰。無功之賞。無力之禮。不可不察也。野馬四百。璧一。此小國之禮也。而大國致之。君其圖之。衞君以其言告邊境。智伯果起兵而襲衞。至境而反曰。衞有賢人。先知吾謀也。智伯欲襲衞。乃佯亡其太子。使奔衞。南文子曰。太子顏為君子也。甚愛而有寵。非有大罪而亡。必有故。使人迎之於境。曰。車過五乘。愼勿納也。智伯聞之。乃止。

中山君以壺飡得士 中山策

中山君饗都士大夫。司馬子期在焉。羊羹不遍。司馬子期怒而走於楚。說楚王伐中山。中山君亡。有二人挈戈而隨其後者。中山君顧謂二人。子奚爲者也。二人對曰。臣有父。嘗餓且死。君下壺飡餌之。臣父且死。曰。中山有事。汝必死之。故來死君也。中山君喟然而仰歎曰。與不期衆少。其於當厄。怨不期深淺。其於傷心。吾以一杯羊羹亡國。以一壺飡得二死士。

史書治要卷一

史書五種

史記　漢司馬遷撰。遷事迹及作史之意。均詳自敍篇。是書起自黃帝。訖於漢武。爲十二本紀。以序帝王。十表以貫歲月。八書以紀政事。三十世家以述公侯。七十列傳以志士庶。遷沒後。缺十篇。元成間褚少孫追補。並附以武帝後事。凡一百三十卷。案遷書采摭經傳百家之書。包擧二千餘年行事。於尙書春秋外。自名一家。（淸浦起龍史通通釋稱爲通古紀傳家。）其書之大略長短。班氏父子論之甚悉。雖班氏頗譏評遷史。後人亦譏評班書。其間似無定論。然平心而言。馬班二書。固不免時有缺略。然其體大思精。文富事備。終非陳壽以下諸史所能抗行。取以冠冕正史。良無愧焉。

五帝本紀節錄

黃帝者。少典之子。姓公孫。名曰軒轅。生而神靈。弱而能言。幼而徇齊。長而敦敏。成而聰明。軒轅之時。神農氏世衰。諸侯相侵伐。暴虐百姓。而神農氏弗能征。於是軒轅乃習用干戈。以征不享。諸侯咸來賓從。而蚩尤最爲暴。莫能伐。炎帝欲侵陵諸侯。諸侯咸歸軒轅。軒轅乃脩德振兵。治五氣。蓺五種。撫萬民。度四方。敎熊羆貔貅貙虎。以與炎帝戰於阪泉之野。三戰。然後得其志。蚩尤作亂。不用帝命。於是黃帝乃徵師諸侯。與蚩尤戰於涿鹿之野。遂禽殺蚩尤。而諸侯咸尊軒轅爲天子。代神農氏。是爲黃帝。天下有不順者。黃帝從而征之。平者去之。披山通道。未嘗寧居。東至于海。登丸山。及岱宗。西至于空峒。登雞頭。南至于江。登熊湘。北逐葷粥。合符釜山。而邑于涿鹿之阿。遷徙往來無常處。以師兵爲營衛。官名皆以雲命。爲雲師。置左右大監。監于萬國。萬國和。而鬼神山川封禪與爲多焉。獲寶鼎。迎日推策。舉風后力牧常先大鴻以治民。順天地之紀。幽明之占。死生之說。存亡之難。時播百穀草木。淳化鳥獸蟲蛾。旁羅日月星辰水波土石金玉。勞勤心力耳目。節用水火材物。有土德之瑞。故號黃帝。黃帝二十五子。其得姓者十四人。黃帝居軒轅之丘。而娶於西陵之女。是爲嫘祖。嫘祖爲黃帝正妃。生二子。其後皆有天下。其一曰玄囂。是爲青陽。青陽降居江水。其二曰昌意。降居若水。昌意娶蜀山氏女。曰昌僕。生高陽。高陽有聖德焉。黃帝崩。葬橋山。其孫昌意之子高陽立。是爲帝顓頊也。

太史公曰。學者多稱五帝。尚矣。然尚書獨載堯以來。而百家言黃帝。其文不雅馴。薦紳先生難言之。孔子所傳宰予問五帝德及帝繫姓。儒者或不傳。余嘗西至空峒。北過涿鹿。東漸於海。南浮江淮矣。至長老皆各往往稱黃帝堯舜之處。風教固殊焉。總之不離古文者近是。予觀春秋國語。其發明五帝德帝繫姓章矣。顧弟弗深考。其所表見皆不虛。書缺有閒矣。其軼乃時時見於他說。非好學深思。心知其意。固難爲淺見寡聞道也。余并論次。擇其言尤雅者。

故著爲本紀書首

周本紀節錄

周后稷。名棄。其母有邰氏女。曰姜原。姜原爲帝嚳元妃。姜原出野。見巨人跡。心忻然說。欲踐之。踐之而身動如孕者。居期而生子。以爲不祥。棄之隘巷。馬牛過者皆辟不踐。徙置之林中。適會山林多人。遷之而棄渠中冰上。飛鳥以其翼覆薦之。姜原以爲神。遂收養長之。初欲棄之。因名曰棄。棄爲兒時。屹如巨人之志。其游戲好種樹麻菽。麻菽美。及爲成人。遂好耕農。相地之宜。宜穀者稼穡焉。民皆法則之。帝堯聞之。舉棄爲農師。天下得其利。有功。帝舜曰。棄。黎民始飢。爾后稷播時百穀。封棄於邰。號曰后稷。別姓姬氏。后稷之興。在陶唐虞夏之際。皆有令德。后稷卒。子不窋立。不窋末年。夏后氏政衰。去稷不務。不窋以失其官。而犇戎狄之閒。不窋卒。子鞠立。鞠卒。子公劉立。公劉雖在戎狄之閒。復修后稷之業。務耕種。行地宜。自漆沮渡渭。取材用。行者有資。居者有畜積。民賴其慶。百姓懷之。多徙而保歸焉。周道之興自此始。故詩人歌樂思其德。公劉卒。子慶節立。國於豳。慶節卒。子皇僕立。皇僕卒。子差弗立。差弗卒。子毀隃立。毀隃卒。子公非立。公非卒。子高圉立。高圉卒。子亞圉立。亞圉卒。子公叔祖類立。公叔祖類卒。子古公亶父立。古公亶父復修后稷公劉之業。積德行義。國人皆戴之。薰育戎狄攻之。欲得財物。予之。已復攻。欲得地與民。民皆怒。欲戰。古公曰。有民立君。將以利之。今戎狄所爲攻戰。以吾地與民。民之在我。與其在彼何異。民欲以我故戰。殺人父子而君之。予不忍爲。乃與私屬遂去豳。度漆沮。踰梁山。止於岐下。豳人舉國扶老攜弱。盡復歸古公於岐下。及他旁國聞古公仁。亦多歸之。於是古公乃貶戎狄之俗。而營築城郭室屋。而邑別居之。作五官有司。民皆歌樂之。頌其德。古公有長子曰太伯。次曰虞仲。太姜生少子季歷。季歷娶太任。皆賢婦人。生昌。有聖瑞。古公曰。我世當有興者。其在昌乎。長子太伯虞仲知古公欲立季歷以傳昌。乃二人亡如荊蠻。文身斷髮。以讓季歷。古公卒。季歷立。是爲公季。公季修古公遺道。篤於行義。諸侯順之。公季卒。子昌立。是爲西伯。西伯曰文王。遵后稷公劉之業。則古公公季之法。篤仁敬老慈少。禮下賢者。日中不暇食以待士。士以此多歸之。伯夷叔齊在孤竹。聞西伯善養老。盍往歸之。太顛閎夭散宜生鬻子辛甲大夫之徒。皆往歸之。崇侯虎譖西伯於殷紂曰。西伯積善累德。諸侯皆嚮之。將不利於帝。帝紂乃囚西伯於羑里。閎夭之徒患之。乃求有莘氏美女。驪戎之文馬。有熊九駟。他奇怪物。因殷嬖臣費仲而獻之紂。紂大悅曰。此一物足以釋西伯。況其多乎。乃赦西伯。賜之弓矢斧鉞。使西伯得征伐。曰譖西伯者崇侯虎也。西伯乃獻洛西之地。以請紂去炮烙之刑。紂許之。西伯陰行善。諸侯皆來決平。於是虞芮之人有獄不能決。乃如周。入界。耕者皆讓畔。民俗皆讓長。虞芮之人未見西伯。皆慚。相謂曰。吾所爭周人所恥。何往爲。祇取辱耳。遂歸。俱讓而去。諸侯聞之。曰西伯蓋受命之君。明年。伐犬戎。明年。伐密須。明年敗耆國。殷之祖伊聞之懼。以告帝紂。紂曰不有天命乎。是何能爲。明年伐邘。明年伐崇侯虎。而作豐邑。自岐下而徙都豐。明年西伯崩。太子發立。是爲武王。西伯蓋卽位五十年。其囚羑里。蓋益易之八卦爲六十四卦。詩人道西伯蓋受命之年稱王而斷虞芮之訟。後七年而崩。諡爲文王。改法度。制正朔矣。追尊古公爲太王。公季爲王季。蓋王瑞自太王興。武王卽位。太公望爲師。周公旦爲輔。召公畢公之徒左右王師。修文王緒業。九年武王上祭于畢。東觀兵至于盟津。爲文王木主。載以車中軍。武王自稱太子發。言奉文王以伐。不敢自專。乃告司馬司徒司空諸節。齊栗信哉。予無知。以先祖有德臣。小子受先功。畢立賞罰以定其功。遂興師。師尚父號曰。總爾衆庶。與爾舟楫。後至者斬。武王渡河。中流白魚躍入王舟中。武王俯取以祭。既渡。有火自上復于下。至于王屋。流爲烏。其色赤。其聲魄云。是時諸侯不期而會盟津者八百諸侯。諸侯皆曰。紂可伐矣。武王曰。女未知天命。未可也。乃還師歸。居二年。聞紂昏亂暴虐滋甚。殺王子比干。囚箕子。太師疵少師彊抱其樂器而犇周。於是武王徧告諸侯曰。殷有重罪。不可以不畢伐。乃遵文王。遂率戎車三百乘。虎賁三千人。甲士四萬五千人。以東伐紂。十一年十二月戊午。師畢渡盟津。諸侯咸會。曰孳孳無怠。武王乃作太誓。告于衆庶。今殷王紂乃用其婦人之言。自絕于天。毀壞其三正。離逷其王父母弟。乃斷棄其先祖之樂。乃爲淫聲。用變亂正聲。怡悅婦人。故今予發維共行天罰。勉哉夫子。不可再。不可三。

二月甲子昧爽。武王朝至于商郊牧野。乃誓。武王左杖黃鉞。右秉白旄以麾。曰。遠矣西土之人。武王曰。嗟我有國冢君司徒司馬司空亞旅師氏千夫長百夫長。及庸蜀羌髳微纑彭濮人。稱爾戈。比爾干。立爾矛。予其誓。王曰。古人有言。牝雞無晨。牝雞之晨。惟家之索。今殷王紂維婦人言是用。自棄其先祖肆祀不答。昏棄其家國。遺其王父母弟不用。乃維四方之多罪逋逃。是崇是長。是信是使。俾暴虐于百姓。以姦軌于商國。今予發維共行天之罰。今日之事不過六步七步。乃止齊焉。夫子勉哉。不過於四伐五伐六伐七伐。乃止齊焉。勉哉夫子。尚桓桓如虎如羆。如豺如離。于商郊不禦克犇。以役西土。勉哉夫子。爾所不勉。其于爾身有戮。誓已。諸侯兵會者車四千乘。陳師牧野。帝紂聞武王來。亦發兵七十萬人距武王。武王使師尚父與百夫致師。以大卒馳帝紂師。紂師雖衆。皆無戰之心。心欲武王亟入。紂師皆倒兵以戰。以開武王。武王馳之。紂兵皆崩畔紂。紂走。反入登于鹿臺之上。蒙衣其珠玉。自燔于火而死。武王持大白旗以麾諸侯。諸侯畢拜武王。武王乃揖諸侯。諸侯畢從。武王至商國。商國百姓咸待於郊。於是武王使羣臣告語商百姓曰。上天降休。商人皆再拜稽首。武王亦答拜。遂入。至紂死所。武王自射之。三發而後下車。以輕劍擊之。以黃鉞斬紂頭。縣太白之旗。已而至紂之嬖妾二女。二女皆經自殺。武王又射三發。擊以劍。斬以玄鉞。縣其頭小白之旗。武王已乃出復軍。其明日。除道修社及商紂宮。及期。百夫荷罕旗以先驅。武王弟叔振鐸奉陳常車。周公旦把大鉞。畢公把小鉞。以夾武王。散宜生太顚閎夭皆執劍。以衞武王。既入。立于社南。大卒之左右畢從。毛叔鄭奉明水。衞康叔封布茲。召公奭贊采。師尙父牽牲。尹佚筴祝曰。殷之末孫季紂。殄廢先王明德。侮蔑神祇不祀。昏暴商邑百姓。其章顯聞于天皇上帝。於是武王再拜稽首曰。膺更大命。革殷受天明命。武王又再拜稽首。乃出。封商紂子祿父殷之餘民。武王爲殷初定未集。乃使其弟管叔鮮蔡叔度相祿父治殷。已而命召公釋箕子之囚。命畢公釋百姓之囚。表商容之閭。命南宮括散鹿臺之財。發鉅橋之粟。以振貧弱萌隸。命南宮括史佚展九鼎保玉。命閎夭封比干之墓。命宗祝享祠于軍。乃罷兵西歸。行狩。記政事。作武成。封諸侯。班賜宗彝。作分殷之器物。武王追思先聖王。乃褒封神農之後於焦。黃帝之後於祝。帝堯之後於薊。帝舜之後於陳。大禹之後於杞。於是封功臣謀士。而師尙父爲首封。封尙父於營丘曰齊。封弟周公旦於曲阜曰魯。封召公奭於燕。封弟叔鮮於管。弟叔度於蔡。餘各以次受封。武王徵九牧之君。登豳之阜。以望商邑。武王至于周。自夜不寐。周公旦卽王所曰。曷爲不寐。王曰。告女。維天不饗殷。自發未生於今六十年。麋鹿在牧。蜚鴻滿野。天不享殷。乃今有成。維天建殷。其登名民三百六十夫。不顯亦不賓滅。以至今。我未定天保。何暇寐。王曰。定天保。依天室。悉求夫惡。貶從殷王受。日夜勞來我西土。我維顯服。及德方明。自洛汭延于伊汭。居易毋固。其有夏之居。我南望三塗。北望嶽鄙。顧詹有河。粵詹雒伊。毋遠天室。營周居于雒邑而後去。縱馬於華山之陽。牧牛於桃林之虛。偃干戈。振兵釋旅。示天下不復用也。

秦始皇本紀 節錄

二十六年。秦初幷天下。令丞相御史曰。異日韓王納地效璽。請爲藩臣。已而倍約。與趙魏合從畔秦。故興兵誅之。虜其王。寡人以爲善。庶幾息兵革。趙王使其相李牧來約盟。故歸其質子。已而倍盟。反我太原。故興兵誅之。得其王。趙公子嘉乃自立爲代王。故舉兵擊滅之。魏王始約服入秦。已而與韓趙謀襲秦。秦兵吏誅。遂破之。荆王獻靑陽以西。已而畔約。擊我南郡。故發兵誅。得其王。遂定其荆地。燕王昏亂。其太子丹乃陰令荆軻爲賊。兵吏誅。滅其國。齊王用后勝計。絕秦使。欲爲亂。兵吏誅。虜其王。平齊地。寡人以眇眇之身。興兵誅暴亂。賴宗廟之靈。六王咸伏其辜。天下大定。今名號不更。無以稱成功。傳後世。其議帝號。丞相綰。御史大夫劫。廷尉斯等皆曰。昔者五帝地方千里。其外侯服夷服。諸侯或朝或否。天子不能制。今陛下興義兵。誅殘賊。平定天下。海內爲郡縣。法令由一統。自上古已來未嘗有。五帝所不及。臣等謹與博士議曰。古有天皇。有地皇。有泰皇。泰皇最貴。臣等昧死上尊號。王爲泰皇。命爲制。令爲詔。天子自稱曰朕。王曰。去泰。著皇。采上古帝位號。號曰皇帝。他如議。制曰。可。追尊莊襄王爲太上皇。制曰。朕聞太古有號毋謚。中古有號。死而以行爲謚。如此則子議父。臣議君也。甚無謂。朕弗取焉。自今已來。除謚法。朕爲始皇帝。後世以計數。二世三世至于萬世。傳之無窮。

始皇推終始五德之傳。以爲周得火德。秦代周德。從所不勝。方今水德之始。改年始。朝賀皆自十月朔。衣服旄旌節旗皆上黑。數以六爲紀。符法冠皆六寸。而輿六尺。六尺爲步。乘六馬。更名河曰德水。以爲水德之始。剛毅戾深。事皆決於法。刻削毋仁恩和義。然後合五德之數。於是急法。久者不赦。丞相綰等言。諸侯初破。燕齊荊地遠。不爲置王。毋以塡之。請立諸子。唯上幸許。始皇下其議於羣臣。羣臣皆以爲便。廷尉李斯議曰。周文武所封子弟同姓甚衆。然後屬疏遠。相攻擊如仇讎。諸侯更相誅伐。周天子弗能禁止。今海內賴陛下神靈一統。皆爲郡縣。諸子功臣以公賦稅重賞賜之。甚足易制。天下無異意。則安寧之術也。置諸侯不便。始皇曰。天下共苦戰鬭不休。以有侯王。賴宗廟。天下初定。又復立國。是樹兵也。而求其寧息。豈不難哉。廷尉議是。分天下以爲三十六郡。郡置守尉監。更名民曰黔首。大酺。收天下兵。聚之咸陽。銷以爲鍾鐻金人十二。重各千石。置廷宮中。一法度衡石丈尺。車同軌。書同文字。地東至海暨朝鮮。西至臨洮羌中。南至北嚮戶。北據河爲塞。竝陰山至遼東。徙天下豪富於咸陽十二萬戶。諸廟及章臺上林。皆在渭南。秦每破諸侯。寫放其宮室。作之咸陽北阪上。南臨渭。自雍門以東至涇渭。殿屋複道周閣相屬。所得諸侯美人鐘鼓。以充入之。

三十四年。始皇置酒咸陽宮。博士七十人前爲壽。僕射周青臣進頌曰。他時秦地不過千里。賴陛下神靈明聖。平定海內。放逐蠻夷。日月所照。莫不賓服。以諸侯爲郡縣。人人自安樂。無戰爭之患。傳之萬世。自上古不及陛下威德。始皇悅。博士齊人淳于越進曰。臣聞殷周之王千餘歲。封子弟功臣。自爲枝輔。今陛下有海內。而子弟爲匹夫。卒有田常六卿之臣。無輔拂。何以相救哉。事不師古而能長久者。非所聞也。今青臣又面諛以重陛下之過。非忠臣。始皇下其議。丞相李斯曰。五帝不相復。三代不相襲。各以治。非其相反。時變異也。今陛下創大業。建萬世之功。固非愚儒所知。且越言乃三代之事。何足法也。異時諸侯並爭。厚招游學。今天下已定。法令出一。百姓當家則力農工。士則學習法令辟禁。今諸生不師今而學古。以非當世。惑亂黔首。丞相臣斯昧死言。古者天下散亂。莫之能一。是以諸侯並作。語皆道古以害今。飾虛言以亂實。人善其所私學。以非上之所建立。今皇帝并有天下。別黑白而定一尊。私學而（此而字以李斯傳參稽之。疑當在私學二字之上。於文法始合。）相與非法教。人聞令下。則各以其學議之。入則心非。出則巷議。夸主以爲名。異取以爲高。率羣下以造謗。如此弗禁。則主勢降乎上。黨與成乎下。禁之便。臣請史官非秦紀皆燒之。非博士官所職。天下敢有藏詩書百家語者。悉詣守尉雜燒之。有敢偶語詩書棄市。以古非今者族。吏見知不舉者與同罪。令下三十日不燒。黥爲城旦。所不去者。醫藥卜筮種樹之書。若欲有學。法令以吏爲師。制曰。可。

三十五年。盧生說始皇曰。臣等求芝奇藥仙者常弗遇。類物有害之者。方中人主時爲微行。以辟惡鬼。惡鬼辟。眞人至。人主所居而人臣知之。則害於神。眞人者入水不濡。入火不爇。陵雲氣。與天地久長。今上治天下。未能恬惔。願上所居宮。毋令人知。然後不死之藥。殆可得也。
於是始皇曰。吾慕眞人。自謂眞人。不稱朕。乃令咸陽之旁二百里內。宮觀二百七十。復道甬
道相連。帷帳鐘鼓美人充之。各案署不移徙。行所幸。有言其處者。罪死。始皇帝幸梁山宮。從
山上見丞相車騎衆。弗善也。中人或告丞相。丞相後損車騎。始皇怒曰。此中人泄吾語。案問
莫服。當是時。詔捕諸時在旁者。皆殺之。自是後。莫知行之所在。聽事羣臣受決事。悉於咸陽
宮。侯生盧生相與謀曰。始皇爲人。天性剛戾自用。起諸侯。幷天下。意得欲從。以爲自古莫及
已。專任獄吏。獄吏得親幸。博士雖七十人。特備員弗用。丞相諸大臣。皆受成事。倚辦於上。上
樂以刑殺爲威。天下畏罪持祿。莫敢盡忠。上不聞過而日驕。下懾伏謾欺以取容。秦法不得
兼方。不驗。輒死。然候星氣者至三百人。皆良士。畏忌諱諛。不敢端言其過。天下之事。無大小
皆決於上。上至以衡石量書。日夜有呈。不中呈。不得休息。貪於權勢至如此。未可爲求仙藥。
於是乃亡去。始皇聞亡。乃大怒曰。吾前收天下書。不中用者盡去之。悉召文學方術士甚衆。
欲以興太平。方士欲練以求奇藥。今聞韓衆去不報。徐市等費以巨萬計。終不得藥。徒姦利
相告日聞。盧生等吾尊賜之甚厚。今乃誹謗我。以重吾不德也。諸生在咸陽者。吾使人廉問。
或爲訞言以亂黔首。於是使御史悉案問諸生。諸生傳相告引。乃自除犯禁者四百六十餘
人。皆阬之咸陽。使天下知之以懲後。益發謫徙邊。始皇長子扶蘇諫曰。天下初定。遠方黔首

未集。諸生皆誦法孔子。今上皆重法繩之。臣恐天下不安。唯上察之。始皇怒。使扶蘇北監蒙恬於上郡。

項羽本紀 節錄

項籍者。下相人也。字羽。初起時年二十四。其季父項梁。梁父卽楚將項燕。爲秦將王翦所戮者也。項氏世世爲楚將。封於項。故姓項氏。項籍少時。學書不成。去學劍。又不成。項梁怒之。籍曰。書足以記名姓而已。劍一人敵。不足學。學萬人敵。於是項梁乃教籍兵法。籍大喜。略知其意。又不肯竟學。秦始皇帝游會稽。渡浙江。梁與籍俱觀。籍曰。彼可取而代也。梁掩其口曰。毋妄言。族矣。梁以此奇籍。籍長八尺餘。力能扛鼎。才氣過人。雖吳中子弟。皆已憚籍矣。

初。宋義所遇齊使者高陵君顯。在楚軍。見楚王曰。宋義論武信君之軍必敗。居數日。軍果敗。兵未戰而先見敗徵。此可謂知兵矣。王召宋義與計事而大說之。因置以爲上將軍。項羽爲魯公。爲次將。范增爲末將。救趙。諸別將皆屬宋義。號爲卿子冠軍。行至安陽。留四十六日不進。項羽曰。吾聞秦軍圍趙王鉅鹿。疾引兵渡河。楚擊其外。趙應其內。破秦軍必矣。宋義曰。不然。夫搏牛之䖟。不可以破蟣蝨。今秦攻趙。戰勝則兵罷。我承其敝。不勝則我引兵鼓行而西。必舉秦矣。故不如先鬬秦趙。夫被堅執銳。義不如公。坐而運策。公不如義。因下令軍中曰。猛如虎。很如羊。貪如狼。彊不可使者。皆斬之。乃遣其子宋襄相齊。身送之至無鹽。飲酒高會。天寒大雨。士卒凍飢。項羽曰。將戮力而攻秦。久留不行。今歲饑民貧。士卒食芋菽。軍無見糧。乃飲酒高會。不引兵渡河因趙食。與趙幷力攻秦。乃曰承其敝。夫以秦之彊。攻新造之趙。其勢必舉趙。趙舉而秦彊。何敝之承。且國兵新破。王坐不安席。埽境內而專屬於將軍。國家安危。在此一舉。今不恤士卒而徇其私。非社稷之臣。項羽晨朝上將軍宋義。卽其帳中斬宋義頭。出令軍中曰。宋義與齊謀反楚。楚王陰令羽誅之。當是時。諸將皆慴服。莫敢枝梧。皆曰。首立楚者。將軍家也。今將軍誅亂。乃相與共立羽爲假上將軍。使人追宋義子。及之齊。殺之。使桓楚報命於懷王。懷王因使項羽爲上將軍。當陽君蒲將軍皆屬項羽。項羽已殺卿子冠軍。威震楚國。名聞諸侯。乃遣當陽君蒲將軍將卒二萬渡河救鉅鹿。戰少利。陳餘復請兵。項羽乃悉引兵渡河。皆沈船。破釜甑。燒廬舍。持三日糧。以示士卒必死。無一還心。於是至則圍王離。與秦軍遇。九戰。絕其甬道。大破之。殺蘇角。虜王離。涉閒不降楚。自燒殺。當是時。楚兵冠諸侯。諸侯軍救鉅鹿下者十餘壁。莫敢縱兵。及楚擊秦。諸將皆從壁上觀。楚戰士無不一以當十。楚兵呼聲動天。諸侯軍無不人人惴恐。於是已破秦軍。項羽召見諸侯將。入轅門。無不膝行而前。莫敢仰視。項羽由是始爲諸侯上將軍。諸侯皆屬焉。

楚軍夜擊阬秦卒二十餘萬人新安城南。行略定秦地。函谷關有兵守關。不得入。又聞沛公已破咸陽。項羽大怒。使當陽君等擊關。項羽遂入。至于戲西。沛公軍霸上。未得與項羽相見。

沛公左司馬曹無傷使人言於項羽曰。沛公欲王關中。使子嬰爲相。珍寶盡有之。項羽大怒曰。旦日饗士卒。爲擊破沛公軍。當是時。項羽兵四十萬。在新豐鴻門。沛公兵十萬。在霸上。范增說項羽曰。沛公居山東時。貪於財貨。好美姬。今入關。財物無所取。婦女無所幸。此其志不在小。吾令人望其氣。皆爲龍虎。成五采。此天子氣也。急擊勿失。楚左尹項伯者。項羽季父也。素善留侯張良。張良是時從沛公。項伯乃夜馳之沛公軍。私見張良。具告以事。欲呼張良與俱去。曰。毋從俱死也。張良曰。臣爲韓王送沛公。沛公今事有急。亡去不義。不可不語。良乃入。具告沛公。沛公大驚。曰。爲之奈何。張良曰。誰爲大王爲此計者。曰。鯫生說我曰。距關毋納諸侯。秦地可盡王也。故聽之。良曰。料大王士卒足以當項王乎。沛公默然。曰。固不如也。且爲之奈何。張良曰。請往謂項伯。言沛公不敢背項王也。沛公曰。君安與項伯有故。張良曰。秦時與臣游。項伯殺人。臣活之。今事有急。故幸來告良。沛公曰。孰與君少長。良曰。長於臣。沛公曰。君爲我呼入。吾得兄事之。張良出。要項伯。項伯即入見沛公。沛公奉卮酒爲壽。約爲婚姻。曰。吾入關。秋毫不敢有所近。籍吏民。封府庫。而待將軍。所以遣將守關者。備他盜之出入與非常也。日夜望將軍至。豈敢反乎。願伯具言臣之不敢倍德也。項伯許諾。謂沛公曰。旦日不可不蚤自來謝項王。沛公曰。諾。於是項伯復夜去。至軍中。具以沛公言報項王。因言曰。沛公不先破關中。公豈敢入乎。今人有大功而擊之。不義也。不如因善遇之。項王許諾。沛公旦日從百餘騎來見項王。至鴻門。謝曰。臣與將軍勠力而攻秦。將軍戰河北。臣戰河南。然不自意能先入關破秦。得復見將軍於此。今者有小人之言。令將軍與臣有郤。項王曰。此沛公左司馬曹無傷言之。不然。籍何以至此。項王卽日因留沛公與飲。項王項伯東嚮坐。亞父南嚮坐。亞父者。范增也。沛公北嚮坐。張良西嚮侍。范增數目項王。舉所佩玉玦以示之者三。項王默然不應。范增起出召項莊謂曰。君王爲人不忍。若入前爲壽。壽畢。請以劍舞。因擊沛公於坐。殺之。不者。若屬皆且爲所虜。莊則入爲壽。壽畢。曰。君王與沛公飲。軍中無以爲樂。請以劍舞。項王曰。諾。項莊拔劍起舞。項伯亦拔劍起舞。常以身翼蔽沛公。莊不得擊。於是張良至軍門見樊噲。樊噲曰。今日之事何如。良曰。甚急。今者項莊拔劍舞。其意常在沛公也。噲曰。此迫矣。臣請入與之同命。噲卽帶劍擁盾入軍門。交戟之衞士欲止不內。樊噲側其盾以撞。衞士仆地。噲遂入披帷西向立。瞋目視項王。頭髮上指。目眥盡裂。項王按劍而跽曰。客何爲者。張良曰。沛公之驂乘樊噲者也。項王曰。壯士。賜之卮酒。則與斗卮酒。噲拜謝。起立而飲之。項王曰。賜之彘肩。則與一生彘肩。樊噲覆其盾於地。加彘肩上。拔劍切而啗之。項王曰。壯士。能復飲乎。樊噲曰。臣死且不避。卮酒安足辭。夫秦王有虎狼之心。殺人如不能舉。刑人如恐不勝。天下皆叛之。懷王與諸將約曰。先破秦入咸陽者王之。今沛公先破秦入咸陽。毫毛不敢有所近。封閉宮室。還軍霸上。以待大王來。故遣將守關者。備他盜出入與非常也。勞苦而功高如此。未有封侯之賞。而聽細說。欲誅有功之人。此亡秦之續耳。竊爲大王不取也。項王未有以應。曰。坐。樊噲從良坐。坐須臾。沛公起如廁。因招樊噲出。沛公已出。項王使都尉陳平召沛公。沛公曰。今者出。未辭也。爲之奈何。樊噲曰。大行不顧細謹。大禮不辭小讓。如今人方爲刀俎。我爲魚肉。何辭爲。於是遂去。乃令張良留謝。良問曰。大王來何操。曰。我持白璧一雙。欲獻項王。玉斗一雙。欲與亞父。會其怒。不敢獻。公爲我獻之。張良曰。謹諾。當是時。項王軍在鴻門下。沛公軍在霸上。相去四十里。沛公則置車騎。脫身獨騎。與樊噲夏侯嬰靳彊紀信等四人持劍盾步走。從酈山下道芷陽閒行。沛公謂張良曰。從此道至吾軍。不過二十里耳。度我至軍中。公乃入。沛公已去。閒至軍中。張良入謝。曰。沛公不勝桮杓。不能辭。謹使臣良奉白璧一雙。再拜獻大王足下。玉斗一雙。再拜奉大將軍足下。項王曰。沛公安在。良曰。聞大王有意督過之。脫身獨去。已至軍矣。項王則受璧。置之坐上。亞父受玉斗。置之地。拔劍撞而破之。曰。唉。豎子不足與謀。奪項王天下者。必沛公也。吾屬今爲之虜矣。沛公至軍。立誅殺曹無傷。

是時漢兵盛食多。項王兵罷食絕。漢遣陸賈說項王。請太公。項王弗聽。漢王復使侯公往說項王。項王乃與漢約。中分天下。割鴻溝以西者爲漢。鴻溝而東者爲楚。項王許之。卽歸漢王父母妻子。軍皆呼萬歲。漢王乃封侯公爲平國君。匿弗肯復見。曰。此天下辯士。所居傾國。故號爲平國君。項王已約。乃引兵解而東歸。漢欲西歸。張良陳平說曰。漢有天下大半。而諸侯皆附之。楚兵罷食盡。此天亡楚之時也。不如因其機而遂取之。今釋弗擊。此所謂養虎自遺患也。漢王聽之。漢五年。漢王乃追項王至陽夏南。止軍。與淮陰侯韓信建成侯彭越期會而擊楚軍。至固陵。而信越之兵不會。楚擊漢軍。大破之。漢王復入壁。深塹而自守。謂張子房曰。諸侯不從約。爲之奈何。對曰。楚兵且破。信越未有分地。其不至固宜。君王能與共分天下。今可立致也。卽不能。事未可知也。君王能自陳以東傅海。盡與韓信。睢陽以北至穀城。以與彭越。使各自爲戰。則楚易敗也。漢王曰。善。於是乃發使者告韓信彭越曰。幷力擊楚。楚破。自陳以東傅海與齊王。睢陽以北至穀城與彭相國。使者至。韓信彭越皆報曰。請今進兵。韓信乃從齊往。劉賈軍從壽春並行。屠城父。至垓下。大司馬周殷叛楚。以舒屠六。舉九江兵。隨劉賈彭越皆會垓下。詣項王。項王軍壁垓下。兵少食盡。漢軍及諸侯兵圍之數重。夜聞漢軍四面皆楚歌。項王乃大驚曰。漢皆已得楚乎。是何楚人之多也。項王則夜起。飲帳中。有美人名虞。常幸從。駿馬名騅。常騎之。於是項王乃悲歌忼慨。自爲詩曰。力拔山兮氣蓋世。時不利兮騅不逝。騅不逝兮可奈何。虞兮虞兮奈若何。歌數闋。美人和之。項王泣數行下。左右皆泣。莫能仰視。於是項王乃上馬騎。麾下壯士騎從者八百餘人。直夜潰圍南出。馳走。平明。漢軍乃覺之。令騎將灌嬰以五千騎追之。項王渡淮。騎能屬者百餘人耳。項王至陰陵。迷失道。問一田父。田父紿曰左。左。乃陷大澤中。以故漢追及之。項王乃復引兵而東。至東城。乃有二十八騎。

漢騎追者數千人。項王自度不得脫。謂其騎曰。吾起兵至今八歲矣。身七十餘戰。所當者破。所擊者服。未嘗敗北。遂霸有天下。然今卒困於此。此天之亡我。非戰之罪也。今日固決死。願爲諸君決戰。必三勝之。爲諸君潰圍。斬將。刈旗。令諸君知天亡我。非戰之罪也。乃分其騎以爲四隊。四嚮。漢軍圍之數重。項王謂其騎曰。吾爲公取彼一將。令四面騎馳下。期山東爲三處。於是項王大呼馳下。漢軍皆披靡。遂斬漢一將。是時赤泉侯爲騎將。追項王。項王瞋目而叱之。赤泉侯人馬俱驚。辟易數里。與其騎會爲三處。漢軍不知項王所在。乃分軍爲三。復圍之。項王乃馳。復斬漢一都尉。殺數十百人。復聚其騎。亡其兩騎耳。乃謂其騎曰。何如。騎皆伏曰。如大王言。於是項王乃欲東渡烏江。烏江亭長檥船待。謂項王曰。江東雖小。地方千里。衆數十萬人。亦足王也。願大王急渡。今獨臣有船。漢軍至。無以渡。項王笑曰。天之亡我。我何渡爲。且籍與江東子弟八千人渡江而西。今無一人還。縱江東父兄憐而王我。我何面目見之。縱彼不言。籍獨不愧於心乎。乃謂亭長曰。吾知公長者。吾騎此馬五歲。所當無敵。嘗一日行千里。不忍殺之。以賜公。乃令騎皆下馬步行。持短兵接戰。獨籍所殺漢軍數百人。項王身亦被十餘創。顧見漢騎司馬呂馬童曰。若非吾故人乎。馬童面之。指王翳曰。此項王也。項王乃曰。吾聞漢購我頭千金。邑萬戶。吾爲若德。乃自刎而死。

十二諸侯年表序

太史公讀春秋歷譜諜。至周厲王。未嘗不廢書而歎也。曰。嗚呼。師摯見之矣。紂爲象箸而箕子唏。周道缺。詩人本之衽席。關雎作。仁義陵遲。鹿鳴刺焉。及至厲王。以惡聞其過。公卿懼誅而禍作。厲王遂奔於彘。亂自京師始。而共和行政焉。是後或力政。彊乘弱。興師不請天子。然挾王室之義。以討伐爲會盟主。政由五伯。諸侯恣行。淫侈不軌。賊臣篡子滋起矣。齊晉秦楚其在成周微甚。封或百里或五十里。晉阻三河。齊負東海。楚介江淮。秦因雍州之固。四國迭興。更爲伯主。文武所褒大封。皆威而服焉。是以孔子明王道。干七十餘君。莫能用。故西觀周室。論史記舊聞。興於魯而次春秋。上記隱。下至哀之獲麟。約其辭文。去其煩重。以制義法。王道備。人事浹。七十子之徒。口受其傳指。爲有所刺譏襃諱挹損之文辭。不可以書見也。魯君子左邱明懼弟子人人異端。各安其意。失其眞。故因孔子史記具論其語。成左氏春秋。鐸椒爲楚威王傅。爲王不能盡觀春秋。采取成敗。卒四十章。爲鐸氏微。趙孝成王時。其相虞卿上采春秋。下觀近勢。亦著八篇。爲虞氏春秋。呂不韋者。秦莊襄王相。亦上觀尚古。刪拾春秋。集六國時事。以爲八覽六論十二紀。爲呂氏春秋。及如荀卿孟子公孫固韓非之徒。各往往捃摭春秋之文以著書。不可勝紀。漢相張蒼歷譜五德。上大夫董仲舒推春秋義。頗著文焉。

太史公曰。儒者斷其義。馳說者騁其辭。不務綜其終始。歷人取其年月。數家隆於神運。譜諜獨記世謚。其辭略。欲一觀諸要難。於是譜十二諸侯。自共和訖孔子。表見春秋國語。學者所

譏盛衰大指著於篇。爲成學治古文者要刪焉

六國年表序

太史公讀秦記。至犬戎敗幽王。周東徙洛邑。秦襄公始封爲諸侯。作西時。用事上帝。僭端見矣。禮曰。天子祭天地。諸侯祭其域內名山大川。今秦雜戎翟之俗。先暴戾。後仁義。位在藩臣而臚於郊祀。君子懼焉。及文公踰隴。攘夷狄。尊陳寶。營岐雍之間。而穆公修政。東竟至河。則與齊桓晉文中國侯伯侔矣。是後陪臣執政。大夫世祿。六卿擅晉權。征伐會盟。威重於諸侯。及田常殺簡公而相齊國。諸侯晏然弗討。海內爭於戰功矣。三國終之卒分晉。田和亦滅齊而有之。六國之盛自此始。務在彊兵幷敵。謀詐用而從衡短長之說起。矯稱蠭出。誓盟不信。雖置質剖符。猶不能約束也。秦始小國僻遠。諸夏賓之。比于戎翟。至獻公之後。常雄諸侯。論秦之德義。不如魯衞之暴戾者。量秦之兵。不如三晉之彊也。然卒幷天下。非必險固便形勢利也。蓋若天所助焉。或曰。東方物所始生。西方物之成熟。夫作事者必於東南。收功實者常於西北。故禹興於西羌。湯起於亳。周之王也以豐鎬伐殷。秦之帝用雍州興。漢之興自蜀漢。秦既得意。燒天下詩書。諸侯史記尤甚。爲其有所刺譏也。詩書所以復見者。多藏人家。而史記獨藏周室。以故滅。惜哉。惜哉。獨有秦記。又不載日月。其文略不具。然戰國之權變。亦有可頗采者。何必上古。秦取天下多暴。然世異變。成功大。傳曰。法後王。何也。以其近已而俗變相類議卑而易行也。學者牽於所聞。見秦在帝位日淺。不察其終始。因舉而笑之。不敢道。此與以耳食無異。悲夫。余於是因秦記。踵春秋之後。起周元王。表六國時事。訖二世。凡二百七十年。著諸所聞興壞之端。後有君子。以覽觀焉。

河渠書

夏書曰。禹抑鴻水十三年。過家不入門。陸行載車。水行載舟。泥行蹈毳。山行卽橋。以別九州。隨山浚川。任土作貢。通九道。陂九澤。度九山。然河菑衍溢。害中國也尤甚。惟是為務。故道河自積石歷龍門。南到華陰。東下砥柱。及孟津雒汭。至于大邳。於是禹以為河所從來者高。水湍悍。難以行平地。數為敗。乃廝二渠。以引其河。北載之高地。過降水。至于大陸。播為九河。同為逆河。入于渤海。九川既疏。九澤既灑。諸夏艾安。功施于三代。自是之後。滎陽下引河東南為鴻溝。以通宋鄭陳蔡曹衛。與濟汝淮泗會于楚。西方則通渠漢水雲夢之野。東方則通鴻溝江淮之間。於吳則通渠三江五湖。於齊則通菑濟之間。於蜀。蜀守冰鑿離碓。辟沫水之害。穿二江成都之中。此渠皆可行舟。有餘則用溉浸。百姓饗其利。至于所過。往往引其水益用溉田疇之渠。以萬億計。然莫足數也。西門豹引漳水溉鄴。以富魏之河內。而韓聞秦之好興事。欲罷之。毋令東伐。乃使水工鄭國間說秦。令鑿涇水自中山西邸瓠口為渠。並北山東注洛三百餘里。欲以溉田。中作而覺。秦欲殺鄭國。鄭國曰。始臣為間。然渠成亦秦之利也。秦以爲然。卒使就渠。渠就。用注塡閼之水。溉澤鹵之地四萬餘頃。收皆畝一鍾。於是關中爲沃野。無凶年。秦以富彊。卒并諸侯。因命曰鄭國渠。漢興三十九年。孝文時河決酸棗。東潰金隄。於是東郡大興卒塞之。其後四十有餘年。今天子元光之中。而河決於瓠子。東南注鉅野。通於淮泗。於是天子使汲黯鄭當時興人徒塞之。輒復壞。是時武安侯田蚡爲丞相。其奉邑食鄃。鄃居河北。河決而南。則鄃無水菑。邑收多。蚡言於上曰。江河之決皆天事。未易以人力爲彊塞。塞之未必應天。而望氣用數者亦以爲然。於是天子久之不事復塞也。是時鄭當時爲大農。言曰。異時關東漕粟。從渭中上。度六月而罷。而漕水道九百餘里。時有難處。引渭穿渠起長安。並南山下。至河三百餘里。徑易漕。度可令三月罷。而渠下民田萬餘頃。又可得以溉田。此損漕省卒。而益肥關中之地。得穀。天子以爲然。令齊人水工徐伯表。悉發卒數萬人穿漕渠。三歲而通。通以漕。大便利。其後漕稍多。而渠下之民頗得以溉田矣。其後河東守番係言。漕從山東西。歲百餘萬石。更砥柱之限。敗亡甚多。而亦煩費。穿渠引汾溉皮氏汾陰下。引河溉汾陰蒲坂下。度可得五千頃。五千頃故盡河壖棄地。民茭牧其中耳。今溉田之度。可得穀二百萬石以上。穀從渭上。與關中無異。而砥柱之東可無復漕。天子以爲然。發卒數萬人作渠田。數歲。河移徙。渠不利。則田者不能償種。久之。河東渠田廢。予越人。令少府以爲稍入。其後人有上書欲通褒斜道及漕事。下御史大夫張湯。湯問其事。因言抵蜀從故道。故道多阪。

回遠。今穿褒斜道。少阪。近四百里。而褒水通沔。斜水通渭。皆可以行船漕。漕從南陽上沔入褒。褒之絕水至斜。間百餘里。以車轉。從斜下下渭。如此。漢中之穀可致。山東從沔無限。便於砥柱之漕。且褒斜材木竹箭之饒。擬於巴蜀。天子以爲然。拜湯子卬爲漢中守。發數萬人作褒斜道五百餘里。道果便近。而水湍石。不可漕。其後莊熊羆言。臨晉民願穿洛以溉重泉以東萬餘頃故鹵地。誠得水。可令畝十石。於是爲發卒萬餘人穿渠。自徵引洛水至商顏下。岸善崩。乃鑿井。深者四十餘丈。往往爲井。井下相通行水。水頹以絕商顏。東至山嶺十餘里間。井渠之生自此始。穿渠得龍骨。故名曰龍首渠。作之十餘歲。渠頗通。猶未得其饒。自河決瓠子後二十餘歲。歲因以數不登。而梁楚之地尤甚。天子既封禪巡祭山川。其明年。旱。乾封少雨。天子乃使汲仁郭昌發卒數萬人塞瓠子決。於是天子已用事萬里沙。則還自臨決河。沈白馬玉璧于河。令羣臣從官自將軍已下皆負薪寘決河。是時東郡燒草。以故薪柴少。而下淇園之竹以爲楗。天子既臨河決。悼功之不成。乃作歌曰。瓠子決兮將奈何。皓皓旰旰兮閭殫爲河。殫爲河兮地不得寧。功無已時兮吾山平。吾山平兮鉅野溢。魚沸鬱兮柏冬日。延道弛兮離常流。蛟龍騁兮方遠遊。歸舊川兮神哉沛。不封禪兮安知外。爲我謂河伯兮何不仁。泛濫不止兮愁吾人。齧桑浮兮淮泗滿。久不反兮水維緩。一曰。河湯湯兮激潺湲。北渡迂兮浚流難。搴長茭兮沈美玉。河伯許兮薪不屬。薪不屬兮衛人罪。燒蕭條兮噫乎何以禦水頹林竹兮楗石菑。宣房塞兮萬福來。於是卒塞瓠子。築宮其上。名曰宣房宮。而道河北行二渠。復禹舊迹。而梁楚之地復寧。無水災。自是之後。用事者爭言水利。朔方西河河西酒泉皆引河及川谷以溉田。而關中輔渠靈軹引堵水。汝南九江引淮。東海引鉅定。泰山下引汶水。皆穿渠為溉田。各萬餘頃。佗小渠披山通道者。不可勝言。然其著者在宣房。

太史公曰。余南登廬山。觀禹疏九江。遂至于會稽太湟。上姑蘇。望五湖。東闚洛汭大邳。迎河行淮泗濟漯洛渠。西瞻蜀之岷山及離碓。北自龍門至于朔方。曰。甚哉水之為利害也。余從負薪塞宣房。悲瓠子之詩而作河渠書。

平準書

漢興。接秦之弊。丈夫從軍旅。老弱轉糧饟。作業劇而財匱。自天子不能具鈞駟。而將相或乘牛車。齊民無藏蓋。於是為秦錢重難用。更令民鑄錢。一黃金一斤。約法省禁。而不軌逐利之民。蓄積餘業以稽市物。物踊騰糶。米至石萬錢。馬一匹則百金。天下已平。高祖乃令賈人不得衣絲乘車。重租稅以困辱之。孝惠高后時。為天下初定。復弛商賈之律。然市井之子孫。亦不得仕宦為吏。量吏祿。度官用。以賦於民。而山川園池市井租稅之入。自天子以至于封君湯沐邑。皆各為私奉養焉。不領於天下之經費。漕轉山東粟。以給中都官。歲不過數十萬石。至孝文時。莢錢益多。輕。乃更鑄四銖錢。其文為半兩。令民縱得自鑄錢。故吳諸侯也。以卽山鑄錢。富埒天子。其後卒以叛逆。鄧通大夫也。以鑄錢。財過王者。故吳鄧氏錢布天下。而鑄錢之禁生焉。匈奴數侵盜北邊。屯戍者多。邊粟不足給食當食者。於是募民能輸及轉粟於邊者拜爵。爵得至大庶長。孝景時。上郡以西旱。亦復修賣爵令。而賤其價以招民。及徒復作得輸粟縣官以除罪。益造苑馬以廣用。而宮室列觀輿馬益增修矣。至今上卽位數歲。漢興七十餘年之閒。國家無事。非遇水旱之災。民則人給家足。都鄙廩庾皆滿。而府庫餘貨財。京師之錢累巨萬。貫朽而不可校。太倉之粟。陳陳相因。充溢露積於外。至腐敗不可食。衆庶街巷有馬。阡陌之閒成羣。而乘字牝者擯而不得聚會。守閭閻者食粱肉。爲吏者長子孫。居官者以爲姓號。故人人自愛而重犯法。先行義而後絀恥辱焉。當是之時。網疏而民富。役財驕溢。或至兼并豪黨之徒。以武斷於鄉曲。宗室有土。公卿大夫以下。爭于奢侈。室廬輿服僭于上。無限度。物盛而衰。固其變也。自是之後。嚴助朱買臣等。招來東甌。事兩越。江淮之閒蕭然煩費矣。唐蒙司馬相如開路西南夷。鑿山通道千餘里。以廣巴蜀。巴蜀之民罷焉。彭吳賈滅朝鮮。置滄海之郡。則燕齊之閒靡然發動。及王恢設謀馬邑。匈奴絕和親。侵擾北邊。兵連而不解。天下苦其勞。而干戈日滋。行者齎。居者送。中外騷擾而相奉。百姓抏弊以巧法。財賂衰耗而不贍。入物者補官。出貨者除罪。選舉陵遲。廉恥相冒。武力進用。法嚴令具。興利之臣自此始也。其後。漢將歲以數萬騎出擊胡。及車騎將軍衞青取匈奴河南地。築朔方。當是時。漢通西南夷道。作者數萬人。千里負擔饋糧。率十餘鍾致一石。散幣於邛僰以集之。數歲道不通。蠻夷因以數攻。吏發兵誅之。悉巴蜀租賦不足以更之。乃募豪民田南夷。入粟縣官。而內受錢於都內。東至滄海之郡。人徒之費。擬於南夷。又興十萬餘人。築衞朔方。轉漕甚遼遠。自山東咸被其勞。費數十百巨萬。府庫益虛。乃募民能入奴婢。得以終身復。爲郎增秩。及入羊爲郎。始於此。其後四年。而漢遣大將將六將軍。軍十餘萬。擊右賢王。獲首虜萬五千級。明年大將軍將六將軍。仍再出擊胡。得首虜萬九千級。捕斬首虜之士。受賜黃金二十餘萬斤。虜數萬人。皆得厚賞。衣食仰給縣官。而漢軍之士馬死者十餘萬。兵甲之財。轉漕之費不與焉。於是大農陳藏錢經耗。賦稅既竭。猶不足以奉戰士。有司言。天子曰。朕聞五帝之教不相復而治。禹湯之法不同道而王。所由殊路。而建德一也。北邊未安。朕甚悼之。日者大將軍攻匈奴。斬首虜萬九千級。留蹛無所食。議令民得買爵及贖禁錮免減罪。請置賞官。命曰武功爵。級十七萬。凡直三十餘萬金。諸買武功爵官首者試補吏。先除。千夫如五大夫。其有罪又減二等。爵得至樂卿。以顯軍功。軍功多用越等。大者封侯卿大夫。小者郎吏。吏道雜而多端。則官職耗廢。自公孫弘以春秋之義繩臣下。取漢相。張湯用峻文決理。爲廷尉。於是見知之法生。而廢格沮誹窮治之獄用矣。其明年。淮南衡山江都王謀反迹見。而公卿尋端治之。竟其黨與。而坐死者數萬人。長吏益慘急。而法令明察。當是之時。招尊方正賢良文學之士。或至公卿大夫。公孫弘以漢相。布被。食不重味。爲天下先。然無益於俗。稍騖於功利矣。其明年。驃騎仍再出擊胡。獲首四萬。其秋。渾邪王率數萬之衆來降。於是漢發車二萬乘迎之。既至。受賞賜及有功之士。是歲費凡百餘巨萬。初先是往十餘歲河決觀。梁楚之地固已數困。而緣河之郡隄塞河。輒決壞。費不可勝計。其後番係欲省底柱之漕。穿汾河渠以爲溉田。作者數萬人。鄭當時爲渭漕渠回遠。鑿直渠自長安至華陰。作者數萬人。朔方亦穿渠。作者數萬人。各歷二三朞。功未就。費亦各巨萬十數。天子爲伐胡盛養馬。馬之來食長安者數萬匹。卒牽掌者關中不足。乃調旁近郡。而胡降者皆衣食縣官。縣官不給。天子乃損膳。解乘輿駟。出御府禁藏以贍之。其明年。山東被水菑。民多飢乏。於是天子遣使者虛郡國倉廥以振貧民。猶不足。又募豪富人相貸假。尙不能相救。乃徙貧民於關以西。及充朔方以南新秦中七十餘萬口。衣食皆仰給縣官。數歲。假予產業。使者分部護之。冠蓋相望。其費以億計。不可勝數。於是縣官大空。而富商大賈或蹛財役貧。轉轂百數。廢居居邑。封君皆低首仰給。冶鑄煮鹽。財或累萬金。而不佐國家之急。黎民重困。於是天子與公卿議。更錢造幣以贍用。而摧浮淫并兼之徒。是時禁苑有白鹿。而少府多銀錫。自孝文更造四銖錢。至是歲四十餘年。從建元以來用少。縣官往往卽多銅山而鑄錢。民亦閒盜鑄錢。不可勝數。錢益多而輕。物益少而貴。有司言曰。古者皮幣。諸侯以聘享。金有三等。黃金爲上。白金爲中。赤金爲下。今半兩錢法重四銖。

而姦或盜摩錢裏取鎔。錢益輕薄而物貴。則遠方用幣煩費不省。乃以白鹿皮方尺。緣以藻繢。爲皮幣。直四十萬。王侯宗室朝覲聘享。必以皮幣薦璧。然後得行。又造銀錫爲白金。以爲天用莫如龍。地用莫如馬。人用莫如龜。故白金三品。其一曰重八兩。圜之。其文龍。名曰白選。直三千。二曰以重差小。方之。其文馬。直五百。三曰復小。橢之。其文龜。直三百。令縣官銷半兩錢。更鑄三銖錢。文如其重。盜鑄諸金錢罪皆死。而吏民之盜鑄白金者不可勝數。於是以東郭咸陽孔僅爲大農丞。領鹽鐵事。桑弘羊以計算用事侍中。咸陽齊之大煑鹽。孔僅南陽大冶。皆致生累千金。故鄭當時進言之。弘羊雒陽賈人子。以心計。年十三侍中。故三人言利事析秋豪矣。法既益嚴。吏多廢免。兵革數動。民多買復及五大夫。徵發之士益鮮。於是除千夫五大夫爲吏。不欲者出馬。故吏皆通適令伐棘上林。作昆明池。其明年。大將軍驃騎大出擊胡。得首虜八九萬級。賞賜五十萬金。漢軍馬死者十餘萬匹。轉漕車甲之費不與焉。是時財匱。戰士頗不得祿矣。有司言三銖錢輕。易姦詐。乃更請諸郡國鑄五銖錢。周郭其下。令不可磨取鎔焉。大農上鹽鐵丞孔僅咸陽言。山海天地之藏也。皆宜屬少府。陛下不私。以屬大農佐賦。願募民自給費。因官器作煑鹽。官與牢盆。浮食奇民欲擅管山海之貨。以致富羨。役利細民。其沮事之議。不可勝聽。敢私鑄鐵器煑鹽者。釱左趾。沒入其器物。郡不出鐵者。置小鐵官。便屬在所縣。使孔僅東郭咸陽乘傳舉行天下鹽鐵。作官府。除故鹽鐵家富者爲吏。吏道益雜不選。而多賈人矣。商賈以幣之變。多積貨逐利。於是公卿言。郡國頗被菑害。貧民無產業者。募徙廣饒之地。陛下損膳省用。出禁錢以振元元。寬貸賦。而民不齊出於南畝。商賈滋衆。貧者畜積無有。皆仰縣官。異時算軺車賈人緡錢皆有差。請算如故。諸賈人末作貰貸賣買。居邑稽諸物。及商以取利者。雖無市籍。各以其物自占。率緡錢二千而一算。諸作有租及鑄。率緡錢四千一算。非吏比者三老北邊騎士。軺車以一算。商賈人軺車二算。船五丈以上一算。匿不自占。占不悉。戍邊一歲。沒入緡錢。有能告者。以其半畀之。賈人有市籍者及其家屬。皆無得籍名田。以便農。敢犯令。沒入田僮。天子乃思卜式之言。召拜式爲中郎。爵左庶長。賜田十頃。布告天下。使明知之。初卜式者。河南人也。以田畜爲事。親死。式有少弟。弟壯。式脫身出分。獨取畜羊百餘。田宅財物盡予弟。式入山牧十餘歲。羊致千餘頭。買田宅。而其弟盡破其業。式輒復分予弟者數矣。是時漢方數使將擊匈奴。卜式上書。願輸家之半縣官助邊。天子使使問式。欲官乎。式曰。臣少牧。不習仕宦。不願也。使問曰。家豈有冤。欲言事乎。式曰。臣生與人無分爭。式邑人貧者貸之。不善者敎順之。所居人皆從式。式何故見冤於人。無所欲言也。使者曰。苟如此。子何欲而然。式曰。天子誅匈奴。愚以爲賢者宜死節於邊。有財者宜輸委。如此而匈奴可滅也。使者具其言入以聞。天子以語丞相弘。弘曰。此非人情。不軌之臣。不可以爲化而亂法。願陛下勿許。於是上久不報式。數歲乃罷式。式歸。復田牧。歲餘。會軍數出。

渾邪王等降。縣官費衆。倉府空。其明年。貧民大徙。皆仰給縣官。無以盡贍。卜式持錢二十萬。予河南守。以給徙民。河南上富人助貧人者籍。天子見卜式名。識之曰。是固前而欲輸其家半助邊。乃賜式外繇四百人。式又盡復予縣官。是時富豪皆爭匿財。唯式尤欲輸之助費。天子於是以式終長者。故尊顯以風百姓。初式不願爲郞。上曰。吾有羊上林中。欲令子牧之。式乃拜爲郞。布衣屩而牧羊。歲餘。羊肥息。上過見其羊。善之。式曰。非獨羊也。治民亦猶是也。以時起居。惡者輒斥去。毋令敗羣。上以式爲奇。拜爲緱氏令試之。緱氏便之。遷爲成臯令。將漕最。上以爲式朴忠。拜爲齊王太傅。而孔僅之使天下鑄作器。三年中拜爲大農。列於九卿。而桑弘羊爲大農丞。筦諸會計事。稍稍置均輸以通貨物矣。始令吏得入穀補官。郞至六百石。自造白金五銖錢後五歲。赦吏民之坐盜鑄金錢死者數十萬人。其不發覺相殺者。不可勝計。赦自出者百餘萬人。然不能半自出。天下大抵無慮皆鑄金錢矣。犯者衆。吏不能盡誅取。於是遣博士褚大徐偃等。分曹循行郡國。舉兼幷之徒守相爲吏者。而御史大夫張湯方隆貴用事。減宣杜周等爲中丞。義縱尹齊王溫舒等用慘急刻深爲九卿。而直指夏蘭之屬始出矣。而大農顏異誅。初異爲濟南亭長。以廉直稍遷至九卿。上與張湯既造白鹿皮幣。問異。異曰。今王侯朝賀以蒼璧。直數千。而其皮薦反四十萬。本末不相稱。天子不說。張湯又與異有郤。及人有告異以它議。事下張湯治異。異與客語。客語初令下有不便者。異不應。微反脣。

湯奏異當九卿。見令不便。不入言而腹誹。論死。自是之後。有腹誹之法以此。而公卿大夫多諂諛取容矣。天子既下緡錢令而尊卜式。百姓終莫分財佐縣官。於是楊可告緡錢縱矣。郡國民多姦鑄錢。錢多輕。而公卿請令京師鑄鍾官赤側。一當五。賦官用非赤側不得行。白金稍賤。民不寶用。縣官以令禁之。無益。歲餘。白金終廢不行。是歲也。張湯死。而民不思其後二歲。赤側錢賤。民巧法用之不便。又廢。於是悉禁郡國無鑄錢。專令上林三官鑄。錢既多。而令天下非三官錢不得行。諸郡國所前鑄錢皆廢銷之。輸其銅三官。而民之鑄錢益少。計其費不能相當。眞工大姦乃盜爲之。卜式相齊。而楊可告緡徧天下。中家以上大抵皆遇告。杜周治之。獄少反者。乃分遣御史廷尉正監分曹往。即治郡國緡錢。得民財物以億計。奴婢以千萬數。田大縣數百頃。小縣百餘頃。宅亦如之。於是商賈中家以上大率破。民偸甘食好衣。不事畜藏之產業。而縣官有鹽鐵緡錢之故。用益饒矣。益廣關。置左右輔。初大農筦鹽鐵官布多。置水衡。欲以主鹽鐵。及楊可告緡錢。上林財物衆。乃令水衡主上林。上林既充滿。益廣。是時越欲與漢用船戰逐。乃大修昆明池。列觀環之。治樓船。高十餘丈。旗幟加其上。甚壯。於是天子感之。乃作柏梁臺。高數十丈。宮室之修。由此日麗。乃分緡錢諸官。而水衡少府大農太僕。各置農官。往往即郡縣比沒入田田之。其沒入奴婢。分諸苑養狗馬禽獸。及與諸官。諸官益雜置多。徒奴婢衆。而下河漕度四百萬石。及官自糴乃足。所忠言世家子弟富人或鬬雞走狗馬。弋獵博戲。亂齊民。乃徵諸犯令。相引數千人。命曰株送徒。入財者得補郎。郎選衰矣。是時山東被河菑。及歲不登數年。人或相食。方一二千里。天子憐之。詔曰。江南火耕水耨。令飢民得流就食江淮閒。欲留之處。遣使冠蓋相屬於道。護之。下巴蜀粟以振之。其明年。天子始巡郡國。東度河。河東守不意行至。不辦。自殺。行西踰隴。隴西守以行往卒。天子從官不得食。隴西守自殺。於是上北出蕭關。從數萬騎。獵新秦中。以勒邊兵而歸。新秦中或千里無亭徼。於是誅北地太守以下。而令民得畜牧邊縣。官假馬母。三歲而歸。及息什一。以除告緡。用充仞新秦中。既得寶鼎。立后土太一祠。公卿議封禪事。而天下郡國皆豫治道橋。繕故宮。及當馳道縣。縣治官儲。設供具。而望以待幸。其明年。南越反。西羌侵邊爲桀。於是天子爲山東不贍。赦天下。因南方樓船卒二十餘萬人擊南越。數萬人發三河以西騎擊西羌。又數萬人度河築令居。初置張掖酒泉郡。而上郡朔方西河河西開田官。斥塞卒六十萬人戍田之。中國繕道餽糧。遠者三千。近者千餘里。皆仰給大農。邊兵不足。乃發武庫工官兵器以贍之。車騎馬乏絕。縣官錢少。買馬難得。乃著令。令封君以下至三百石以上吏。以差出牝馬。天下亭亭有畜牸馬。歲課息。齊相卜式上書曰。臣聞主憂臣辱。南越反。臣願父子與齊習船者往死之。天子下詔曰。卜式雖躬耕牧。不以爲利。有餘輒助縣官之用。今天下不幸有急。而式奮願父子死之。雖未戰。可謂義形於內。賜爵關內侯。金六十斤。田十頃。布告天下。天下莫應。列侯以百數。皆莫求從軍擊羌越。至酎。少府省金。而列侯坐酎金失侯者百餘人。乃拜式爲御史大夫。式既在位。見郡國多不便縣官作鹽鐵。鐵器苦惡。賈貴。或彊令民賣買之。而船有算。商者少。物貴。乃因孔僅言船算事。上由是不悅卜式。漢連兵三歲。誅羌滅南越。番禺以西至蜀南者置初郡十七。且以其故俗治。毋賦稅。南陽漢中以往郡。各以地比給初郡吏卒奉食幣物。傳車馬被具。而初郡時時小反。殺吏。漢發南方吏卒往誅之。閒歲萬餘人。費皆仰給大農。大農以均輸調鹽鐵助賦。故能贍之。然兵所過縣。爲以訾給毋乏而已。不敢言擅賦法矣。其明年。元封元年。卜式貶秩爲太子太傅。而桑弘羊爲治粟都尉。領大農。盡代僅筦天下鹽鐵。弘羊以諸官各自市。相與爭。物故騰躍。而天下賦輸或不償其僦費。乃請置大農部丞數十人。分部主郡國。各往往縣置均輸鹽鐵官。令遠方各以其物貴時商賈所轉販者爲賦。而相灌輸。置平準於京師。都受天下委輸。召工官治車諸器。皆仰給大農。大農之諸官盡籠天下之貨物。貴卽賣之。賤則買之。如此。富商大賈無所牟大利。則反本。而萬物不得騰踊。故抑天下物。名曰平準。天子以爲然。許之。於是天子北至朔方。東到太山。巡海上。並北邊以歸。所過賞賜。用帛百餘萬匹。錢金以巨萬計。皆取足大農。弘羊又請令吏得入粟補官。及罪人贖罪。令民能入粟甘泉各有差。以復終身。不告緡。他郡國各輸急處。而諸農各致粟。山東漕益歲六百萬石。一歲之中。太倉甘泉倉滿。邊餘穀。諸物均輸帛五百萬匹。民不益賦而天下用饒。於是弘羊賜爵左庶長黃金再百斤焉。是歲小旱上令官求雨。卜式言曰縣官當食租衣稅而已今弘羊令吏坐市列肆販物求利亨弘羊天乃雨。

太史公曰。農工商交易之路通而龜貝金錢刀布之幣興焉。所從來久遠自高辛氏之前尚矣。靡得而記云故書道唐虞之際詩述殷周之世安寧則長庠序先本絀末以禮義防于利。事變多故而亦反是是以物盛則衰時極而轉。一質一文終始之變也。禹貢九州各因其土地所宜人民所多少而納職焉。湯武承弊易變使民不倦各兢兢所以爲治而稍陵遲衰微。齊桓公用管仲之謀通輕重之權徼山海之業以朝諸侯用區區之齊顯成霸名魏用李克盡地力。爲彊君。自是之後天下爭於戰國貴詐力而賤仁義先富有而後推讓故庶人之富者。或累巨萬而貧者或不厭糟糠。有國彊者或并羣小以臣諸侯而弱國或絕祀而滅世以至於秦卒并海內。虞夏之幣金爲三品或黃或白或赤或錢或布或刀或龜貝及至秦中一國之幣爲三等。黃金以鎰名爲上幣。銅錢識曰半兩重如其文爲下幣。而珠玉龜貝銀錫之屬爲器飾寶藏不爲幣。然各隨時而輕重無常。於是外攘夷狄內興功業。海內之士力耕不足糧饟女子紡績不足衣服。古者嘗竭天下之資財以奉其上猶自以爲不足也。無異故云事勢之流相激使然。曷足怪焉。姚鼐惜抱軒筆記曰。柯維騏論平準書後太史公曰農工商交易之路通。至何足怪焉四百餘字。謂是平準書之發端非其後贊。其說極爲的當。無可疑者。

齊太公世家

太公望呂尙者。東海上人。其先祖嘗爲四嶽。佐禹平水土。甚有功。虞夏之際。封於呂。或封於申。姓姜氏。夏商之時。申呂或封枝庶子孫。或爲庶人。尙其後苗裔也。本姓姜氏。從其封姓。故曰呂尙。呂尙蓋嘗窮困。年老矣。以魚釣奸周西伯。西伯將出獵。卜之。曰所獲非龍非彲。非虎非羆。所獲霸王之輔。於是周西伯獵。果遇太公於渭之陽。與語。大說。曰自吾先君太公曰。當有聖人適周。周以興。子眞是邪。吾太公望子久矣。故號之曰太公望。載與俱歸。立爲師。或曰太公博聞。嘗事紂。紂無道。去之。游說諸侯。無所遇。而卒西歸周西伯。或曰。呂尙處士。隱海濱。周西伯拘羑里。散宜生閎夭素知而招呂尙。呂尙亦曰。吾聞西伯賢。又善養老。盍往焉。三人者爲西伯求美女奇物。獻之於紂。以贖西伯。西伯得以出反國。言呂尙所以事周雖異。然要之爲文武師。周西伯昌之脫羑里歸。與呂尙陰謀修德。以傾商政。其事多兵權與奇計。故後世之言兵及周之陰權。皆宗太公爲本謀。周西伯政平。及斷虞芮之訟。而詩人稱西伯受命曰文王。伐崇密須犬夷。大作豐邑。天下三分。其二歸周者。太公之謀計居多。文王崩。武王卽位。九年。欲修文王業。東伐以觀諸侯集否。師行。師尙父左杖黃鉞。右把白旄以誓。曰蒼兕蒼兕。總爾衆庶。與爾舟楫。後至者斬。遂至盟津。諸侯不期而會者八百諸侯。諸侯皆曰。紂可伐也。武王曰。未可。還師。與太公作此太誓。居二年。紂殺王子比干。囚箕子。武王將伐紂。卜龜兆不吉。風雨暴至。羣公盡懼。唯太公彊之勸武王。武王於是遂行。十一年正月甲子。誓於牧野。伐商紂。紂師敗績。紂反走。登鹿臺。遂追斬紂。明日。武王立于社。羣公奉明水。衞康叔封布采席。師尚父牽牲。史佚策祝。以告神討紂之罪。散鹿臺之錢。發鉅橋之粟。以振貧民。封比干墓。釋箕子囚。遷九鼎。修周政。與天下更始。師尚父謀居多。於是武王已平商而王天下。封師尚父於齊營邱。東就國。道宿行遲。逆旅之人曰。吾聞時難得而易失。客寢甚安。殆非就國者也。太公聞之。夜衣而行。黎明至國。萊侯來伐。與之爭營邱。營邱邊萊。萊人夷也。會紂之亂。而周初定。未能集遠方。是以與太公爭國。太公至國。修政。因其俗。簡其禮。通商工之業。便魚鹽之利。而人民多歸齊。齊爲大國。及周成王少時。管蔡作亂。淮夷畔周。乃使召康公命太公曰。東至海。西至河。南至穆陵。北至無棣。五侯九伯。實得征之。齊由此得征伐。爲大國。都營邱。

魯周公世家

周公旦者。周武王弟也。自文王在時。旦爲子孝。篤仁。異於羣子。及武王卽位。旦常輔翼武王。用事居多。武王九年。東伐至盟津。周公輔行。十一年。伐紂。至牧野。周公佐武王。作牧誓。破殷。入商宮。已殺紂。周公把大鉞。召公把小鉞。以夾武王。釁社。告紂之罪于天。及殷民。釋箕子之囚。封紂子武庚祿父。使管叔蔡叔傅之。以續殷祀。徧封功臣同姓戚者。封周公旦於少昊之虛曲阜。是爲魯公。周公不就封。留佐武王。武王克殷二年。天下未集。武王有疾。不豫。羣臣懼。

太公召公乃繆卜。周公曰。未可以戚我先王。周公於是乃自以爲質。設三壇。周公北面立。戴璧秉圭。告于大王王季文王。史策祝曰。惟爾元孫王發。勤勞阻疾。若爾三王是有負子之責於天。以旦代王發之身。旦巧能多材多藝。能事鬼神。乃王發不如旦多材多藝。不能事鬼神。乃命于帝庭。敷佑四方。用能定汝子孫于下地。四方之民罔不敬畏。無墜天之降葆命。我先王亦永有所依歸。今我其卽命於元龜。爾之許我。我其以璧與圭。歸以俟爾命。爾不許我。我乃屏璧與圭。周公已令史策告大王王季文王。欲代武王發。於是乃卽三王而卜。卜人皆曰吉。發書視之。信吉。周公喜。開籥乃見書。遇吉。周公入賀武王曰。王其無害。旦新受命三王。維長終是圖。茲道能念予一人。周公藏其策金縢匱中。誡守者勿敢言。明日武王有瘳。其後武王旣崩。成王少。在強葆之中。周公恐天下聞武王崩而畔。周公乃踐阼代成王。攝行政當國。管叔及其羣弟流言於國曰。周公將不利於成王。周公乃告太公望召公奭曰。我之所以弗辟而攝行政者。恐天下畔周。無以告我先王大王王季文王。三王之憂勞天下久矣。於今而後成。武王蚤終。成王少。將以成周。我所以爲之若此。於是卒相成王。而使其子伯禽代就封於魯。周公戒伯禽曰。我文王之子。武王之弟。成王之叔父。我於天下亦不賤矣。然我一沐三握髮。一飯三吐哺。起以待士。猶恐失天下之賢人。子之魯。愼無以國驕人。管蔡武庚等果率淮夷而反。周公乃奉成王命。興師東伐。作大誥。遂誅管叔。殺武庚。放蔡叔。收殷餘民。以封康叔於衞。封微子於宋。以奉殷祀。寧淮夷東土。二年而畢定。諸侯咸服宗周。天降祉福。唐叔得禾。異母同穎。獻之成王。成王命唐叔以餽周公於東土。作餽禾。周公既受命禾。嘉天子命。作嘉禾。東土以集。周公歸報成王。乃爲詩貽王。命之曰鴟鴞。王亦未敢訓周公。成王七年二月乙未。王朝步自周。至豐。使太保召公先之雒相土。其三月。周公往營成周雒邑。卜居焉曰吉。遂國之。成王長。能聽政。於是周公乃還政於成王。成王臨朝。周公之代成王治。南面倍依以朝諸侯。及七年後。還政成王。北面就臣位。匔匔如畏然。初成王少時。病。周公乃自揃其蚤沈之河。以祝於神曰。王少未有識。奸神命者乃旦也。亦藏其策於府。成王病有瘳。及成王用事。人或譖周公。周公奔楚。成王發府。見周公禱書。乃泣反周公。周公歸。恐成王壯治有所淫佚。乃作多士。作毋逸。毋逸稱爲人父母。爲業至長久。子孫驕奢忘之。以亡其家。爲人子可不慎乎。故昔在殷王中宗。嚴恭敬畏天命。自度治民。震懼不敢荒寧。故中宗饗國七十五年。其在高宗。久勞于外。爲與小人。作其卽位。乃有亮闇。三年不言。言乃讙。不敢荒寧。密靖殷國。至于小大無怨。故高宗饗國五十五年。其在祖甲。不義惟王。久爲小人于外。知小人之依。能保施小民。不侮鰥寡。故祖甲饗國三十三年。多士稱曰。自湯至于帝乙。無不率祀明德。帝無不配天者。在今後嗣王紂。誕淫厥佚。不顧天及民之從也。其民皆可誅。周多士。文王日中昃不暇食。饗國五十年。作此以誡成王。成王在豐。天下已安。周之官政未次序。於是周公作周官。官別其宜作立政。以便百姓。百姓說。周公在豐病將沒。曰必葬我成周。以明吾不敢離成王。周公既卒。成王亦讓。葬周公於畢。從文王。以明予小子不敢臣周公也。周公卒後。秋未穫。暴風雷雨。禾盡偃。大木盡拔。周國大恐。成王與大夫朝服以開金縢書。王乃得周公所自以爲功代武王之說。二公及王乃問史百執事。史百執事曰。信有。昔周公命我勿敢言。成王執書以泣。曰自今後其無繆卜乎。昔周公勤勞王家。惟予幼人弗及知。今天動威。以彰周公之德。惟朕小子其迎。我國家禮亦宜之。王出郊。天乃雨。反風。禾盡起。二公命國人凡大木所偃。盡起而築之。歲則大熟。於是成王乃命魯得郊祭文王。魯有天子禮樂者。以褒周公之德也。

管晏列傳

管仲夷吾者。潁上人也。少時常與鮑叔牙游。鮑叔知其賢。管仲貧困。常欺鮑叔。鮑叔終善遇之。不以爲言。已而鮑叔事齊公子小白。管仲事公子糾。及小白立爲桓公。公子糾死。管仲囚焉。鮑叔遂進管仲。管仲既用。任政於齊。齊桓公以霸。九合諸侯。一匡天下。管仲之謀也。管仲曰。吾始困時。嘗與鮑叔賈。分財利多自與。鮑叔不以我爲貪。知我貧也。吾嘗爲鮑叔謀事而更窮困。鮑叔不以我爲愚。知時有利不利也。吾嘗三仕三見逐於君。鮑叔不以我爲不肖。知我不遭時也。吾嘗三戰三走。鮑叔不以我爲怯。知我有老母也。公子糾敗。召忽死之。吾幽囚受辱。鮑叔不以我爲無恥。知我不羞小節。而恥功名不顯于天下也。生我者父母。知我者鮑子也。鮑叔既進管仲。以身下之。子孫世祿於齊。有封邑者十餘世。常爲名大夫。天下不多管仲之賢。而多鮑叔能知人也。管仲既任政相齊。以區區之齊。在海濱。通貨積財。富國彊兵。與俗同好惡。故其稱曰。倉廩實而知禮節。衣食足而知榮辱。上服度則六親固。四維不張。國乃滅亡。下令如流水之原。令順民心。故論卑而易行。俗之所欲。因而予之。俗之所否。因而去之。其爲政也。善因禍而爲福。轉敗而爲功。貴輕重。愼權衡。桓公實怒少姬。南襲蔡。管仲因而伐楚。責包茅不入貢於周室。桓公實北征山戎。而管仲因而令燕修召公之政。於柯之會。桓公欲背曹沫之約。管仲因而信之。諸侯由是歸齊。故曰。知與之爲取。政之寶也。管仲富擬於公室。有三歸反坫。齊人不以爲侈。管仲卒。齊國遵其政。常彊於諸侯。後百餘年。而有晏子焉。

晏平仲嬰者。萊之夷維人也。事齊靈公莊公景公。以節儉力行重於齊。既相齊。食不重肉。妾不衣帛。其在朝。君語及之。卽危言。語不及之。卽危行。國有道。卽順命。無道。卽衡命。以此三世顯名於諸侯。越石父賢。在縲紲中。晏子出。遭之塗。解左驂贖之。載歸。弗謝。入閨。久之。越石父請絕。晏子戄然。攝衣冠謝曰。嬰雖不仁。免子於戹。何子求絕之速也。石父曰。不然。吾聞君子詘於不知己。而信於知己者。方吾在縲紲中。彼不知我也。夫子既已感寤而贖我。是知己。知己而無禮。固不如在縲紲之中。晏子於是延入爲上客。晏子爲齊相。出。其御之妻從門閒而闚其夫。其夫爲相御。擁大蓋。策駟馬。意氣揚揚。甚自得也。既而歸。其妻請去。夫問其故。妻曰晏子長不滿六尺。身相齊國。名顯諸侯。今者妾觀其出。志念深矣。常有以自下者。今子長八尺。乃爲人僕御。然子之意自以爲足。妾是以求去也。其後夫自抑損。晏子怪而問之。御以實對。晏子薦以爲大夫。

太史公曰。吾讀管氏牧民山高乘馬輕重九府。及晏子春秋。詳哉其言之也。既見其著書。欲觀其行事。故次其傳。至其書。世多有之。是以不論。論其軼事。管仲世所謂賢臣。然孔子小之。豈以爲周道衰微。桓公既賢。而不勉之至王。乃稱霸哉。語曰。將順其美。匡救其惡。故上下能相親也。豈管仲之謂乎。方晏子伏莊公尸哭之。成禮然後去。豈所謂見義不爲無勇者邪。至其諫說。犯君之顏。此所謂進思盡忠。退思補過者哉。假令晏子而在。余雖爲之執鞭。所忻慕焉。

孫子吳起列傳

孫子武者。齊人也。以兵法見於吳王闔廬。闔廬曰。子之十三篇。吾盡觀之矣。可以小試勒兵乎。對曰。可。闔廬曰。可試以婦人乎。曰。可。於是許之。出宮中美女得百八十人。孫子分爲二隊。以王之寵姬二人各爲隊長。皆令持戟。令之曰。汝知而心與左右手背乎。婦人曰。知之。孫子曰。前則視心。左視左手。右視右手。後卽視背。婦人曰。諾。約束既布。乃設鈇鉞。卽三令五申之。於是鼓之右。婦人大笑。孫子曰。約束不明。申令不熟。將之罪也。復三令五申而鼓之左。婦人復大笑。孫子曰約束不明。申令不熟。將之罪也。既已明而不如法者。吏士之罪也。乃欲斬左右隊長。吳王從臺上觀見且斬愛姬。大駭。趣使使下令曰寡人已知將軍能用兵矣。寡人非此二姬食不甘味。願勿斬也。孫子曰臣既已受命爲將。將在軍君命有所不受。遂斬隊長二人以徇。用其次爲隊長。於是復鼓之。婦人左右前後跪起皆中規矩繩墨。無敢出聲。於是孫子使使報王曰兵既整齊。王可試下觀之。唯王所欲用之。雖赴水火猶可也。吳王曰將軍罷休就舍。寡人不願下觀。孫子曰王徒好其言。不能用其實。於是闔廬知孫子能用兵。卒以爲將。西破彊楚。入郢。北威齊晉。顯名諸侯。孫子與有力焉。孫武既死。後百餘歲有孫臏。臏生阿鄄之閒。臏亦孫武之後世子孫也。孫臏嘗與龐涓俱學兵法。龐涓既事魏。得爲惠王將軍。而自以爲能不及孫臏。乃陰使召孫臏。臏至。龐涓恐其賢於己。疾之。則以法刑斷其兩足而黥之。欲隱勿見。齊使者如梁。孫臏以刑徒陰見說齊使。齊使以爲奇。竊載與之齊。齊將田忌善而客待之。忌數與齊諸公子馳逐重射。孫子見其馬足不甚相遠。馬有上中下輩。於是孫子謂田忌曰。君弟重射。臣能令君勝。田忌信然之。與王及諸公子逐射千金。及臨質。孫子曰今以君之下駟與彼上駟。取君上駟與彼中駟。取君中駟與彼下駟。既馳三輩畢。而田忌一不勝而再勝。卒得王千金。於是忌進孫子於威王。威王問兵法。遂以爲師。其後魏伐趙。趙急請救於齊。齊威王欲將孫臏。臏辭謝曰刑餘之人不可。於是乃以田忌爲將。而孫子爲師。居輜車中坐爲計謀。田忌欲引兵之趙。孫子曰。夫解雜亂紛糾者不控捲。救鬬者不搏撠。批亢擣虛。形格勢禁。則自爲解耳。今梁趙相攻。輕兵銳卒必竭於外。老弱罷於內。君不若引兵疾走大梁。據其街路。衝其方虛。彼必釋趙而自救。是我一舉解趙之圍而收弊於魏也。田忌從之。魏果去邯鄲。與齊戰於桂陵。大破梁軍。後十五年。魏與趙攻韓。韓告急於齊。齊使田忌將而往。直走大梁。魏將龐涓聞之。去韓而歸。齊軍既已過而西矣。孫子謂田忌曰。彼三晉之兵素悍勇而輕齊。齊號爲怯。善戰者因其勢而利導之。兵法。百里而趣利者蹶上將。五十里而趣利者軍半至。使齊軍入魏地爲十萬竈。明日爲五萬竈。又明日爲三萬竈。龐涓行三日。大喜曰。我固知齊軍怯。入吾地三日。士卒亡者過半矣。乃棄其步軍。與其輕銳倍日并行逐之。孫子度其行。暮當至馬陵。馬陵道狹。而旁多阻隘。可伏兵。乃斫大樹白而書之曰。龐涓死于此樹之下。於是令齊軍善射者萬弩。夾道而伏。期曰。暮見火舉而俱發。龐涓果夜至斫木下。見白書。乃鑽火燭之。讀其書未畢。齊軍萬弩俱發。魏軍大亂相失。龐涓自知智窮兵敗。乃自剄。曰。遂成豎子之名。齊因乘勝盡破其軍。虜魏太子申以歸。孫臏以此名顯天下。世傳其兵法。

吳起者。衞人也。好用兵。嘗學於曾子。事魯君。齊人攻魯。魯欲將吳起。吳起取齊女爲妻。而魯疑之。吳起於是欲就名。遂殺其妻。以明不與齊也。魯卒以爲將。將而攻齊。大破之。魯人或惡吳起曰。起之爲人。猜忍人也。其少時家累千金。游仕不遂。遂破其家。鄉黨笑之。吳起殺其謗己著三十餘人。而東出衞郭門。與其母訣。齧臂而盟曰。起不爲卿相。不復入衞。遂事曾子。居頃之。其母死。起終不歸。曾子薄之。而與起絕。起乃之魯。學兵法以事魯君。魯君疑之。起殺妻以求將。夫魯小國。而有戰勝之名。則諸侯圖魯矣。且魯衞兄弟之國也。而君用起。則是棄衞。魯君疑之。謝吳起。吳起於是聞魏文侯賢。欲事之。文侯問李克曰。吳起何如人哉。李克曰。起貪而好色。然用兵司馬穰苴不能過也。於是魏文侯以爲將。擊秦。拔五城。起之爲將。與士卒最下者同衣食。臥不設席。行不騎乘。親裹贏糧。與士卒分勞苦。卒有病疽者。起爲吮之。卒母聞而哭之。人曰。子卒也。而將軍自吮其疽。何哭爲。母曰。非然也。往年吳公吮其父。其父戰不旋踵。遂死於敵。吳公今又吮其子。妾不知其死所矣。是以哭之。文侯以吳起善用兵。廉平。盡能得士心。乃以爲西河守。以拒秦韓。魏文侯既卒。起事其子武侯。武侯浮西河而下。中流。顧而謂吳起曰。美哉乎山河之固。此魏國之寶也。起對曰。在德不在險。昔三苗氏左洞庭。右彭蠡。德義不脩。禹滅之。夏桀之居。左河濟。右泰華。伊闕在其南。羊腸在其北。脩政不仁。湯放之。殷紂之國。左孟門。右太行。常山在其北。大河經其南。脩政不德。武王殺之。由此觀之。在德不在險。若君不脩德。舟中之人。盡爲敵國也。武侯曰。善。卽封吳起爲西河守。甚有聲名。魏置相。相田文。吳起不悅。謂田文曰。請與子論功。可乎。田文曰。可。起曰。將三軍。使士卒樂死。敵國不敢謀。子孰與起。文曰。不如子。起曰。治百官。親萬民。實府庫。子孰與起。文曰。不如子。起曰。守西河。而秦兵不敢東嚮。韓趙賓從。子孰與起。文曰。不如子。起曰。此三者。子皆出吾下。而位加吾上。何也。文曰。主少國疑。大臣未附。百姓不信。方是之時。屬之於子乎。屬之於我乎。起默然良久。曰。屬之子矣。文曰。此乃吾所以居子之上也。吳起乃自知弗如田文。田文既死。公叔爲相。尙魏公主而害吳起。公叔之僕曰。起易去也。公叔曰。奈何。其僕曰。吳起爲人節廉而自喜名也。君因先與武侯言曰。夫吳起賢人也。而侯之國小。又與彊秦壤界。臣竊恐起之無留心也。武侯卽曰。奈何。君因謂武侯曰。試延以公主。起有留心。則必受之。無留心。則必辭矣。以此卜之。君因召吳起而與歸。卽令公主怒而輕君。吳起見公主之賤君也。則必辭。於是吳起見公主之賤魏相。果辭魏武侯。武侯疑之而弗信也。吳起懼得罪。遂去。卽之楚。楚悼王素聞起賢。至則相楚。明法審令。捐不急之官。廢公族疏遠者。以撫養戰鬭之士。要在彊兵。破馳說之言從横者。於是南平百越。北并陳蔡。卻三晉。西伐秦。諸侯患楚之彊。故楚之貴戚盡欲害吳起。及悼王死。宗室大臣作亂而攻吳起。吳起走之王尸而伏之。擊起之徒因射刺吳起。並中悼王。悼王既葬。太子立。乃使令尹盡誅射吳起而並中王尸者。坐射起而夷宗死者七十餘家。

太史公曰。世俗所稱師旅。皆道孫子十三篇。吳起兵法。世多有。故弗論。論其行事所施設者。語曰。能行之者未必能言。能言之者未必能行。孫子籌策龐涓明矣。然不能蚤救患於被刑。吳起說武侯以形勢不如德。然行之於楚。以刻暴少恩亡其軀。悲夫。

商君列傳

商君者衞之諸庶孽公子也。名鞅。姓公孫氏。其祖本姬姓也。鞅少好刑名之學。事魏相公叔痤。爲中庶子。公叔痤知其賢。未及進。會痤病。魏惠王親往問病。曰。公叔病有如不可諱。將奈社稷何。公叔曰。痤之中庶子公孫鞅。年雖少。有奇才。願王舉國而聽之。王嘿然。王且去。痤屏人言曰。王卽不聽用鞅。必殺之。無令出境。王許諾而去。公叔痤召鞅謝曰。今者王問可以爲相者。我言若。王色不許我。我方先君後臣。因謂王卽弗用鞅。當殺之。王許我。汝可疾去矣。且見禽。鞅曰。彼王不能用君之言任臣。又安能用君之言殺臣乎。卒不去。惠王既去。而謂左右曰。公叔病甚。悲乎。欲令寡人以國聽公孫鞅也。豈不悖哉。公叔既死。公孫鞅聞秦孝公下令國中求賢者。將修繆公之業。東復侵地。迺遂西入秦。因孝公寵臣景監以求見孝公。孝公既見衞鞅。語事良久。孝公時時睡。弗聽。罷而孝公怒景監曰。子之客妄人耳。安足用邪。景監以讓衞鞅。衞鞅曰。吾說公以帝道。其志不開悟矣。後五日。復求見鞅。鞅復見孝公。益愈。然而未中旨。罷而孝公復讓景監。景監亦讓鞅。鞅曰。吾說公以王道而未入也。請復見鞅。鞅復見孝公。孝公善之而未用也。罷而去。孝公謂景監曰。汝客善。可與語矣。鞅曰。吾說公以霸道。其意欲用之矣。誠復見我。我知之矣。衞鞅復見孝公。公與語。不自知鄰之前於席也。語數日不厭。景監曰。子何以中吾君。吾君之驩甚也。鞅曰。吾說君以帝王之道比三代。而君曰。久遠。吾不能待。且賢君者。各及其身。顯名天下。安能邑邑待數十百年以成帝王乎。故吾以彊國之術說君。君大說之耳。然亦難以比德於殷周矣。孝公既用衞鞅。鞅欲變法。恐天下議己。衞鞅曰。疑行無名。疑事無功。且夫有高人之行者。固見非於世。有獨知之慮者。必見敖於民。愚者闇於成事。知者見於未萌。民不可與慮始。而可與樂成。論至德者不和於俗。成大功者不謀於衆。是以聖人苟可以彊國。不法其故。苟可以利民。不循其禮。孝公曰善。甘龍曰不然。聖人不易民而教。知者不變法而治。因民而教。不勞而成功。緣法而治者。吏習而民安之。衞鞅曰。龍之所言。世俗之言也。常人安於故俗。學者溺於所聞。以此兩者居官守法可也。非所與論於法之外也。三代不同禮而王。五伯不同法而霸。智者作法。愚者制焉。賢者更禮。不肖者拘焉。杜摯曰。利不百。不變法。功不十。不易器。法古無過。循禮無邪。衞鞅曰。治世不一道。便國不法古。故湯武不循古而王。夏殷不易禮而亡。反古者不可非。而循禮者不足多。孝公曰善。以衞鞅爲左庶長。卒定變法之令。令民爲什伍。而相收司連坐。不告姦者腰斬。告姦者與斬敵首同賞。匿姦者與降敵同罰。民有二男以上不分異者。倍其賦。有軍功者。各以率受上爵。爲私鬭者。各以輕重被刑大小。僇力本業耕織致粟帛多者。復其身。事末利及怠而貧者。舉以爲收孥。宗室非有軍功論。不得爲屬籍。明尊卑爵秩等級。各以差次名田宅。臣妾衣服以家次。有功者顯榮。無功者雖富無所芬華。令既具未布。恐民之不信。已乃立三丈之木於國都市南門。募民有能徙置北門者予十金。民怪之。莫敢徙。復曰能徙者予五十金。有一人徙之。輒予五十金。以明不欺。卒下令。令行於民。朞年秦民之國都言初令之不便者以千數。於是太子犯法。衛鞅曰。法之不行。自上犯之。將法太子。太子。君嗣也。不可施刑。刑其傅公子虔。黥其師公孫賈。明日秦人皆趨令。行之十年。秦民大說。道不拾遺。山無盜賊。家給人足。民勇於公戰。怯於私鬭。鄉邑大治。秦民初言令不便者。有來言令便者。衛鞅曰。此皆亂化之民也。盡遷之於邊城。其後民莫敢議令。於是以鞅爲大良造。將兵圍魏安邑。降之。居三年。作爲築冀闕宮庭於咸陽。秦自雍徙都之。而令民父子兄弟同室內息者爲禁。而集小都鄉邑聚爲縣。置令丞。凡三十一縣。爲田開阡陌封疆。而賦稅平。平斗桶權衡丈尺。行之四年。公子虔復犯約。劓之。居五年。秦人富彊。天子致胙於孝公。諸侯畢賀。其明年。齊敗魏兵於馬陵。虜其太子申。殺將軍龐涓。其明年。衛鞅說孝公曰。秦之與魏。譬若人之有腹心疾。非魏幷秦。秦卽幷魏。何者。魏居嶺阨之西。都安邑。與秦界河。而獨擅山東之利。利則西侵秦。病則東收地。今以君之賢聖。國賴以盛。而魏往年大破於齊。諸侯畔之。可因此時伐魏。魏不支秦。必東徙。東徙。秦據河山之固。東鄉以制諸侯。此帝王之業也。孝公以爲然。使衛鞅將而伐魏。魏使公子卬將而擊之。軍既相距。衛鞅遺魏將公子卬書曰。吾始與公子驩。今俱爲兩國將。不忍相攻。可與公子面相見。盟。樂飲而罷兵。以安秦魏。魏公子卬以爲然。會盟已。飲而衛鞅伏甲士而襲虜魏公子卬。因攻其軍。盡破之以歸秦。魏惠王兵數破於齊秦。國內空。日以削。恐。乃使使割河西之地獻於秦以和。而魏遂去安邑。徙都大梁。梁惠王曰。寡人恨不用公叔痤之言也。衛鞅既破魏。還秦封之於商十五邑。號爲商君。商君相秦十年。宗室貴戚多怨望者。趙良見商君。商君曰。鞅之得見也。從孟蘭皐。今鞅請得交。可乎。趙良曰。僕弗敢願也。孔丘有言曰。推賢而戴者進。聚不肖而王者退。僕不肖。故不敢受命。僕聞之曰。非其位而居之曰貪位。非其名而有之曰貪名。僕聽君之義。則恐僕貪位貪名也。故不敢聞命。商君曰。子不說吾治秦與。趙良曰。反聽之謂聰。內視之謂明。自勝之謂彊。虞舜有言曰。自卑也尚矣。君不若道虞舜之道。無爲問僕矣。商君曰。始秦戎翟之教。父子無別。同室而居。今我更制其教。而爲其男女之別。大築冀闕。營如魯衛矣。子觀我治秦也。孰與五羖大夫賢。趙良曰。千羊之皮。不如一狐之腋。千人之諾諾。不如一士之諤諤。武王諤諤以昌。殷紂墨墨以亡。君若不非武王乎。則僕請終日正言而無誅。可乎。商君曰。語有之矣。貌言華也。至言實也。苦言藥也。甘言疾也。夫子果肯終日正言。鞅之藥也。鞅將事子。子又何辭焉。趙良曰。夫五羖大夫。荆之鄙人也。聞秦繆公之賢而願望見。行而無資。自粥於秦客。被褐食牛。期年。繆公知之。舉之牛口之下。而加之百姓之上。秦國莫敢望焉。相秦六七年。而東伐鄭。三置晉國之君。一救荆國之禍。發教封內。而巴人致貢。施德諸侯。而八戎來服。由余聞之。款關請見。五羖大夫之相秦也。勞不坐乘。暑不張蓋。行於國中不從車乘不操干戈。功名藏於府庫。德行施於後世。五羖大夫死。秦國男女流涕。童子不歌謠。舂者不相杵。此五羖大夫之德也。今君之見秦王也。因嬖人景監以爲主。非所以爲名也。相秦不以百姓爲事。而大築冀闕。非所以爲功也。刑黥太子之師傅。殘傷民以峻刑。是積怨畜禍也。教之化民也深於命。民之效上也捷於令。今君又左建外易。非所以爲教也。君又南面而稱寡人。日繩秦之貴公子。詩曰。相鼠有體。人而無禮。人而無禮。何不遄死。以詩觀之。非所以爲壽也。公子虔杜門不出已八年矣。君又殺祝懽而黥公孫賈。詩曰。得人者興。失人者崩。此數事者。非所以得人也。君之出也。後車十數。從車載甲。多力而駢脅者爲驂乘。持矛而操闟戟者旁車而趨。此一物不具。君固不出。書曰。恃德者昌。恃力者亡。君之危若朝露。尙將欲延年益壽乎。則何不歸十五都。灌園於鄙。勸秦王顯巖穴之士。養老存孤。敬父兄。序有功。尊有德。可以少安。君尙將貪商於之富。寵秦國之教。畜百姓之怨。秦王一旦捐賓客而不立朝。秦國之所以收君者。豈其微哉。亡可翹足而待。商君弗從。後五月而秦孝公卒。太子立。公子虔之徒告商君欲反。發吏捕商君。商君亡至關下。欲舍客舍。客人不知其是商君也。曰。商君之法。舍人無驗者坐之。商君喟然歎曰。嗟乎。爲法之敝。一至此哉。去之魏。魏人怨其欺公子卬而破魏師。弗受。商君欲之他國。魏人曰。商君秦之賊。秦彊而賊入魏。弗歸不可。遂內秦商君。既復入秦。走商邑。與其徒屬發邑兵北出擊鄭。秦發兵攻商君。殺之於鄭黽池。

秦惠王車裂商君以徇。曰。莫如商鞅反者。遂滅商君之家。

太史公曰。商君其天資刻薄人也。跡其欲干孝公以帝王術。挾持浮說。非其質矣。且所因由嬖臣。及得用刑公子虔。欺魏將卬。不師趙良之言。亦足發明商君之少恩矣。余嘗讀商君開塞耕戰書。與其人行事相類。卒受惡名於秦。有以也夫。

李斯列傳

李斯者。楚上蔡人也。年少時。爲郡小吏。見吏舍廁中鼠食不潔。近人犬。數驚恐之。斯入倉。觀倉中鼠。食積粟。居大廡之下。不見人犬之憂。於是李斯乃歎曰。人之賢不肖。譬如鼠矣。在所自處耳。乃從荀卿學帝王之術。學已成。度楚王不足事。而六國皆弱。無可爲建功者。欲西入秦。辭於荀卿曰。斯聞得時無怠。今萬乘方爭時。游者主事。今秦王欲吞天下。稱帝而治。此布衣馳騖之時。而游說者之秋也。處卑賤之位。而計不爲者。此禽鹿視肉。人面而能彊行者耳。故詬莫大於卑賤。而悲莫甚於窮困。久處卑賤之位。困苦之地。非世而惡利。自託於無爲。此非士之情也。故斯將西說秦王矣。至秦。會莊襄王卒。李斯乃求爲秦相文信侯呂不韋舍人。不韋賢之。任以爲郎。李斯因以得說。說秦王曰。胥人者。去其幾也。成大功者。在因瑕釁而遂忍之。昔者秦穆公之霸。終不東幷六國者。何也。諸侯尚衆。周德未衰。故五伯迭興。更尊周室。自秦孝公以來。周室卑微。諸侯相兼。關東爲六國。秦之乘勝役諸侯。蓋六世矣。今諸侯服秦。

譬若郡縣。夫以秦之彊。大王之賢。由竈上騷除。足以滅諸侯。成帝業。爲天下一統。此萬世之一時也。今怠而不急就。諸侯復彊。相聚約從。雖有黃帝之賢。不能幷也。秦王乃拜斯爲長史。聽其計。陰遣謀士齎持金玉以游說諸侯。諸侯名士可下以財者。厚遺結之。不肯者。利劍刺之。離其君臣之計。秦王乃使其良將隨其後。秦王拜斯爲客卿。會韓人鄭國來閒秦。以作注漑渠。已而覺。秦宗室大臣皆言秦王曰。諸侯人來事秦者。大抵爲其主游閒於秦耳。請一切逐客。李斯議亦在逐中。斯乃上書曰。臣聞吏議逐客。竊以爲過矣。昔繆公求士。西取由余於戎。東得百里奚於宛。迎蹇叔於宋。求丕豹公孫支於晉。此五子者。不產於秦。而繆公用之。幷國二十。遂霸西戎。孝公用商鞅之法。移風易俗。民以殷盛。國以富彊。百姓樂用。諸侯親服。獲楚魏之師。舉地千里。至今治彊。惠王用張儀之計。拔三川之地。西幷巴蜀。北收上郡。南取漢中。包九夷。制鄢郢。東據成皋之險。割膏腴之壤。遂散六國之從。使之西面事秦。功施到今。昭王得范睢。廢穰侯。逐華陽。彊公室。杜私門。蠶食諸侯。使秦成帝業。此四君者。皆以客之功。由此觀之。客何負於秦哉。向使四君卻客而不內。疏士而不用。是使國無富利之實。而秦無彊大之名也。今陛下致昆山之玉。有隨和之寶。垂明月之珠。服太阿之劍。乘纖離之馬。建翠鳳之旗。樹靈鼉之鼓。此數寶者。秦不生一焉。而陛下說之。何也。必秦國之所生然後可。則是夜光之璧。不飾朝廷。犀象之器。不爲玩好。鄭衞之女。不充後宮。而駿良駃騠。不實外廐。江南金錫不爲用。西蜀丹青不爲采。所以飾後宮。充下陳。娛心意。說耳目者。必出於秦然後可。則是宛珠之簪。傅璣之珥。阿縞之衣。錦繡之飾。不進於前。而隨俗雅化。佳冶窈窕趙女。不立於側也。夫擊甕叩缶。彈箏搏髀。而歌呼嗚嗚。快耳目者。眞秦之聲也。鄭衞桑間。昭虞武象者。異國之樂也。今棄擊甕叩缶而就鄭衞。退彈箏而取昭虞。若是者何也。快意當前。適觀而已矣。今取人則不然。不問可否。不論曲直。非秦者去。爲客者逐。然則是所重者在乎色樂珠玉。而所輕者在乎人民也。此非所以跨海內制諸侯之術也。臣聞地廣者粟多。國大者人衆。兵彊則士勇。是以太山不讓土壤。故能成其大。河海不擇細流。故能就其深。王者不卻衆庶。故能明其德。是以地無四方。民無異國。四時充美。鬼神降福。此五帝三王之所以無敵也。今乃棄黔首以資敵國。卻賓客以業諸侯。使天下之士。退而不敢西向。裹足不入秦。此所謂藉寇兵而齎盜糧者也。夫物不產於秦。可寶者多。士不產於秦。而願忠者衆。今逐客以資敵國。損民以益讎。內自虛而外樹怨於諸侯。求國無危。不可得也。秦王乃除逐客之令。復李斯官。卒用其計謀。官至廷尉。二十餘年。竟幷天下。尊王爲皇帝。以斯爲丞相。夷郡縣城。銷其兵刃。示不復用。使秦無尺土之封。不立子弟爲王。功臣爲諸侯者。使後無戰攻之患。始皇三十四年。置酒咸陽宮。博士僕射周青臣等頌稱始皇威德。齊人淳于越進諫曰。臣聞之。殷周之王千餘歲。封子弟功臣。自爲支輔。今陛下有海內。而子弟爲匹夫。卒有田常六卿之患。臣無輔弼。何以

相救哉。事不師古。而能長久者。非所聞也。今青臣等。又面諛以重陛下過。非忠臣也。始皇下
其議丞相。丞相謬其說。絀其辭。乃上書曰。古者天下散亂。莫能相一。是以諸侯並作。語皆道
古以害今。飾虛言以亂實。人善其所私學。以非上所建立。今陛下并有天下。別白黑而定一
尊。而私學乃相與非法教之制。聞令下。卽各以其私學議之。入則心非。出則巷議。非主以爲
名。異趣以爲高。率羣下以造謗。如此不禁。則主勢降乎上。黨與成乎下。禁之便。臣請諸有文
學詩書百家語者。蠲除去之。令到。滿三十日弗去。黥爲城旦。所不去者。醫藥卜筮種樹之書。
若有欲學者。以吏爲師。始皇可其議。收去詩書百家之語。以愚百姓。使天下無以古非今。明
法度。定律令。皆以始皇起。同文書。治離宮別館。周徧天下。明年。又巡狩。外攘四夷。斯皆有力
焉。斯長男由爲三川守。諸男皆尙秦公主。女悉嫁秦諸公子。三川守李由告歸咸陽。李斯置
酒於家。百官長皆前爲壽。門廷車騎以千數。李斯喟然而歎曰。嗟乎。吾聞之荀卿曰。物禁太
盛。夫斯乃上蔡布衣。閭巷之黔首。上不知其駑下。遂擢至此。當今人臣之位。無居臣上者。可
謂富貴極矣。物極則衰。吾未知所稅駕也。始皇三十七年十月。行出遊會稽。並海上。北抵琅
邪。丞相斯。中車府令趙高兼行符璽令事。皆從。始皇有二十餘子。長子扶蘇。以數直諫上。上
使監兵上郡。蒙恬爲將。少子胡亥愛。請從。上許之。餘子莫從。其年七月。始皇帝至沙丘。病甚。
令趙高爲書。賜公子扶蘇曰。以兵屬蒙恬。與喪會咸陽而葬。書已封。未授使者。始皇崩。書及

璽皆在趙高所。獨子胡亥丞相李斯趙高及幸宦者五六人知始皇崩。餘羣臣皆莫知也。李斯以爲上在外崩無眞太子。故祕之置始皇居轀輬車中。百官奏事上食如故。宦者輒從轀輬車中可諸奏事。趙高因留所賜扶蘇璽書而謂公子胡亥曰。上崩無詔封諸王子而獨賜長子書。長子至卽立爲皇帝而子無尺寸之地。爲之奈何。胡亥曰。固也吾聞之明君知臣明父知子。父捐命不封諸子。何可言者。趙高曰不然方今天下之權存亡在子與高及丞相耳。願子圖之。且夫臣人與見臣於人制人與見制於人豈可同日道哉。胡亥曰。廢兄而立弟是不義也。不奉父詔而畏死是不孝也。能薄而材譾彊因人之功。是不能也。三者逆德天下不服。身殆傾危社稷不血食。高曰。臣聞湯武弒其主天下稱義焉。不爲不忠。衞君弒其父而衞國載其德。孔子著之不爲不孝。夫大行不小謹。盛德不辭讓。鄉曲各有宜而百官不同功。故顧小而忘大後必有害。狐疑猶豫後必有悔。斷而敢行鬼神避之。後有成功。願子遂之。胡亥喟然歎曰。今大行未發喪禮未終。豈宜以此事干丞相哉。趙高曰。時乎時乎。閒不及謀。贏糧躍馬。唯恐後時。胡亥既然高之言。高曰。不與丞相謀。恐事不能成。臣請爲子與丞相謀之。高乃謂丞相斯曰。上崩賜長子書與喪會咸陽而立爲嗣。書未行今上崩未有知者也。所賜長子書及符璽。皆在胡亥所。定太子在君侯與高之口耳。事將如何。斯曰安得亡國之言。此非人臣所當議也。高曰。君侯自料能孰與蒙恬。功高孰與蒙恬。謀遠不失孰與蒙恬。無怨於天下孰與蒙恬。長子舊而信之孰與蒙恬。斯曰。此五者皆不及蒙恬。而君責之何深也。高曰。高固內官之廝役也。幸得以刀筆之文進入秦宮。管事二十餘年。未嘗見秦免罷丞相功臣有封及二世者也。卒皆以誅亡。皇帝二十餘子。皆君之所知。長子剛毅而武勇。信人而奮士。卽位必用蒙恬爲丞相。君侯終不懷通侯之印歸於鄉里明矣。高受詔教習胡亥。使學以法事數年矣。未嘗見過失。慈仁篤厚。輕財重士。辯於心而詘於口。盡禮敬士。秦之諸子未有及此者。可以爲嗣。君計而定之。斯曰。君其反位。斯奉主之詔。聽天之命。何慮之可定也。高曰。安可危也。危可安也。安危不定。何以貴聖。斯曰。斯上蔡閭巷布衣也。上幸擢爲丞相。封爲通侯。子孫皆至尊位重祿者。故將以存亡安危屬臣也。豈可負哉。夫忠臣不避死而庶幾。孝子不勤勞而見危。人臣各守其職而已矣。君其勿復言。將令斯得罪。高曰。蓋聞聖人遷徙無常。就變而從時。見末而知本。觀指而覩歸。物固有之。安得常法哉。方今天下之權命懸於胡亥。高能得志焉。且夫從外制中謂之惑。從下制上謂之賊。故秋霜降者草花落。水搖動者萬物作。此必然之效也。君何見之晚。斯曰。吾聞晉易太子。三世不安。齊桓兄弟爭位。身死爲戮。紂殺親戚。不聽諫者。國爲丘墟。遂危社稷。三者逆天。宗廟不血食。斯其猶人哉。安足爲謀。高曰。上下合同。可以長久。中外若一。事無表裏。君聽臣之計。卽長有封侯。世世稱孤。必有喬松之壽。孔墨之智。今釋此而不從。禍及子孫。足以爲寒心。善者因禍爲福。君何處焉。斯乃仰天而歎。垂淚太息。曰。嗟乎。獨遭亂世。既以不能死。安託命哉。於是斯乃聽高。高乃報胡亥曰。臣請奉太子之明命。以報丞相。丞相斯敢不奉令。於是乃相與謀。詐爲受始皇詔。丞相立子胡亥爲太子。更爲書。賜長子扶蘇。曰。朕巡天下。禱祠名山諸神。以延壽命。今扶蘇與將軍蒙恬。將師數十萬以屯邊。十有餘年矣。不能進而前。士卒多耗。無尺寸之功。乃反數上書直言。誹謗我所爲。以不得罷歸爲太子。日夜怨望。扶蘇爲人子不孝。其賜劍以自裁。將軍恬與扶蘇居外。不匡正。宜知其謀。爲人臣不忠。其賜死。以兵屬裨將王離。封其書以皇帝璽。遣胡亥客奉書賜扶蘇於上郡。使者至。發書。扶蘇泣。入內舍。欲自殺。蒙恬止扶蘇曰。陛下居外。未立太子。使臣將三十萬衆守邊。公子爲監。此天下重任也。今一使者來。卽自殺。安知其非詐。請復請。復請而後死。未暮也。使者數趣之。扶蘇爲人仁。謂蒙恬曰。父而賜子死。尙安復請。卽自殺。蒙恬不肯死。使者卽以屬吏。繫於陽周。使者還報。胡亥斯高大喜。至咸陽。發喪。太子立。爲二世皇帝。以趙高爲郞中令。常侍中用事。二世燕居。乃召高與謀事。謂曰。夫人生居世閒也。譬猶騁六驥。過決隙也。吾既已臨天下矣。欲悉耳目之所好。窮心志之所樂。以安宗廟而樂萬姓。長有天下。終吾年壽。其道可乎。高曰。此賢主之所能行也。而昏亂主之所禁也。臣請言之。不敢避斧鉞之誅。願陛下少留意焉。夫沙丘之謀。諸公子及大臣皆疑焉。而諸公子盡帝兄。大臣又先帝之所置也。今陛下初立。此其屬意怏怏。皆不服。恐爲變。且蒙恬已死。蒙毅將兵居外。臣戰戰栗栗。惟恐不終。且陛下安得爲此樂乎。二世曰。爲之奈何。趙高曰。嚴法而刻刑。令有罪者相坐誅。至收族。滅大臣而遠骨肉。貧者富之。賤者貴之。盡除去先帝之故臣。更置陛下所親信者近之。此則陰德歸陛下。害除而姦謀塞。羣臣莫不被潤澤。蒙厚德。陛下則高枕肆志寵樂矣。計莫出於此。二世然高之言。乃更爲法律。於是羣臣諸公子有罪。輒下高令鞫治之。殺大臣蒙毅等。公子十二人僇死咸陽市。十公主矺死於杜。財物入於縣官。相連坐者不可勝數。公子高欲奔。恐收族。乃上書曰。先帝無恙時。臣入則賜食。出則乘輿。御府之衣。臣得賜之。中廄之寶馬。臣得賜之。臣當從死而不能。爲人子不孝。爲人臣不忠。不忠者無名以立於世。臣請從死。願葬酈山之足。唯上幸哀憐之。書上。胡亥大說。召趙高而示之。曰。此可謂急乎。趙高曰。人臣當憂死而不暇。何變之得謀。胡亥可其書。賜錢十萬以葬。法令誅罰日益刻深。羣臣人人自危。欲畔者衆。又作阿房之宮。治直馳道。賦斂愈重。戍徭無已。於是楚戍卒陳勝吳廣等乃作亂。起於山東。傑俊相立。自置爲侯王。叛秦。兵至鴻門而卻。李斯數欲請閒諫。二世不許。而二世責問李斯曰。吾有私議而有所聞於韓子也。曰。堯之有天下也。堂高三尺。采椽不斲。茅茨不翦。雖逆旅之宿。不勤於此矣。冬日鹿裘。夏日葛衣。粢糲之食。藜藿之羹。飯土匭。啜土鉶。雖監門之養。不觳於此矣。禹鑿龍門。通大夏。疏九河。曲九防。決渟水致之海。而股無胈。脛無毛。手足胼胝。面目黎黑。遂以死于外。葬於會稽。臣虜之勞不烈於此矣。然則夫所貴於有天下者。豈欲苦形勞神。身處逆旅之宿。口食監門之養。手持臣虜之作哉。此不肖人之所勉也。非賢者之所務也。彼賢人之有天下也。專用天下適己而已矣。此所以貴於有天下也。夫所謂賢人者。必能安天下而治萬民。今身且不能利。將惡能治天下哉。故吾願肆志廣欲。長享天下而無害。爲之柰何。李斯子由爲三川守。羣盜吳廣等西畧地。過去弗能禁。章邯已破逐廣等兵。使者覆案三川相屬。誚讓斯居三公位。如何令盜如此。李斯恐懼。重爵祿。不知所出。乃阿二世意。欲求容。以書對曰。夫賢主者。必且能全道而行督責之術者也。督責之。則臣不敢不竭能以徇其主矣。此臣主之分定。上下之義明。則天下賢不肖。莫敢不盡力竭任。以徇其君矣。是故主獨制於天下。而無所制也。能窮樂之極矣。賢明之主也。可不察焉。故申子曰。有天下而不恣睢。命之曰以天下爲桎梏者。無他焉。不能督責。而顧以其身勞於天下之民。若堯禹然。故謂之桎梏也。夫不能修申韓之明術。行督責之道。專以天下自適也。而徒務苦形勞神。以身徇百姓。則是黔首之役。非畜天下者也。何足貴哉。夫以人徇己。則己貴而人賤。以己徇人。則己賤而人貴。故徇人者賤。而人所徇者貴。自古及今。未有不然者也。凡古之所爲尊賢者。爲其貴也。而所爲惡不肖者。爲其賤也。而堯禹以身徇天下者也。因隨而尊之。則亦失所爲尊賢之心矣。夫可謂大繆矣。謂之爲桎梏。不亦宜乎。不能督責之過也。故韓子曰。慈母有敗子。而嚴家無格虜者。何也。則能罰之加焉必也。故商君之法。刑棄灰於道者。夫棄灰薄罪也。而被刑。重罰也。彼唯明主為能深督輕罪。夫罪輕且督深。而況有重罪乎。故民不敢犯也。是故韓子曰布帛尋常。庸人不釋。鑠金百鎰。盜跖不搏者。非庸人之心重尋常之利深。而盜跖之欲淺也。又不以盜跖之行。為輕百鎰之重也。搏必隨手刑。則盜跖不搏百鎰。而罰不必行也。則庸人不釋尋常。是故城高五丈。而樓季不輕犯也。泰山之高百仞。而跛牂牧其上。夫樓季也而難五丈之限。豈跛牂也而易百仞之高哉。峭塹之勢異也。明主聖王之所以能久處尊位。長執重勢。而獨擅天下之利者。非有異道也。能獨斷而審督責。必深罰。故天下不敢犯也。今不務所以不犯。而事慈母之所以敗子也。則亦不察於聖人之論矣。夫不能行聖人之術。則舍為天下役何事哉。可不哀邪。且夫儉節仁義之人立於朝。則荒肆之樂輟矣。諫說論理之臣閒於側。則流漫之志詘矣。烈士死節之行顯於世。則淫康之虞廢矣。故明主能外此三者。而獨操主術以制聽從之臣。而修其明法。故身尊而勢重也。凡賢主者。必將能拂世磨俗。而廢其所惡。立其所欲。故生則有尊重之勢。死則有賢明之謚也。是以明君獨斷。故權不在臣也。然後能滅仁義之塗。掩馳說之口。困烈士之行。塞聰揜明。內獨視聽。故外不可傾以仁義烈士之行。而內不可奪以諫說忿爭之辯。故能犖然獨行恣睢之心。而莫之敢道。若此。然後可謂能明申韓之術。而修商君之法。法修術明。而天下亂者。未之聞也。故曰王道約而易操也。唯明主為能行之。若此則謂督責之誠。則臣無邪。臣無邪則天下安。天下安。則主嚴尊。主嚴尊。則督責必。督責必。則所求得。所求得。則國家富。國家富。則君樂豐。故督責之術設。則所欲無不得矣。羣臣百姓。救過不給。何變之敢圖。若此則帝道備。而可謂能明君臣之術矣。雖申韓復生。不能加也。書奏。二世悅。於是行督責益嚴。稅民深者爲明吏。二世曰。若此則可謂能督責矣。刑者相半於道。而死人日成積於市。殺人衆者爲忠臣。二世曰。若此則可謂能督責矣。初趙高爲郎中令。所殺及報私怨衆多。恐大臣入朝奏事毀惡之。乃說二世曰。天子所以貴者。但以聞聲。羣臣莫得見其面。故號曰朕。且陛下富於春秋。未必盡通諸事。今坐朝廷。譴舉有不當者。則見短於大臣。非所以示神明於天下也。且陛下深拱禁中。與臣及侍中習法者待事。事來有以揆之。如此則大臣不敢奏疑事。天下稱聖主矣。二世用其計。乃不坐朝廷見大臣。居禁中。趙高常侍中用事。事皆決於趙高。高聞李斯以爲言。乃見丞相曰。關東羣盜多。今上急益發繇治阿房宮。聚狗馬無用之物。臣欲諫。爲位賤。此眞君侯之事。君何不諫。李斯曰。固也。吾欲言之久矣。今時上不坐朝廷。上居深宮。吾有所言者。不可傳也。欲見無閒。趙高謂曰。君誠能諫。請爲君候上閒語君。於是趙高待二世方燕樂。婦女居前。使人告丞相。上方閒。可奏事。丞相至宮門上謁。如此者三。二世怒曰。吾常多閒日。丞相不來。吾方燕私。丞相輒來請事。丞相豈少我哉。且固我哉。趙高因曰。如此殆矣。夫沙丘之謀。丞相與焉。今陛下已立爲帝。而丞相貴不益。此其意亦望裂地而王矣。且陛下不問臣臣不敢言丞相長男李由為三川守楚盜陳勝等皆丞相傍縣之子以故楚盜公行過三川城守不肯擊高聞其文書相往來未得其審故未敢以聞且丞相居外權重於陛下二世以為然欲案丞相恐其不審乃使人案驗三川守與盜通狀李斯聞之是時二世在甘泉方作觳抵優俳之觀李斯不得見因上書言趙高之短曰臣聞之臣疑其君無不危國妾疑其夫無不危家今有大臣於陛下擅利擅害與陛下無異此甚不便昔者司城子罕相宋身行刑罰以威行之朞年遂劫其君田常為簡公臣爵列無敵於國私家之富與公家均布惠施德下得百姓上得羣臣陰取齊國殺宰予於庭即弒簡公於朝遂有齊國此天下所明知也今高有邪佚之志危反之行如子罕相宋也私家之富若田氏之於齊也兼行田常子罕之逆道而劫陛下之威信其志若韓玘為韓安相也陛下不圖臣恐其為變也二世曰何哉夫高故宦人也然不為安肆志不以危易心絜行修善自使至此以忠得進以信守位朕實賢之而君疑之何也且朕少失先人無所識知不習治民而君又老恐與天下絕矣朕非屬趙君當誰任哉且趙君為人精廉彊力下知人情上能適朕君其勿疑李斯曰不然夫高故賤人也無識於理貪欲無厭求利不止列勢次主求欲無窮臣故曰殆二世已前信趙高恐李斯殺之乃私告趙高高曰丞相所患者獨高高已死丞相即欲為田常所為於是二世曰其以李斯屬郎中令趙高案治李斯李斯拘執束縛居囹圄中仰天而歎曰嗟乎悲夫不道之

君何可爲計哉。昔者。桀殺關龍逢。紂殺王子比干。吳王夫差殺伍子胥。此三臣者。豈不忠哉。然而不免於死。身死而所忠者非也。今吾智不及三子。而二世之無道。過於桀紂夫差。吾以忠死宜矣。且二世之治。豈不亂哉。日者夷其兄弟而自立也。殺忠臣而貴賤人。作爲阿房之宮。賦斂天下。吾非不諫也。而不吾聽也。凡古聖王飲食有節。車器有數。宮室有度。出令造事。加費而無益於民利者禁。故能長久治安。今行逆於昆弟。不顧其咎。侵殺忠臣。不思其殃。大爲宮室。厚賦天下。不愛其費。三者已行。天下不聽。今反者已有天下之半矣。而心尙未寤也。而以趙高爲佐。吾必見寇至咸陽。麋鹿游於朝也。於是二世乃使高案丞相獄治罪。責斯與子由謀反狀。皆收捕宗族賓客。趙高治斯。榜掠千餘。不勝痛。自誣服。斯所以不死者。自負其辯。有功。實無反心。幸得上書自陳。幸二世之寤而赦之。李斯乃從獄中上書曰。臣爲丞相治民三十餘年矣。逮秦地之狹隘。先王之時。秦地不過千里。兵數十萬。臣盡薄材。謹奉法令。陰行謀臣。資之金玉。使游說諸侯。陰修甲兵。飾政敎。官鬭士。尊功臣。盛其爵祿。故終以脅韓弱魏。破燕趙。夷齊楚。卒兼六國。虜其王。立秦爲天子。罪一矣。地非不廣。又北逐胡貉。南定百越。以見秦之彊。罪二矣。尊大臣。盛其爵位。以固其親。罪三矣。立社稷。修宗廟。以明主之賢。罪四矣。更剋畫。平斗斛度量文章。布之天下。以樹秦之名。罪五矣。治馳道。興游觀。以見主之得意。罪六矣。緩刑罰。薄賦斂。以遂主得衆之心。萬民戴主。死而不忘。罪七矣。若斯之爲臣者。罪足以死固久矣。上幸盡其能力。乃得至今。願陛下察之。書上。趙高使吏弃去不奏。曰。囚安得上書。趙高使其客十餘輩。詐爲御史謁者侍中。更往覆訊斯。斯更以其實對。輒使人復榜之。後二世使人驗斯。斯以爲如前。終不敢更言。辭服。奏當上。二世喜曰。微趙君。幾爲丞相所賣。及二世所使案三川之守至。則項梁已擊殺之。使者來。會丞相下吏。趙高皆妄爲反辭。二世二年七月。具斯五刑。論腰斬咸陽市。斯出獄。與其中子俱執。顧謂其中子曰。吾欲與若復牽黃犬。俱出上蔡東門。逐狡兎。豈可得乎。遂父子相哭。而夷三族。李斯已死。二世拜趙高爲中丞相。事無大小。輒決於高。高自知權重。乃獻鹿。謂之馬。二世問左右。此乃鹿也。左右皆曰。馬也。二世驚。自以爲惑。乃召太卜。令卦之。太卜曰。陛下春秋郊祀。奉宗廟鬼神。齋戒不明。故至于此。可依盛德而明齋戒。於是乃入上林齋戒。日游弋獵。有行人入上林中。二世自射殺之。趙高教其女壻咸陽令閻樂。劾不知何人賊殺人移上林。高乃諫二世曰。天子無故賊殺不辜人。此上帝之禁也。鬼神不享。天且降殃。當遠避宮以禳之。二世乃出居望夷之宮。留三日。趙高詐詔衞士。令士皆素服持兵內鄉。入告二世曰。山東羣盜兵大至。二世上觀而見之。恐懼。高卽因劫令自殺。引璽而佩之。左右百官莫從。上殿。殿欲壞者三。高自知天弗與。羣臣弗許。乃召始皇弟。秦本紀曰。子嬰者。二世之兄子也。此弟字當爲孫字之誤。授之璽。子嬰卽位。患之。乃稱疾不聽事。與宦者韓談及其子。謀殺高。高上謁請病。因召入。令韓談刺殺之。夷其三族。子嬰立三月。沛公兵從武關入至咸陽。羣臣百官皆畔不適。子嬰與妻子。自係其頸以組。降軹道旁。沛公因以屬吏。項王至而斬之。遂以亡天下。

太史公曰。李斯以閭閻歷諸侯。入事秦。因以瑕釁以輔始皇。卒成帝業。斯爲三公。可謂尊用矣。斯知六藝之歸。不務明政以補主上之缺。持爵祿之重。阿順苟合。嚴威酷刑。聽高邪說。廢適立庶。諸侯已畔。斯乃欲諫爭。不亦末乎。人皆以斯極忠而被五刑死。察其本。乃與俗議之異。不然。斯之功且與周召列矣。

自序

昔在顓頊。命南正重以司天。北正黎以司地。唐虞之際。紹重黎之後。使復典之。至于夏商。故重黎氏世序天地。其在周。程伯休甫其後也。當周宣王時。失其守而爲司馬氏。司馬氏世典周史。惠襄之閒。司馬氏去周適晉。晉中軍隨會奔秦。而司馬氏入少梁。自司馬氏去周適晉。分散。或在衞。或在趙。或在秦。其在衞者。相中山。在趙者。以傳劍論顯。蒯聵其後也。在秦者名錯。與張儀爭論。於是惠王使錯將伐蜀。遂拔。因而守之。錯孫靳。事武安君白起。而少梁更名曰夏陽。靳與武安君阬趙長平軍。還而與之俱賜死杜郵。葬於華池。靳孫昌。昌爲秦王鐵官。當始皇之時。蒯聵玄孫卬爲武信君將而徇朝歌。諸侯之相王。王卬於殷。漢之伐楚。卬歸漢。以其地爲河內郡。昌生無澤。無澤爲漢市長。無澤生喜。喜爲五大夫。卒。皆葬高門。喜生談。談爲太史公。太史公學天官於唐都。受易於楊何。習道論於黃子。太史公仕於建元元封之閒。愍學者之不達其意而師悖。乃論六家之要指云云。文別錄入諸子治要編。茲故從略。

太史公旣掌天官。不治民。有子曰遷。遷生龍門。耕牧河山之陽。年十歲則誦古文。二十而南游江淮。上會稽。探禹穴。闚九疑。浮於沅湘。北涉汶泗。講業齊魯之都。觀孔子之遺風。鄉射鄒嶧。厄困鄱薛彭城。過梁楚以歸。於是遷仕爲郎中。奉使西征巴蜀以南。南略邛筰昆明。還報命。是歲天子始建漢家之封。而太史公留滯周南。不得與從事。故發憤且卒。而子遷適使反。見父於河洛之閒。太史公執遷手而泣曰。余先周室之太史也。自上世嘗顯功名於虞夏。典天官事。後世中衰。絕於予乎。汝復爲太史。則續吾祖矣。今天子接千歲之統。封泰山。而余不得從行。是命也夫。命也夫。余死。汝必爲太史。爲太史。無忘吾所欲論著矣。且夫孝始於事親。中於事君。終於立身。揚名於後世。以顯父母。此孝之大者。夫天下稱誦周公。言其能論歌文武之德。宣周邵之風。達太王王季之思慮。爰及公劉。以尊后稷也。幽厲之後。王道缺。禮樂衰。孔子修舊起廢。論詩書。作春秋。則學者至今則之。自獲麟以來四百有餘歲。而諸侯相兼。史記放絕。今漢興。海內一統。明主賢君忠臣死義之士。余爲太史而弗論載。廢天下之史文。余甚懼焉。汝其念哉。遷俯首流涕曰。小子不敏。請悉論先人所次舊聞。弗敢闕。卒三歲而遷爲太史令。紬史記石室金匱之書。五年而當太初元年。十一月甲子朔旦冬至。天曆始改。建於明堂諸神受紀。太史公曰。先人有言。自周公卒五百歲而有孔子。孔子卒後至於今五百歲。有能紹明世。正易傳。繼春秋。本詩書禮樂之際。意在斯乎。意在斯乎。小子何敢讓焉。上大夫壺遂曰。昔孔子何爲而作春秋哉。太史公曰。余聞董生曰。周道衰廢。孔子爲魯司寇。諸侯害之。大夫壅之。孔子知言之不用。道之不行也。是非二百四十二年之中。以爲天下儀表。貶天子。退諸侯。討大夫。以達王事而已矣。子曰。我欲載之空言。不如見之於行事之深切著明也。夫春秋上明三王之道。下辨人事之紀。別嫌疑。明是非。定猶豫。善善惡惡。賢賢賤不肖。存亡國。繼絕世。補敝起廢。王道之大者也。易著天地陰陽四時五行。故長於變。禮經紀人倫。故長於行。書記先王之事。故長於政。詩記山川谿谷禽獸草木牝牡雌雄。故長於風。樂樂所以立。故長於和。春秋辯是非。故長於治人。是故禮以節人。樂以發和。書以道事。詩以達意。易以道化。春秋以道義。撥亂世反之正。莫近於春秋。春秋文成數萬。其指數千。萬物之散聚皆在春秋。春秋之中。弒君三十六。亡國五十二。諸侯奔走不得保其社稷者。不可勝數。察其所以。皆失其本已。故易曰。失之毫釐。差以千里。故曰。臣弒君。子弒父。非一旦一夕之故也。其漸久矣。故有國者不可以不知春秋。前有讒而弗見。後有賊而不知。爲人臣者不可以不知春秋。守經事而不知其宜。遭變事而不知其權。爲人君父而不通於春秋之義者。必蒙首惡之名。爲人臣子而不通於春秋之義者。必陷簒弒之誅。死罪之名。其實皆以爲善。爲之不知其義。被之空言而不敢辭。夫不通禮義之旨。至於君不君。臣不臣。父不父。子不子。夫君不君則犯。臣不臣則誅。父不父則無道。子不子則不孝。此四行者。天下之大過也。以天下之大過予之。則受而弗敢辭。故春秋者。禮義之大宗也。夫禮禁未然之前。法施已然之後。法之所爲用者易見。而禮之所爲禁者難知。壺遂曰。孔子之時。上無明君。下不得任用。故作春秋。垂空文以斷禮義。當一王之法。今夫子上遇明天子。下得守職。萬事既具。咸各序其宜。夫子所論。欲以何明。太史公曰。唯唯。否否。不然。余聞之先人曰。伏羲至純厚。作易八卦。堯舜之盛。尚書載之。禮樂作焉。湯武之隆。詩人歌之。春秋采善貶惡。推三代之德。褒周室。非獨刺譏而已也。漢興以來。至明天子。獲符瑞。建封禪。改正朔。易服色。受命於穆清。澤流罔極。海外殊俗。重譯款塞。請來獻見者。不可勝道。臣下百官。力誦聖德。猶不能宣盡其意。且士賢能而不用。有國者之恥。主上明聖而德不布聞。有司之過也。且余嘗掌其官。廢明聖盛德不載。滅功臣世家賢大夫之業不述。墮先人所言。罪莫大焉。余所謂述故事。整齊其世傳。非所謂作也。而君比之於春秋。謬矣。於是論次其文。七年而太史公遭李陵之禍。幽於縲絏。乃喟然而歎曰。是余之罪也夫。是余之罪也夫。身毀不用矣。退而深惟曰。夫詩書隱約者。欲遂其志之思也。昔西伯拘羑里。演周易。孔子阨陳蔡。作春秋。屈原放逐。著離騷。左邱失明。厥有國語。孫子臏腳。而論兵法。不韋遷蜀。世傳呂覽。韓非囚秦。說難孤憤。詩三百篇。大抵賢聖發憤之所爲作也。此人皆意有所鬱結。不得通其道也。故述往事。思來者。於是卒述陶唐以來。至於麟止。自黃帝始。

維昔黃帝。法天則地。四聖遵序。各成法度。唐堯遜位。虞舜不台。厥美帝功。萬世載之。作五帝本紀第一。

維禹之功。九州攸同。光唐虞際。德流苗裔。夏桀淫驕。乃放鳴條。作夏本紀第二。

維契作商。爰及成湯。太甲居桐。德盛阿衡。武丁得說。乃稱高宗。帝辛湛湎。諸侯不享。作殷本紀第三。

維棄作稷。德盛西伯。武王牧野。實撫天下。幽厲昏亂。既喪酆鎬。陵遲至赧。洛邑不祀。作周本紀第四。

維秦之先。伯翳佐禹。穆公思義。悼豪之旅。以人爲殉。詩歌黃鳥。昭襄業帝。作秦本紀第五。

始皇既立。幷兼六國。銷鋒鑄鐻。維偃干革。尊號稱帝。矜武任力。二世受運。子嬰降虜。作始皇本紀第六。

秦失其道。豪桀並擾。項梁業之。子羽接之。殺慶救趙。諸侯立之。誅嬰背懷。天下非之。作項羽本紀第七。

子羽暴虐。漢行功德。憤發蜀漢。還定三秦。誅籍業帝。天下惟寧。改制易俗。作高祖本紀第八。

惠之早霣。諸呂不台。崇彊祿產。諸侯謀之。殺隱幽友。大臣洞疑。遂及宗禍。作呂太后本紀第九。漢既初興。繼嗣不明。迎王踐阼。天下歸心。蠲除肉刑。開通關梁。廣恩博施。厥稱太宗。作孝文本紀第十。

諸侯驕恣。吳首爲亂。京師行誅。七國伏辜。天下翕然。大安殷富。作孝景本紀第十一。

漢興五世。隆在建元。外攘夷狄。內修法度。建封禪。改正朔。易服色。作今上本紀第十二。

維三代尚矣。年紀不可考。蓋取之譜牒舊聞。本于茲。於是略推。作三代世表第一。

幽厲之後。周室衰微。諸侯專政。春秋有所不紀。而譜牒經略。五霸更盛衰。欲睹周世相先後之意。作十二諸侯年表第二。

春秋之後。陪臣秉政。彊國相王。以至于秦。卒并諸夏。滅封地。擅其號。作六國年表第三。

秦既暴虐。楚人發難。項氏遂亂。漢乃扶義征伐。八年之間。天下三嬗。事繁變衆。故詳著秦楚之際月表第四。

漢興以來。至於太初百年。諸侯廢立分削。譜紀不明。有司靡踵。彊弱之原云以世。作漢興已來諸侯年表第五。

維高祖元功。輔臣股肱。剖符而爵。澤流苗裔。忘其昭穆。或殺身隕國。作高祖功臣侯者年表第六。

惠景之間。維申功臣宗屬爵邑。作惠景間侯者年表第七。
北討彊胡。南誅勁越。征伐夷蠻。武功爰列。作建元以來侯者年表第八。
諸侯旣彊。七國爲從。子弟衆多。無爵封邑。推恩行義。其勢銷弱。德歸京師。作王子侯者年表第九。
國有賢相良將。民之師表也。維見漢興以來將相名臣年表。賢者記其治。不賢者彰其事。作漢興以來將相名臣年表第十。
維三代之禮。所損益各殊務。然要以近情性。通王道。故禮因人質爲之節文。略協古今之變。作禮書第一。
樂者所以移風易俗也。自雅頌聲興。則已好鄭衞之音。鄭衞之音所從來久矣。人情之所感。遠俗則懷。比樂書以述來古。作樂書第二。
非兵不彊。非德不昌。黃帝湯武以興。桀紂二世以崩。可不愼與。司馬法所從來尙矣。太公孫吳王子能紹而明之。切近世。極人變。作律書第三。
律居陰而治陽。曆居陽而治陰。律曆更相治。間不容翲忽。五家之文怫異。維太初之元論。作曆書第四。
星氣之書。多雜禨祥。不經。推其文。考其應。不殊。比集論其行事。驗于軌度以次。作天官書第五。
受命而王。封禪之符罕用。用則萬靈罔不禋祀。追本諸神名山大川禮。作封禪書第六。
維禹浚川。九州攸寧。爰及宣防。決瀆通溝。作河渠書第七。
維幣之行。以通農商。其極則玩巧。并兼茲殖。爭於機利。去本趨末。作平準書以觀事變第八。
太伯避歷。江蠻是適。文武攸興。古公王迹。闔廬弒僚。賓服荊楚。夫差克齊。子胥鴟夷。信嚭親越。吳國既滅。嘉伯之讓。作吳世家第一。
申呂肖矣。尚父側微。卒歸西伯。文武是師。功冠羣公。繆權于幽。番番黃髮。爰饗營丘。不背柯盟。桓公以昌。九合諸侯。霸功顯彰。田闞爭寵。姜姓解亡。嘉父之謀。作齊太公世家第二。
依之違之。周公綏之。憤發文德。天下和之。輔翼成王。諸侯宗周。隱桓之際。是獨何哉。三桓爭彊。魯乃不昌。嘉旦金縢。作周公世家第三。
武王克紂。天下未協而崩。成王既幼。管蔡疑之。淮夷叛之。於是召公率德。安集王室。以寧東土。燕易之禪。乃成禍亂。嘉甘棠之詩。作燕世家第四。
管蔡相武庚。將寧舊商。及旦攝政。二叔不饗。殺鮮放度。周公為盟。太任十子。周以宗彊。嘉仲悔過。作管蔡世家第五。
王後不絕。舜禹是說。維德休明。苗裔蒙烈。百世享祀。爰周陳杞。楚實滅之。齊田既起。舜何人哉。作陳杞世家第六。

收殷餘民。叔封始邑。申以商亂。酒材是告。及朔之生。衞頃不寧。南子惡蒯聵。子父易名。周德卑微。戰國既彊。衞以小弱。角獨後亡。嘉彼康誥。作衞世家第七。

嗟箕子乎。嗟箕子乎。正言不用。乃反爲奴。武庚既死。周封微子。襄公傷於泓。君子孰稱。景公謙德。熒惑退行。剔成暴虐。宋乃滅亡。嘉微子問太師。作宋世家第八。

武王既崩。叔虞邑唐。君子譏名。卒滅武公。驪姬之愛。亂者五世。重耳不得意。乃能成霸。六卿專權。晉國以耗。嘉文公錫珪鬯。作晉世家第九。

重黎業之。吳回接之。殷之季世。粥子牒之。周用熊繹。熊渠是續。莊王之賢。乃復國陳。既赦鄭伯。班師華元。懷王客死。蘭咎屈原。好諛信讒。楚并於秦。嘉莊王之義。作楚世家第十。

少康之子。實賓南海。文身斷髮。黿鱓與處。既守封禺。奉禹之祀。句踐困彼。乃用種蠡。嘉句踐夷蠻能修其德。滅彊吳以尊周室。作越王句踐世家第十一。

桓公之東。太史是庸。及侵周禾。王人是議。祭仲要盟。鄭久不昌。子產之仁。紹世稱賢。三晉侵伐。鄭納於韓。嘉厲公納惠王。作鄭世家第十二。

維驥騄耳。乃章造父。趙夙事獻。衰續厥緒。佐文尊王。卒爲晉輔。襄子困辱。乃禽智伯。主父生縛。餓死探爵。王遷辟淫。良將是斥。嘉鞅討周亂。作趙世家第十三。

畢萬爵魏。卜人知之。及絳戮干。戎翟和之。文侯慕義。子夏師之。惠王自矜。齊秦攻之。既疑信陵。諸侯罷之。卒亡大梁。王假廝之。嘉武佐晉文申霸道。作魏世家第十四。

韓厥陰德。趙武攸興。紹絕立廢。晉人宗之。昭侯顯列。申子庸之。疑非不信。秦人襲之。嘉厥輔晉匡周天子之賦。作韓世家第十五。

完子避難。適齊爲援。陰施五世。齊人歌之。成子得政。田和爲侯。王建動心。乃遷於共。嘉威宣能撥濁世而獨宗周。作田敬仲完世家第十六。

周室既衰。諸侯恣行。仲尼悼禮廢樂崩。追修經術。以達王道。匡亂世反之於正。見其文辭。爲天下制儀法。垂六藝之統紀於後世。作孔子世家第十七。

桀紂失其道而湯武作。周失其道而春秋作。秦失其政而陳涉發迹。諸侯作難。風起雲蒸。卒亡秦族。天下之端。自涉發難。作陳涉世家第十八。

成皋之臺。薄氏始基。詘意適代。厥崇諸竇。栗姬偩貴。王氏乃遂。陳后太驕。卒尊子夫。嘉夫德若斯。作外戚世家第十九。

漢既譎謀。禽信於陳。越荊剽輕。乃封弟交爲楚王。爰都彭城。以彊淮泗。爲漢宗藩。戊溺於邪。禮復紹之。嘉游輔祖。作楚元王世家第二十。

維祖師旅。劉賈是與。爲布所襲。喪其荊吳。營陵激呂。乃王琅邪。怵午信齊。往而不歸。遂西入關。遭立孝文。獲復王燕。天下未集。賈澤以族。爲漢藩輔。作荆燕世家第二十一。
天下已平。親屬既寡。悼惠先壯。實鎭東土。哀王擅興。發怒諸呂。駟鈞暴戾。京師弗許。厲之內淫。禍成主父。嘉肥股肱。作齊悼惠王世家第二十二。
楚人圍我滎陽。相守三年。蕭何塡撫山西。推計踵兵。給糧食不絕。使百姓愛漢。不樂爲楚。作蕭相國世家第二十三。
與信定魏。破趙拔齊。遂弱楚人。續何相國。不變不革。黎庶攸寧。嘉參不伐功矜能。作曹相國世家第二十四。
運籌帷幄之中。制勝於無形。子房計謀其事。無知名。無勇功。圖難於易。爲大於細。作留侯世家第二十五。
六奇既用。諸侯賓從於漢。呂氏之事。平爲本謀。終安宗廟。定社稷。作陳丞相世家第二十六。
諸呂爲從。謀弱京師。而勃反經合於權。吳楚之兵。亞夫駐於昌邑。以厄齊趙。而出委以梁。作絳侯世家第二十七。
七國叛逆。蕃屏京師。惟梁爲捍。偩愛矜功。幾獲於禍。嘉其能距吳楚。作梁孝王世家第二十八。
五宗既王。親屬洽和。諸侯大小爲藩。爰得其宜。僭擬之事稍衰貶矣。作五宗世家第二十九。

三子之王。文辭可觀。作三王世家第三十。

末世爭利。維彼奔義。讓國餓死。天下稱之。作伯夷列傳第一。

晏子儉矣。夷吾則奢。齊桓以霸。景公以治。作管晏列傳第二。

李耳無爲自化。淸淨自正。韓非揣事情。循勢理。作老子韓非列傳第三。

自古王者而有司馬法。穰苴能申明之。作司馬穰苴列傳第四。

非信廉仁勇。不能傳兵論劍。與道同符。內可以治身。外可以應變。君子比德焉。作孫子吳起列傳第五。

維建遇讒。爰及子奢。尙旣匡父。伍員奔吳。作伍子胥列傳第六。

孔氏述文。弟子興業。咸爲師傅。崇仁厲義。作仲尼弟子列傳第七。

鞅去衞適秦。能明其術。彊霸孝公。後世遵其法。作商君列傳第八。

天下患衡秦無饜。而蘇子能存諸侯。約從以抑貪彊。作蘇秦列傳第九。

六國旣從親。而張儀能明其說。復散解諸侯。作張儀列傳第十。

秦所以東攘雄諸侯。樗里甘茂之策。作樗里甘茂列傳第十一。

苞河山。圍大梁。使諸侯斂手而事秦者。魏冉之功。作穰侯列傳第十二。

南拔鄢郢。北摧長平。遂圍邯鄲。武安爲率。破荆滅趙。王翦之計。作白起王翦列傳第十三。

獵儒墨之遺文。明禮義之統紀。絕惠王利端。列往世興衰。作孟子荀卿列傳第十四。

好客喜士。士歸於薛。爲齊扞楚魏。作孟嘗君列傳第十五。

爭馮亭以權。如楚以救邯鄲之圍。使其君復稱於諸侯。作平原君虞卿列傳第十六。

能以富貴下貧賤。賢能詘於不肖。惟信陵君爲能行之。作魏公子列傳第十七。

以身徇君。遂脫彊秦。使馳說之士南鄉走楚者。黃歇之義。作春申君列傳第十八。

能忍詢於魏齊。而信威於彊秦。推賢讓位。二子有之。作范雎蔡澤列傳第十九。

率行其謀。連五國兵。爲弱燕報强齊之讎。雪其先君之恥。作樂毅列傳第二十。

能信意彊秦。而屈體廉子。用徇其君。俱重於諸侯。作廉頗藺相如列傳第二十一。

湣王既失臨淄而奔莒。惟田單用卽墨破走騎劫。遂存齊社稷。作田單列傳第二十二。

能設詭說解患於圍城。輕爵祿。樂肆志。作魯仲連鄒陽列傳第二十三。

作辭以諷諫。連類以爭義。離騷有之。作屈原賈生列傳第二十四。

結子楚親。使諸侯之士斐然爭入事秦。作呂不韋列傳第二十五。

曹子匕首。魯獲其田。齊明其信。豫讓義不爲二心。作刺客列傳第二十六。

能明其畫。因時推秦。遂得意於海內。斯爲謀首。作李斯列傳第二十七。

爲秦開地益衆。北靡匈奴。據河爲塞。因山爲固。建榆中。作蒙恬列傳第二十八。

塡趙塞常山。以廣河內。弱楚權。明漢王之信於天下。作張耳陳餘列傳第二十九。

收西河上黨之兵。從至彭城。越之侵掠梁地。以苦項羽。作魏豹彭越列傳第三十。

以淮南畔楚歸漢。漢用得大司馬殷。卒破子羽於垓下。作黥布列傳第三十一。

楚人迫我京索。而信拔魏趙。定燕齊。使漢三分天下有其二。以滅項籍。作淮陰侯列傳第三十二。

楚漢相距鞏洛。而韓信爲塡潁川。盧綰絕籍糧餉。作韓信盧綰列傳第三十三。

諸侯畔項王。惟齊連子羽城陽。漢得以間遂入彭城。作田儋列傳第三十四。

攻城野戰。獲功歸報。噲商有力焉。非獨鞭策。又與之脫難。作樊酈列傳第三十五。

漢既初定。文理未明。蒼爲主計。整齊度量。序律曆。作張丞相列傳第三十六。

結言通使。約懷諸侯。諸侯咸親。歸漢爲藩輔。作酈生陸賈列傳第三十七。

欲詳知秦楚之事。惟周緤常從高祖。平定諸侯。作傅靳蒯成列傳第三十八。

徙彊族。都關中。和約匈奴。明朝廷禮。次宗廟儀法。作劉敬叔孫通列傳第三十九。

能摧剛作柔。卒爲列臣。欒公不劫於勢而倍死。作季布欒布列傳第四十。

敢犯顏色。以達主義。不顧其身。爲國家樹長畫。作袁盎鼂錯列傳第四十一。

守法不失大理。言古賢人。增主之明。作張釋之馮唐列傳第四十二敦厚慈孝。訥於言。敏於行。務在鞠躬。君子長者。作萬石張叔列傳第四十三。
守節切直。義足以言廉。行足以厲賢。任重權不可以非理撓。作田叔列傳第四十四。
扁鵲言醫。爲方者宗。守數精明。後世修序。弗能易也。而倉公可謂近之矣。作扁鵲倉公列傳第四十五。
維仲之省。厥濞王吳。遭漢初定。以塡撫江淮之間。作吳王濞列傳第四十六。
吳楚爲亂。宗屬惟嬰賢而喜士。士鄕之。率師抗山東滎陽。作魏其武安列傳第四十七。
智足以應近世之變。寬足用得人。作韓長孺列傳第四十八。
勇於當敵。仁愛士卒。號令不煩。師徒鄕之。作李將軍列傳第四十九。
自三代以來。匈奴常爲中國患害。欲知彊弱之時。設備征討。作匈奴列傳第五十。
直曲塞。廣河南。破祁連。通西國。靡北胡。作衞將軍驃騎列傳第五十一。
大臣宗室以侈靡相高。惟弘用節衣食爲百吏先。作平津侯列傳第五十二。
漢既平中國。而佗能集揚越以保南藩。納貢職。作南越列傳第五十三。
吳之叛逆。甌人斬濞。葆守封禺爲臣。作東越列傳第五十四。
燕丹散亂遼間。滿收其亡民。厥聚海東。以集眞藩。葆塞爲外臣。作朝鮮列傳第五十五。
唐蒙使略通夜郎。而邛笮之君請爲內臣受吏。作西南夷列傳第五十六。

子虛之事。大人賦說。靡麗多誇。然其指風諫。歸於無爲。作司馬相如列傳第五十七。

黥布叛逆。子長國之。以塡江淮之南。安剽楚庶民。作淮南衡山列傳第五十八。

奉法循理之吏。不伐功矜能。百姓無稱。亦無過行。作循吏列傳第五十九。

正衣冠立於朝廷。而羣臣莫敢言浮說。長孺矜焉。好薦人。稱長者。壯有漑。作汲鄭列傳第六十。

自孔子卒。京師莫崇庠序。惟建元元狩之間。文辭粲如也。作儒林列傳第六十一。

民倍本多巧。奸軌弄法。善人不能化。惟一切嚴削爲能齊之。作酷吏列傳第六十二。

漢既通使大夏。而西極遠蠻。引領內鄉。欲親中國。作大宛列傳第六十三。

救人於厄。振人不贍。仁者有乎。不既信。不倍言。義者有取焉。作遊俠列傳第六十四。

夫事人君能說主耳目。和主顏色。而獲親近。非獨色愛。能亦各有所長。作佞幸列傳第六十五。

不流世俗。不爭勢利。上下無所凝滯。人莫之害。以道之用。作滑稽列傳第六十六。

齊楚秦趙爲日者。各有俗所用。欲循觀其大旨。作日者列傳第六十七。

三王不同龜。四夷各異卜。然各以決吉凶。略闚其要。作龜策列傳第六十八。

布衣匹夫之人。不害於政。不妨百姓。取與以時而息財富。智者有采焉。作貨殖列傳第六十九。維我漢繼五帝末流。接三代統業。周道廢。秦撥去古文。焚滅詩書。故明堂石室金匱玉版圖籍散亂。於是漢興。蕭何次律令。韓信申軍法。張蒼爲章程。叔孫通定禮儀。則文學彬彬稍進。詩書往往閒出矣。自曹參薦蓋公言黃老。而賈生鼂錯明申商。公孫弘以儒顯。百年之閒。天下遺文古事。靡不畢集太史公。太史公仍父子相續纂其職。曰。於戲。余維先人嘗掌斯事。顯於唐虞。至於周。復典之。故司馬氏世主天官。至於余乎。欽念哉。欽念哉。罔羅天下放失舊聞。王迹所興。原始察終。見盛觀衰。論考之行事。略推三代。錄秦漢。上記軒轅。下至于茲。著十二本紀。既科條之矣。並時異世。年差不明。作十表。禮樂損益。律曆改易。兵權山川鬼神。天人之際。承敝通變。作八書。二十八宿環北辰。三十輻共一轂。運行無窮。輔拂股肱之臣配焉。忠信行道。以奉主上。作三十世家。扶義俶儻。不令己失時。立功名於天下。作七十列傳。凡百三十篇。五十二萬六千五百字。爲太史公書。序略。以拾遺補藝。成一家之言。厥協六經異傳。整齊百家雜語。藏之名山。副在京師。俟後世聖人君子。第七十。

太史公曰。余歷述黃帝以來。至太初而訖。百三十篇。

附錄一　司馬遷報任安書　案班固漢書遷本傳曰。遷既被刑之後。爲中書令。尊寵任職。故人益州刺史任安予遷書。責以古賢臣之義。遷報書云云。遷既死後。其書稍出。宣帝時。遷外孫平通侯楊惲。祖述遷書。遂宣布焉。王莽時求封遷後爲史通子。今錄遷報任安書。特依姚鼐古文辭類纂本。幷錄其所注各本異字於下。俾便考核。

太史公牛馬走司馬遷再拜言。（漢書無此十二字。鼐疑太史公公字乃令字。文選傳本譌耳。）少卿足下。曩者辱賜書。敎以愼於接物推賢進士爲務。意氣懃懃懇懇。若望僕不相師而用（而用漢書作用而。）流俗人之言。僕非敢如此也。僕雖罷駑。亦嘗側聞長者遺風矣。顧自以爲身殘處穢。動而見尤。欲益反損。是以獨鬱悒而無（文選作與。）誰語。諺曰。誰爲爲之。孰令聽之。蓋鍾子期死。伯牙終身不復鼓琴。何則。士爲知己者（漢書無者字。）用。女爲說己者容。若僕大質已虧缺矣。雖材懷隨和。行若由夷。終不可以爲榮。適足以見笑而自點耳。書辭宜答。會東從上來。又迫賤事。相見日淺。卒卒無須臾之間。得竭志意。今少卿抱不測之罪。涉旬月。迫季冬。僕又薄從上上（文選少一上字。）雍。恐卒然不可諱。是僕終不得舒憤懣以曉左右。則長逝者魂魄私恨無窮。請略陳固陋。闕然久不報。幸勿爲過。僕聞之。修身者智之府也。愛施者仁之端也。取與者義之符也。恥辱者勇之決也。立名者行之極也。士有此五者。然後可以託於世而列於君子之林矣。故禍莫憯於欲利。悲莫痛於傷心。行莫醜於辱先。詬莫大於宮刑。刑餘之人。無所比數。非一世也。所從來遠矣。昔衛靈公與雍渠同載。孔子適陳。商鞅因景監見。趙良寒心。同子參乘。袁絲變色。自古而恥之。夫中材之人。事有關於宦豎。莫不傷氣。而況慷慨之士乎。如今朝廷雖乏人。奈何令刀鋸之餘。薦天下豪儁文選作俊。哉。僕賴先人緒業。得待罪輦轂下。二十餘年矣。所以自惟。上之不能納忠效信。有奇策材力之譽。自結明主。次之又不能拾遺補闕。招賢進能。顯巖穴之士。外之不能備行伍。攻城野戰。有斬將搴旗之功。下之不能積日累勞。取尊官厚祿。以為宗族交游光寵。四者無一遂。苟合取容。無所短長之效。可見於此矣。鄉者僕亦嘗廁下大夫之列。陪奉外廷末議。不以此時引維綱。盡思慮。今已虧形為埽除之隸。在闒茸之中。乃欲仰首伸眉。論列是非。不亦輕朝廷羞當世之士邪。嗟乎。嗟乎。如僕尚何言哉。尚何言哉。且事本末未易明也。僕少負不羈之才。長無鄉曲之譽。主上幸以先人之故。使得奏薄伎。出入周衛之中。僕以為戴盆何以望天。故絕賓客之知。忘室家之業。日夜思竭其不肖之才力。務一心營職。以求親媚於主上。而事乃有大謬不然者。夫僕與李陵俱居門下。素非選有能字。相善也。趣舍異路。未嘗銜盃酒接慇懃之餘歡。然僕觀其為人。自選有守字。奇士。事親孝。與士信。臨財廉。取與義。分別有讓。恭儉下人。常思奮不顧身。以殉國家之急。其素所畜積也。僕以為有國士之風。夫人臣出萬死不顧一生之計。赴公家之難。斯已奇矣。今舉事一不當。而全軀保妻子之臣。隨而媒蘗蘗依李陵傳。其短。僕誠私心痛之。且李陵提步卒不滿五千。深踐戎馬之地。足歷王庭。垂餌虎口。橫挑彊胡。仰億萬之師。與單于連戰十有餘日。所殺過半當。虜救死扶傷不給。旃裘之君長咸震怖。乃悉徵其左右賢王。舉引弓之民。一國共攻而圍之。轉鬬千里。矢盡道窮。救兵不至。士卒死傷如積。然陵一呼勞。軍士無不起。躬選有自字。流涕。沬血飲泣。張空弮。選作拳。冒白刃。北嚮爭死敵者。漢無者字。陵未沒時。使有來報。漢公卿王侯。皆奉觴上壽。後數日。陵敗書聞。主上為之食不甘味。聽朝不怡。大臣憂懼。不知所出。僕竊不自料其卑賤。見主上慘愴漢書作悽。怛悼。誠欲效其款款之愚。以為李陵素與士大夫絕少分甘。漢書作絕甘分少。能得人漢書有之字。死力。雖古之漢無之字名將。不能漢無能字。過也。身雖陷敗。彼觀其意。且欲得其當而報選有於字。漢。事已無可奈何。其所摧敗。功亦足以暴於天下矣。漢無矣字。僕懷欲陳之而未有路。適會召問。即以此指推言陵之漢無之字。功。欲以廣主上之意。塞睚眦之辭。未能盡明。明主不深選無深字。曉。以為僕沮貳師。而為李陵游說。遂下於理。拳拳之忠。終不能自列。因為誣上。卒從吏議。家貧。貨賂不足以自贖。交游莫救。選有視字。左右親近不為一言。身非木石。獨與法吏為伍。深幽囹圄之中。誰可告愬者。此正選作真。少卿所親見。僕行事豈不然耶。選作乎。李陵既生降。隤其家聲。而僕又佴之漢作茸以。蠶室。重為天下觀笑。悲夫悲夫。事未易一二為俗人言也。僕之先人。非有剖符丹書之功。文史星歷。近乎卜祝之間。固主上所戲弄。倡優畜之。選作所蓄。流俗之所輕也。假令僕伏法受誅。若九牛亡一毛。與螻蟻何以漢無以字。異。而世俗又不能與死節者比。特以為智窮罪極。不能自免。卒就死耳。何也。素所自樹立使然也。漢無也字。人固有一死。死有重於泰山。或輕於鴻毛。用之所趨異也。太上不辱先。其次不辱身。其次不辱理色。其次不辱辭令。其次詘體受辱。其次易服受辱。其次關木索被箠楚受辱。其次剔鬍(漢作鬄)。毛髮嬰金鐵受辱。其次毀肌膚斷肢體受辱。最下腐刑極矣。傳曰。刑不上大夫。此言士節不可不勉(漢無勉字)。厲也。猛虎處深山。百獸震恐。及在檻穽之中。(及字下漢書有其字。)搖尾而求食。積威約之漸也。故士有畫地爲牢。勢不可(漢無可字。下同。)入。削木爲吏。議不對。定計於鮮也。今交手足。受木索。暴肌膚。受榜箠。幽於圜牆之中。當此之時。見獄吏則頭搶地。視徒隸則心惕息。何者。積威約之勢也。及以至是。言不辱者。所謂彊顏耳。曷足貴乎。且西伯。伯也。拘於(漢無於字。)羑(漢作牖。)里。李斯。相也。具於(漢無於字。)五刑。淮陰。王也。受械於陳。彭越。張敖。南面(漢作鄉。)稱孤。繫獄抵(漢作具。)罪。絳侯誅諸呂。權傾五伯。囚於請室。魏其。大將也。衣赭衣(漢無衣字。)關三木。季布爲朱家鉗奴。灌夫受辱於居室。此人皆身至王侯將相。聲聞鄰國。及罪至罔加。不能引決自裁。(漢作財字。)在塵埃之中。古今一體。安在其不辱也。由此言之。勇怯。勢也。彊弱。形也。審矣。曷足怪乎。夫(漢作且。)人不能早自裁繩墨之外。已(選作以。)稍陵遲(漢作夷。)至於鞭箠之間。乃欲引節。斯不亦遠乎。古人所以重施刑於大夫者。殆爲此也。夫人情莫不貪生惡死。念父母(漢作親戚。)顧妻子。至激於義理者不然。乃有所不得已也。今僕不幸早失父母(漢作二親。)無兄弟之親。獨身孤立。少卿視僕於妻子何如哉。且勇者不必死節。怯夫慕義。何處不勉焉。僕雖怯懦(漢作耎)。欲苟活。亦頗識去就之分矣。何至自湛溺縲紲之辱哉。且夫臧獲婢妾。猶能引決。況若僕之不得已乎。所以隱忍苟活。幽於(漢作函。無於字。)糞土之中而不辭者。恨私心有所不盡。鄙陋(漢無陋字。)沒世而文采不表於後世漢無世字。也。古者富貴而名磨漢作摩。滅。不可勝記。惟倜儻倜漢作俶。非常之人稱焉。蓋文王漢作西伯。拘而演周易。仲尼厄而作春秋。屈原放逐。乃賦離騷。左邱失明。厥有國語。孫子臏腳。兵法修列。不韋遷蜀。世傳呂覽。韓非囚秦。說難孤憤。詩三百篇。大抵聖賢發憤之所爲漢有作字。也。此人皆意所鬱結。不得通其道。故述往事思來者。乃如左邱明漢無明字。無目。孫子斷足。終不可用。退論書策。以舒其憤。思垂空文以自見。僕竊不遜。近自託於無能之辭。網羅天下放失舊聞。略考其行事。漢無略字。綜其終始。漢無此句。稽其成敗興壞之紀。漢作理。上計軒轅。下至於茲。爲十表。本紀十二。書八章。世家三十。列傳七十。自上計軒轅至此凡二十六字。漢書無。凡百三十篇。亦欲以究天人之際。通古今之變。成一家之言。草創未就。會遭此禍。惜其不成。是以就極刑而無慍色。僕誠已著此書。藏之名山。傳之其人。通邑大都。則僕償前辱之責。雖萬被戮。豈有悔哉。然此可爲智者道。難爲俗人言也。且負漢作貧。下未易居。下流多謗議。僕以口語遇遭此禍。重爲鄉黨戮笑。汚辱先人。亦何面目復上父母之邱墓乎。雖累百世。垢彌甚耳。是以腸一日而九迴。居則忽忽若有所亡。出則不知其所漢有如字。往。每念斯恥。汗未嘗不發背霑衣也。身直爲閨閤之臣。寧得自引深藏漢有於字。巖穴邪。故且從俗浮沈。與時俯仰。以通其狂惑。今少卿乃教以推賢進士。無乃與僕私心刺漢作之私指。謬乎。今雖欲自雕琢漢作瑑。曼辭以自飾漢作解。無益於俗。不信。適足取辱耳。要之死日。然後是非乃定。書不能悉意。故略陳固陋。謹再拜。

附錄二　班彪父子史記論贊

范曄後漢書班彪傳曰。彪既才高而好述作。遂專心史籍之間。武帝時。司馬遷著史記。自太初以後。闕而不錄。後好事者頗或綴集時事。然多鄙俗。不足以踵繼其書。彪乃繼采前史遺事。傍貫異聞。作後傳數十篇。因斟酌前史而譏正得失。其略論云云。嗣後子固因彪書而作漢書。於司馬遷傳贊。卽布父彪所論。而各有詳略。今並錄於後。以資比較。

論曰。唐虞三代。詩書所及。世有史官。以司典籍。暨於諸侯。國自有史。故孟子曰。楚之檮杌。晉之乘。魯之春秋。其事一也。定哀之間。魯君子左丘明論集其文。作左氏傳三十篇。又撰異同。號曰國語二十篇。由是乘檮杌之事遂闇。而左氏國語獨章。又有記錄黃帝以來至春秋時帝王公侯卿大夫。號曰世本。一十五篇。春秋之後。七國並爭。秦并諸侯。則有戰國策三十三篇。漢興定天下。太中大夫陸賈記錄時功。作楚漢春秋九篇。孝武之世。太史令司馬遷採左氏國語。刪世本戰國策。據楚漢列國時事。上自黃帝。下訖獲麟。作本紀世家列傳書表。凡百三十篇。而十篇缺焉。遷之所記。從漢元至武以絕。則其功也。至於採經摭傳。分散百家之事。甚多疏略。不如其本。務欲以多聞廣載為功。論議淺而不篤。其論術學。則崇黃老而薄五經。序貨殖。則輕仁義而羞貧窮。道游俠。則賤守節而貴俗功。此其大敝傷道。所以遇極刑之咎也。然善述序事理。辯而不華。質而不野。文質相稱。蓋良史之才也。誠令遷依五經之法言。同聖人之是非。意亦庶幾矣。夫百家之書。猶可法也。若左氏國語。世本。戰國策。楚漢春秋。太史公書。今之所以知古。後之所由觀前。聖人之耳目也。司馬遷序帝王則曰本紀。公侯傳國則曰世家。卿士特起則曰列傳。又進項羽陳涉而黜淮南衡山。細意委曲。條例不經。若遷之著作。採獲古今。貫穿經傳。至廣博也。一人之精。文重思煩。故其書刊落不盡。尚有盈辭。多不齊一。若序司馬相如。舉郡縣。著其字。至蕭曹陳平之屬。及董仲舒並時之人。不記其字。或縣而不郡者。蓋不暇也。今此後篇。慎覈其事。整齊其文。不為世家。唯紀傳而已。傳曰。殺史見極。平易正直。春秋之義也。

贊曰。自古書契之作。而有史官。其載籍博矣。至孔氏纂之。上繼唐堯。下訖秦繆。唐虞以前。雖有遺文。其語不經。故言黃帝顓頊之事。未可明也。及孔子因魯史記而作春秋。而左丘明論輯其本事。以為之傳。又纂異同。為國語。又有世本。錄黃帝以來至春秋時帝王公侯卿大夫祖世所出。春秋之後。七國並爭。秦兼諸侯。有戰國策。漢興。伐秦定天下。有楚漢春秋。故司馬遷據左氏國語。采世本戰國策。述楚漢春秋。接其後事。訖于大漢。其言秦漢詳矣。至於采經摭傳。分散數家之事。甚多疏略。或有抵梧。亦其涉獵者廣博。貫穿經傳。馳騁古今。上下數千載間。斯以勤矣。又其是非頗繆於聖人。論大道則先黃老而後六經。序游俠則退處士而進姦雄。述貨殖則崇勢利而羞賤貧。此其所蔽也。然自劉向揚雄。博極羣書。皆稱遷有良史之材。服其善序事理。辨而不華。質而不俚。其文直。其事核。不虛美。不隱善。故謂之實錄。嗚呼。以遷之博物洽聞。而不能以知自全。既陷極刑。幽而發憤。書亦信矣。迹其所以自傷悼。小雅巷伯之倫。夫唯大雅。既明且哲。能保其身。難矣哉。

史書治要卷一

史書五種

漢書 後漢班固撰。固安陵人。字孟堅。明帝時。典校祕書。作漢書。積思二十餘年。至建中初乃成。後遷玄武司馬。帝會諸儒講論五經。令固撰集其事。作白虎通義。竇憲出征匈奴。以固為中護軍。行中郎將事。憲敗。固被捕。繫死獄中。初。固父彪。字叔皮。以史記太初以後。闕而不錄。遂作後傳數十篇。固以所續未詳。又綴集所聞。以為此書。起高祖。終孝平王莽之誅。凡百卷。八表並天文志未竟而卒。和帝詔固妹昭就東觀藏書踵成之。其全書體例。皆從史記。惟删去世家之名。而統稱列傳。又易八書之書名為志。後世史家大抵皆從固之所定。是為斷代紀傳家之祖。

高祖本紀 節錄

高祖。沛豐邑中陽里人也。姓劉氏。母媪。嘗息大澤之陂。夢與神遇。是時雷電晦冥。父太公往視。則見交龍於上。已而有娠。遂產高祖。高祖為人。隆準而龍顏。美須髯。左股有七十二黑子。寬仁愛人。意豁如也。常有大度。不事家人生產作業。及壯。試吏。為泗上亭長。廷中吏無所不狎侮。好酒及色。常從王媪武負貰酒。時飲醉臥。武負王媪見其上常有怪。高祖每酤留飲。酒讎數倍。及見怪。歲竟。此兩家常折券棄責。高祖常繇咸陽。縱觀秦皇帝。喟然大息曰。嗟乎。大丈夫當如此矣。

秦二年。初懷王與諸將約。先入定關中者王之。當是時。秦兵彊。常乘勝逐北。諸將莫利先入關。獨羽怨秦破項梁。奮勢願與沛公西入關。懷王諸老將皆曰。項羽爲人慓悍禍賊。嘗攻襄城。襄城無噍類。所過無不殘滅。且楚數進取。前陳王項梁皆敗。不如更遣長者扶義而西告諭秦父兄。秦父兄苦其主久矣。今誠得長者往。毋侵暴。宜可下。項羽不可遣。獨沛公素寬大長者。卒不許羽。而遣沛公西。

元年冬十月。時未改元。以高祖十月至霸上。故以秦二年十月爲歲首。沛公至霸上。秦王子嬰素車白馬。繫頸以組。封皇帝璽符節。降枳道旁。諸將或言誅秦王。沛公曰。始懷王遣我。固以能寬容。且人已服降。殺之不祥。乃以屬吏。遂西入咸陽。欲止宮休舍。樊噲張良諫。乃封秦重寶財物府庫。還軍霸上。蕭何盡收秦丞相府圖籍文書。十一月。召諸縣豪桀曰。父老苦秦苛法久矣。誹謗者族。耦語者棄市。吾與諸侯約。先入關者王之。吾當王關中。與父老約法三章耳。殺人者死。傷人及盜抵罪。餘悉除去秦法。吏民皆按堵如故。凡吾所以來。爲父兄除害。非有所侵暴。毋恐。且吾所以軍霸上。待諸侯至而定要束耳。乃使人與秦吏行至縣鄉邑告諭之。秦民大喜。爭持牛羊酒食獻享軍士。沛公讓不受。曰。倉粟多。不欲費民。民又益喜。唯恐沛公不爲秦王。

二年三月。漢王至洛陽新城。三老董公遮說漢王曰。臣聞順德者昌。逆德者亡。兵出無名。事故不成。故曰明其爲賊。敵乃可服。項羽爲無道。放殺其主。天下之賊也。夫仁不以勇。義不以力。三軍之衆。爲之素服。以告之諸侯。爲此東伐。四海之內。莫不仰德。此三王之舉也。漢王曰。善。非夫子無所聞。於是漢王爲義帝發喪。袒而大哭。哀臨三日。發使告諸侯曰。天下共立義帝。北面事之。今項羽放殺義帝江南。大逆無道。寡人親爲發喪。兵皆縞素。悉發關中兵。收三河士。南浮江漢以下。願從諸侯王擊楚之殺義帝者。

五年春正月。令曰。兵不得休八年。萬民與苦甚。今天下事畢。其赦天下殊死以下。於是諸侯上疏曰。楚王韓信。韓王信。淮南王英布。梁王彭越。故衡山王吳芮。趙王張敖。燕王臧荼。昧死再拜。言大王陛下。先時秦爲亡道。天下誅之。大王先得秦王。定關中。於天下功最多。存亡定危。救敗繼絕。以安萬民。功盛德厚。又加惠於諸侯王有功者。使得立社稷。地分已定。而位號比儗。亡上下之分。大王功德之著。於後世不宣。昧死再拜上皇帝尊號。漢王曰。寡人聞帝者賢者有也。虛言亡實之名。非所取也。今諸侯王皆推高寡人。將何以處之哉。諸侯王皆曰。大王起於細微。滅亂秦。威動海內。又以辟陋之地。自漢中行威德。誅不義。立有功。平定海內。功臣皆受地食邑。非私之也。大王德施四海。諸侯王不足以道之。居帝位甚實宜。願大王以幸天下。漢王曰。諸侯王幸以爲便於天下之民。則可矣。於是諸侯王及太尉長安侯臣綰等三百人。與博士稷嗣君叔孫通。謹擇良日二月甲午。上尊號。漢王即皇帝位於氾水之陽。

帝置酒雒陽南宮。上曰。通侯諸將。毋敢隱朕。皆言其情。吾所以有天下者何。項氏之所以失天下者何。高起王陵對曰。陛下嫚而侮人。項羽仁而敬人。然陛下使人攻城略地。所降下者。因以與之。與天下同利也。項羽妒賢嫉能。有功者害之。賢者疑之。戰勝而不與人功。得地而不與人利。此其所以失天下也。上曰。公知其一。未知其二。夫運籌帷幄之中。決勝千里之外。吾不如子房。塡國家。撫百姓。給餽饟。不絕糧道。吾不如蕭何。連百萬之衆。戰必勝。攻必取。吾不如韓信。三者皆人傑。吾能用之。此吾所以取天下者也。項羽有一范增而不能用。此所以爲我禽也。羣臣說服。

十二年冬十月。上破布軍于會缶。布走。令別將追之。上還過沛。留置酒沛宮。悉召故人父老子弟佐酒。發沛中兒得百二十人。敎之歌。酒酣。上擊筑。自歌曰。大風起兮雲飛揚。威加海內兮歸故鄉。安得猛士兮守四方。令兒皆和習之。上乃起舞。忼慨傷懷。泣數行下。謂沛父兄曰。游子悲故鄉。吾雖都關中。萬歲之後。吾魂魄猶思樂沛。且朕自沛公以誅暴逆。遂有天下。其以沛爲朕湯沐邑。復其民。世世無有所與。沛父老諸母故人日樂飲極歡。道舊故爲笑樂。十餘日。上欲去。沛父兄固請。上曰。吾人衆多。父兄不能給。乃去。沛中空縣皆之邑西獻。上留止。張飲三日。沛父兄皆頓首曰。沛幸得復。豐未得。唯陛下哀矜。上曰。豐者吾所生長。極不忘耳。吾特以其爲雍齒故反我爲魏。沛父兄固請之。迺并復豐比沛。

上擊布時。爲流矢所中。行道疾。疾甚。呂后迎良醫。醫入見上。問醫。曰。疾可治。不。醫曰。可治。於是上嫚罵之曰吾以布衣提三尺取天下。此非天命乎。命乃在天。雖扁鵲何益。遂不使治疾。賜黃金五十斤。罷之。呂后問曰。陛下百歲後。蕭相國旣死。誰令代之。上曰曹參可。問其次。曰王陵可。然少戇。陳平可以助之。陳平知有餘。然難獨任。周勃重厚少文。然安劉氏者必勃也。可令爲太尉。呂后復問其次。上曰此後亦非乃所知也。夏四月甲辰。帝崩于長樂宮。

初。高祖不修文學。而性明達。好謀能聽。自監門戍卒見之如舊。初順民心。作三章之約。天下旣定。命蕭何次律令。韓信申軍法。張蒼定章程。叔孫通制禮儀。陸賈造新語。又與功臣剖符作誓。丹書鐵契。金匱石室。藏之宗廟。雖日不暇給。規摹弘遠矣。

文帝本紀

（選錄紀中詔令。又他篇中所載文帝之詔書。亦擇尤編入。末附楊王孫傳。可與遺詔相參。）

元年。議振貸詔曰。方春和時。草木羣生之物。皆有以自樂。而吾百姓鰥寡孤獨窮困之人。或阽於死亡。而莫之省憂。爲民父母將何如。其議所以振貸之。

元年。賜南粵王趙佗書曰。皇帝謹問南粵王。甚苦心勞思。朕高皇帝側室之子。棄外奉北藩於代。道里遼遠。壅蔽樸愚。未嘗致書。高皇帝棄羣臣。孝惠皇帝卽世。高后自臨事。不幸有疾。日進不衰。以故誖暴乎治。諸呂爲變故亂法。不能獨制。乃取他姓子爲孝惠皇帝嗣。賴宗廟之靈。功臣之力。誅之已畢。朕以王侯吏不釋之故。不得不立。今卽位。乃者聞王遺將軍隆慮侯書。求親昆弟。請罷長沙兩將軍。朕以王書罷將軍博陽侯。親昆弟在眞定者。已遣人存問修治先人冢。前日聞王發兵於邊。爲寇災不止。當其時。長沙苦之。南郡尤甚。雖王之國。庸獨利乎。必多殺士卒。傷良將吏。寡人之妻。孤人之子。獨人父母。得一亡十。朕不忍爲也。朕欲定地犬牙相入者。以問吏。吏曰。高皇帝所以介長沙土也。朕不得擅變焉。吏曰。得王之地。不足以爲大。得王之財。不足以爲富。服領以南。王自治之。雖然。王之號爲帝。兩帝並立。亡一乘之使以通其道。是爭也。爭而不讓。仁者不爲也。願與王分棄前患。終今以來。通使如故。故使賈馳諭告王朕意。王亦受之。毋爲寇災矣。上褚五十衣。中褚三十衣。下褚二十衣。遺王。願王聽樂娛憂。存問鄰國。

二年。議犯法相坐。詔曰。朕聞之。法正則民愨。罪正則民從。且夫牧民而道之以善者。吏也。既不能道。又以不正之法罪之。是法反害於民。爲暴者也。朕未見其便。宜孰計之。

二年。除誹謗法。詔曰。古之治天下。朝有進善之旌。誹謗之木。所以通治道而來諫者也。今法有誹謗訞言之罪。是使衆臣不敢盡情。而上無由聞過失也。將何以來遠方之賢良。其除之。民或祝詛上以相約結。而後相謾。吏以爲大逆。其有他言。而吏又以爲誹謗。此細民之愚。無知抵死。朕甚不取。自今以來。有犯此者。勿聽治。

二年。日食。詔曰。朕聞之。天生民。爲之置君以養治之。人主不德。布政不均。則天示之災。以戒不治。乃十一月晦。日有食之。適見於天。災孰大焉。朕獲保宗廟。以微眇之身。託於士民君王之上天下治亂。在予一人。惟二三執政。猶吾股肱也。朕下不能治育羣生。上以累三光之明。其不德大矣。令至其悉思朕之過失。及知見之所不及。匄以啟告朕。及舉賢良方正能直言極諫者。以匡朕之不逮。因各敕以職任。務省繇費以便民。朕既不能遠德。故憪然念外人之有非。是以設備未息。今縱不能罷邊屯戍。又飭兵厚衞。其罷衞將軍軍。太僕見馬遺財足。餘皆以給傳置。

前六年。遺匈奴書曰。皇帝敬問匈奴大單于無恙。使郎中係虖淺遺朕書曰。願寢兵休士。除前事。復故約。以安邊民。世世平樂。朕甚嘉之。此古聖王之志也。漢與匈奴約為兄弟。所以遺單于甚厚。背約離兄弟之親者。常在匈奴。然右賢王事已在赦前。勿深誅。單于若稱書意。明告諸吏。使無負約。有信敬如單于書。使者言單于自將并國有功。甚苦兵事。服繡袷綺衣長襦錦袍各一。比疎一。黃金飭具帶一。黃金犀毗一。繡十疋。錦二十疋。赤綈綠繒各四十疋。使中大夫意謁者令肩遺單于。

十三年。除肉刑。詔曰。蓋聞有虞氏之時。畫衣冠異章服以為戮。而民弗犯。何治之至也。今法有肉刑三。而姦不止。其咎安在。毋乃朕德之薄。而教不明與。吾甚自愧。故夫訓道不純。而愚民陷焉。詩曰。愷悌君子。民之父母。今人有過。教未施而刑已加焉。或欲改行為善。而道亡繇至。朕甚憐之。夫刑至斷支體。刻肌膚。終身不息。何其刑之痛而不德也。豈稱為民父母之意哉。其除肉刑。有以易之。

十四年增祀無祈詔曰。朕獲執犧牲珪幣以事上帝宗廟。十四年於今。歷日彌長。以不敏不明而久撫臨天下。朕甚自愧。其廣增諸祀壇場珪幣。昔先王遠施不求其報。望祀不祈其福。右賢左戚。先民後己。至明之極也。今吾聞祠官祝釐。皆歸福於朕躬。不爲百姓。朕甚愧之。夫以朕之不德。而專鄉獨美其福。百姓不與焉。是重吾不德也。其令祠官致敬。無有所祈。

後元年求言詔曰。間者數年比不登。又有水旱疾疫之災。朕甚憂之。愚而不明。未達其咎。意者朕之政有所失而行有過與。乃天道有不順。地利或不得。人事多失和。鬼神廢不享與。何以致此。將百官之奉養或費。無用之事或多與。何其民食之寡乏也。夫度田非益寡。而計民未加益。以口量地。其於古猶有餘。而食之甚不足者。其咎安在。無乃百姓之從事於末以害農者蕃。爲酒醪以靡穀者多。六畜之食焉者衆與。細大之義。吾未能得其中。其與丞相列侯吏二千石博士議之。有可以佐百姓者。率意遠思。無有所隱。

後二年遺匈奴書曰。皇帝敬問匈奴大單于無恙。使當戶且渠雕渠難。郎中韓遼。遺朕馬二匹。已至。敬受。先帝制。長城以北。引弓之國。受令單于。長城之內。冠帶之室。朕亦制之。使萬民耕織射獵衣食。父子毋離。臣主相安。俱無暴虐。今聞渫惡民貪降其趨。背義絕約。忘萬民之命。離兩主之驩。然其事已在前矣。書云。二國已和親。兩主驩說。寢兵休卒養馬。世世昌樂。翕然更始。朕甚嘉之。聖者日新。改作更始。使老者得息。幼者得長。各保其首領。而終其天年。朕與單于俱繇此道。順天恤民。世世相傳。施之無窮。天下莫不咸嘉。使漢與匈奴鄰敵之國。匈奴處北地。寒殺氣早降。故詔吏遺單于秫蘖金帛綿絮它物歲有數。今天下大安。萬民熙熙。獨朕與單于爲之父母。朕追念前事。薄物細故。謀臣計失。皆不足以離昆弟之驩。朕聞天不頗覆。地不偏載。朕與單于。皆捐細故。俱蹈大道也。墮壞前惡。以圖長久。使兩國之民若一家子。元元萬民。下及魚鼈。上及飛鳥。跂行喙息蠕動之類。莫不就安利。避危殆。故來者不止。天之道也。俱去前事。朕釋逃虜民。單于毋言章尼等。朕聞古之帝王。約分明而不食言。單于留志。天下大安。和親之後。漢過不先。單于其察之。

後七年。遺詔曰。朕聞之。蓋天下萬物之萌生。靡不有死。死者天地之理。物之自然。奚可甚哀。當今之世。咸嘉生而惡死。厚葬以破業。重服以傷生。吾甚不取。且朕既不德。無以佐百姓。今崩。又使重服久臨。以罹寒暑之數。哀人父子。傷長老之志。損其飲食。絕鬼神之祭祀。以重吾不德。謂天下何。朕獲保宗廟。以眇眇之身。託于天下君王之上。二十有餘年矣。賴天之靈。社稷之福。方內安寧。靡有兵革。朕既不敏。常畏過行。以羞先帝之遺德。惟年之久長。懼于不終。今乃幸以天年。得復供養于高廟。朕之不明。與嘉之。其奚哀念之有。其令天下吏民。令到出臨三日。皆釋服。無禁取婦嫁女祠祀飲酒食肉。自當給喪事服臨者。皆無踐。絰帶無過三寸。

無布車及兵器。無發民哭臨宮殿中。殿中當臨者。皆以旦夕。各十五舉音。禮畢罷。非旦夕臨時。禁無得擅哭臨。以下。服大功十五日。小功十四日。纖七日。釋服。它不在令中者。皆以此令比類從事。布告天下。使明知朕意。

附錄　楊王孫傳

楊王孫者。孝武時人也。學黃老之術。家業千金。厚自奉養。生亡所不致。及病且終。先令其子曰。吾欲贏葬。以反吾眞。必亡易吾意。死則爲布囊盛尸。入地七尺。旣下。從足引脫其囊。以身親土。其子欲默而不從。重廢父命。欲從之。心又不忍。迺往見王孫友人祁侯。祁侯與王孫書曰。王孫苦疾。僕迫從上祠雍。未得詣前。願存精神。省思慮。進醫藥。厚自持。竊聞王孫先令贏葬。令死者亡知則已。若其有知。是戮尸地下。將贏見先人。竊爲王孫不取也。且孝經曰。爲之棺槨衣衾。是亦聖人之遺制。何必區區獨守所聞。願王孫察焉。王孫報曰。蓋聞古之聖王。緣人情不忍其親。故爲制禮。今則越之。吾是以贏葬。將以矯世也。夫厚葬誠亡益於死者。而俗人競以相高。靡財單幣。腐之地下。或迺今日入而明日發。此眞與暴骸於中野何異。且夫死者。終生之化。而物之歸者也。歸者得至。化者得變。是物各反其眞也。反眞冥冥。亡形亡聲。迺合道情。夫飾外以華衆。厚葬以鬲眞。使歸者不得至。化者不得變。是使物各失其所也。且吾聞之。精神者天之有也。形骸者地之有也。精神離形。各歸其眞。

故謂之鬼。鬼之爲言歸也。其尸塊然獨處。豈有知哉。裹以幣帛。鬲以棺槨。支體絡束。口含玉石。欲化不得。鬱爲枯腊。千載之後。棺槨朽腐。迺得歸土。就其眞宅。繇是言之。焉用久客。昔帝堯之葬也。窾木爲匵。葛藟爲緘。其穿下不亂泉。上不泄殠。故聖王生易尙。死易葬也。不加功於亡用。不損財於亡謂。今費財厚葬。留歸鬲至。死者不知。生者不得。是謂重惑。於戲。吾不爲也。祁侯曰。善。遂贏葬。

諸侯王表序

昔周監於二代。三聖制法。立爵五等。封國八百。同姓五十有餘。周公。康叔。建於魯衞。各數百里。太公於齊。亦五侯九伯之地。詩載其制曰。介人惟藩。大師惟垣。大邦惟屏。大宗惟翰。懷德惟寧。宗子惟城。毋俾城壞。毋獨斯畏。所以親親賢賢。褒表功德。關諸盛衰。深根固本。爲不可拔者也。故盛則周邵相其治。致刑錯。衰則五伯扶其弱。與共守。自幽平之後。日以陵夷。至虖阸隔河洛之閒。分爲二周。有逃責之臺。被竊鈇之言。然天下謂之共主。彊大弗之敢傾。歷載八百餘年。數極德盡。既於王赧。降爲庶人。用天年終。號位已絕於天下。尙猶枝葉相持。莫得居其虛位。海內無主。三十餘年。秦據勢勝之地。騁狙詐之兵。蠶食山東。壹切取勝。因矜其所習。自任私知。姍笑三代。盪滅古法。竊自號爲皇帝。而子弟爲匹夫。內亡骨肉本根之輔。外亡尺土藩翼之衞。陳吳奮其白梃。劉項隨而斃之。故曰。周過其歷。秦不及期。國勢然也。漢興之初。海內新定。同姓寡少。懲戒亡秦孤立之敗。於是剖裂疆土。立二等之爵。功臣侯者百有餘邑。尊王子弟。大啟九國。自雁門以東。盡遼陽。爲燕代。常山以南。太行左轉。度河濟。漸於海。爲齊趙。穀泗以往。奄有龜蒙。爲梁楚。東帶江湖。薄會稽。爲荊吳。北界淮瀕。略廬衡。爲淮南。波漢之陽。亙九嶷。爲長沙。諸侯比境。周帀三垂。外接胡越。天子自有三河東郡潁川南陽。自江陵以西至巴蜀。北自雲中至隴西。與京師內史凡十五郡。公主列侯頗邑其中。而藩國大者夸州兼郡。連城數十。宮室百官同制京師。可謂矯枉過其正矣。雖然。高祖創業。日不暇給。孝惠享國又淺。高后女主攝位。而海內晏如。亡狂狡之憂。卒折諸呂之難。成太宗之業者。亦賴之於諸侯也。然諸侯原本以大。末流濫以致溢。小者淫荒越法。大者睽孤橫逆。以害身喪國。故文帝采賈生之議。分齊趙。景帝用鼂錯之計。削吳楚。武帝施主父之册。下推恩之令。使諸侯王得分戶邑以封子弟。不行黜陟。而藩國自析。自此以來。齊分爲七。趙分爲六。梁分爲五。淮南分爲三。皇子始立者。大國不過十餘城。長沙燕代。雖有舊名。皆亡南北邊矣。景遭七國之難。抑損諸侯。減黜其官。武有衡山淮南之謀。作左官之律。設附益之法。諸侯惟得衣食稅租。不與政事。至於哀平之際。皆繼體苗裔。親屬疏遠。生於帷牆之中。不爲士民所尊。勢與富室亡異。而本朝短世。國統三絕。是故王莽知漢中外殫微。本末俱弱。亡所忌憚。生其奸心。因母后之權。假伊周之稱。顓作威福。廟堂之上。不降階序而運天下。作謀既成。遂據南面之尊分遣五威之吏。馳傳天下。班行符命。漢諸侯王厥角稽首。奉上璽韍。惟恐在後。或迺稱美頌德。以求容媚。豈不哀哉。是以究其終始彊弱之變。明監戒焉。

禮樂志錄序幷禮志

六經之道同歸。而禮樂之用爲急。治身者斯須忘禮。則暴嫚入之矣。爲國者一朝失禮。則荒亂及之矣。人函天地陰陽之氣。有喜怒哀樂之情。天稟其性而不能節也。聖人能爲之節而不能絕也。故象天地而制禮樂。所以通神明。立人倫。正情性。節萬事者也。人性有男女之情。妬忌之別。爲制婚姻之禮。有交接長幼之序。爲制鄉飲之禮。有哀死思遠之情。爲制喪祭之禮。有尊尊敬上之心。爲制朝覲之禮。哀有哭踊之節。樂有歌舞之容。正人足以副其誠。邪人足以防其失。故婚姻之禮廢。則夫婦之道苦。而淫辟之罪多。鄉飲之禮廢。則長幼之序亂。而爭鬭之獄蕃。喪祭之禮廢。則骨肉之恩薄。而背死忘先者衆。朝聘之禮廢。則君臣之位失。而侵陵之漸起。故孔子曰。安上治民。莫善於禮。移風易俗。莫善於樂。禮節民心。樂和民聲。政以行之。刑以防之。禮樂政刑四達而不誖。則王道備矣。樂以治內而爲同。禮以修外而爲異。同則和親。異則畏敬。和親則無怨。畏敬則不爭。揖讓而天下治者。禮樂之謂也。二者並行。合爲一體。畏敬之意難見。則著之於享獻辭受。登降跪拜。和親之說難形。則發之於詩歌詠言。鐘石筦弦。蓋嘉其敬意而不及其財賄。美其歡心而不流其聲音。故孔子曰。禮云禮云。玉帛云乎哉。樂云樂云。鐘鼓云乎哉。此禮樂之本也。故曰。知禮樂之情者。能作。識禮樂之文者。能述。作者之謂聖。述者之謂明。明聖者。述作之謂也。

王者必因前王之禮。順時施宜。有所損益。卽民之心。稍稍制作。至太平而大備。周監於二代。禮文尤具。事爲之制。曲爲之防。故稱禮經三百。威儀三千。於是教化浹洽。民用和睦。災害不生。禍亂不作。囹圄空虛。四十餘年。孔子美之曰。郁郁乎文哉。吾從周。及其衰也。諸侯踰越法度。惡禮制之害己。去其篇籍。遭秦滅學。遂以亂亡。漢興。撥亂反正。日不暇給。猶命叔孫通制禮儀。以正君臣之位。高祖說而歎曰。吾乃今日知爲天子之貴也。以通爲奉常。遂定儀法。未盡備而通終。至文帝時。賈誼以爲漢承秦之敗俗。廢禮義。捐廉恥。今其甚者殺父兄。盜者取廟器。而大臣特以簿書不報。期會爲故。至於風俗流溢。恬而不怪。以爲是適然耳。夫移風易俗。使天下回心而鄉道。類非俗吏之所能爲也。夫立君臣。等上下。使綱紀有序。六親和睦。此非天之所爲。人之所設也。人之所設。不爲不立。不修則壞。漢興至今二十餘年。宜定制度。興禮樂。然後諸侯軌道。百姓素樸。獄訟衰息。迺草具其儀。天子說焉。而大臣絳灌之屬害之。故其議遂寢。至武帝卽位。進用英儁。議立明堂。制禮服。以興太平。會竇太后好黃老言。不說儒術。其事又廢。後董仲舒對策言。王者欲有所爲。宜求其端於天。天道大者。在於陰陽。陽爲德。陰爲刑。天使陽常居大夏。而以生育長養爲事。陰常居大冬。而積於空虛不用之處。以此見天之任德不任刑也。陽出布施於上而主歲功。陰入伏藏於下而時出佐陽。陽不得陰之助。亦不能獨成歲功。王者承天意以從事。故務德教而省刑罰。刑罰不可任以治世。猶陰之不可任以成歲也。今廢先王之德教。獨用執法之吏治民。而欲德化被四海。故難成也。是故古之王者。莫不以教化爲大務。立大學以教於國。設庠序以化於邑。教化以明。習俗以成。天下嘗無一人之獄矣。至周末世。大爲無道。以失天下。秦繼其後。又益甚之。自古以來。未嘗以亂濟亂。大敗天下。如秦者也。習俗薄惡。民人抵冒。今漢繼秦之後。雖欲治之。無可奈何。法出而姦生。令下而詐起。一歲之獄以萬千數。如以湯止沸。沸愈甚而無益。辟之琴瑟不調。甚者必解而更張之。迺可鼓也。爲政而不行。甚者必變而更化之。迺可理也。故漢得天下以來。常欲善治。而至今不能勝殘去殺者。失之當更化而不更化也。古人有言。臨淵羨魚。不如歸而結網。今臨政而願治七十餘歲矣。不如退而更化。更化則可善治。而災害日去。福祿日來矣。

是時上方征討四夷。銳志武功。不暇留意禮文之事。至宣帝時。瑯邪王吉爲諫大夫。又上疏言。欲治之主不世出。公卿幸得遭遇其時。未有建萬世之長策。舉明主於三代之隆者也。其務在於簿書斷獄聽訟而已。此非太平之基也。今俗吏所以牧民者。非有禮義科指可世世通行者也。以意穿鑿。各取一切。是以詐僞萌生。刑罰無極。質樸日消。恩愛寖薄。孔子曰。安上治民。莫善於禮。非空言也。願與大臣延及儒生。述舊禮。明王制。驅一世之民。躋之仁壽之域。

則俗何以不若成康。壽何以不若高宗。上不納其言。吉以病去。至成帝時。犍爲郡於水濱。得古磬十六枚。議者以爲善祥。劉向因是說上宜興辟雍。設庠序。陳禮樂。隆雅頌之聲。盛揖讓之容。以風化天下。如此而不治者。未之有也。或曰不能具禮。禮以養人爲本。如有過差。是過而養人也。刑罰之過。或至死傷。今之刑非臯陶之法也。而有司請定法。削則削。筆則筆。救時務也。至於禮樂。則曰不敢。是敢於殺人。不敢於養人也。爲其俎豆筦弦之間小不備。因是絕而不爲。是去小不備而就大不備。大不備或莫甚焉。夫敎化之比於刑法。刑法輕。是舍所重而急所輕也。且敎化所恃以爲治也。刑法所以助治也。今廢所恃而獨立其所助。非所以致太平也。自京師有誖逆不順之子孫。至於陷大辟受刑戮者不絕。繇不習五常之道也。夫承千歲之衰周。繼暴秦之餘弊。民漸漬惡俗。貪饕險詖。不閑義理。不示以大化。而獨敺以刑罰。終已不改。故曰導之以禮樂。而民和睦。初叔孫通將制定禮儀。見非於齊魯之士。然卒爲漢儒宗。業垂後嗣。斯成法也。成帝以向言下公卿議。會向病卒。丞相大司空奏請立辟雍。案行長安城南。營表未作。遭成帝崩。羣臣引以定謚。及王莽爲宰衡。欲燿眾庶。遂興辟雍。因以篡位。海內畔之。世祖受命中興。撥亂反正。改定京師于土中。卽位三十年。四夷賓服。百姓家給。政敎清明。迺營立明堂辟雍。顯宗卽位。躬行其禮。宗祀光武皇帝於明堂。養三老五更於辟雍。威儀既盛美矣。然德化未流洽者。禮樂未具。羣下無所誦說。而庠序尙未設之故也。孔子曰。譬如爲山。未成一匱。止。吾止也。今叔孫通所撰禮儀。與律令同錄。臧於理官。法家又復不傳。漢典寢而不著。民臣莫有言者。又通歿之後。河間獻王采禮樂古事。稍稍增輯。至五百餘篇。今學者不能昭見。但推士禮。以及天子。說義又頗謬異。故君臣長幼交接之道。寖以不章。

刑法志 節錄○此篇及下篇食貨志。均依唐魏徵漢書治要轉錄。注亦仍之。

夫人宵天地之貌。宵化也。言稟天地氣化而生也。懷五常之性。仁義禮智信也。聰明精粹。精細也。粹淳也。有生之最靈者也。爪牙不足以供嗜欲。趨走不足以避利害。無毛羽以禦寒暑。必將役物以爲養。用智而不恃力。此所以爲貴也。故不仁愛則不能羣。不能羣則不勝物。不勝物則養不足。羣而不足。爭心將作。上聖卓然先行敬讓博愛之德者。衆心悅而從之。從之成羣。是爲君矣。歸而往之。是爲王矣。洪範曰。天子作民父母。爲天下王。聖人取類以正名。而謂君爲父母。明仁愛德讓。王道之本也。愛待敬而不敗。德須威而久立。故制禮以崇敬。作刑以明威也。聖人既躬明哲之性。必通天地之心。制禮作教。立法設刑。動緣民情。而則天象地。故因天秩而制五禮。因天討而作五刑。上刑用甲兵。其次用斧鉞。中刑用刀鋸。其次用鑽鑿。薄刑用鞭朴。大者陳諸原野。小者致諸市朝。其所繇來者上矣。自黃帝有涿鹿之戰。顓頊有共工之陳。共工主水官。秉政作虐。故顓頊伐之也。唐虞之隆。至治之極。猶流共工。放驩兜。殺三苗。殛鯀。然後天下服。夏有甘扈之誓。殷周以兵定天下。古人有言。天生五材。民並用之。廢一不可。誰能去兵。鞭朴不可弛於家。刑罰不可廢於國。征伐不可偃於天下。用之有本末。行之有逆順耳。孔子曰。工欲善其事。必先利其器。文德者。帝王之利器。威武者。文德之輔助也。夫文之所加者深。則武之所服者大。德之所施者博。則威之所制者廣。三代之盛。至於刑措兵寢者。以其本末有序。帝王之極功也。春秋之時。王道寖壞。禮樂不興。刑罰不中。陵夷至於戰國。韓任申子。秦用商鞅。連相坐之法。造參夷之誅。增加肉刑。大辟有鑿顚抽脇鑊亨之刑。至於始皇。兼吞戰國。遂毀先王之法。滅禮義之官。專任刑罰。躬操文墨。而姦邪並生。赭衣塞路。囹圄成市。天下愁怨。潰而叛之。高祖初入關。約法三章。蠲削煩苛。兆民大悅。其後四夷未附。兵革未息。三章之法。不足以禦姦。於是相國蕭何攈摭秦法。取其宜於時者。作律九章。當孝惠高后時。蕭曹爲相。塡以無爲。是以衣食滋殖。刑罰用希。及孝文卽位。躬修玄默。勸趣農桑。減省租賦。將相皆舊功臣。少文多質。懲惡亡秦之政。論議務在寬厚。恥言人之過失。化行天下。告訐之俗易。吏安其官。民樂其業。蓄積歲增。戶口寖息。風流篤厚。禁罔疎闊。選張釋之爲廷尉。罪疑者予民。是以刑罰大省。至於斷獄四百。有刑措之風。卽位十三年。齊大倉令淳于公有罪當刑。其少女緹縈上書曰。妾父爲吏。齊中皆稱其廉平。今坐法當刑。妾傷夫死者不可復生。刑者不可復屬。雖後欲改過自新。其道無由也。妾願沒入爲官婢。以贖父刑罪。使得自新。書奏天子。天子憐悲其意。遂下令曰。蓋聞有虞氏之時。畫衣冠異章服以爲戮。而民不犯。何治之至也。今法有肉刑三。（黥劓二。刖左右趾合一。凡三也。）而姦不止。其咎安在。非乃朕德之薄而教不明與。吾甚自愧。故夫訓道不純。而愚民陷焉。詩曰。愷悌君子。民之父母。今人有過。教未施而刑已加焉。或欲改行爲善。而道無由至。朕甚憐之。夫刑至斷支體。刻肌膚。終身不息。何其刑之痛而不德也。豈稱爲民父母之意哉。其除肉刑。有以易之。善乎孫卿之論刑也。曰世俗之爲說者。以爲治古無肉刑。有象刑。是不然矣。以爲治古。則人莫觸罪邪。豈獨無肉刑哉。亦不待象刑矣。以爲人或觸罪矣。而直輕其刑。是殺人者不死。而傷人者不刑也。罪至重而刑至輕。民無所畏。亂莫大焉。凡制刑之本。將以禁暴惡。且懲其末也。殺人者不死。傷人者不刑。是惠暴而寬惡也。故象刑非生於治古。方起於亂今也。所以有象刑之言者。近起今人惡刑之重。故遂推言古之聖君。但以象刑。天下自治也。凡爵列官職。賞慶刑罰。皆以類相從者也。一物失稱。亂之端也。德不稱位。能不稱官。賞不當功。刑不當罪。不祥莫大焉。夫征暴誅悖。治之威也。殺人者死。傷人者刑。是百王之所同也。未有知其所由來者也。故治則刑重。亂則刑輕。犯治之罪固重。犯亂之罪固輕也。書云。刑罰世重世輕。此之謂也。所謂象刑惟明者。言象天道而作刑。安有菲屨赭衣者哉。孫卿之言既然。又因俗說而論之曰。禹承堯舜之後。自以德衰而制肉刑。湯武順而行之者。以俗薄於唐虞故也。今漢承衰周暴秦極弊之流。俗已薄於三代。而行堯舜之刑。是猶以鞿羈而御駻突。以繩繫馬頷曰鞿。駻突。惡馬也。違救時之宜矣。且除肉刑者。本欲以全民也。今去髡鉗一等。轉而入於大辟。以死罔民。失本惠矣。故死者歲以萬數。刑重之所致也。至乎穿窬之盜。忿怒傷人。男女淫佚。吏爲姦臧。若此之惡。髡鉗之罰。又不足以懲也。故刑者歲十萬數。民既不畏。又曾不恥。刑輕之所生也。故俗之能吏。公以殺盜爲威。專殺者勝任。奉法者不治。亂名傷制。不可勝條。是以網密而姦不塞。刑繁而民愈嫚。必世而未仁。百年而不勝殘。誠以禮樂闕而刑不正也。豈宜惟思所以清原正本之論。刪定律令。撰二百章。以應大辟。其餘罪次於古當生。今觸死者。皆可募行肉刑。及傷人與盜。吏受賕枉法。男女淫亂。皆復古刑。爲三千章。詆欺文致微細之法。悉蠲除。如此則刑可畏而禁易避。吏不專殺。法無二門。輕重當罪。民命得全。合刑罰之中。殷天人之和。順稽古之制。成時雍之化。成康刑措。雖未可致。孝文斷獄。庶幾可及也。

食貨志

洪範八政。一曰食。二曰貨。二者生命之本。興自神農之世。斲木爲耜。煣木爲耒。耒耨之利。以教天下。日中爲市。致天下之民。聚天下之貨。交易而退。各得其所。而貨通食足。然後國實民富。而教化成。黃帝以下。通其變。使民不倦。殷周之盛。詩書所述。要在安民。富而教之也。故易稱天地之大德曰生。聖人之大寶曰位。何以守位曰仁。何以聚人曰財。財者帝王所以聚人守位。養成羣生。治國安人之本也。是以聖王域民。築城郭以居之。制井廬以均之。開市肆以通之。設庠序以教之。士農工商。四民有業。聖王量能授事。四民陳力受職。故朝無廢官。邑無儆民。地無曠土。孔子曰。導千乘之國。敬事而信。節用而愛人。使民以時。故民皆勸功樂業。先公而後私。民三年耕。則餘一年之畜。衣食足而知榮辱。廉讓生而爭訟息。餘三年食。進業曰登。再登曰平。三登泰平。然後王德流洽。禮樂成焉。又曰。糴甚貴傷民。甚賤傷農。民傷則離散。農傷則國貧。故甚貴與甚賤。其傷一也。善爲國者。使民毋傷。而農益勸。文帝即位。躬修儉節。思安百姓。時民近戰國。皆背本趨末。賈誼說上曰。筦子曰。倉廩實知禮節。民不足而可治者。自古及今。未之嘗聞。古之人曰。一夫不耕。或受之飢。一女不織。或受之寒。生之有時。而用之無度。則物力必屈。古之治天下。至纖至悉也。故其畜積足恃。今背本而趨末。食者甚衆。是天下之大殘也。淫侈之俗。日日以長。是天下之大賊也。殘賊公行。莫之或止。生之者甚少。而靡之者甚多。天下財產。何得不蹶哉。世之有飢穰。天之行也。（天之行氣。不能常孰。）禹湯被之矣。即不幸有方二三千里之旱。國胡以相恤。卒然邊境有急。數十萬之衆。國胡以餽之。兵旱相乘。天下屈。有勇者聚徒而橫擊。並舉而爭起矣。迺駭而圖之。豈將有及乎。夫積貯者。天下之大命也。苟粟多而財有餘。何爲而不成。以攻則取。以守則固。以戰則勝。懷敵附遠。何招而不至。今敺民而歸之農。皆著於本。使天下各食其力。末技游食之民。轉而緣南畮。則畜積足而人樂其所矣。可以爲富安天下。而直爲此廩廩也。（廩廩危也。）竊爲陛下惜之。於是上感誼言。始開籍田。躬耕以勸百姓。晁錯復說上曰。聖王在上。而民不凍飢者。非能耕而食之。織而衣之也。爲開其資財之道也。故堯禹有九年之水。湯有七年之旱。而國無捐瘠者。捐謂民飢也。或謂貧乞者爲捐。以畜積多而備先具也。今海內爲一。土地人民之衆。不避湯禹。加以無天災而畜積之未及者。何也。地有遺利。民有餘力。生穀之土未盡墾。山澤之利未盡出。游食之人未盡歸農也。民貧則姦邪生。貧生於不足。不足生於不農。不農則不地著。不地著則離鄉輕家。民如鳥獸。雖有高城深池。嚴法重刑。猶不能禁也。夫寒之於衣。不待輕煖。飢之於食。不待甘旨。飢寒至身。不顧廉恥。人情一日不再食則飢。終歲不製衣則寒。夫腹飢不得食。膚寒不得衣。雖慈母不能保其子。君安能以有其民哉。明主知其然也。故務民於農桑。薄賦斂。廣畜積。以實倉廩。備水旱。故民可得而有也。民者在上所以牧之。趨利如水走下。四方無擇也。夫珠玉金銀。飢不可食。寒不可衣。然而衆貴之者。以上用之故也。其爲物輕微易藏。在於把握。可以周海內而無飢寒之患。此令民易去其鄉。盜賊有所勸。亡逃者得輕資也。粟米布帛。生於地。長於時。聚於力。非可一日成也。數石之重。中人不勝。不爲姦邪所利。一日弗得而飢寒至。是故明君貴五穀而賤金玉。今農夫春耕夏耘。秋穫冬藏。伐薪樵。給徭役。春不得避風塵。夏不得避暑熱。秋不得避陰雨。冬不得避寒凍。四時之間。無日休息。又私自送往迎來。弔死問疾。養孤長幼在其中。勤苦如此。尚復被水旱之災。急政暴虐。賦斂不時。朝令而暮改。當其有者半賈而賣。無者取倍稱之息。取一償二爲倍稱。於是有賣田宅鬻子孫以償責者矣。而商賈大者積貯倍息。小者坐列販賣。

操其奇贏。日游都市。乘上之急。所賣必倍。故其男不耕耘。女不蠶織。衣必文采。食必粱肉。無農夫之苦。而有阡陌之得。因其富厚。交通王侯。力過吏埶。以利相傾。千里遊遨。冠蓋相望。此商人所以兼并農人。農人所以流亡者也。今法律賤商人。商人已富貴矣。尊農夫。農夫已貧賤矣。故俗之所貴。主之所賤也。吏之所卑。法之所尊也。上下相反。好惡乖迕。而欲國富法立。不可得也。方今之務。莫若使民務農而已矣。欲民務農。在於貴粟。貴粟之道。在於使民以粟爲賞罰。今募天下入粟縣官。得以拜爵。得以除辠。如此。富人有爵。農民有錢。粟有所渫矣。夫能入粟以受爵。皆有餘者也。取於有餘。以供上用。則貧民之賦可損。所謂損有餘。補不足。令出而民利者也。順於民心。所補者三。一曰主用足。二曰民賦少。三曰勸農功。爵者上之所擅。出於口而無窮。粟者民之所種。生於地而不乏。夫得高爵與免辠。人之所甚欲也。使天下人入粟於邊。以受爵免辠。不過三歲。塞下粟必多矣。於是文帝從錯之言。令民入粟邊。各以多少級數爲差。至武帝之初。七十年間。國家無事。都鄙廩庾盡滿。而府庫餘財。京師之錢。累百鉅萬。貫朽而不可校。校數也。太倉之粟。陳陳相因。充溢露積於外。腐敗不可食。衆庶街巷有馬。阡陌之間成羣。守閭閻者食粱肉。爲吏者長子孫。居官者以爲姓號。倉氏庾氏是也。人人自愛而重犯法。先行誼而黜愧辱焉。於是罔疏而民富。是後外事四夷。內興功利。役費並興。而民去本。天下虛耗。人民相食。武帝末年。悔征伐之事。迺封丞相爲富民侯。以趙過爲搜粟都尉。教民代田用力少而得穀多。至昭帝時。流民稍還。田野益闢。頗有蓄積。宣帝卽位。用吏多選賢良。百姓安土。歲數豐穰。穀至石五錢。農人少利。時大司農中丞耿壽昌奏言。糴三輔弘農河東上黨太原郡穀。足供京師。可以省關東漕卒過半。天子從其計。壽昌遂白令邊郡皆以穀賤時增價而糴。穀貴時減價而糶。名曰常平倉。民便之。上乃賜壽昌爵關內侯。至元帝時。乃罷常平倉。哀帝卽位。百姓訾富雖不及文景。然天下戶口最盛。平帝崩。莽遂篡位。因漢承平之業。匈奴稱藩。百蠻賓服。舟車所通。盡爲臣妾。府庫百官之富。天下晏然。莽一朝有之。而其意未滿。陿小漢家制度。以爲疎闊。宣帝始賜單于印璽。與天子同。而西南夷鉤町稱王。莽乃遣使易單于印。貶鉤町爲侯。二方始怨。侵犯邊境。莽遂興師。發三十萬衆。欲同時十道並出。一舉滅匈奴。海內擾矣。又動欲慕古。不度時宜。分裂州郡。改職作官。下令更名天下田曰王田。奴婢曰私屬。皆不得賣買。其男口不滿八。而田過一井者。分餘田與九族鄉黨。犯令法至死。制又不定。吏緣爲姦。天下謷謷然。陷刑者衆。

凡貨金錢布帛之用。夏殷以前。其詳靡記云。太公爲周立九府圜法。圜卽錢也。退又行之於齊。至管仲相桓公。通輕重之權。曰歲有凶穰。故穀有貴賤。令有緩急。故物有輕重。所緩則賤。所急則貴。人君不理。則蓄賈游於市。乘民之不給。百倍其本矣。計本量委則足矣。然而民有飢餓者。穀有所藏也。民有餘則輕之。故人君斂之以輕。民不足則重之。故人君散之以重。民輕之之時。爲斂糴之。重之之時。官爲散之。凡輕重斂散之以時。卽準平。故大賈蓄家不得豪奪吾民矣。秦兼天下。幣爲二等。黃金以溢爲名。二十兩爲溢。秦以溢爲一金。漢以一斤爲一金也。錢質如周錢。文曰半兩。漢興。以爲秦錢重難用。更令民鑄莢錢。如榆莢也。孝文爲錢益多而輕。更鑄四銖。文爲半兩。除盜鑄錢令。賈誼諫曰。夫事有召禍而法有起姦。今令細民人操造幣之藝。各隱屏而鑄作。因欲禁其厚利微姦。雖黥罪日報。其埶不止。報論。爲法若此。上何賴焉。又民用錢。郡縣不同。法錢不立。吏急而壹之虖。則大爲煩苛而力不能勝。縱而弗呵虖。則市肆異用。錢文大亂。苟非其術。何鄉而可哉。今農事棄捐而采銅者繁。姦錢日多。五穀不爲多。民采銅鑄錢。廢其農業。故五穀不爲多。善人怵而爲姦邪。怵誘動心於姦邪也。愿民陷而之刑戮。刑戮甚不祥。奈何而忽。上不聽。是時吳以諸侯卽山鑄錢。富埒天子。後卒叛逆。鄧通大夫也。以鑄錢財過王者。故吳鄧錢布天下。武帝因文景之蓄。忿胡粵之害。卽位數年。嚴助朱買臣等。招來東甌。事兩粵。江淮之間。蕭然煩費矣。唐蒙司馬相如開西南夷。鑿山通道千餘里。以廣巴蜀。巴蜀之民罷焉。彭吳穿穢貊朝鮮。置滄海郡。則燕齊之間。靡然發動。及王恢設謀馬邑。匈奴絕和親。侵擾北邊。兵連而不解。天下共其勞。干戈日滋。行者齎。居者送。中外騷擾相奉。財賂衰耗而不澹。入物者補官。出貨者除辠。選舉陵夷。廉恥相冒。武力進用。法嚴令具。興利之臣。自此而始。其後衞青歲以數萬騎出擊匈奴。遂取河南。築朔方郡。時又通西南夷道。作者數萬人。千里負擔餽饟。率十餘鍾致一石。鍾六石四斗。置滄海郡。築衞朔方。轉漕甚遠。自山東咸被其勞費數十百鉅萬。府庫並虛。迺募民能入奴婢。得以終身復。爲郞增秩。及入羊爲郞。始於此。此後衞青比歲將十餘萬衆擊胡。斬捕首虜之士。受賜黃金二十餘萬斤。而漢軍士馬死者十餘萬。兵甲轉漕之費不與焉。於是經用賦稅旣竭。不足以奉戰士。有司請令得買爵及贖禁錮免減罪。大者封侯卿大夫。小者郞吏。道雜而多端。官職耗廢。票騎仍再出擊胡。大克獲。渾邪王率數萬衆來降。皆得厚賞。衣食仰給縣官。縣官不給。天子迺損膳。解乘輿駟。出御府禁藏以澹之。費以億計。縣官大空。富商賈財或累萬金。而不佐公家之急。於是天子與公卿議。更造錢幣以澹用。而摧浮淫幷兼之徒。於是以東郭咸陽孔僅爲大司農丞。領鹽鐵事。而桑弘羊貴幸侍中。故三人言利事析秋豪矣。法旣益嚴。吏多廢免。皆謫令伐棘上林。作昆明池。其明年。大將軍票騎大出擊胡。賞賜五十萬金。軍馬死者十餘萬匹。轉漕車甲之費不與焉。是時財匱。戰士頗不得祿矣。諸賈人末作貰貸及商以取利者。雖無市籍。各以其物自占。率緡錢二千而算一。軺車一算。商賈人軺車二算。（商賈人有軺車。使出二算。重其賦也。）船五丈以上一算。匿不自占。占不悉。戍邊一歲。沒入緡錢。有能告者。以其半畀之。是時豪富皆爭匿財。唯卜式數求入財以助縣官。天子迺超拜式爲中郞。賜爵左庶長。田十頃。布告天下。以風百姓。自造白金五銖錢後五歲。而赦吏民之坐盜鑄金錢死者數十萬人。其不發覺相殺者不可勝計。赦自出者百餘萬人。然不能半自出矣。犯法者衆。吏不能盡誅。於是遣博士褚大徐偃等分行郡國。舉并兼之徒。而御史大夫張湯方貴用事。減宣杜周等爲中丞。義縱尹齊王溫舒等用慘急苛刻爲九卿。直指夏蘭之屬始出。而大農顏異誅矣。自是後有腹非之法比。而公卿大夫多諂諛取容。天子既下緡錢令而尊卜式。百姓終莫分財佐縣官。於是告緡錢縱矣。楊可告緡徧天下。中家以上大氐皆遇告。得民財物以億計。奴婢以千萬數。田大縣數百頃。小縣百餘頃。宅亦如之。於是商賈中家以上大氐破。民媮甘食好衣。不事畜藏之業。而縣官以鹽鐵緡錢之故。用少饒矣。是時粵欲與漢用船戰逐。(水戰相逐。)乃大修昆明池。列館環之。治樓船。高十餘丈。作柏梁臺。高數十丈。宮室之修。由此日麗。明年。天子始巡郡國。公卿白議封禪事。而郡國皆豫治道。修繕故宮。儲設共具。而望幸。明年。南粵反。西羌侵邊。天子因南方樓船士二十餘萬人擊粵。發三河以西騎擊羌。又度河築令居。初置張掖酒泉郡。而上郡朔方西河河西開田官。斥塞卒(塞上候斥卒也。)六十萬人戍田之。中國繕道餽糧。遠者三千餘里。邊兵不足。迺發武庫工官兵器以澹之。齊相卜式上書。願父子死南粵。天子下詔褒揚。爵關內侯。黃金四十斤。田十頃。布告天下。天下莫應。列侯以百數。皆莫求從軍。至飲酎少府省金。(省視諸侯金有輕重。)而列侯坐酎金失侯者百餘人。迺拜卜式爲御史大夫。式既在位。見郡國多不便縣官作鹽鐵器。或強令民買之。而船有算。因孔僅言船算事。上不說。然兵所過縣。縣以爲訾給。毋乏而已。不敢言輕賦法矣。元封元年。卜式貶爲太子太傅。而桑弘羊爲治粟都尉。領大農。

酒請置大農部丞數十人。分部主郡國。各往往置均輸鹽鐵官。盡籠天下之貨。名曰平準。不復告緡。民不益賦。天下用饒。於是弘羊賜爵左庶長。黃金者再百焉。是歲小旱。上令百官求雨。卜式言曰。縣官當食租衣稅而已。今弘羊令吏坐市列。販物求利。亨弘羊。天乃雨。久之。拜弘羊爲御史大夫。昭帝卽位。詔郡國舉賢良文學士。問以民所疾苦。教化之要。皆對願罷鹽鐵酒榷均輸官。毋與天下爭利。示以節儉。然後教化可興。迺罷酒酤。宣元成哀平五世。亡所變改。王莽居攝。變漢制。更作金銀龜貝錢布之品。名曰寶貨。凡寶貨五物。六名。二十八品。百姓憒亂。其貨不行。民私以五銖錢市買。莽患之。下詔。敢非井田挾五銖錢者。爲惑衆。投諸四裔。以御魑魅。於是農商失業。食貨俱廢。民涕泣於市道。坐賣買田宅奴婢鑄錢。抵罪者。自公卿大夫至庶人。不可勝數。莽知民愁。迺但行小錢直一。與大錢五十。二品並行。龜貝布屬且寢。莽性躁擾。不能無爲。每有所興造。必欲依古得經文。羲和置命士。督五均六斡。郡有數人。皆用富賈。乘傳求利。交錯天下。因與郡縣通姦。多張空簿。府藏不實。百姓愈病。莽每一斡。爲設科條防禁。犯者辠至死。姦吏猾民並侵。衆庶各不安生。每壹易錢。民用破業。而大陷刑。莽以私鑄錢死。及非沮寶貨投四裔。犯法者多。不可勝計。乃更輕其法。私鑄作泉布者。與妻子沒入爲官奴婢。吏及比伍。知而不舉告。與同罪。非沮寶貨。民罰作一歲。吏免官。犯者愈衆。及五人相坐。皆沒入。郡國檻車鐵鎖。傳送長安鍾官。愁苦死者十六七。匈奴侵寇甚。莽大募天下四徒人奴。名曰豬突豨勇。豬性觸突人。故取以喻。壹切稅吏民。訾三十而取一。又令公卿已下至郡縣黃綬。吏皆保養軍馬。吏盡復以與民。民搖手觸禁。不得耕桑。徭役煩劇。而枯旱蝗蟲相因。又用制作未定。上自公侯。下至小吏。皆不得奉祿。而私賦斂。貨賂上流。獄訟不決。吏用苛暴立威。旁緣莽禁。侵刻小民。富者不得自保。貧者無以自存。起為盜賊。依阻山澤。吏不能禽而覆蔽之。浸淫日廣。於是青徐荊楚之地。往往萬數。戰鬭死亡。緣邊四夷所係虜。陷罪。饑疫。人相食。及莽未誅。而天下戶口減半矣。自發豬突豨勇後四年。而漢兵誅莽。

郊祀志節錄

武帝初即位。尤敬鬼神之祀。漢興已六十餘歲矣。天下艾安。縉紳之屬。皆望天子封禪改正度也。而上鄉儒術。招賢良。趙綰王臧等。以文學為公卿。欲議古立明堂城南。以朝諸侯。草巡狩封禪改歷服色事。未就。竇太后不好儒術。使人微伺趙綰等姦利事。按綰臧。綰臧自殺。諸所興為皆廢。六年。竇太后崩。其明年。徵文學之士。明年。上初至雍郊見五畤。後常三歲一郊。是時上求神君。舍之上林中磃氏館。神君者。長陵女子。以乳死。見神於先後宛若。宛若祠之其室。民多往祠。平原君亦往祠。其後子孫以尊顯。及上即位。則厚禮置祠之內中。聞其言。不見其人云。是時李少君亦以祠竈穀道卻老方見上。上尊之。少君者。故深澤侯人。主方。匿其年及所生長。常自謂七十。能使物卻老。其游以方徧諸侯。無妻子。人聞其能使物及不死。更餽遺之。常餘金錢衣食。人皆以爲不治產業而饒給。又不知其何所人。愈信爭事之。少君資好方。善爲巧發奇中。常從武安侯宴。坐中有年九十餘老人。少君迺言與大父游射處。老人爲兒從其大父識其處。一坐盡驚。少君見上。上有故銅器。問少君。少君曰。此器齊桓公十年陳於柏寢。已而按其刻。果齊桓公器。一宮盡駭。以爲少君神。數百歲人也。少君言上。祠竈皆可致物。致物而丹沙可化爲黃金。黃金成以爲飲食器則益壽。益壽而海中蓬萊僊者迺可見。見之。以封禪則不死。黃帝是也。臣嘗游海上。見安期生。安期生食臣棗大如瓜。安期生僊者通蓬萊中。合則見人。不合則隱。於是天子始親祠竈。遣方士入海求蓬萊安期生之屬。而事化丹沙諸藥齊爲黃金矣。久之少君病死。天子以爲化去不死也。使黃錘史寬舒受其方。而海上燕齊怪迂之方士。多更來言神事矣。

齊人少翁以方見上。上有所幸李夫人。夫人卒。少翁以方蓋夜致夫人及竈鬼之貌云。天子自帷中望見焉。迺拜少翁爲文成將軍。賞賜甚多。以客禮禮之。文成言上卽欲與神通。宮室被服非象神。神物不至。迺作畫雲氣車。及各以勝日駕車避惡鬼。又作甘泉宮。中爲臺室。畫天地泰一諸鬼神。而置祭具以致天神。居歲餘。其方益衰。神不至。迺帛書以飯牛。陽不知言此牛腹中有奇書。殺視得書。書言甚怪。天子識其手。問之。果爲書。於是誅文成將軍。隱之。欒成侯登上書言欒大。欒大膠東宮人。故嘗與文成將軍同師。已而爲膠東王尚方。而樂成侯

姊為康王后。無子。王死。它姬子立為王。而康后有淫行。與王不相中。相危以法。康后聞文成
死。而欲自媚於上。乃遣欒大入。因樂成侯求見言方。天子既誅文成。後悔其方不盡。及見欒
大。大說。大為人長美。言多方略。而敢為大言。處之不疑。大言曰。臣嘗往來海中。見安期羨門
之屬。顧以臣為賤。不信臣。又以為康王諸侯耳。不足與方。臣數以言康王。康王又不用臣。臣
之師曰。黃金可成。而河決可塞。不死之藥可得。僊人可致也。然臣恐效文成。則方士皆掩口。
惡敢言方哉。上曰。文成食馬肝死耳。子誠能脩其方。我何愛乎。大曰。臣師非有求人。人者求
之。陛下必欲致之。則貴其使者。令為親屬。以客禮待之。勿卑。使各佩其信印。迺可使通言於
神人。神人尚肯邪不邪。尊其使。然後可致也。於是上使驗小方。鬭棊。棊自相觸擊。是時上方
憂河決。而黃金不就。迺拜大為五利將軍。居月餘。得四印。得天士將軍。地士將軍。大通將軍
印。制詔御史。昔禹疏九河。決四瀆。間者河溢皐陸。隄繇不息。朕臨天下二十有八年。天若遺
朕士。而大通焉。乾稱飛龍。鴻漸于般。朕意庶幾與焉。其以二千戶封地士將軍大為樂通侯。
賜列侯甲第。童千人。乘輿斥車馬帷帳器物。以充其家。又以衞長公主妻之。齎金十萬斤。更
名其邑曰當利公主。天子親如五利之第。使者存問共給。相屬於道。自大主將相以下。皆置
酒其家。獻遺之。天子又刻玉印曰天道將軍。使使衣羽衣。夜立白茅上。五利將軍亦衣羽衣。
立白茅上受印。以視不臣也。而佩天道者。且為天子道天神也。於是五利常夜祠其家。欲以

下神。後裝治行東入海。求其師云。大見數月。佩六印。貴震天下。而海上燕齊之間。莫不搤掔而自言有禁方能神僊矣。案後欒大不敢入海。之泰山祠。武帝使人隨驗。實毋所見。欒妄言見其師。其方盡多不讎。帝乃誅大。

蘇建蘇武傳

蘇建。杜陵人也。以校尉從大將軍青擊匈奴。封平陵侯。以將軍築朔方。後以衛尉為游擊將軍。從大將軍出朔方。後一歲。以右將軍再從大將軍出定襄。亡翕侯。失軍當斬。贖為庶人。其後為代郡太守。卒官。有三子。嘉為奉車都尉。賢為騎都尉。中子武最知名。

武字子卿。少以父任。兄弟並為郎。稍遷至栘中廄監。時漢連伐胡。數通使相窺觀。匈奴留漢使郭吉路充國等。前後十餘輩。匈奴使來。漢亦留之以相當。天漢元年。且鞮侯單于初立。恐漢襲之。迺曰。漢天子。我丈人行也。盡歸漢使路充國等。武帝嘉其義。迺遣武以中郎將使持節送匈奴使留在漢者。因厚賂單于。答其善意。武與副中郎將張勝及假吏常惠等。募士斥候百餘人俱。既至匈奴。置幣遺單于。單于益驕。非漢所望也。方欲發使送武等。會緱王與長水虞常等謀反匈奴中。緱王者。昆邪王姊子也。與昆邪王俱降漢。後隨浞野侯沒胡中。及衛律所將降者。陰相與謀劫單于母閼氏歸漢。會武等至匈奴。虞常在漢時。素與副張勝相知。私候勝曰。聞漢天子甚怨衛律。常能為漢伏弩射殺之。吾母與弟在漢。幸蒙其賞賜。張勝許之。以貨物與常。後月餘。單于出獵。獨閼氏子弟在。虞常等七十餘人欲發。其一人夜亡。告之單于子弟發兵與戰。緱王等皆死。虞常生得。單于使衛律治其事。張勝聞之。恐前語發。以狀語武。武曰。事如此。此必及我。見犯迺死。重負國。欲自殺。勝惠共止之。虞常果引張勝。單于怒召諸貴人議。欲殺漢使者。左伊秩訾曰。卽謀單于。何以復加。宜皆降之。單于使衛律召武受辭。武謂惠等。屈節辱命。雖生。何面目以歸漢。引佩刀自刺。衛律驚。自抱持武。馳召毉。鑿地爲坎。置熅火。覆武其上。蹈其背以出血。武氣絕。半日復息。惠等哭。輿歸營。單于壯其節。朝夕遣人候問武。而收繫張勝。武益愈。單于使使曉武。會論虞常。欲因此時降武。劍斬虞常已。律曰。漢使張勝謀殺單于近臣。當死。單于募降者赦罪。舉劍欲擊之。勝請降。律謂武曰。副有罪。當相坐。武曰。本無謀。又非親屬。何謂相坐。復舉劍擬之。武不動。律曰。蘇君。律前負漢歸匈奴。幸蒙大恩。賜號稱王。擁衆數萬。馬畜彌山。富貴如此。蘇君今日降。明日復然。空以身膏草野。誰復知之。武不應。律曰。君因我降。與君爲兄弟。今不聽吾計。後雖欲復見我。尚可得乎。武罵律曰。女爲人臣子。不顧恩義。畔主背親。爲降虜於蠻夷。何以女爲見。且單于信女。使決人死生。不平心持正。反欲鬭兩主。觀禍敗。南越殺漢使者。屠爲九郡。宛王殺漢使者。頭縣北闕。朝鮮殺漢使者。卽時誅滅。獨匈奴未耳。若知我不降明。欲令兩國相攻。匈奴之禍。從此始矣。律知武終不可脅。白單于。單于愈益欲降之。迺幽武置大窖中。絕不飲食。天雨雪。武臥齧雪與旃毛幷咽之。數日不死。匈奴以爲神。乃徙武北海上無人處。使牧羝。羝乳乃得歸。別其官屬常惠等。各置他所。武既至海上。廩食不至。掘野鼠去屮實而食之。杖漢節牧羊。臥起操持。節旄盡落。積五六年。單于弟於靬王弋射海上。武能網紡繳。檠弓弩。於靬王愛之。給其衣食。三歲餘。王病。賜武馬畜服匿穹廬。王死後。人衆徙去。其冬。丁令盜武牛羊。武復窮厄。初。武與李陵俱為侍中。武使匈奴。明年。陵降。不敢求武。久之。單于使陵至海上。為武置酒設樂。因謂武曰。單于聞陵與子卿素厚。故使陵來說足下。虛心欲相待。終不得歸漢。空自苦亡人之地。信義安所見乎。前長君為奉車。從至雍棫陽宮。扶輦下除。觸柱折轅。劾大不敬。伏劍自刎。賜錢二百萬以葬。孺卿從祠河東后土。宦騎與黃門駙馬爭船。推墮駙馬河中溺死。宦騎亡。詔使孺卿逐捕不得。惶恐飲藥而死。來時太夫人已不幸。陵送葬至陽陵。子卿婦年少。聞已更嫁矣。獨有女弟二人。兩女一男。今復十餘年。存亡不可知。人生如朝露。何久自苦如此。陵始降時。忽忽如狂。自痛負漢。加以老母繫保宮。子卿不欲降。何以過陵。且陛下春秋高。法令亡常。大臣亡罪夷滅者數十家。安危不可知。子卿尚復誰為乎。願聽陵計。勿復有云。武曰。武父子亡功德。皆為陛下所成就。位列將。爵通侯。兄弟親近。常願肝腦塗地。今得殺身自效。雖蒙斧鉞湯鑊。誠甘樂之。臣事君。猶子事父也。子為父死無所恨。願勿復再言。陵與武飲數日。復曰。子卿壹聽陵言。武曰。自分已死久矣。王必欲降武。請畢今日之驩。效死於前。陵見其至誠。喟然歎曰。嗟乎義士。陵與衛律之罪上通於天。因泣下霑衿。與武決去。陵惡自賜武。使其妻賜武牛羊數十頭。後陵復至北海上。語武區脫捕得雲中生口。言太守以下吏民皆白服。曰上崩。武聞之。南鄉號哭。歐血。旦夕臨數月。昭帝卽位數年。匈奴與漢和親。漢求武等。匈奴詭言武死。後漢使復至匈奴。常惠請其守者與俱。得夜見漢使。具自陳過。教使者謂單于。言天子射上林中。得雁。足有係帛書。言武等在某澤中。使者大喜。如惠語以讓單于。單于視左右而驚。謝漢使曰。武等實在。於是李陵置酒賀武曰。今足下還歸。揚名於匈奴。功顯於漢室。雖古竹帛所載。丹青所畫。何以過子卿。陵雖駑怯。令漢且貰陵罪。全其老母。使得奮大辱之積志。庶幾乎曹柯之盟。此陵宿昔之所不忘也。收族陵家。爲世大戮。陵尚復何顧乎。已矣。令子卿知吾心耳。異域之人。一別長絕。陵起舞。歌曰。徑萬里兮度沙幕。爲君將兮奮匈奴。路窮絕兮矢刃摧。士衆滅兮名已隤。老母已死。雖欲報恩將安歸。陵泣下數行。因與武決。單于召會武官屬。前以降及物故。凡隨武還者九人。武以始元六年春至京師。詔武奉一太牢謁武帝園廟。拜爲典屬國。秩中二千石。賜錢二百萬。公田二頃。宅一區。常惠徐聖趙終根皆拜爲中郎。賜帛各二百匹。其餘六人老歸家。賜錢人十萬。復終身。常惠後至右將軍。封列侯。自有傳。武留匈奴凡十九歲。始以彊壯出。及還。須髮盡白。武來歸明年。上官桀子安與桑弘羊及燕王蓋主謀反。武子男元與安有謀。坐死。初桀安與大將軍霍光爭權。數疏光過失予燕王。令上書告之。又言蘇武使匈奴二十年不降。還迺爲典屬國。大將軍長史無功勞。爲搜粟都尉。光顓權自恣。及燕王等反誅。窮治黨與。武素與桀弘羊有舊。數爲燕王所訟。子又在謀中。廷尉奏請逮捕武。霍光寢其奏。免武官。數年。昭帝崩。武以故二千石與計謀立宣帝。賜爵關內侯。食邑三百戶。久之。衛將軍張安世薦武明習故事。奉使不辱命。先帝以爲遺言。宣帝卽時召武待詔宦者署。數進見。復爲右曹典屬國。以武著節老臣。令朝朔望。號稱祭酒。甚優寵之。武所得賞賜。盡以施予昆弟故人。家不餘財。皇后父平恩侯。帝舅平昌侯樂昌侯。車騎將軍韓增。丞相魏相。御史大夫丙吉。皆敬重武。武年老。子前坐事死。上閔之。問左右。武在匈奴久。豈有子乎。武因平恩侯自白。前發匈奴時。胡婦適產一子通國。有聲問來。願因使者致金帛贖之。上許焉。後通國隨使者至。上以爲郎。又以武弟子爲右曹。武年八十餘。神爵二年病卒。甘露三年。單于始入朝。上思股肱之美。迺圖畫其人於麒麟閣。法其形貌。署其官爵姓名。唯霍光不名。曰大司馬大將軍博陸侯姓霍氏。次曰衛將軍富平侯張安世。次曰車騎將軍龍頟侯韓增。次曰後將軍營平侯趙充國。次曰丞相高平侯魏相。次曰丞相博陽侯丙吉。次曰御史大夫建平侯杜延年。次曰宗正陽城侯劉德。次曰少府梁邱賀。次曰太子太傅蕭望之。次曰典屬國蘇武。皆有功德。知名當世。是以表而揚之。明著中興輔佐。列於方叔召虎仲山甫焉。凡十一人。皆有傳。自丞相黃霸。廷尉于定國。大司農朱邑。京兆尹張敞。右扶風尹翁歸。及儒者夏侯勝等。皆以善終。著名宣帝之世。然不得列於名臣之圖。以此知其選矣。

贊曰。孔子稱志士仁人。有殺身以成仁。無求生以害仁。使於四方。不辱君命。蘇武有之矣。

張騫傳

張騫。漢中人也。建元中爲郎。時匈奴降者言。匈奴破月氏王。以其頭爲飮器。月氏遁而怨匈奴。無與共擊之。漢方欲事滅胡。聞此言。欲通使。道必更匈奴中。迺募能使者。騫以郎應募。使月氏。與堂邑氏奴甘父俱出隴西。徑匈奴。匈奴得之。傳詣單于。單于曰。月氏在吾北。漢何以得往使。吾欲使越。漢肯聽我乎。留騫十餘歲。予妻。有子。然騫持漢節不失。居匈奴西。騫因與其屬亡鄉月氏。西走數十日。至大宛。大宛聞漢之饒財。欲通不得。見騫。喜。問欲何之。騫曰。爲漢使月氏。而爲匈奴所閉道。脫亡。唯王使人道送我。誠得至。反漢。漢之路遺王財物。不可勝言。大宛以爲然。遣騫。爲發譯道。抵康居。康居傳致大月氏。大月氏王已爲胡所殺。立其夫人爲王。既臣大夏而君之。地肥饒。少寇。志安樂。又以自遠遠漢。殊無報胡之心。騫從月氏至大夏。竟不能得月氏要領。留歲餘。還。並南山。欲從羌中歸。復爲匈奴所得。留歲餘。單于死。國內亂。騫與胡妻及堂邑父俱亡歸漢。拜騫大中大夫。堂邑父爲奉使君。騫爲人强力。寬大信人。蠻夷愛之。堂邑父胡人。善射。窮急。射禽獸給食。初騫行時百餘人。去十三歲。唯二人得還。騫身所至者。大宛大月氏大夏康居。而傳聞其旁大國五六。具爲天子言其地形所有。語皆在西域傳。騫曰。臣在大夏時。見邛竹杖蜀布。問安得此。大夏國人曰。吾賈人往市之身毒國。身毒國在大夏東南可數千里。其俗土著。與大夏同。而卑溼暑熱。其民乘象以戰。其國臨大水焉。以騫度之。大夏去漢萬二千里。居西南。今身毒又居大夏東南數千里。有蜀物。此其去蜀不遠矣。今使大夏。從羌中。險。羌人惡之。少北。則為匈奴所得。從蜀宜徑。又無寇。天子既聞大宛及大夏安息之屬。皆大國。多奇物。土著。頗與中國同俗。而兵弱。貴漢財物。其北則大月氏康居之屬。兵彊。可以賂遺設利朝也。誠得而以義屬之。則廣地萬里。重九譯。致殊俗。威德徧於四海。天子欣欣以騫言為然。迺令因蜀犍為發間使。數道並出。出駹。出冄。出徙。出邛僰。皆各行一二千里。其北方閉氐筰。南方閉嶲昆明。昆明之屬無君長。善寇盜。輒殺略漢使。終莫得通。然聞其西可千餘里。有乘象國。名滇越。而蜀賈間出物者或至焉。於是漢以求大夏道。始通滇國。初漢欲通西南夷。費多。罷之。及騫言可以通大夏。迺復事西南夷。騫以校尉從大將軍擊匈奴。知水草處。軍得以不乏。迺封騫為博望侯。是歲元朔六年也。後二年。騫為衞尉。與李廣俱出右北平。擊匈奴。匈奴圍李將軍。軍失亡多。而騫後期當斬。贖為庶人。是歲驃騎將軍破匈奴西邊。殺數萬人。至祁連山。其秋渾邪王率眾降漢。而金城河西並南山至鹽澤空無匈奴。匈奴時有候者到。而希矣。後二年。漢擊走單于於幕北。天子數問騫大夏之屬。騫既失侯。因曰。臣居匈奴中。聞烏孫王號昆莫。昆莫父難兜靡。本與大月氏俱在祁連敦煌間。小國也。大月氏攻殺難兜靡。奪其地。人民亡走匈奴。子昆莫新生。傅父布就翎侯抱亡置草中。爲求食。還。見狼乳之。又烏銜肉翔其旁。以爲神。遂持歸匈奴。單于愛養之。及壯。以其父民衆與昆莫。使將兵。數有功。時月氏已爲匈奴所破。西擊塞王。塞王南走遠徙。月氏居其地。昆莫既健。自請單于報父怨。遂西攻破大月氏。大月氏復西走。徙大夏地。昆莫略其衆。因留居。兵稍彊。會單于死。不肯復朝事匈奴。匈奴遣兵擊之。不勝。益以爲神而遠之。今單于新困於漢。而昆莫地空。蠻夷戀故地。又貪漢物。誠以此時厚賂烏孫。招以東居故地。漢遣公主爲夫人。結昆弟。其勢宜聽。則是斷匈奴右臂也。既連烏孫。自其西大夏之屬。皆可招來而爲外臣。天子以爲然。拜騫爲中郎將。將三百人。馬各二匹。牛羊以萬數。齎金幣帛直數千鉅萬。多持節副使。道可便遣之旁國。騫既至烏孫。致賜諭指。未能得其決。語在西域傳。騫卽分遣副使使大宛康居月氏大夏。烏孫發譯道送騫。與烏孫使數十人。馬數十匹。報謝。因令窺漢。知其廣大。騫還。拜爲大行。歲餘。騫卒。後歲餘。其所遣副使通大夏之屬者。皆頗與其人俱來。於是西北國始通於漢矣。然騫鑿空。諸後使往者。皆稱博望侯。以爲質於外國。外國由是信之。其後烏孫竟與漢結婚。初天子發書易。曰神馬當從西北來。得烏孫馬好。名曰天馬。及得宛汗血馬。益壯。更名烏孫馬曰西極馬。宛馬曰天馬云。而漢始築令居以西。初置酒泉郡。以通西北國。因益發使抵安息奄蔡犛靬條支身毒國。而天子好宛馬。使者相望於道。一輩大者數百人。少者百餘人。所齎操大放博望侯時。其後益習而衰少焉。漢率一歲中使者多者十餘少者五六輩。遠者八九歲。近者數歲而反。是時漢旣滅越。蜀所通西南夷皆震。請吏置牂柯越巂益州沈黎文山郡。欲地接以前通大夏。迺遣使歲十餘輩。出此初郡。皆復閉昆明。爲所殺奪幣物。於是漢發兵擊昆明。斬首數萬。後復遣使。竟不得通。語在西南夷傳。自騫開外國道以尊貴。其吏士爭上書言外國奇怪利害。求使。天子爲其絕遠非人所樂。聽其言。予節募吏民。無問所從來。爲備衆遣之。以廣其道。來還不能無侵盜幣物。及使失指。天子爲其習之。輒覆按致重罪。以激怒令贖。復求使。使端無窮。而輕犯法。其吏卒亦輒復盛推外國所有。言大者予節。言小者爲副。故妄言無行之徒。皆爭相效。其使皆私縣官齎物。欲賤市以私其利。外國亦厭漢使。人人有言輕重。度漢兵遠不能至。而禁其食物。以苦漢使。漢使乏絕。責怨至相攻擊。樓蘭姑師小國。當空道。攻劫漢使王恢等尤甚。而匈奴奇兵又時時遮擊之。使者爭言外國利害。皆有城邑。兵弱易擊。於是天子遣從票侯破奴。將屬國騎及郡兵數萬。以擊胡。胡皆去。明年。擊破姑師。虜樓蘭王。酒泉列亭鄣至玉門矣。而大宛諸國發使隨漢使來觀漢廣大。以大鳥卵及犛靬眩人獻於漢。天子大說。而漢使窮河源。其山多玉石。采來。天子案古圖書。名河所出山曰昆侖云。是時上方數巡狩海上。迺悉從外國客。大都多人過之。則散財帛賞賜。厚具饒給之。以覽視漢富厚焉。大角氐。出奇戲諸怪物。多聚觀者。行賞賜。酒池肉林。令外國客徧觀各倉庫府臧之積。欲以見漢廣大。傾駭之。及加其眩者之工。而角氐奇戲歲增變其益興自此始而外國使更來更去大宛以西皆自恃遠尙驕恣未可詘以禮羈縻而使也漢使往既多其少從率進孰於天子言大宛有善馬在貳師城匿不肯示漢使天子既好宛馬聞之甘心使壯士車令等持千金及金馬以請宛王貳師城善馬宛國饒漢物相與謀曰漢去我遠而鹽水中數有敗出其北有胡寇出其南乏水草又且往往而絕邑乏食者多漢使數百人爲輩來常乏食死者過半是安能致大軍乎且貳師馬宛寶馬也遂不肯予漢使漢使怒妄言椎金馬而去宛中貴人怒曰漢使至輕我遣漢使去令其東邊郁成王遮攻殺漢使取其財物天子大怒諸嘗使宛姚定漢等言宛兵弱誠以漢兵不過三千人彊弩射之卽破宛矣天子以嘗使浞野侯攻樓蘭以七百騎先至虜其王以定漢等言爲然而欲侯寵姬李氏迺以李廣利爲將軍伐宛騫孫猛字子游有俊才元帝時爲光祿大夫使匈奴給事中爲石顯所譖自殺

贊曰禹本紀言河出昆侖昆侖高二千五百里餘日月所相避隱爲光明也自張騫使大夏之後窮河原惡睹所謂昆侖者乎故言九州山川尙書近之矣至禹本紀山經所有放哉

循吏傳序

漢興之初反秦之敝與民休息凡事簡易禁罔疏闊而相國蕭曹以寬厚清靜爲天下帥民作畫一之歌孝惠垂拱高后女主不出房闥而天下晏然民務稼穡衣食滋殖至於文景遂

移風易俗。是時循吏如河南守吳公蜀守文翁之屬。皆謹身帥先。居㠯廉平。不至於嚴。而民從化。孝武之世。外攘四夷。內改法度。民用彫敝。姦軌不禁。時少能㠯化治稱者。唯江都相董仲舒內史公孫弘兒寬居官可紀。三人皆儒者。通於世務。明習文法。㠯經術潤飾吏事。天子器之。仲舒數謝病去。弘寬至三公。孝昭幼沖。霍光秉政。承奢侈師旅之後。海內虛耗。光因循守職。無所改作。至於始元元鳳之間。匈奴鄉化。百姓益富。舉賢良文學。問民所疾苦。於是罷酒榷而議鹽鐵矣。及至孝宣。繇仄陋而登至尊。興于閭閻。知民事之艱難。自霍光薨後。始躬萬機。厲精爲治。五日一聽事。自丞相已下。各奉職而進。及拜刺史守相。輒親見問。觀其所繇。退而考察所行。㠯質其言。有名實不相應。必知其所㠯然。常稱曰。庶民所㠯安其田里而亡歎息愁恨之心者。政平訟理也。與我共此者。其唯良二千石乎。㠯爲太守。吏民之本也。數變易則下不安。民知其將久。不可欺罔。迺服從其教化。故二千石有治理效。輒㠯璽書勉厲。增秩賜金。或爵至關內侯。公卿缺。則選諸所表。㠯次用之。是故漢世良吏。於是爲盛。稱中興焉。若趙廣漢韓延壽尹翁歸嚴延年張敞之屬。皆稱其位。然任刑罰。或抵罪誅。王成黃霸朱邑龔遂鄭弘召信臣等。所居民富。所去見思。生有榮號。死見奉祀。此廩廩庶幾德讓君子之遺風矣。

貨殖傳序

昔先王之制自天子公侯卿大夫士。至於皁隸抱關擊柝者。其爵祿奉養宮室車服棺槨祭祀死生之制。各有差品。小不得僭大。賤不得踰貴。夫然故上下序而民志定。於是辨其土地川澤丘陵衍沃原隰之宜。教民樹種畜養五穀六畜。及至魚鼈鳥獸雚蒲材幹器械之資。所以養生送終之具。靡不皆育。育之以時。而用之有節。屮木未落。斧斤不入於山林。豺獺未祭。罝網不布於野澤。鷹隼未擊。矰弋不施於徯隧。既順時而取物。然猶山不槎蘖。澤不伐夭。蝝魚麛卵。咸有常禁。所以順時宣氣。蕃阜庶物。稸足功用。如此之備也。然後四民因其土宜。各任智力。夙興夜寐。以治其業。相與通功易事。交利而俱贍。非有徵發期會。而遠近咸足。故易曰。后以財成輔相天地之宜。以左右民。備物致用。立成器以爲天下利。莫大乎聖人。此之謂也。管子云。古之四民不得雜處。士相與言仁義於閒宴。工相與議技巧於官府。商相與語財利於市井。農相與謀稼穡於田野。朝夕從事。不見異物而遷焉。故其父兄之教不肅而成。子弟之學不勞而能。各安其居而樂其業。甘其食而美其服。雖見奇麗紛華。非其所習。辟猶戎翟之與于越。不相入矣。是以欲寡而事節。財足而不爭。於是在民上者。道之以德。齊之以禮。故民有恥而且敬。貴誼而賤利。此三代之所以直道而行。不嚴而治之大略也。及周室衰。禮法墮。諸侯刻桷丹楹。大夫山節藻棁。八佾舞於庭。雍徹於堂。其流至於士庶人。莫不離制而棄本。稼穡之民少。商旅之民多。穀不足而貨有餘。陵夷至乎桓文之後。禮誼大壞。上下相冒。

國異政。家殊俗。嗜欲不制。僭差亡極。於是商通難得之貨。工作亡用之器。士設反道之行。以追時好而取世資。僞民背實而要名。奸夫犯害而求利。篡弑取國者爲王公。圉奪成家者爲雄傑。禮誼不足以拘君子。刑戮不足以威小人。富者木土被文錦。犬馬餘肉粟。而貧者裋褐不完。唅菽飲水。其爲編戶齊民。同列而以財力相君。雖爲僕虜。猶亡慍色。故夫飾變詐爲姦軌者。自足乎一世之間。守道循理者。不免於飢寒之患。其教自上興。繇法度之無限也。故列其行事。以傳世變云。

敘傳下

固以爲唐虞三代。詩書所及。世有典籍。故雖堯舜之盛。必有典謨之篇。然後揚名於後世。冠德於百王。故曰巍巍乎其有成功。煥乎其有文章也。漢紹堯運。以建帝業。至於六世。史臣乃追述功德。私作本紀。編於百王之末。厠於秦項之列。太初以後。闕而不錄。故探篹前記。綴輯所聞。以述漢書。起于高祖。終于孝平王莽之誅。十有二世。二百三十年。綜其行事。旁貫五經。上下洽通。爲春秋考紀表志傳。凡百篇。其敘曰。

皇矣漢祖。纂堯之緒。實天生德。聰明神武。秦人不綱。罔漏于楚。爰茲發迹。斷蛇奮旅。神母告符。朱旗迺舉。粵蹈秦郊。嬰來稽首。革命創制。三章是紀。應天順民。五星同晷。項氏畔換。黜我巴漢。西土宅心。戰士憤怨。乘釁而運。席卷三秦。割據河山。保此懷民。股肱蕭曹。社稷是經。爪牙信布腹。心良平。龔行天罰。赫赫明明。述高紀第一。

孝惠短世。高后稱制。罔顧天顯。呂宗以敗。述惠紀第二。高后紀第三。

太宗穆穆。允恭玄默。化民以躬。帥下以德。農不供貢。辠不收孥。宮不新館。陵不崇墓。我德如風。民應如屮。國富刑淸。登我漢道。述文紀第四

孝景涖政。諸侯方命。克伐七國。王室以定。匪怠匪荒。務在農桑。著于甲令。民用寧康。述景紀第五。

世宗曄曄。思弘祖業。疇咨熙載。髦俊並作。厥作伊何。百蠻是攘。恢我疆宇。外博四荒。武功既抗。亦迪斯文。憲章六學。統一聖眞。封禪郊祀。登秩百神。協律改正。饗兹永年。述武紀第六。

孝昭幼沖。冢宰惟忠。燕蓋譸張。實叡實聰。辠人斯得。邦家和同。述昭紀第七。

中宗明明。夤用刑名。時舉傅納。聽斷惟精。柔遠能邇。燀燿威靈。龍荒幕朔。莫不來庭。丕顯祖烈。尙於有成。述宣紀第八。

孝元翼翼。高明柔克。賓禮故老。優繇亮直。外割禁囿。內損御服。離宮不衞。山陵不邑。閹尹之呰。穢我明德。述元紀第九。

孝成煌煌。臨朝有光。威儀之盛。如珪如璋。壼闈恣趙。朝政在王。炎炎燎火。亦允不陽。述成紀第十。

孝哀彬彬。克攬威神。彫落洪支。底剭鼎臣。婉孌董公。惟亮天功。大過之困。實橈實凶。述哀紀第十一。

孝平不造。新都作宰。不周不伊。喪我四海。述平紀第十二。

漢初受命。諸侯並政。制自項氏。十有八姓。述異姓諸侯王表第一。

太祖元勳。啓立輔臣。支庶藩屏。侯王並尊。述諸侯王表第二。

侯王之祉。祚及宗子。公族蕃滋。支葉碩茂。述王子侯表第三。

受命之初。贊功剖符。奕世弘業。爵土迺昭。述高惠高后孝文功臣侯表第四。

景征吳楚。武興師旅。後昆承平。亦有紹土。述景武昭宣元成哀功臣侯表第五。

亡德不報。爰存二代。宰相外戚。昭韙見戒。述外戚恩澤侯表第六。

漢迪於秦。有革有因。觕舉僚職。並列其人。述百官公卿表第七。

篇章博舉。通於上下。略差名號。九品之敍。述古今人表第八。

元元本本。數始於一。產氣黃鍾。造計秒忽。八音七始。五聲六律。度量權衡。歷算逌出。官失學微。六家分乖。一彼一此。庶研其幾。述律曆志第一。

上天下澤。春雷奮作。先王觀象。爰制禮樂。厥後崩壞。鄭衞荒淫。風流民化。湎湎紛紛。略存大綱。以統舊文。述禮樂志第二。

雷電皆至。天威震耀。五刑之作。是則是效。威實輔德。刑亦助教。季世不詳。背本爭末。吳孫狙詐。申商酷烈。漢章九法。太宗改作。輕重之差。世有定籍。述刑法志第三。

厥初生民。食貨惟先。割制廬井。定爾土田。什一供貢。下富上尊。商以足用。茂遷有無。貨自龜貝。至此五銖。揚搉古今。監世盈虛。述食貨志第四。

昔在上聖。昭事百神。類帝禋宗。望秩山川。明德惟馨。永世豐年。季末淫祀。營信巫史。大夫臚岱。侯伯僭時。放誕之徒。緣間而起。瞻前顧後。正其終始。述郊祀志第五。

炫炫上天。縣象著明。日月周輝。星辰垂精。百官立法。宮室混成。降應王政。景以燭形。三季之後。厥事放紛。舉其占應。覽故考新。述天文志第六。

河圖命庖。洛書賜禹。八卦成列。九疇逌敍。三代寔寶。光演文武。春秋之占。咎徵是舉。告往知來。王事之表。述五行志第七。

坤作墬埶。高下九則。自昔黃唐。經略萬國。燮定東西。疆理南北。三代損益。降及秦漢。革剗五等。制立郡縣。略表山川。彰其剖判。述地理志第八。

夏乘四載。百川是導。唯河爲艱。災及後代。商竭周移。秦決南涯。自茲距漢。北亡八支。文陻棗野。武作瓠歌。成有平年。後遂滂沱。爰及溝渠。利我國家。述溝洫志第九。

虙羲畫卦。書契後作。虞夏商周。孔纂其業。篹書刪詩。綴禮正樂。彖系大易。因史立法。六學既

登。遭世罔弘。羣言紛亂。諸子相騰。秦人是滅。漢修其缺。劉向司籍。九流以別。爰著目錄。略序洪烈。述藝文志第十

上嫚下暴。惟盜是伐。勝廣熛起。梁籍扇烈。赫赫炎炎。遂焚咸陽。宰割諸夏。命立侯王。誅嬰放懷。詐虐以亡。述陳勝項籍傳第一

張陳之交。斿如父子。攜手遯秦。拊翼俱起。據國爭權。還爲豺虎。耳謀甘公。作漢藩輔。述張耳陳餘傳第二

三枿之起。本根既朽。枯楊生華。曷惟其舊。橫雖雄材。伏于海隝。沐浴尸鄉。北面奉首。旅人慕殉。義過黃鳥。述魏豹田儋韓信傳第三

信惟餓隸。布實黥徒。越亦狗盜。芮尹江湖。雲起龍襄。化爲侯王。割有齊楚。跨制淮梁。綰自同閈。鎭我北疆。德薄位尊。非胙惟殃。吳克忠信。胤嗣迺長。述韓彭英盧吳傳第四

賈廑從旅。爲鎭淮楚。澤王琅邪。權激諸呂。濞之受吳。疆土踰矩。雖戒東南。終用齊斧。述荆燕吳傳第五

太上四子。伯兮早夭。仲氏王代。斿宅于楚。戊實淫䣛。平陸迺紹。其在于京。奕世宗正。劬勞王室。用侯陽成。子政博學。三代成名。述楚元王傳第六

季氏之詘。辱身毀節。信于上將。議臣震栗。欒公哭梁。田叔殉趙。見危授命。誼動明主。布歷燕

齊。叔亦相魯。民思其政。或金或社。述季布欒布田叔傳第七。

高祖八子。二帝六王。三趙不幸。淮厲自亡。燕靈絕嗣。齊悼特昌。掩有東土。自岱徂海。支庶分王。前後九子。六國誅斃。適齊亡祀。城陽濟北。後承我國。赳赳景王。匡漢社稷。述高五王傳第八。

猗與元勳。包漢舉信。鎮守關中。足食成軍。營都立宮。定制修文。平陽玄默。繼而弗革。民用作歌。化我淳德。漢之宗臣。是謂相國。述蕭何曹參傳第九。

留侯襲秦。作漢腹心。圖折武關。解阸鴻門。推齊銷印。敺致越信。招賓四老。惟寧嗣君。陳公擾攘。歸漢迺安。斃范亡項。走狄擒韓。六奇既設。我罔艱難。安國廷爭。致仕杜門。絳侯矯矯。誅呂尊文。亞夫守節。吳楚有勳。述張陳王周傳第十。

舞陽鼓刀。滕公廄騶。潁陰商販。曲周庸夫。攀龍附鳳。並乘天衢。述樊酈滕灌傅靳周傳第十一。

北平志古。司秦柱下。定漢章程。律度之緒。建平質直。犯上干色。廣阿之廬。食厥舊德。故安執節。責通請錯。蹇蹇帝臣。匪躬之故。述張周趙任申屠傳第十二。

食其監門。長揖漢王。畫襲陳留。進收敖倉。塞隘杜津。王基以張。賈作行人。百越來賓。從容風議。博我以文。敬繇役夫。遷京定都。內彊關中。外和匈奴。叔孫奉常。與時抑揚。稅介免冑。禮義是創。或悊或謀。觀國之光。述酈陸朱婁叔孫傳第十三。

淮南僭狂。二子受殃。安辯而邪。賜頑以荒。敢行稱亂。窘世薦亡。述淮南衡山濟北傳第十四。

蒯通一說。三雄是敗。覆酈驕韓。田橫顚沛。被之拘繫。迺成患害。充躬罔極。交亂弘大。述蒯伍江息夫傳第十五。

萬石溫溫。幼寤聖君。宜爾子孫。夭夭伸伸。慶社于齊。不言動民。衞直周張。淑愼其身。述萬石衞直周張傳第十六。

孝文三王。代孝二梁。懷折亡嗣。孝乃尊光。內爲母弟。外扞吳楚。怙寵矜功。僭欲失所。思心既霿。牛旤告妖。帝庸親親。厥國五分。德不堪寵。四支不傳。述文三王傳第十七。

賈生嬌嬌。弱冠登朝。遭文叡聖。屢抗其疏。暴秦之戒。三代是據。建設藩屏。以強守圉。吳楚合從。賴誼之慮。述賈誼傳第十八。

子絲慷慨。激辭納說。攬轡正席。顯陳成敗。錯之瑣材。智小謀大。旤如發機。先寇受害。述爰盎鼂錯傳第十九。

釋之典刑。國憲以平。馮公矯魏。增主之明。長孺剛直。義形於色。下折淮南。上正元服。莊之推賢。於茲爲德。述張馮汲鄭傳第二十。

榮如辱如。有機有樞。自下摩上。惟德之隅。賴依忠正。君子采諸。述賈鄒枚路傳第二十一。

魏其翩翩。好節慕聲。灌夫矜勇。武安驕盈。凶德相挺。既敗用成。安國壯趾。王恢兵首。彼若天命。此近人咎。述竇田灌韓傳第二十二。

景十三王。承文之慶。魯恭館室。江都訬輕。趙敬險詖。中山淫醟。長沙寂寞。廣川亡聲。膠東不亮。常山驕盈。四國絕祀。河間賢明。禮樂是修。爲漢宗英。述景十三王傳第二十三。

李廣恂恂。實獲士心。控弦貫石。威動北鄰。躬戰七十。遂死于軍。敢怨衞青。見討去病。陵不引決。忝世滅姓。蘇武信節。不詘王命。述李廣蘇建傳第二十四。

長平桓桓。上將之元。薄伐獫允。恢我朔邊。戎車七征。衝輣閑閑。合圍單于。北登闐顏。票騎冠軍。猋勇紛紜。長驅六舉。電擊雷震。飲馬翰海。封狼居山。西規大河。列郡祁連。述衞青霍去病傳第二十五。

抑抑仲舒。再相諸侯。身修國治。致仕縣車。下帷覃思。論道屬書。讜言訪對。爲世純儒。述董仲舒傳第二十六。

文豔用寡。子虛烏有。寓言淫麗。託風終始。多識博物。有可觀采。蔚爲辭宗。賦頌之首。述司馬相如傳第二十七。

平津斤斤。晚躋金門。既登爵位。祿賜頤賢。布衾疏食。用儉飭身。卜式耕牧。以求其志。忠寤明君。迺爵迺試。兒生亹亹。束髮修學。偕列名臣。從政輔治。述公孫弘卜式兒寬傳第二十八。

張湯遂達。用事任職。媚茲一人。日旰忘食。既成寵祿。亦羅咎慝。安世溫良。塞淵其德。子孫遵業。全祚保國。述張湯傳第二十九。

杜周治文。唯上淺深。用取世資。幸而免身。延年寬和。列于名臣。欽用材謀。有異厥倫。述杜周傳第三十。

博望杖節。收功大夏。貳師秉鉞。身釁胡社。致死爲福。每生作禍。述張騫李廣利傳第三十一。

烏呼史遷。薰胥以刑。幽而發憤。迺思迺精。錯綜羣言。古今是經。勒成一家。大略孔明。述司馬遷傳第三十二。

孝武六子。昭齊亡嗣。燕剌謀逆。廣陵祝詛。昌邑短命。昏賀失據。戾園不幸。宣承天序。述武五子傳第三十三。

六世耽耽。其欲瀰瀰。文武方作。是庸四克。助儼淮南。數子之德。不忠其身。善謀於國。述嚴朱吾丘主父徐嚴終王賈傳第三十四。

東方贍辭。詼諧倡優。譏苑扞偃。正諫舉郵。懷肉汙殿。弛張沈浮。述東方朔傳第三十五。

葛繹內寵。屈氂王子。千秋時發。宜春舊仕。敞義依霍。庶幾云已。弘惟政事。萬年容已。咸睡厥誨。孰爲不予。述公孫劉田楊王蔡陳鄭傳第三十六。

王孫臝葬。建迺斬將。雲廷訐禹。福逾刺鳳。是謂狂狷。敞近其衷。述楊胡朱梅云傳第三十七。

博陸堂堂。受遺武皇。擁毓孝昭。末命導揚。遭家不造。立帝廢王。權定社稷。配忠阿衡。懷祿耽寵。漸化不詳。陰妻之逆。至子而亡。秺侯狄孥。虔恭忠信。奕世載德。貽于子孫。述霍光金日磾傳第三十八。

兵家之策。惟在不戰。營平皤皤。立功立論。以不濟可。上諭其信。武賢父子。虎臣之俊。述趙充國辛慶忌傳第三十九。

義陽樓蘭。長羅昆彌。安遠日逐。義成郅支。陳湯誕節。救在三拯。會宗勤事。疆外之桀。述傅常鄭甘陳段傳第四十。

不疑膚敏。應變當理。辭霍不婚。逡遁致仕。疏克有終。散金娛老。定國之祚。于其仁考。廣德當宣。近於知恥。述雋疏于薛平彭傳第四十一。

四皓遯秦。古之逸民。不營不拔。嚴平鄭眞。吉困于賀。涅而不緇。禹既黃髮。以德來仕。舍惟正身。勝死善道。郭欽蔣詡。近遯之好。述王貢兩龔鮑傳第四十二。

扶陽濟濟。聞詩聞禮。玄成退讓。仍世作相。漢之宗廟。叔孫是謨。革自孝元。諸儒變度。國之誕章。博載其路。述韋賢傳第四十三。

高平師師。惟辟作威。圖黜凶害。天子是毗。博陽不伐。含弘光大。天誘其衷。慶流苗裔。述魏相丙吉傳第四十四。

占往知來。幽贊神明。苟非其人。道不虛行。學微術昧。或見仿佛。疑殆匪闕。違衆迕世。淺爲尤悔。深作敫害。述眭兩夏侯京翼李傳第四十五。

廣漢尹京。克聰克明。延壽作翊。既和且平。矜能訐上。俱陷極刑。翁歸承風。帝揚厥聲。敞亦平平。文雅自贊。尊實赳赳。邦家之彥。章死非辠。士民所歎。述趙尹韓張兩王傳第四十六。

寬饒正色。國之司直。豐緊好剛。輔亦慕直。皆陷狂狷。不典不式。崇執言責。隆持官守。寶曲定陵。並有立志。述蓋諸葛劉鄭毋將孫何傳第四十七。

長倩懊懊。覿霍不舉。遇宣迺拔。傳元作輔。不圖不慮。見躓石許。述蕭望之傳第四十八。

子明光光。發迹西疆。列於禦侮。厥子亦良。述馮奉世傳第四十九。

宣之四子。淮陽聰敏。舅氏蘧蒢。幾陷大理。楚孝惡疾。東平失軌。中山凶短。母歸戎里。元之二王。孫後大宗。昭而不穆。大命更登。述宣元六王傳第五十。

樂安褏褏。古之文學。民具爾瞻。困于二司。安昌貨殖。朱雲作娸。博山敦慎。受莽之疚。述匡張孔馬傳第五十一。

樂昌篤實。不撓不詘。遘閔既多。是用廢黜。武陽殷勤。輔導副軍。既忠且謀。饗茲舊勳。高武守正。因用濟身。述王商史丹傅喜傳第五十二。

高陽文法。揚鄉武略。政事之材。道德惟薄。位過厥任。鮮終其祿。博之翰音。鼓妖先作。述薛宣

朱博傳第五十三

高陵修儒。任刑養威。用合時宜。器周世資。義得其勇。如虎如貔。進不跬步。宗爲鯨鯢。述翟方進傳第五十四。

統微政缺。災眚屢發。永陳厥咎。戒在三七。鄴指丁傳。略窺占術。述谷永杜鄴傳第五十五。

哀平之邸。丁傳莽賢。武嘉戚之。乃喪厥身。高樂廢黜。咸列貞臣。述何武王嘉師丹傳第五十六。

淵哉若人。實好斯文。初擬相如。獻賦黃門。輟而覃思。草法篹玄。斟酌六經。放易象論。潛于篇籍。以章厥身。述揚雄傳第五十七

獷獷亡秦。滅我聖文。漢存其業。六學析分。是綜是理。是綱是紀。師徒彌散。著其終始。述儒林傳第五十八。

誰毀誰譽。譽其有試。泯泯羣黎。化成良吏。淑人君子。時同功異。沒世遺愛。民有餘思。述循吏傳第五十九。

上替下陵。姦軌不勝。猛政橫作。刑罰用興。曾是強圉。掊克爲雄。報虐以威。殃亦凶終。述酷吏傳第六十。

四民食力。罔有兼業。大不淫侈。細不匱乏。蓋均無貧。遵王之法。靡法靡度。民肆其詐。偪上并

下。荒殖其貨。侯服玉食。敗俗傷化。述貨殖傳第六十一。

開國承家。有法有制。家不臧甲。國不專殺。矧乃齊民。作威作惠。如台不匡。禮法是謂。述游俠傳第六十二。

彼何人斯。竊此富貴。營損高明。作戒後世。述佞幸傳第六十三。

於。惟帝典。戎夷猾夏。周宣攘之。亦列風雅。宗幽既昏。淫于褒女。戎敗我驪。遂亡酆鄗。大漢初定。匈奴強盛。圍我平城。寇侵邊境。至于孝武。爰赫斯怒。王師雷起。霆擊朔野。宣承其末。迺施洪德。震我威靈。五世來服。王莽竊命。是傾是覆。備其變理。為世典式。述匈奴傳第六十四。

西南外夷。種別域殊。南越尉佗。自王番禺。攸攸外寓。閩越東甌。爰洎朝鮮。燕之外區。漢興柔遠。與爾剖符。皆恃其岨。乍臣乍驕。孝武行師。誅滅海隅。述西南夷兩越朝鮮傳第六十五。

西戎即序。夏后是表。周穆觀兵。荒服不旅。漢武勞神。圖遠甚勤。王師驒驒。致誅大宛。姼姼公主。迺女烏孫。使命迺通。條支之瀕。昭宣承業。都護是立。總督城郭。三十有六。修奉朝貢。各以其職。述西域傳第六十六。

詭矣禍福。刑于外戚。高后首命。呂宗顛覆。薄姬礙魏。宗文產德。竇后違意。考盤于代。王氏仄微。世武作嗣。子夫既興。扇而不終。鉤弋憂傷。孝昭以登。上官幼尊。類禰厥宗。史娣王悼。身遇不祥。及宣饗國。二族後光。恭哀產元。夭而不遂。邛成乘序。履尊三世。飛燕之妖。禍成厥妹。丁傅僭忿。自求凶害。中山無辜。乃喪馮衞。惠張景薄。武陳宣霍。成許哀傅。平王之作。事雖歆羨。非天所度。怨咎若茲。如何不恪。述外戚傳第六十七。

元后娠母。月精見表。遭成之逸。政自諸舅。陽平作威。誅加卿宰。成都煌煌。假我明光。曲陽歊歊。亦朱其堂。新都亢極。作亂以亡。述元后傳第六十八。

咨爾賊臣。篡漢滔天。行驕夏癸。虐烈商辛。僞稽黄虞。繆稱典文。衆怨神怒。惡復誅臻。百王之極。究其姦昏。述王莽傳第六十九。

凡漢書。敍帝皇。列官司。建侯王。準天地。統陰陽。闡元極。步三光。分州域。物土疆。窮人理。該萬方。緯六經。綴道綱。總百氏。贊篇草。函雅故。通古今。正文字。惟學林。述敍傳第七十。

史書治要卷一

史書五種

資治通鑑　宋司馬光撰。光字君實。陝州夏縣涑水鄉人。歷仕仁宗英宗至神宗。時以議新法之害。出居於洛。哲宗立。高太后臨朝。光入爲相。盡改新法。在相位八月而卒。贈太師溫國公。諡文正。初英宗朝。光奉詔集歷代君臣事蹟。關於國家興廢。生民休戚。可爲鑒戒者。許自辟官屬。在外聽以書局自隨。凡十九年而成。助其事者。爲劉攽劉恕范祖禹等。皆當代通儒。故其書網羅宏富。體大思精。託始於周威烈王命三晉爲諸侯一事。而終於五代之季。凡十六代。一千三百六十二年。爲書二百九十四卷。書上。神宗賜名資治通鑑。光復略舉其事目。年經國緯。以備檢尋。爲目錄三十卷。參考羣書。評其同異。爲考異三十卷。晚年病本書太繁。目錄太簡。更著通鑑舉要八十卷。未成而卒。光嘗自謂精力盡於此書。宜乎其書卒爲編年諸史之冠。同時劉恕沿其體例。別撰通鑑外紀。述庖犧至周。清畢沅撰續資治通鑑。述自宋至元。今多附於光書而行。又有稽其舊文。而自爲新著者。如朱子之爲通鑑綱目。因年以著統。大書分注。合春秋左傳而爲一家。袁樞之作通鑑紀事本末。以事分類。詳其起訖。則導源於尙書而加以推廣。雖其書之爲功。各有短長。並足以垂不朽。然由此益知光書之博大精深。爲可貴矣。（案本書求便誦覽。故所錄通鑑各篇。皆係自有起訖。篇幅完整者。實與紀事本末之體相近。間有數篇因事涉多年。必須綴合者。則竟依袁書稍加刪節。故此一書。不啻兼有二體。二體者。卽史通所謂尙書家與左傳家也。）

智伯之亡 周威烈王二十三年

初。智宣子將以瑤爲後。智果曰。不如宵也。瑤之賢於人者五。其不逮者一也。美鬢長大則賢。射御足力則賢。技藝畢給則賢。巧文辯慧則賢。彊毅果敢則賢。如是而甚不仁。夫以其五賢陵人而以不仁行之。其誰能待之。若果立瑤也。智宗必滅。弗聽。智果別族於太史爲輔氏。趙簡子之子。長曰伯魯。幼曰無恤。將置後。不知所立。乃書訓戒之辭於二簡。以授二子曰。謹識之。三年而問之。伯魯不能舉其辭。求其簡已失之矣。問無恤。誦其辭甚習。求其簡。出諸袖中而奏之。於是簡子以無恤爲賢。立以爲後。簡子使尹鐸爲晉陽。請曰。以爲繭絲乎。抑爲保障乎。簡子曰。保障哉。尹鐸損其戶數。簡子謂無恤曰。晉國有難。而無以尹鐸爲少。無以晉陽爲遠。必以爲歸。及智宣子卒。智襄子爲政。與韓康子魏桓子宴於藍臺。智伯戲康子而侮段規。智國聞之。諫曰。主不備難。難必至矣。智伯曰。難將由我。我不爲難。誰敢興之。對曰。不然。夏書有之曰。一人三失。怨豈在明。不見是圖。夫君子能勤小物。故無大患。今主一宴而恥人之君相。又弗備。曰不敢興難。無乃不可乎。蚋蟻蜂蠆。皆能害人。況君相乎。弗聽。智伯請地於韓康子。康子欲弗與。段規曰。智伯好利而愎。不與將伐我。不如與之。彼狃於得地。必請於佗人。佗人不與。必嚮之以兵。然後我得免於患而待事之變矣。康子曰。善。使使者致萬家之邑於智伯。智伯悅。又求地於魏桓子。桓子欲弗與。任章曰。何故弗與。桓子曰。無故索地。故弗與。任章曰。無故索地。諸大夫必懼。吾與之地。智伯必驕。彼驕而輕敵。此懼而相親。以相親之兵。待輕敵之人。智氏之命。必不長矣。周書曰。將欲敗之。必姑輔之。將欲取之。必姑與之。主不如與之以驕智伯。然後可以擇交而圖智氏矣。奈何獨以吾爲智氏質乎。桓子曰。善。復與之萬家之邑一。智伯又求蔡皋狼之地於趙襄子。襄子弗與。智伯怒。帥韓魏之甲以攻趙氏。襄子將出。曰。吾何走乎。從者曰。長子近。且城厚完。襄子曰。民罷力以完之。又斃死以守之。其誰與我。從者曰。邯鄲之倉庫實。襄子曰。浚民之膏澤以實之。又因而殺之。其誰與我。其晉陽乎。先主之所屬也。尹鐸之所寬也。民必和矣。乃走晉陽。三家以國人圍而灌之。城不浸者三版。沈竈產鼃。民無叛意。智伯行水。魏桓子御。韓康子驂乘。智伯曰。吾乃今知水可以亡人國也。桓子肘康子。康子履桓子之跗。以汾水可以灌安邑。絳水可以灌平陽也。絺疵謂智伯曰。韓魏必反矣。智伯曰。子何以知之。絺疵曰。以人事知之。夫從韓魏之兵而攻趙。趙亡。難必及韓魏矣。今約勝趙而三分其地。城不沒者三版。人馬相食。城降有日。而二子無喜志。有憂色。是非反而何。明日。智伯以絺疵之言告二子。二子曰。此夫讒人欲爲趙氏游說。使主疑於二家而懈於攻趙氏也。不然。夫二家豈不利朝夕分趙氏之田。而欲爲危難不可成之事乎。二子出。絺疵入曰。主何以臣之言告二子也。智伯曰。子何以知之。對曰。臣見其視臣端而趨疾。知臣得其情故也。智伯不悛。絺疵請使於齊。趙襄子使張孟談潛出見二子曰。臣聞脣亡則齒寒。今智伯帥韓魏而攻趙趙亡則韓魏爲之次矣二子曰我心知其然也恐事未遂而謀泄則禍立至矣張孟談曰謀出二子之口入臣之耳何傷也二子乃陰與張孟談約爲之期日而遣之襄子夜使人殺守隄之吏而決水灌智伯軍智伯軍救水而亂韓魏翼而擊之襄子將卒犯其前大敗智伯之衆遂殺智伯盡滅智氏之族唯輔果在

諸呂之變　漢高皇后八年

諸呂欲爲亂畏大臣絳灌等未敢發朱虛侯以呂祿女爲婦故知其謀乃陰令人告其兄齊王欲令發兵西朱虛侯東牟侯爲內應以誅諸呂立齊王爲帝齊王乃與其舅駟鈞郎中令祝午中尉魏勃陰謀發兵齊相召平弗聽八月丙午齊王欲使人誅相相聞之乃發卒衞王宮魏勃紿召平曰王欲發兵非有漢虎符驗也而相君圍王固善勃請爲君將兵衞王召平信之勃既將兵遂圍相府召平自殺於是齊王以駟鈞爲相魏勃爲將軍祝午爲內史悉發國中兵使祝午東詐琅邪王曰呂氏作亂齊王發兵欲西誅之齊王自以年少不習兵革之事願舉國委大王大王自高帝將也請大王幸之臨淄見齊王計事琅邪王信之西馳見齊王齊王因留琅邪王而使祝午盡發琅邪國兵并將之琅邪王說齊王曰大王高皇帝適長孫也當立今諸大臣狐疑未有所定而澤於劉氏最爲長年大臣固待澤決計今大王留臣無爲也不如使我入關計事齊王以爲然乃益具車送琅邪王琅邪王既行齊遂舉兵西攻

濟南。遣諸侯王書。陳諸呂之罪。欲舉兵誅之。相國呂產等聞之。乃遣潁陰侯灌嬰將兵擊之。灌嬰至滎陽。謀曰。諸呂擁兵關中。欲危劉氏而自立。今我破齊還報。此益呂氏之資也。乃留屯滎陽。使使諭齊王及諸侯與連和。以待呂氏變。共誅之。齊王聞之。乃還兵西界待約。呂祿呂產欲作亂。內憚絳侯朱虛等。外畏齊楚兵。又恐灌嬰畔之。欲待灌嬰兵與齊合而發。猶豫未決。當是時。濟川王太淮陽王武常山王朝及魯王張偃皆年少未之國。居長安。趙王祿梁王產各將兵居南北軍。皆呂氏之人也。列侯羣臣莫自堅其命。太尉絳侯勃不得主兵。曲周侯酈商老病。其子寄與呂祿善。絳侯乃與丞相陳平謀。使人劫酈商。令其子寄往紿說呂祿曰。高帝與呂后共定天下。劉氏所立九王。呂氏所立三王。皆大臣之議。事已布告諸侯。諸侯皆以為宜。今太后崩。帝少。而足下佩趙王印。不急之國守藩。乃為上將將兵留此。為大臣諸侯所疑。足下何不歸將印。以兵屬太尉。請梁王歸相國印。與大臣盟而之國。齊兵必罷。大臣得安。足下高枕而王千里。此萬世之利也。呂祿信然其計。欲以兵屬太尉。使人報呂產及諸呂老人。或以為便。或曰不便。計猶豫未有所決。呂祿信酈寄。時與出游獵。過其姑呂嬃。嬃大怒曰。若為將而棄軍。呂氏今無處矣。乃悉出珠玉寶器散堂下。曰。毋為他人守也。九月庚申旦。平陽侯窋行御史大夫事。見相國產計事。郎中令賈壽使從齊來。因數產曰。王不早之國。今雖欲行。尚可得邪。具以灌嬰與齊楚合從欲誅諸呂告產。且趣產急入宮。平陽侯窋聞其語。馳告丞相太尉。太尉欲入北軍。不得入。襄平侯紀通尚符節。乃令持節矯內太尉北軍。太尉復令酈寄與典客劉揭先說呂祿曰。帝使太尉守北軍。欲足下之國。急歸將印辭去。不然。禍且起。呂祿以爲酈況不欺己。遂解印屬典客。而以兵授太尉。太尉至軍。呂祿已去。太尉入軍門。行令軍中曰。爲呂氏右袒。爲劉氏左袒。軍中皆左袒。太尉遂將北軍。然尚有南軍。丞相平乃召朱虛侯章佐太尉。太尉令朱虛侯監軍門。令平陽侯告衛尉。毋入相國產殿門。呂產不知呂祿已去北軍。乃入未央宮。欲爲亂。至殿門弗得入。徘徊往來。平陽侯恐弗勝。馳語太尉。太尉尚恐不勝諸呂。未敢公言誅之。乃謂朱虛侯曰。急入宮衛帝。朱虛侯請卒。太尉予卒千餘人。入未央宮門。見產廷中。日餔時。遂擊產。產走。天風大起。以故其從官亂。莫敢鬭。逐產殺之郎中府吏廁中。朱虛侯已殺產。帝命謁者持節勞朱虛侯。朱虛侯欲奪其節。謁者不肯。朱虛侯則從與載。因節信馳走。斬長樂衛尉呂更始。還馳入北軍。報太尉。太尉起拜賀朱虛侯曰。所患獨呂產。今已誅。天下定矣。遂遣人分部悉捕諸呂男女。無少長皆斬之。辛酉。捕斬呂祿而笞殺呂嬃。使人誅燕王呂通。而廢魯王張偃。戊辰。徙濟川王王梁。遣朱虛侯章以誅諸呂事告齊王。令罷兵。灌嬰在滎陽。聞魏勃本教齊王舉兵。使使召魏勃至。責問之。勃曰。失火之家。豈暇先言丈人而後救火乎。因退立。股戰而栗。恐不能言者。終無他語。灌將軍熟視笑曰。人謂魏勃勇。妄庸人耳。何能爲乎。乃罷魏勃。灌嬰兵亦罷滎陽歸。

武帝伐匈奴 元狩四年

四年。上與諸將議曰。翕侯趙信爲單于畫計。常以爲漢兵不能度幕輕留。今大發士卒。其勢必得所欲。乃粟馬十萬。令大將軍青票騎將軍去病各將五萬騎。私負從馬復四萬匹。步兵轉者踵軍後又數十萬人。而敢力戰深入之士皆屬票騎。票騎始爲出定襄。當單于。捕虜言單于東。乃更令票騎出代郡。令大將軍出定襄。郎中令李廣數自請行。天子以爲老。弗許。良久乃許之。以爲前將軍。太僕公孫賀爲左將軍。主爵都尉趙食其爲右將軍。平陽侯曹襄爲後將軍。皆屬大將軍。趙信爲單于謀曰。漢兵既度幕。人馬罷。匈奴可坐收虜耳。乃悉遠北其輜重。以精兵待幕北。大將軍青既出塞。捕虜知單于所居。乃自以精兵走之。而令前將軍廣幷於右將軍軍。出東道。東道回遠而水草少。廣自請曰。臣部爲前將軍。今大將軍乃徙令臣出東道。且臣結髮而與匈奴戰。今乃一得當單于。臣願居前。先死單于。大將軍亦陰受上誡。以爲李廣老數奇。毋令當單于。恐不得所欲。而公孫敖新失侯。大將軍亦欲使敖與俱當單于。故徙前將軍廣。廣知之。因自辭於大將軍。大將軍不聽。廣不謝而起行。意甚慍怒。大將軍出塞千餘里。度幕。見單于兵陳而待。於是大將軍令武剛車自環爲營。而縱五千騎往當匈奴。匈奴亦縱可萬騎。會日且入。大風起。砂礫擊面。兩軍不相見。漢亦縱左右翼繞單于。單于視漢兵多而士馬尙强。自度戰不能如漢兵。單于遂乘六騾。壯騎可數百。直冒漢圍西北馳。

去。時已昏。漢匈奴相紛挐。殺傷大當。漢軍左校捕虜言單于未昏而去漢軍發輕騎夜追之。大將軍軍因隨其後。匈奴兵亦散走。遲明行二百餘里。不得單于捕斬首虜萬九千級。遂至窴顏山趙信城。得匈奴積粟食軍。軍留一日。悉燒其城餘粟而歸。前將軍廣與右將軍食其軍無導。惑失道。後大將軍。不及單于戰。大將軍引還過幕南。乃遇二將軍。大將軍使長史責問廣食其失道狀。急責廣之幕府對簿。廣曰。諸校尉無罪。乃我自失道。吾今自上簿。至幕府廣謂其麾下曰。廣結髮與匈奴大小七十餘戰。今幸從大將軍出接單于兵。而大將軍徙廣部行回遠。而又迷失道。豈非天哉。且廣年六十餘矣。終不能復對刀筆之吏。遂引刀自剄。廣爲人廉。得賞賜輒分其麾下。飲食與士共之。爲二千石四十餘年。家無餘財。猨臂善射。度不中不發。將兵乏絕之處。見水士卒不盡飲。廣不近水。士卒不盡食。廣不嘗食。士以此愛樂爲用。及死。一軍皆哭。百姓聞之。知與不知。無老壯皆爲垂涕。而右將軍獨下吏當死。贖爲庶人。單于之遁走。其兵往往與漢兵相亂而隨單于。單于久不與其大衆相得。其右谷蠡王以爲單于死。乃自立爲單于。十餘日。眞單于復得其衆。而右谷蠡王乃去其單于號。票騎將軍騎兵車重與大將軍軍等。而無裨將。悉以李敢等爲大校。當裨將出代右北平二千餘里。絕大幕直左方兵。獲屯頭王韓王等三人。將軍相國當戶都尉八十三人。封狼居胥山。禪於姑衍。登臨翰海。鹵獲七萬四百四十三級。天子以五千八百戶益封票騎將軍。又封其所部右北平太守路博德等四人爲列侯。從票侯破奴等二人益封。校尉敢爲關內侯。食邑。軍吏卒爲官賞賜甚多。而大將軍不得益封。軍吏卒皆無封侯者。兩軍之出塞。塞閱官及私馬凡十四萬匹。而復入塞者不滿三萬匹。乃益置大司馬位。大將軍票騎將軍皆爲大司馬。定令。令票騎將軍秩祿與大將軍等。自是之後。大將軍青日退。而票騎日益貴。大將軍故人門下士多去事票騎。輒得官爵。唯任安不肯。票騎將軍爲人少言不泄。有氣敢往。天子嘗欲教之孫吳兵法。對曰。顧方略何如耳。不至學古兵法。天子爲治第。令票騎視之。對曰。匈奴未滅。無以家爲也。由此上益重愛之。然少貴。不省士。其從軍。天子爲遣太官齎數十乘。既還。重車餘棄粱肉。而士有飢者。其在塞外。卒乏糧。或不能自振。而票騎尙穿域蹋鞠。事多此類。大將軍爲人仁喜士退讓。以和柔自媚於上。兩人志操如此。是時漢所殺虜匈奴合八九萬。而漢士卒物故亦數萬。是後匈奴遠遁。而幕南無王庭。漢度河自朔方以西至令居。往往通渠置田官吏卒五六萬人。稍蠶食匈奴以北。然亦以馬少。不復大出擊匈奴矣。

昌邑王之廢 昭帝元平元年

昌邑王既立。淫戲無度。昌邑官屬皆徵至長安。往往超擢拜官。相安樂遷長樂衛尉。龔遂見安樂流涕。謂曰。王立爲天子。日益驕溢。諫之不復聽。今哀痛未盡。日與近臣飲食作樂。鬬虎豹。召皮軒車九旒。驅馳東西。所爲誖道。古制寬。大臣有隱退。今去不得。陽狂恐知。身死爲世劉。奈何。君陛下故相宜極諫爭。王夢青蠅之矢積西階東。可五六石。以屋版瓦覆之。以問遂。遂曰。陛下之詩不云乎。營營青蠅止于藩。愷悌君子。毋信讒言。陛下左側讒人衆多。如是青蠅惡矣。宜進先帝大臣子孫親近以爲左右。如不忍昌邑故人。信用讒諛。必有凶咎。願詭禍爲福。皆放逐之。臣當先逐矣。王不聽。太僕丞河東張敞上書諫曰。孝昭皇帝蚤崩無嗣。大臣憂懼。選賢聖承宗廟。東迎之日。唯恐屬車之行遲。今天子以盛年初卽位。天下莫不拭目傾耳。觀化聽風。國輔大臣未褒。而昌邑小輦先遷。此過之大者也。王不聽。大將軍光憂懣。獨以問所親故吏大司農田延年。延年曰。將軍爲國柱石。審此人不可。何不建白太后。更選賢而立之。光曰。今欲如是。於古嘗有此不。延年曰。伊尹相殷。廢太甲以安宗廟。後世稱其忠。將軍若能行此。亦漢之伊尹也。光乃引延年給事中。陰與車騎將軍張安世圖計。王出游。光祿大夫魯國夏侯勝當乘輿前諫曰。天久陰而不雨。臣下有謀上者。陛下出欲何之。王怒。謂勝爲祅言。縛以屬吏。吏白霍光。光不舉法。光讓安世以爲泄語。安世實不言。乃召問勝。勝對言在鴻範傳曰。皇之不極。厥罰常陰。時則下人有伐上者。惡察察言。故云臣下有謀。光安世大驚。以此益重經術士。侍中傅嘉數進諫。王亦縛嘉繫獄。光安世既定議。乃使田延年報丞相楊敞。敞驚懼不知所言。汗出洽背。徒唯唯而已。延年起至更衣。敞夫人遽從東廂謂敞曰。此國大事。今大將軍議已定。使九卿來報君侯。君侯不疾應。與大將軍同心。猶與無決。先事誅矣。

延年從更衣還敞夫人與延年參語許諾請奉大將軍敎令癸巳光召丞相御史將軍列侯中二千石大夫博士會議未央宮光曰昌邑王行昏亂恐危社稷如何羣臣皆驚鄂失色莫敢發言但唯唯而已田延年前離席按劍曰先帝屬將軍以幼孤寄將軍以天下以將軍忠賢能安劉氏也今羣下鼎沸社稷將傾且漢之傳謚常爲孝者以長有天下令宗廟血食也如漢家絕祀將軍雖死何面目見先帝於地下乎今日之議不得旋踵羣臣後應者臣請劍斬之光謝曰九卿責光是也天下匈匈不安光當受難於是議者皆叩頭曰萬姓之命在於將軍唯大將軍令光卽與羣臣俱見白太后具陳昌邑王不可以承宗廟狀皇太后乃車駕幸未央承明殿詔諸禁門毋內昌邑羣臣王入朝太后還乘輦欲歸溫室中黃門宦者各持門扇王入門閉昌邑羣臣不得入王曰何爲大將軍跪曰有皇太后詔毋內昌邑羣臣王曰徐之何乃驚人如是光使盡驅出昌邑羣臣置金馬門外車騎將軍安世將羽林騎收縛二百餘人皆送廷尉詔獄令故昭帝侍中中臣侍守王光敕左右謹宿衞卒有物故自裁令我負天下有殺主名王尙未自知當廢謂左右我故羣臣從官安得罪而大將軍盡繫之乎頃之有太后詔召王王聞召意恐乃曰我安得罪而召我哉太后被珠襦盛服坐武帳中侍御數百人皆持兵期門武士陛戟陳列殿下羣臣以次上殿召昌邑王伏前聽詔光與羣臣連名奏王尙書令讀奏曰丞相臣敞等昧死言皇太后陛下孝昭皇帝早棄天下遣使徵昌邑

王典喪服斬衰。無悲哀之心。廢禮誼。居道上。不素食。使從官略女子載衣車內。所居傳舍。始至謁見。立爲皇太子。常私買雞豚以食。受皇帝信璽行璽大行前。就次發璽不封。從官更持節。引內昌邑從官騶宰官奴二百餘人。常與居禁闥內敖戲。爲書曰。皇帝問侍中君卿。使中御府令高昌奉黃金千斤。賜君卿取十妻。大行在前殿。發樂府樂器。引內昌邑樂人。擊鼓歌吹作俳倡。召內泰壹宗廟樂人。悉奏衆樂。駕法駕。驅馳北宮桂宮。弄彘鬬虎。召皇太后御小馬車。使官奴騎乘。遊戲掖庭中。與孝昭皇帝宮人蒙等淫亂。詔掖庭令。敢泄言。要斬。太后曰。止。爲人臣子。當悖亂如是邪。王離席伏。尚書令復讀曰。取諸侯王列侯二千石綬及墨綬黃綬。以并佩昌邑郎官者免奴。發御府金錢刀劍玉器采繒。賞賜所與遊戲者。與從官官奴夜飮。湛沔於酒。獨夜設九賓溫室。延見姊夫昌邑關內侯。祖宗廟祠未舉。爲璽書使使者持節以三太牢祠昌邑哀王園廟。稱嗣子皇帝。受璽以來二十七日。使者旁午。持節詔諸官署徵發。凡一千一百二十七事。荒淫迷惑。失帝王禮誼。亂漢制度。臣敞等數進諫。不變更。日以益甚。恐危社稷。天下不安。臣敞等謹與博士議。皆曰。今陛下嗣孝昭皇帝後。行淫辟不軌。五辟之屬。莫大不孝。周襄王不能事母。春秋曰。天王出居於鄭。由不孝出之。絕之於天下也。宗廟重於君。陛下不可以承天序。奉祖宗廟。子萬姓。當廢。臣請有司以一太牢具告祠高廟。皇太后詔曰。可。光令王起拜受詔。王曰。聞天子有爭臣七人。雖亡道不失天下。光曰。皇太后詔廢。

安得稱天子。乃即持其手。解脫其璽組。奉上太后。扶王下殿。出金馬門。羣臣隨送。王西面拜曰。愚戇不任漢事。起就乘輿副車。大將軍光送至昌邑邸。光謝曰。王行自絕於天。臣寧負王。不敢負社稷。願王自愛。臣長不復左右。光涕泣而去。羣臣奏言。古者廢放之人。屏於遠方。不及以政。請徙王賀漢中房陵縣。太后詔歸賀昌邑。賜湯沐邑二千戶。故王家財物皆與賀。及哀王女四人。各賜湯沐邑千戶。國除。為山陽郡。昌邑羣臣坐在國時不舉奏王罪過。令漢朝不聞知。又不能輔道。陷王大惡。皆下獄。誅殺二百餘人。唯中尉吉。郎中令遂。以忠直數諫正。得減死。髡為城旦。師王式繫獄當死。治事使者責問曰。師何以無諫書。式對曰。臣以詩三百五篇朝夕授王。至於忠臣孝子之篇。未嘗不為王反復誦之也。至於危亡失道之君。未嘗不流涕為王深陳之也。臣以三百五篇諫。是以無諫書。使者以聞。亦得減死論。

光武帝昆陽之戰 淮陽王更始元年

春正月甲子朔。漢兵與下江兵共攻甄阜梁丘賜。斬之。殺士卒二萬餘人。王莽納言將軍嚴尤。秩宗將軍陳茂。引兵欲據宛。劉縯與戰於淯陽下。大破之。遂圍宛。三月。王鳳與太常偏將軍劉秀等徇昆陽定陵郾。皆下之。王莽聞嚴尤陳茂敗。乃遣司空王邑馳傳與司徒王尋發兵平定山東。徵諸明兵法六十三家以備軍吏。以長人巨毋霸為壘尉。又驅諸猛獸虎豹犀象之屬以助威武。邑至洛陽。州郡各選精兵。牧守自將。定會者四十三萬人。號百萬。餘在道者。旌旗輜重。千里不絕。夏五月。尋邑南出潁川。與嚴尤陳茂合。諸將見尋邑兵盛。皆反走入昆陽。惶怖。憂念妻孥。欲散歸諸城。劉秀曰。今兵穀既少。而外寇强大。幷力禦之。功庶可立。如欲分散。埶無俱全。且宛城未拔。不能相救。昆陽卽拔。一日之閒。諸部亦滅矣。今不同心膽。共舉功名。反欲守妻子財物邪。諸將怒曰。劉將軍何敢如是。秀笑而起。會候騎還。言大兵且至城北。軍陳數百里。不見其後。諸將素輕秀。及迫急。乃相謂曰。更請劉將軍計之。秀復爲圖畫成敗。諸將皆曰。諾。時城中唯有八九千人。秀使王鳳與廷尉大將軍王常守昆陽。夜與五威將軍李軼等十三騎出城南門。於外收兵。時莽兵到城下者且十萬。秀等幾不得出。尋邑縱兵圍昆陽。嚴尤說邑曰。昆陽城小而堅。今假號者在宛。亟進大兵。彼必犇走。宛敗。昆陽自服。邑曰。吾昔圍翟義。坐不生得。以見責讓。今將百萬之衆。遇城而不能下。非所以示威也。當先屠此城。蹀血而進。前歌後舞。顧不快邪。遂圍之數十重。列營百數。鉦鼓之聲。聞數十里。或爲地道衝輣撞城。積弩亂發。矢下如雨。城中負戶而汲。王鳳等乞降。不許。尋邑自以爲功在漏刻。不以軍事爲憂。嚴尤曰。兵法圍城爲之闕。宜使得逸出。以怖宛下。邑又不聽。棘陽守長岑彭與前隊貳嚴說共守宛城。漢兵攻之數月。城中人相食。乃舉城降。更始入都之。諸將欲殺彭。劉縯曰。彭。郡之大吏。執心堅守。是其節也。今舉大事。當表義士。不如封之。更始乃封彭爲歸德侯。劉秀至郾定陵。悉發諸營兵。諸將貪惜財物。欲分兵守之。秀曰。今若破敵。珍寶萬倍。

大功可成。如爲所敗、首領無餘。何財物之有。乃悉發之。六月己卯朔。秀與諸營俱進。自將步騎千餘爲前鋒。去大軍四五里而陳。尋邑亦遣兵數千合戰。秀犇之。斬首數十級。諸將喜曰。劉將軍平生見小敵怯。今見大敵勇。甚可怪也。且復居前。請助將軍。秀復進。尋邑兵卻。諸部共乘之。斬首數百千級。連勝。遂前。諸將膽氣益壯。無不一當百。秀乃與敢死者三千人從城西水上衝其中堅。尋邑易之。自將萬餘人行陳。敕諸營皆按部。毋得動。獨迎與漢兵戰。不利。大軍不敢擅相救。尋邑陳亂。漢兵乘銳崩之。遂殺王尋。城中亦鼓譟而出。中外合埶。震呼動天地。莽兵大潰。走者相騰踐。伏尸百餘里。會大雷風。屋瓦皆飛。雨下如注。滍川盛溢。虎豹皆股戰。士卒赴水溺死者以萬數。水爲不流。王邑嚴尤陳茂輕騎乘死人度水逃去。盡獲其軍實輜重。不可勝算。舉之連月不盡。或燔燒其餘。士卒犇走。各還其郡。王邑獨與所將長安勇敢數千人還洛陽。關中聞之震恐。於是海內豪桀翕然響應。皆殺其牧守。自稱將軍。用漢年號。以待詔命。旬月之間。徧於天下。

班超使西域 明帝永平十六年

奉車都尉竇固之伐北匈奴也。使假司馬班超與從事郭恂俱使西域。超行到鄯善。鄯善王廣奉超禮敬甚備。後忽更疏懈。超謂其官屬曰。寧覺廣禮意薄乎。官屬曰。胡人不能常久。無他故也。超曰。此必有北虜使來。狐疑未知所從故也。明者睹未萌。況已著邪。乃召侍胡詐之曰。匈奴使來數日。今安在乎。侍胡惶恐曰。到已三日。去此三十里。超乃閉侍胡。悉會其吏士三十六人。與共飲酒。酣。因激怒之曰。卿曹與我俱在絕域。今虜使到裁數日。而王廣禮敬卽廢。如令鄯善收吾屬送匈奴。骸骨長爲豺狼食矣。爲之奈何。官屬皆曰。今在危亡之地。死生從司馬。超曰。不入虎穴。不得虎子。當今之計。獨有因夜以火攻虜。使彼不知我多少。必大震怖。可殄盡也。滅此虜。則鄯善破膽。功成事立矣。衆曰。當與從事議之。超怒曰。吉凶決於今日。從事文俗吏。聞此必恐而謀泄。死無所名。非壯士也。衆曰。善。初夜。超遂將吏士往奔虜營。會天大風。超令十人持鼓藏虜舍後。約曰。見火然。皆當鳴鼓大呼。餘人悉持兵弩夾門而伏。超乃順風縱火。前後鼓譟。虜衆驚亂。超手格殺三人。吏兵斬其使及從士三十餘級。餘衆百餘人悉燒死。明日乃還告郭恂。恂大驚。既而色動。超知其意。舉手曰。掾雖不行。班超何心獨擅之乎。恂乃悅。超於是召鄯善王廣。以虜使首示之。一國震怖。超告以漢威德。自今以後。勿復與北虜通。廣叩頭。願屬漢。無二心。遂納子爲質。還白竇固。固大喜。具上超功效。幷求更選使使西域。帝曰。吏如班超。何故不遣而更選乎。今以超爲軍司馬。令遂前功。固復使超使于窴。欲益其兵。超願得將本所從三十六人。曰。于窴國大而遠。今將數百人。無益於強。如有不虞。多益爲累耳。是時于窴王廣德雄張南道。而匈奴遣使監護其國。超既至于窴。廣德禮意甚疏。且其俗信巫。巫言神怒。何故欲向漢。漢使有騧馬。急求取以祠我。廣德乃遣國相私來比就超請馬。超密知其狀。報許之。而令巫自來取馬。有頃巫至。超卽斬其首。收私來比。鞭笞數百。以巫首送廣德。因責讓之。廣德素聞超在鄯善誅滅虜使。大惶恐。卽殺匈奴使者而降超。超重賜其王以下。因鎮撫焉。於是諸國皆遣子入侍。西域與漢絕六十五載。至是乃復通焉。

宦官之亂 靈帝建寧元年

初竇太后之立也。陳蕃有力焉。及臨朝。政無大小。皆委於蕃。蕃與竇武同心戮力。以奬王室。徵天下名賢李膺杜密尹勳劉瑜等。皆列於朝廷。與共參政事。於是天下之士。莫不延頸想望太平。而帝乳母趙嬈及諸女尚書。旦夕在太后側。中常侍曹節王甫等。共相朋結。諂事太后。太后信之。數出詔命。有所封拜。蕃武疾之。嘗共會朝堂。蕃私謂武曰。曹節王甫等。自先帝時操弄國權。濁亂海內。今不誅之。後必難圖。武深然之。蕃大喜。以手推席而起。武於是引同志尚書令尹勳等。共定計策。會有日食之變。蕃謂武曰。昔蕭望之困一石顯。況今石顯數十輩乎。蕃以八十之年。欲爲將軍除害。今可因日食斥罷宦官。以塞天變。武乃白太后曰。故事黃門常侍。但當給事省內。門戶主近署財物耳。今乃使與政事任重權。子弟布列。專爲貪暴。天下匈匈。正以此故。宜悉誅廢。以清朝廷。太后曰。漢元以來故事。世有宦官。但當誅其有罪者。豈可盡廢邪。時中常侍管霸。頗有才略。專制省內。武先白收霸及中常侍蘇康等。皆坐死。武復數白誅曹節等。太后猶豫未忍。故事久不發。蕃上疏曰。今京師囂囂。道路諠譁。言侯覽曹節公乘肵王甫鄭颯等。與趙夫人諸女尚書。並亂天下。附從者升進。忤逆者中傷。一朝羣臣如河中木耳。汎汎東西。耽祿畏害。陛下今不急誅此曹。必生變亂。傾危社稷。其禍難量。願出臣章。宣示左右。并令天下諸奸知臣疾之。太后不納。是月太白犯房之上將。入太微。侍中劉瑜素善天官。惡之。上書皇太后曰。案占書。宮門當閉。將相不利。奸人在主傍。願急防之。又與武蕃書。以星辰錯謬。不利大臣。宜速斷大計。於是武蕃以朱寓爲司隸校尉。劉祐爲河南尹。虞祁爲洛陽令。武奏免黃門令魏彪。以所親小黃門山冰代之。使冰奏收長樂尚書鄭颯送北寺獄。蕃謂武曰。此曹子便當收殺。何復考爲。武不從。令冰與尹勳侍御史祝瑨雜考颯。辭連及曹節王甫。勳冰卽奏收節等。使劉瑜內奏。九月辛亥。武出宿歸府。典中書者先以告長樂五官史朱瑀。瑀發武奏。罵曰。中官放縱者。自可誅耳。我曹何罪。而當盡見族滅。因大呼曰。陳蕃竇武奏白太后廢帝。爲大逆。乃夜召素所親壯健者長樂從官史共普張亮等十七人。唽血共盟。謀誅武等。曹節白帝曰。外間切切。請出御德陽前殿。令帝拔劍踴躍。使乳母趙嬈等擁衞左右。取棨信。閉諸禁門。召尚書官屬。脅以白刃。使作詔板。拜王甫爲黃門令。持節至北寺獄。收尹勳山冰。冰疑不受詔。甫格殺之。并殺勳。出鄭颯。還兵劫太后。奪璽綬。令中謁者守南宮。閉門絕複道。使鄭颯等持節及侍御史謁者捕收武等。武不受詔。馳入步兵營。與其兄子步兵校尉紹共射殺使者。召會北軍五校士數千人。屯都亭下。令軍士曰。黃門常侍反。盡力者封侯重賞。陳蕃聞難。將官屬諸生八十餘人。並拔刃突入承明門。到尚書門。攘臂呼曰。大將軍忠以衞國。黃門反逆。何云竇氏不道邪。王甫時出與蕃相遇。適聞其言。而讓蕃曰。先帝新棄天下。山陵未成。武有何功。兄弟父子並封三侯。又設樂飲讌。多取掖庭宮人。旬日之閒。貲財巨萬。大臣若此。爲是道邪。公爲宰輔。苟相阿黨。復何求賊。使劍士收蕃。蕃拔劍叱甫。辭色逾厲。遂執蕃送北寺獄。黃門從官騶蹋踧蕃曰。死老魅。復能損我曹員數奪我曹稟假不。卽日殺之。時護匈奴中郎將張奐徵還京師。曹節等以奐新至。不知本謀。矯制以少府周靖行車騎將軍。加節。與奐率五營士討武。夜漏盡。王甫將虎賁羽林等合千餘人。出屯朱雀掖門。與奐等合。已而悉軍闕下。與武對陳。甫兵漸盛。使其士大呼武軍曰。竇武反。汝皆禁兵。當宿衞宮省。何故隨反者乎。先降有賞。營府兵素畏服中官。於是武軍稍稍歸甫。自旦至食時。兵降略盡。武紹走。諸軍追圍之。皆自殺。梟首洛陽都亭。收捕宗親賓客姻屬。悉誅之。及侍中劉瑜屯騎校尉馮述。皆夷其族。宦官又譖虎賁中郎將河閒劉淑故尚書會稽魏朗。云與武等通謀。皆自殺。遷皇太后於南宮。徙武家屬於日南。自公卿以下嘗爲蕃武所舉者。及門生故吏。皆免官禁錮。議郎渤海巴肅。始與武等同謀。曹節等不知。但坐禁錮。後乃知而收之。肅自載詣縣。縣令見肅。入閤解印綬。欲與俱去。肅曰。爲人臣者。有謀不敢隱。有罪不逃刑。既不隱其謀矣。又敢逃其刑乎。遂被誅。曹節遷長樂衞尉。封育陽侯。王甫遷中常侍。黃門令如故。朱瑀共普張亮等六人。皆爲列侯。十一人爲關內侯。於是羣小得志。士大夫喪氣。蕃友人陳留朱震收葬蕃尸。匿其子逸。事覺。繫獄。合門桎梏。震受考掠。誓死不言。逸由是得免。武府掾桂陽胡騰殯斂武尸。行喪。坐以禁錮。武孫輔年二歲。騰詐以爲己子。與令史南陽張敞共匿之於零陵界中。亦得免。張奐遷大司農。以功封侯。奐深病爲曹節等所賣。固辭不受。

黨錮之禍 建寧二年

初。李膺等雖廢錮。天下士大夫皆高尚其道。而汙穢朝廷。希之者唯恐不及。更共相標榜。爲之稱號。以竇武陳蕃劉淑爲三君。君者言一世之所宗也。李膺荀翌杜密王暢劉祐魏朗趙典朱寓爲八俊。俊者言人之英也。郭泰范滂尹勳巴肅及南陽宗慈陳留夏馥汝南蔡衍泰山羊陟爲八顧。顧者言能以德行引人者也。張儉翟超岑晊苑康及山陽劉表汝南陳翔魯國孔昱山陽檀敷爲八及。及者言其能導人追宗者也。度尚及東平張邈王孝東郡劉儒泰山胡母班陳留秦周魯國蕃嚮東萊王章爲八廚。廚者言能以財救人者也。及陳竇用事。復舉拔膺等。陳竇誅。膺等復廢。宦官疾惡膺等。每下詔書。輒申黨人之禁。侯覽怨張儉尤甚。覽鄉人朱並素佞邪。爲儉所棄。承覽意旨。上書告儉與同鄉二十四人別相署號。共爲部黨。圖危社稷。而儉爲之魁。詔刊章捕儉等。冬十月。大長秋曹節因此諷有司奏諸鉤黨者故司空虞放。及李膺杜密朱寓荀翌翟超劉儒范滂等。請下州郡考治。是時上年十四。問節等曰。何以爲鉤黨。對曰。鉤黨者。卽黨人也。上曰。黨人何用爲惡而欲誅之邪。對曰。皆相舉羣輩。欲爲不軌。上曰。不軌欲何如。對曰。欲圖社稷。上乃可其奏。或謂李膺曰。可去矣。對曰。事不辭難。罪不逃刑。臣之節也。吾年已六十。死生有命。去將安之。乃詣詔獄。考死。門生故吏。並被禁錮。侍御史蜀郡景毅子顧爲膺門徒。未有錄牒。不及於譴。毅慨然曰。本謂膺賢。遣子師之。豈可以漏脫名籍。苟安而已。遂自表免歸。汝南督郵吳導受詔捕范滂。至征羌。抱詔書閉傳舍伏牀而泣。一縣不知所爲。滂聞之曰。必爲我也。卽自詣獄。縣令郭揖大驚。出解印綬。引與俱亡。曰。天下大矣。子何爲在此。滂曰。滂死則禍塞。何敢以罪累君。又令老母流離乎。其母就與之訣。滂白母曰。仲博孝敬。足以供養。滂從龍舒君歸黃泉。存亡各得其所。惟大人割不可忍之恩。勿增感戚。仲博者。滂弟也。龍舒君者。滂父龍舒侯相顯也。母曰。汝今得與李杜齊名。死亦何恨。既有令名。復求壽考。可兼得乎。滂跪受教。再拜而辭。顧其子曰。吾欲使汝爲惡。惡不可爲。使汝爲善。則我不爲惡。行路聞之。莫不流涕。凡黨人死者百餘人。妻子皆徙邊。天下豪傑及儒學有行義者。宦官一切指爲黨人。有怨隙者。因相陷害。睚眦之忿。濫入黨中。州郡承旨。或有未嘗交關。亦離禍毒。其死徙廢禁者。又六七百人。郭泰聞黨人之死。私爲之慟曰。詩云。人之云亡。邦國殄瘁。漢室滅矣。但未知瞻烏爰止。于誰之屋耳。泰雖好臧否人倫。而不爲危言覈論。故能處濁世而怨禍不及焉。張儉亡命困迫。望門投止。莫不重其名行。破家相容。後流轉東萊止李篤家。外黃令毛欽操兵到門。篤引欽就席曰。張儉負罪亡命。篤豈得藏之。若審在此。此人名士。明廷寧宜執之乎。欽因起撫篤曰。蘧伯玉恥獨爲君子。足下如何專取仁義。篤曰。今欲分之。明廷載半去矣。欽歎息而去。篤導儉經北海戲子然家。遂入漁陽出塞。其所經歷。伏重誅者以十數。連引收考者布徧天下。宗親並皆殄滅。郡縣爲之殘破。儉與魯國孔褒有舊。亡抵褒不遇。褒第融年十六。匿之。後事泄。儉得亡走。國相收褒融送獄。未知所坐。融曰。保納舍藏者融也。當坐。褒曰。彼來求我。非弟之過。吏問其母。母曰。家事任長。妾當其辜。一門爭死。郡縣疑不能決。乃上讞之。詔書竟坐褒。及黨禁解。儉乃還鄉里。後爲衞尉。卒年八十四。夏馥聞張儉亡命。歎曰。孽自己作。空汙良善。一人逃死。禍及萬家。何以生爲。乃自翦鬚變形。入林慮山中。隱姓名。爲冶家傭。親突煙炭。形貌毀瘁。積二三年。人無知者。馥弟靜載縑帛追求餉之。馥不受。曰。弟奈何載禍相餉乎。黨禁未解而卒。初中常侍張讓父死。歸葬潁川。雖一郡畢至。而名士無往者。讓甚恥之。陳寔獨弔焉。及誅黨人。讓以寔故。多所全宥。南陽何顒素與陳蕃李膺善。亦被收捕。乃變名姓。匿汝南間。與袁紹爲犇走之交。常私入洛陽。從紹計議。爲諸名士羅黨事者求救援。設權計。使得逃隱。所全免甚衆。初太尉袁湯三子。成逢隗。成生紹。逢生術。逢隗皆有名稱。少歷顯官。時中常侍袁赦以逢隗宰相家。與之同姓。推崇以爲外援。故袁氏貴寵於世。富奢甚。不與他公族同。紹壯健有威容。愛士養名。賓客輻湊歸之。輜斛柴轂塡接衙陌。術亦以俠氣聞。逢從兄子閎少有操行。以耕學爲業。逢隗數餽之。無所受。閎見時方險亂。而家門富盛。常對兄弟歎曰。吾先公福祚。後世不能以德守之。而競爲驕奢。與亂世爭權。此卽晉之三郤矣。及黨事起。閎欲投迹深林。以母老不宜遠遁。乃築土室四周於庭。不爲戶。自牖納飲食。母思閎時。往就視。母去。便自掩閉。兄弟妻子莫得見也。潛身十八年。卒於土室。初。范滂等非訐朝政。自公卿以下。皆折節下之。太學生爭慕其風。以爲文學將興。處士復用。申屠蟠獨歎曰。昔戰國之世。處士橫議。列國之王。至爲擁篲先驅。卒有坑儒燒書之禍。今之謂矣。乃絕迹於梁碭之間。因樹爲屋。自同傭人。居二年。滂等果罹黨錮之禍。唯蟠超然免於評論。

赤壁之戰 獻帝建安十三年

初。魯肅聞劉表卒。言於孫權曰。荆州與國鄰接。江山險固。沃野萬里。士民殷富。若據而有之。此帝王之資也。今劉表新亡。二子不協。軍中諸將。各有彼此。劉備天下梟雄。與操有隙。寄寓於表。表惡其能而不能用也。若備與彼協心。上下齊同。則宜撫安。與結盟好。如有離違。宜別圖之。以濟大事。肅請得奉命弔表二子。並慰勞其軍中用事者。及說備使撫表衆。同心一意。共治曹操。備必喜而從命。如其克諧。天下可定也。今不速往。恐爲操所先。權卽遣肅行。到夏口。聞操已向荆州。晨夜兼道。比至南郡。而琮已降。備南走。肅徑迎之。與備會於當陽長坂。肅宣權旨。論天下事勢。致殷勤之意。且問備曰。豫州今欲何至。備曰。與蒼梧太守吳巨有舊。欲往投之。肅曰。孫討虜聰明仁惠。敬賢禮士。江表英豪咸歸附之。已據有六郡。兵精糧多。足以立事。今爲君計。莫若遣腹心自結於東。以共濟世業。而欲投吳巨。巨是凡人。偏在遠郡。行將爲人所併。豈足託乎。備甚悅。肅又謂諸葛亮曰。我子瑜友也。卽共定交。子瑜者。亮兄瑾也。避亂江東。爲孫權長史。備用肅計。進住鄂縣之樊口。曹操自江陵將順江東下。諸葛亮謂劉備曰。事急矣。請奉命求救於孫將軍。遂與魯肅俱詣孫權。亮見權於柴桑。說權曰。海內大亂。將軍起兵江東。劉豫州收衆漢南。與曹操共爭天下。今操芟夷大難。略已平矣。遂破荊州。威震四海。英雄無用武之地。故豫州遁逃至此。願將軍量力而處之。若能以吳越之衆與中國抗衡。不如早與之絕。若不能。何不按兵束甲。北面而事之。今將軍外託服從之名。而內懷猶豫之計。事急而不斷。禍至無日矣。權曰。苟如君言。劉豫州何不遂事之乎。亮曰。田橫。齊之壯士耳。猶守義不辱。況劉豫州王室之胄。英才蓋世。衆士慕仰。若水之歸海。若事之不濟。此乃天也。安能復爲之下乎。權勃然曰。吾不能舉全吳之地。十萬之衆。受制於人。吾計決矣。非劉豫州莫可以當曹操者。然豫州新敗之後。安能抗此難乎。亮曰。豫州軍雖敗於長坂。今戰士還者。及關羽水軍精甲萬人。劉琦合江夏戰士亦不下萬人。曹操之衆遠來疲敝。聞追豫州。輕騎一日一夜行三百餘里。此所謂强弩之末。勢不能穿魯縞者也。故兵法忌之。曰。必蹶上將軍。且北方之人。不習水戰。又荊州之民附操者。偪兵勢耳。非心服也。今將軍誠能命猛將統兵數萬。與豫州協規同力。破操軍必矣。操軍破。必北還。如此則荊吳之勢強。鼎足之形成矣。成敗之機。在於今日。權大悅。與其羣下謀之。是時曹操遺權書曰。近者奉辭伐罪。旄麾南指。劉琮束手。今治水軍八十萬衆。方與將軍會獵於吳。權以示臣下。莫不響震失色。長史張昭等曰。曹公豺虎也。挾天子以征四方。動以朝廷爲辭。今日拒之。事更不順。且將軍大勢可以拒操者長江也。今操得荊州。奄有其地。劉表治水軍。蒙衝鬬艦。乃以千數。操悉浮以沿江。兼有步兵。水陸俱下。此爲長江之險。已與我共之矣。而勢力衆寡。又不可論。愚謂大計不如迎之。魯肅獨不言。權起更衣。肅追於宇下。權知其意。執肅手曰。卿欲何言。肅曰。向察衆人之議專欲誤將軍。不足與圖大事。今肅可迎操耳。如將軍不可也。何以言之。今肅迎操。操當以肅還付鄉黨。品其名位。猶不失下曹從事。乘犢車。從吏卒。交游士林。累官故不失州郡也。將軍迎操。欲安所歸乎。願早定大計。莫用衆人之議也。權歎息曰。諸人持議。甚失孤望。今卿廓開大計。正與孤同。時周瑜受使至番陽。肅勸權召瑜還。瑜至。謂權曰。操雖託名漢相。其實漢賊也。將軍以神武雄才。兼仗父兄之烈。割據江東。地方數千里。兵精足用。英雄樂業。當橫行天下。爲漢家除殘去穢。況操自送死。而可迎之邪。請爲將軍籌之。今北土未平。馬超韓遂尚在關西。爲操後患。而操舍鞍馬。仗舟楫。與吳越爭衡。今又盛寒。馬無藁草。驅中國士衆遠涉江湖之閒。不習水土。必生疾病。此數者。用兵之患也。而操皆冒行之。將軍擒操。宜在今日。瑜請得精兵數萬人。進住夏口。保爲將軍破之。權曰。老賊欲廢漢自立久矣。徒忌二袁呂布劉表與孤耳。今數雄已滅。惟孤尚存。孤與老賊勢不兩立。君言當擊。甚與孤合。此天以君授孤也。因拔刀斫前奏案曰。諸將吏敢復有言當迎操者。與此案同。乃罷會。是夜。瑜復見權曰。諸人徒見操書言水步八十萬。而各恐懾。不復料其虛實。便開此議。甚無謂也。今以實校之。彼所將中國人不過十五六萬。且已久疲。所得表衆亦極七八萬耳。尙懷狐疑。夫以疲病之卒。御狐疑之衆。衆數雖多。甚未足畏。瑜得精兵五萬。自足制之。願將軍勿慮。權撫其背曰。公瑾。卿言至此。甚合孤心。子布元表諸人。各顧妻子。挾持私慮。深失所望。獨卿與子敬與孤同耳。此天以卿二人贊孤也。五萬兵難卒合。已選三萬人。船糧戰具俱辦。卿與子敬程公便在前發。孤當續發人衆。多載資糧。爲卿後援。卿能辦之者誠快。邂逅不如意。便還就孤。孤當與孟德決之。遂以周瑜程普爲左右督。將兵與備幷力逆操。以魯肅爲贊軍校尉。助畫方略。劉備在樊口。日遣邏吏於水次候望權軍。吏望見瑜船。馳往白備。備遣人慰勞之。瑜曰。有軍任。不可得委署。儻能屈威。誠副其所望。備乃乘單舸往見瑜曰。今拒曹公。深爲得計。戰卒有幾。瑜曰。三萬人。備曰。恨少。瑜曰。此自足用。豫州但觀瑜破之。備欲呼魯肅等共會語。瑜曰。受命不得妄委署。若欲見子敬。可別過之。備深愧喜。進與操遇於赤壁。時操軍衆已有疾疫。初一交戰。

操軍不利。引次江北。瑜等在南岸。瑜部將黃蓋曰。今寇衆我寡。難與持久。操軍方連船艦。首尾相接。可燒而走也。乃取蒙衝鬬艦十艘。載燥荻枯柴。灌油其中。裹以帷幕。上建旌旗。豫備走舸。繫於其尾。先以書遺操。詐云欲降。時東南風急。蓋以十艦最著前。中江舉帆。餘船以次俱進。操軍吏士皆出營立觀。指言蓋降。去北軍二里餘。同時發火。火烈風猛。船往如箭。燒盡北船。延及岸上營落。頃之。煙炎張天。人馬燒溺死者甚衆。瑜等率輕銳繼其後。雷鼓大震。北軍大壞。操引軍從華容道步走。遇泥濘。道不通。天又大風。悉使羸兵負草塡之。騎乃得過。羸兵爲人馬所蹈藉。陷泥中。死者甚衆。劉備周瑜水陸並進。追操至南郡。時操軍兼以飢疫。死者大半。操乃留征南將軍曹仁橫野將軍徐晃守江陵。折衝將軍樂進守襄陽。引軍北還。周瑜程普將數萬衆。與曹仁隔江未戰。甘寧請先徑進取夷陵。往卽得其城。因入守之。益州將襲肅舉軍降。周瑜表以肅兵益橫野中郎將呂蒙。蒙盛稱肅有膽用。且慕化遠來。於義宜益。不宜奪也。權善其言。還肅兵。曹仁遣兵圍甘寧。寧困急。求救於周瑜。諸將以爲兵少不足分。呂蒙謂周瑜程普曰。留淩公績於江陵。蒙與君行。解圍釋急。埶亦不久。蒙保公績能十日守也。瑜從之。大破仁兵於夷陵。獲馬三百匹而還。於是將士形埶自倍。瑜乃渡江屯北岸。與仁相拒。

曹爽之難 魏邵陵厲公正始九年

大將軍爽驕奢無度。飲食衣服。擬於乘輿。尚方珍玩。充牣其家。又私取先帝才人以爲伎樂。作窟室綺疏四周。數與其黨何晏等縱酒其中。弟羲深以爲憂。數涕泣諫止之。爽不聽。爽兄弟數俱出游。司農沛國桓範謂曰。總萬機典禁兵。不宜並出。若有閉城門。誰復內入者。爽曰。誰敢爾邪。初清河平原爭界。八年不能決。冀州刺史孫禮請天府所藏烈祖封平原時圖以決之。爽信清河之訴。云圖不可用。禮上疏自辨。辭頗剛切。爽大怒。劾禮怨望。結刑五歲。久而復爲并州刺史。往見太傅懿。有忿色而無言。懿曰。卿得并州少邪。恚理分界失分乎。禮曰。何明公言之乖也。禮雖不德。豈以官位往事爲意邪。本謂明公齊蹤伊呂。匡輔魏室。上報明帝之託。下建萬世之勳。今社稷將危。天下洶洶。此禮之所以不悅也。因涕泣橫流。懿曰。且止。忍不可忍。冬。河南尹李勝出爲荊州刺史。過辭太傅懿。懿令兩婢侍持衣。衣落。指口言渴。婢進粥。懿不持杯而飲。粥皆流出霑胸。勝曰。衆情謂明公舊風發動。何意尊體乃爾。懿使聲氣纔屬。說年老枕疾。死在旦夕。君當屈并州。并州近胡。好爲之備。恐不復相見。以子師昭兄弟爲託。勝曰。當還忝本州。非并州。懿乃錯亂其辭曰。君方到并州。勝復曰。當忝荊州。懿曰。年老意荒。不解君言。今還爲本州。盛德壯烈。好建功勳。勝退告爽曰。司馬公尸居餘氣。形神已離。不足慮矣。他日又向爽等垂泣曰。太傅病不可復濟。令人愴然。故爽等不復設備。何晏聞平原管輅明於術數。請與相見。正始九年十二月丙戌。輅往詣晏。晏與之論易。時鄧颺在坐。謂輅曰。君自謂善易。而語初不及易中辭義。何也。輅曰。夫善易者不言易也。晏含笑贊之曰。可謂要言不煩也。因謂輅曰。試爲作一卦。知位當至三公不。又問連夢見青蠅數十來集鼻上。驅之不去。何也。輅曰。昔元凱輔舜。周公佐周。皆以和惠謙恭。享有多福。此非卜筮所能明也。今君侯位尊勢重。而懷德者鮮。畏威者衆。殆非小心求福之道也。又鼻者天中之山。高而不危。所以長守貴。今青蠅臭惡而集之。位峻者顛。輕豪者亡。不可不深思也。願君侯裒多益寡。非禮勿履。然後三公可至。青蠅可驅也。颺曰。此老生之常譚。輅曰。夫老生者見不生。常譚者見不譚。輅還邑舍。具以語其舅。舅責輅言太切至。輅曰。與死人語。何所畏耶。舅大怒。以輅爲狂。太傅懿陰與其子中護軍師。散騎常侍昭。謀誅曹爽。嘉平元年春正月甲午。帝謁高平陵。大將軍爽與弟中領軍羲。武衞將軍訓。散騎常侍彥皆從。太傅懿以皇太后令。閉諸城門。勒兵據武庫。授兵出屯洛水浮橋。召司徒高柔假節行大將軍事。據爽營。太僕王觀行中領軍事。據羲營。因奏爽罪惡於帝曰。臣昔從遼東還。先帝詔陛下秦王及臣升御牀。把臣臂。深以後事爲念。臣言太祖高祖亦屬臣以後事。此自陛下所見。無所憂苦。萬一有不如意。臣當以死奉明詔。今大將軍爽背棄顧命。敗亂國典。內則僭擬。外則專權。破壞諸營。盡據禁兵。羣官要職。皆置所親。殿中宿衞。易以私人。根據盤互。縱恣日甚。又以黃門張當爲都監。伺察至尊。離間二宮。傷害骨肉。天下洶洶。人懷危懼。陛下便爲寄坐。豈得久安。此非先帝詔陛下及臣升御牀之本意也。臣雖朽邁。敢忘往言。太尉臣濟等。皆以爽爲有無君之心。兄弟不宜典兵宿衞。奏永寧宮皇太后。令敕臣如奏施行。臣輒敕主者及黃門令。罷爽羲訓吏兵。以侯就第。不得逗留。以稽車駕。敢有稽留。便以軍法從事。臣輒力疾將兵屯洛水浮橋。伺察非常。爽得懿奏事。不通。迫窘不知所爲。留車駕宿伊水南。伐木爲鹿角。發屯田兵數千人以爲衞。懿使侍中高陽許允及尚書陳泰說爽。宜早自歸罪。又使爽所信殿中校尉尹大目謂爽。惟免官而已。以洛水爲誓。泰。羣之子也。初。爽以桓範鄉里老宿。於九卿中特禮之。然不甚親也。及懿起兵。以太后令召範。欲使行中領軍。範欲應命。其子止之曰。車駕在外。不如南出。範乃出至平昌城門。城門已閉。門候司蕃。故範舉吏也。範舉手中版示之。矯曰。有詔召我。卿促開門。蕃欲求見詔書。範呵之曰。卿非我故吏邪。何以敢爾。乃開之。範出城。顧謂蕃曰。太傅圖逆。卿從我去。蕃徒行不能及。遂避側。懿謂蔣濟曰。智囊往矣。濟曰。範則智矣。然駑馬戀棧豆。爽必不能用也。範至。勸爽兄弟以天子詣許昌。發四方兵以自輔。爽疑未決。範謂羲曰。此事昭然。卿用讀書何爲邪。於今日卿等門戶。求貧賤復可得乎。且匹夫質一人。尚欲望活。卿與天子相隨。令於天下。誰敢不應也。俱不言。範又謂羲曰。卿別營近在闕南。洛陽典農治在城外。呼召如意。今詣許昌。不過中宿。許昌別庫。足相被假。所憂當在穀食。而大司農印章在我身。羲兄弟默然不從。自甲夜至五鼓。爽乃投刀於地曰。我亦不失作富家翁。範哭曰。曹子丹佳人。生汝兄弟㹠犢耳。何圖今日坐汝等族滅也。爽乃通懿奏事。白帝下詔免己官。奉帝還宮。爽兄弟歸家。懿發洛陽吏卒圍守之。四角作高樓。令人在樓上察視爽兄弟舉動。爽挾彈到後園中。樓上便唱言故大將軍東南行。爽愁悶不知爲計。戊戌。有司奏黃門張當私以所擇才人與爽。疑有姦。收當付廷尉考實。辭云爽與尚書何晏鄧颺丁謐司隸校尉畢軌荊州刺史李勝等。陰謀反逆。須三月中發。於是收爽羲訓晏颺謐軌勝並桓範皆下獄。劾以大逆不道。與張當俱夷三族。初爽之出也。司馬魯芝留在府。聞有變。將營騎斫津門出赴爽。及爽解印綬。將出。主簿楊綜止之曰。公挾主握權。捨此以至東市乎。有司奏收芝綜治罪。太傅懿曰。彼各爲其主也。宥之。頃之。以芝爲御史中丞。綜爲尚書郎。魯芝將出。呼參軍辛敞欲與俱去。敞。毗之子也。其姊憲英爲太常羊耽妻。敞與之謀曰。天子在外。太傅閉城門。人云將不利國家。於事可得爾乎。憲英曰。以吾度之。太傅此舉不過以誅曹爽耳。敞曰。然則事就乎。憲英曰。得無殆就。爽之才非太傅之偶也。敞曰。然則敞可以無出乎。憲英曰。安可以不出。職守。人之大義也。凡人在難。猶或卹之。爲人執鞭而棄其事。不祥莫大焉。且爲人任。爲人死。親昵之職也。從衆而已。敞遂出。事定之後。敞歎曰。吾不謀於姊。幾不獲於義。先是爽辟王沈及太山羊祜。沈勸祜應命。祜曰。委質事人。復何容易。沈遂行。及爽敗。沈以故吏免。乃謂祜曰。吾不忘卿前語。祜曰。此非始慮所及也。爽從弟文叔妻夏侯令女早寡而無子。其父文寧欲嫁之。令女刀截兩耳以自誓。居常依爽。爽誅。其家上書絕昏。強迎以歸。復將嫁之。令女竊入寢室。引刀自斷其鼻。其家驚惋。謂之曰。人生世間。如輕塵棲弱草耳。何至自苦乃爾。且夫家夷滅已盡。守此欲誰為哉。令女曰。吾聞仁者不以盛衰改節。義者不以存亡易心。曹氏前盛之時。尚欲保終。況今衰亡。何忍棄之。此禽獸之行。吾豈為乎。司馬懿聞而賢之。聽使乞子字養為曹氏後。何晏等方用事。自以為一時才傑。人莫能及。晏嘗為名士品目曰。惟深也。故能通天下之志。夏侯泰初是也。惟幾也。故能成天下之務。司馬子元是也。惟神也。不疾而速。不行而至。吾聞其語。未見其人。蓋欲以神況諸己也。選部郎劉陶。曄之子也。少有口辯。鄧颺之徒稱之以為伊呂。陶嘗謂傅玄曰。仲尼不聖。何以知之。智者於羣愚。如弄一丸於掌中。而不能得天下。何以為聖。玄不復難。但語之曰。天下之變無常也。今見卿窮。及曹爽敗。陶退居里舍。乃謝其言之過。管輅之舅謂輅曰。爾前何以知何鄧之敗。輅曰。鄧之行步。筋不束骨。脈不制肉。起立傾倚。若無手足。此為鬼躁。何之視候。則魂不守宅。血不華色。精爽煙浮。容若槁木。此為鬼幽。二者皆非遐福之象也。何晏性自喜。粉白不去手。行步顧影。尤好老莊之書。與夏侯玄荀粲及山陽王弼之徒。競為清談。祖尚虛無。謂六經為聖人糟粕。由是天下士大夫爭慕效之。遂成風流。不可復制焉。

賈后之亂　晉惠帝元康元年

初。賈后之爲太子妃也。嘗以妒。手殺數人。又以戟擲孕妾。子隨刃墮。武帝大怒。修金墉城。將廢之。荀勗馮紞楊珧及充華趙粲共營救之。曰。賈妃年少。妒者婦人常情。長自當差。楊后曰。賈公閭有大勳於社稷。妃親其女。正復妒忌。豈可遽忘其先德邪。妃由是得不廢。后數誡厲妃。妃不知后之助己。返以后爲構己於武帝。更恨之。及帝卽位。賈后不肯以婦道事太后。又欲干預政事。而爲太傅駿所抑。殿中中郞渤海孟觀李肇。皆駿所不禮也。陰構駿。云將危社稷。黃門董猛。素給事東宮。爲寺人監。賈后密使猛與觀肇謀誅駿。廢太后。又使肇報汝南王亮。使舉兵討駿。亮不可。肇報都督荊州諸軍事楚王瑋。瑋欣然許之。乃求入朝。駿素憚瑋勇銳。欲召之而未敢。因其求朝。遂聽之。二月。癸酉。瑋及都督揚州諸軍事淮南王允來朝。三月辛卯。孟觀李肇啟帝。夜作詔。誣駿謀反。中外戒嚴。遣使奉詔廢駿。以侯就第。命東安公繇帥殿中四百人討駿。楚王瑋屯司馬門。以淮南相劉頌爲三公尚書。屯衞殿中。段廣跪言於帝曰。楊駿孤公無子。豈有反理。願陛下審之。帝不答。時駿居曹爽故府。在武庫南。聞內有變。召衆官議之。太傅主簿朱振說駿曰。今內有變。其趣可知。必是閹豎爲賈后設謀。不利於公。宜燒雲龍門以脅之。索造事者首。開萬春門。引東宮及外營兵。擁皇太子入宮。取姦人。殿內震懼。必斬送之。不然。無以免難。駿素怯懦。不決。乃曰。雲龍門魏明帝所造。功費甚大。奈何燒之。侍中傅祗白駿。請與尚書武茂入宮。觀察事勢。因謂羣僚曰。宮中不宜空。遂揖而下階。衆皆走。茂猶坐祇顧曰。君非天子臣邪。今內外隔絕。不知國家所在。何得安坐。茂乃驚起。駿黨左軍將軍劉豫陳兵在門。遇右軍將軍裴頠問太傅所在。頠紿之曰。向於西掖門遇公乘素車從二人西出矣。豫曰。吾何之。頠曰。宜至廷尉。豫從頠言。遂委而去。尋詔頠代豫領左軍將軍。屯萬春門。頠秀之子也。皇太后題帛爲書。射之城外曰。救太傅者有賞。賈后因宣言太后同反。尋而殿中兵出。燒駿府。又令弩手於閣上臨駿府而射之。駿兵皆不得出。駿逃於馬廄。就殺之。孟觀等遂收駿弟珧濟張劭李斌段廣劉豫武茂及散騎常侍楊邈中書令蔣駿東夷校尉文鴦。皆夷三族。死者數千人。珧臨刑。告東安公繇曰。表在石函。可問張華。衆謂宜依鍾毓例爲之申理。繇不聽。而賈氏族黨趣使行刑。珧號叫不已。刑者以刀破其頭。繇諸葛誕之外孫也。故忌文鴦。誣以爲駿黨而誅之。是夜。誅賞皆自繇出。威振內外。王戎謂繇曰。大事之後。宜深遠權勢。繇不從。壬辰。赦天下。改元。賈后矯詔使後軍將軍荀悝送太后於永寧宮。特全太后母高都君龐氏之命。聽就太后居。尋復諷羣公有司奏曰。皇太后陰漸姦謀。圖危社稷。飛箭繫書。要募將士。同惡相濟。自絕於天。魯侯絕文姜。春秋所許。蓋奉祖宗任至公於天下。陛下雖懷無已之情。臣下不敢奉詔。詔曰。此大事。更詳之。有司又奏。宜廢皇太后爲峻陽庶人。中書監張華議。皇太后非得罪於先帝。今黨其所親。爲不母於聖世。宜依漢廢趙太后爲孝成后故事。貶皇太后之號。還稱武皇后。居異宮。以全始終之恩。左僕射荀愷與太子少師下邳王晃等議曰。皇太后謀危社稷。不可復配先帝。宜貶尊號。廢詣金墉城。於是有司奏。請從晃等議。廢太后爲庶人。詔可。又奏楊駿造亂。家屬應誅。詔原其妻龐氏。以慰太后之心。今太后廢爲庶人。請以龐付廷尉行刑。詔不許。有司復固請。乃從之。龐臨刑。太后抱持號叫。截髮稽顙。上表詣賈后稱妾。請全母命。不見省。董養遊太學。升堂歎曰。朝廷建斯堂。將以何爲乎。每覽國家赦書。謀反大逆皆赦。至於殺祖父母父母不赦者。以爲王法所不容故也。奈何公卿處議。文飾禮典。乃至此乎。天人之理既滅。大亂將作矣。

懷愍之辱 懷帝永嘉五年至元帝建武元年

懷帝永嘉五年。五月。漢主聰使前軍大將軍呼延晏將兵二萬七千寇洛陽。比及河南。晉兵前後十二敗。死者三萬餘人。始安王曜王彌石勒皆引兵會之。未至。晏留輜重於張方故壘。癸未。先至洛陽。甲申。攻平昌門。丙戌。克之。遂焚東陽門及諸府寺。六月。丁亥朔。晏以外繼不至。俘掠而去。帝具舟於洛水。將東走。晏盡焚之。辛卯。王彌至宣陽門。壬辰。始安王曜至西明門。丁酉。王彌呼延晏克宣陽門。入南宮。升太極前殿。縱兵大掠。悉取宮人珍寶。帝出華林園門。欲奔長安。漢兵追執之。幽於端門。曜自西明門入屯武庫。戊戌。曜殺太子詮吳孝王晏竟陵王楙右僕射曹馥尚書閭丘沖河南尹劉默等。士民死者三萬餘人。遂發掘諸陵。焚宮廟官府皆盡。曜納惠帝羊皇后。遷帝及六璽於平陽。石勒引兵出轘轅。屯許昌。漢主聰大赦。改元嘉平。以帝爲特進左光祿大夫。封平阿公。六年二月。封帝爲會稽郡公。加儀同三司。聰從容謂帝曰。卿昔爲豫章王。朕與王武子造卿。武子稱朕於卿。卿言聞其名久矣。贈朕柘弓銀研。卿頗記否。帝曰。臣安敢忘之。但恨爾日不早識龍顏。聰曰。卿家骨肉何相殘如此。帝曰。大漢將應天受命。故爲陛下自相驅除。此殆天意。非人事也。且臣家若能奉武皇帝之業。九族敦睦。陛下何由得之。聰喜。以小劉貴人妻帝。曰。此名公之孫也。卿善遇之。愍帝建興元年春正月丁丑朔。漢主聰宴羣臣於光極殿。使懷帝著靑衣行酒。庾珉王雋等不勝悲憤。因號哭。聰惡之。有告珉等謀以平陽應劉琨者。二月丁未。聰殺珉雋等故晉臣十餘人。懷帝亦遇害。夏四月丙午。懷帝凶問至長安。皇太子舉哀。因加元服。壬申。卽皇帝位。大赦改元。以衞將軍梁芬爲司徒。雍州刺史麴允爲尙書左僕射。錄尙書事。京兆尹太守索綝爲尙書右僕射。領吏部京兆尹。是時長安城中戶不盈百。蒿棘成林。公私有車四乘。百官無章服印綬。唯桑版署號而已。尋以索綝爲衞將軍。領太尉。軍國之事。悉以委之。四年八月。漢大司馬曜逼長安。九月。攻陷長安外城。麴允索綝退守小城以自固。內外斷絕。城中飢甚。米斗直金二兩。人相食。死者大半。亡逃不可制。惟涼州義衆千人守死不移。太倉有麴數十䴵。麴允屑之爲粥以供帝。旣而亦盡。冬十一月。帝泣謂允曰。今窮厄如此。外無救援。當忍恥出降以活士民。因歎曰。誤我事者。麴索二公也。使侍中宗敞送降牋於曜。索綝潛留敞。使其子說曜曰。今城中食猶足支一年。未易克也。若許綝以儀同萬戶郡公者。請以城降。曜斬而送之曰。帝王之師。以義行也。孤將兵十五年。未嘗以詭計敗人。必窮兵極勢。然後取之。今索綝所言如此。天下之惡一也。輒相爲戮之。若兵食審未盡者。便可勉強固守。如其糧竭兵微。亦宜早寤天命。甲午。宗敞至曜營。乙未。帝乘羊車。肉袒銜璧輿櫬出東門降。羣臣號泣攀車執帝手。帝亦悲不自勝。御史中丞馮翊吉朗歎曰。吾智不能謀。勇不能戰。何忍君臣相隨北面事賊虜乎。乃自殺。曜焚櫬受璧。使宗敞奉帝還宮。丁酉。遷帝及公卿以下於其營。辛丑。送至平陽。壬寅。漢主聰臨光極殿。帝稽首於前。麴允伏地慟哭。扶不能起。聰怒。囚之。允自殺。聰以帝爲光祿大夫。封懷安侯。以大司馬曜爲假黃鉞大都督。督陝西諸軍事。太宰。封秦王。大赦。改元麟嘉。以麴允忠烈。贈車騎將軍。謚節愍侯。以索綝不忠。斬於都市。元帝建武元年冬十一月。漢主聰出畋。以愍帝行車騎將軍。戎服執戟前導。見者指之曰。此故長安天子也。聚而觀之。故老有泣者。太子粲言於聰曰。昔周武王豈樂殺紂乎。正恐同惡相求。爲患故也。今興兵聚衆者。皆以子業爲名。不如早除之。聰曰。吾前殺庾珉輩。而民心猶如是。吾未忍復殺也。且小觀之。十二月。聰饗羣臣於光極殿。使愍帝行酒洗爵。已而更衣。又使之執蓋。晉臣多涕泣。有失聲者。尙書郎隴西辛賓起抱帝大哭。聰命引出斬之。趙固與河內太守郭默侵漢河東。至絳。右司隸部民犇之者三萬餘人。騎兵將軍劉勳追擊之。殺萬餘人。固默引歸。太子粲帥將軍劉雅生等步騎十萬屯小平津。固揚言曰。要當生縛劉粲以贖天子。粲表於聽曰。子業若死。民無所望。則不爲李矩趙固之用。不攻而自滅矣。戊戌。愍帝遇害於平陽。

肥水之戰 晉孝武帝太元八年

秋七月。秦王堅下詔大舉入寇。民每十丁遣一兵。其良家子年二十已下。有材勇者。皆拜羽林郎。又曰。其以司馬昌明爲尚書左僕射。謝安爲吏部尚書。桓沖爲侍中。埶還不遠。可先爲起第。良家子至者三萬餘騎。拜秦州主簿趙盛之爲少年都統。是時朝臣皆不欲堅行。獨慕容垂。姚萇及良家子勸之。陽平公融言於堅曰。鮮卑羌虜。我之仇讎。常思風塵之變以逞其志。所陳策畫。何可從也。良家少年皆富饒子弟。不閑軍旅。苟爲諂諛之言。以會陛下之意。今陛下信而用之。輕舉大事。臣恐功既不成。仍有後患。悔無及也。堅不聽。八月戊午。堅遣陽平公融督張蚝。慕容垂等步騎二十五萬爲前鋒。以兗州刺史姚萇爲龍驤將軍。督益梁州諸軍事。堅謂萇曰。昔朕以龍驤建業。未嘗輕以授人。卿其勉之。左將軍竇衝曰。王者無戲言。此不祥之徵也。堅默然。慕容楷。慕容紹言於慕容垂曰。主上驕矜已甚。叔父建中興之業。在此行也。垂曰。然。非汝誰與成之。甲子。堅發長安。戎卒六十餘萬。騎二十七萬。旗鼓相望。前後千里。九月。堅至項城。涼州之兵始達咸陽。蜀漢之兵方順流而下。幽冀之兵至於彭城。東西萬里。水陸齊進。運漕萬艘。陽平公融等兵三十萬。先至潁口。詔以尚書僕射謝石爲征虜將軍征討大都督。以徐兗二州刺史謝玄爲前鋒都督。與輔國將軍謝琰西中郎將桓伊等、衆共八萬拒之。使龍驤將軍胡彬以水軍五千援壽陽。琰安之子也。是時秦兵既盛。都下震恐。謝玄入問計於謝安。安夷然答曰。已別有旨。既而寂然。玄不敢復言。乃令張玄重請。安遂命駕出游山墅。親朋畢集。與玄圍棋賭墅。安棋常劣於玄。是日玄懼。便爲敵手而又不勝。安遂游陟。至夜乃還。桓沖深以根本爲憂。遣精銳三千入衞京師。謝安固卻之曰。朝廷處分已定。兵甲無闕。西藩宜留以爲防。沖對佐吏歎曰。謝安石有廟堂之量。不閑將略。今大敵垂至。方游談不暇。遣諸不經事少年拒之。衆又寡弱。天下事已可知。吾其左衽矣。冬十月。秦陽平公融等攻壽陽。癸酉。克之。執平虜將軍徐元喜等。融以其參軍河南郭褒爲淮南太守。慕容垂拔鄖城。胡彬聞壽陽陷。退保硤石。融進攻之。秦衞將軍梁成等帥衆五萬屯於洛澗。柵淮以遏東兵。謝石謝玄等去洛澗二十五里而軍。憚成不敢進。胡彬糧盡。潛遣使告石等曰。今賊盛糧盡。恐不復見大軍。秦人獲之。送於陽平公融。融馳使白秦王堅曰。賊少易擒。但恐逃去。宜速赴之。堅乃留大軍於項城。引輕騎八千。兼道就融於壽陽。遣尚書朱序來說謝石等。以爲彊弱異埶。不如速降。序私謂石等曰。若秦百萬之衆盡至。誠難與爲敵。今乘諸軍未集。宜速擊之。若敗其前鋒。則彼已奪氣。可遂破也。石聞堅在壽陽。甚懼。欲不戰以老秦師。謝琰勸石從序言。十一月。謝玄遣廣陵相劉牢之帥精兵五千趣洛澗。未至十里。梁成阻澗爲陳以待之。半之直前渡水擊成。大破之。斬成及弋陽太守王詠。又分兵斷其歸津。秦步騎崩潰。爭赴淮水。士卒死者萬五千人。執秦揚州刺史王顯等。盡收其器械軍實。於是謝石等諸軍水陸繼進。秦王堅與陽平公融登壽陽城望之。見晉兵部陣嚴整。又望八公山上草木。皆以爲晉兵。顧謂融曰。此亦勍敵。何謂弱也。憮然始有懼色。秦兵逼肥水而陳。晉兵不得渡。謝玄遣使謂陽平公融曰。君懸軍深入。而置陳逼水。此乃持久之計。非欲速戰者也。若移陳少卻。使晉兵得渡。以決勝負。不亦善乎。秦諸將皆曰。我衆彼寡。不如遏之。使不得上。可以萬全。堅曰。但引兵少卻。使之半渡。我以鐵騎蹙而殺之。蔑不勝矣。融亦以爲然。遂麾兵使卻。秦兵遂退。不可復止。謝玄謝琰桓伊等。引兵渡水擊之。融馳騎略陳。欲以帥退者。馬倒。爲晉兵所殺。秦兵遂潰。玄等乘勝追擊。至於青岡。秦兵大敗。自相蹈藉而死者。蔽野塞川。其走者聞風聲鶴唳。皆以爲晉兵且至。晝夜不敢息。草行露宿。重以飢凍。死者什七八。初秦兵少卻。朱序在陳後呼曰。秦兵敗矣。衆遂大奔。序因與張天錫徐元喜皆來奔。獲秦王堅所乘雲母車。復取壽陽。執其淮南太守郭褒。堅中流矢。單騎走至淮北。飢甚。民有進壺飧豚髀者。堅食之。賜帛十匹。綿十斤。辭曰。陛下厭苦安樂。自取危困。臣爲陛下子。陛下爲臣父。安有子飼其父而求報乎。弗顧而去。堅謂張夫人曰。吾今復何面目治天下乎。潸然流涕。是時諸軍皆潰。惟慕容垂所將三萬人獨全。堅以千餘騎赴之。世子寶言於垂曰。家國傾覆。天命人心皆歸至尊。但時運未至。故晦迹自藏耳。今秦主兵敗。委身於我。是天借之便以復燕祚。此時不可失也。願不以意氣微恩。忘社稷之重。垂曰。汝言是也。然彼以赤心投命於我。若之何害之。天苟棄之。不患不亡。不若保護其危。以報德。徐俟其釁而圖之。既不負宿心。且可以義取天下。奮威將軍慕容德曰。秦彊而幷燕。秦弱而圖之。此爲報仇雪恥。非負宿心也。兄奈何得而不取。釋數萬之衆以授人乎。垂曰。吾昔爲太傅所不容。置身無所。逃死於秦。秦主以國士遇我。恩禮備至。後復爲王猛所賣。無以自明。秦主獨能明之。此恩何可忘也。若氐運必窮。吾當懷集關東。以復先業耳。關西會非吾有也。冠軍行參軍趙秋曰。明公當紹復燕祚。著於圖讖。今天時已至。尙復何待。若殺秦主。據鄴都。鼓行而西。三秦亦非苻氏之有也。垂親黨多勸垂殺堅。垂皆不從。悉以兵授堅。平南將軍慕容暐屯郾城。聞堅敗。棄其衆遁去。至滎陽。慕容德復說暐起兵以復燕祚。暐不從。謝安得驛書。知秦兵已敗。時方與客圍棋。攝書置牀上。了無喜色。圍棋如故。客問之。徐答曰。小兒輩遂已破賊。既罷。還內。過戶限。不覺屐齒之折。丁亥。謝石等歸建康。得秦樂工。能習舊聲。於是宗廟始備金石之樂。乙未。以張天錫爲散騎常侍。朱序爲琅琊內史。

劉裕伐南燕之役 安帝義熙五年六年

五年三月。劉裕抗表伐南燕。朝議皆以爲不可。惟左僕射孟昶。車騎司馬謝裕。參軍臧熹。以爲必克。勸裕行。裕以昶監中軍留府事。謝裕。安之兄孫也。初。苻氏之敗也。王猛之孫鎭惡來奔以爲臨澧令。鎭惡騎乘非長。關弓甚弱。而有謀略。善果斷。喜論軍國大事。或薦鎭惡於劉裕。裕與語。說之。因留宿。明旦。謂參佐曰。吾聞將門有將。鎭惡信然。即以爲中軍參軍。四月己巳。劉裕發建康。帥舟師自淮入泗。五月至下邳。留船艦輜重。步進至琅琊。所過皆築城留兵守之。或謂裕曰。燕人若塞大峴之險。或堅壁清野。大軍深入。不惟無功。將不能自歸。柰何。裕曰。吾慮之熟矣。鮮卑貪婪。不知遠計。進利虜獲。退惜禾苗。謂我孤軍遠入。不能持久。不過進據臨朐。退守廣固。必不能守險清野。敢爲諸君保之。南燕主超聞有晉師。引羣臣會議。征虜將軍公孫五樓曰。吳兵輕果。利在速戰。不可爭鋒。宜據大峴。使不得入。曠日延時。沮其銳氣。然後徐簡精騎二千。循海而南。絕其糧道。別敕段暉帥兗州之衆。緣山東下。腹背擊之。此上策也。各命守宰依險自固。校其資儲之外。餘悉焚蕩。芟除禾苗。使敵無所資。彼僑軍無食。求戰不得。旬月之間。可以坐制。此中策也。縱賊入峴。出城逆戰。此下策也。超曰。今歲星居齊。以天道推之。不戰自克。客主勢殊。以人事言之。彼遠來疲弊。勢不能久。吾據五州之地。擁富庶之民。鐵騎萬羣。麥禾布野。柰何芟苗徙民。先自蹙弱乎。不如縱使入峴。以精騎蹂之。何憂不克。輔國將軍廣寧王賀賴盧苦諫不從。退謂五樓曰。必若此。亡無日矣。太尉桂林王鎭曰。陛下必以騎兵利平地者。宜亟出峴逆戰。戰而不勝。猶可退守。不宜縱敵入峴。自棄險固也。超不從。鎭出謂韓諄曰。主上既不能逆戰卻敵。又不肯徙民清野。延敵入腹。坐待攻圍。酷似劉瑋矣。今年國滅。吾必死之。卿中華之士。復爲文身矣。超聞之大怒。收鎭下獄。乃攝莒梁父二戍修城隍。簡士馬以待之。劉裕過大峴。燕兵不出。裕舉手指天。喜形於色。左右曰。公未見敵而先喜。何也。裕曰。兵已過險。士有必死之志。餘糧棲畝。人無匱乏之憂。虜已入吾掌中矣。六月己巳。裕至東莞。超先遣公孫五樓賀賴盧及左將軍段暉等將步騎五萬屯臨朐。聞晉兵入峴。自將步騎四萬往就之。使五樓帥騎進據巨蔑水。前鋒孟龍符與戰。破之。五樓退走。裕以車四千乘爲左右翼。方軌徐進。與燕兵戰於臨朐南。日向昃。勝負猶未決。參軍胡藩言於裕曰。燕悉兵出戰。臨朐城中留守必寡。願以奇兵從間道取其城。此韓信所以破趙也。裕遣藩及諮議參軍檀韶建威將軍河內向彌潛師出燕兵之後。攻臨朐。聲言輕兵自海道至矣。向彌擐甲先登。遂克之。超大驚。單騎就段暉於城南。裕因縱兵奮擊。燕衆大敗。斬段暉等大將十餘人。超遁還廣固。獲其玉璽輦及豹尾。裕乘勝逐北至廣固。丙子。克其大城。超收衆入保小城。裕築長圍守之。圍高三丈。穿塹三重。撫納降附。采拔賢俊。華夷大悅。於是因齊地糧儲。悉停江淮漕運。超遣尙書郎張綱乞師於秦。赦桂林王鎭。以爲錄尙書都督中外諸軍事。引見謝之。且問計焉。鎭曰。百姓之心。係於一人。今陛下親董六師。奔敗而還。羣臣離心。士民喪氣。聞秦人自有內患。恐不暇分兵救人。散卒還者。尙有數萬。宜悉出金帛以餌之。更決一戰。若天命助我。必能破敵。如其不然。死亦爲美。比於閉門待盡。不猶愈乎。司徒樂浪王惠曰。

不然。晉兵乘勝氣埶百倍。我以敗軍之卒當之。不亦難乎。秦雖與勃勃相持。不足爲患。且與我分據中原。埶如脣齒。安得不來相救。但不遣大臣。則不能得重兵。尙書令韓範爲燕秦所重。宜遣乞師。超從之。秋七月。加劉裕北青冀二州刺史。南燕尙書略陽垣尊及弟京兆太守苗。踰城來降。裕以爲行參軍。尊苗皆超所委任以爲腹心者也。或謂裕曰。張綱有巧思。若得綱使爲攻具。廣固必可拔也。會綱自長安還。太山太守申宣執之。送於裕。裕升綱於樓車。使周城呼曰。劉勃勃大破秦軍。無兵相救。城中莫不失色。江南每發兵及遣使者至廣固。裕輒潛遣兵夜迎之。明日。張旗鳴鼓而至。北方之民執兵負糧歸裕者。日以千數。圍城益急。張華封愷皆爲裕所獲。超請割大峴以南地爲藩臣。裕不許。秦王興遣使謂裕曰。慕容氏相與鄰好。今晉攻之急。秦已遣鐵騎十萬屯洛陽。晉軍不還。當長驅而進。裕呼秦使者謂曰。語汝姚興。我克燕之後。息兵三年。當取關洛。今能自送。便可速來。劉穆之聞有秦使。馳入見裕。而秦使者已去。裕以所言告穆之。穆之尤之曰。常日事無大小。必賜預謀。此宜善詳。云何遽爾答之。此語不足以威敵。適足以怒之。若廣固未下。羌寇奄至。不審何以待之。裕笑曰。此是兵機。非卿所解。故不相語耳。夫兵貴神速。彼若審能赴救。必畏我知。寧容先遣信命。逆設此言。是自張大之辭也。晉師不出。爲日久矣。羌見伐齊。殆將內懼。自保不暇。何能救人邪。九月。秦王興自將擊夏王勃勃。至貳城。遣安遠將軍姚詳等分督租運。勃勃乘虛奄至。興懼。欲輕騎就詳等。右僕射韋華曰。若鑾輿一動。衆心駭懼。必不戰自潰。詳營亦未必可至也。興與勃勃戰。秦兵大敗。將軍姚榆生爲勃勃所禽。左將軍姚文崇等力戰。勃勃乃退。興還長安。勃勃復攻秦敕奇堡黃石固我羅城。皆拔之。徙七千餘家於大城。以其丞相右地代領幽州牧以鎭之。初興遣衞將軍姚強帥步騎一萬。隨韓範往就姚紹於洛陽。幷兵以救南燕。及爲勃勃所敗。追強兵還長安。韓範歎曰。天滅燕矣。南燕尚書張俊自長安還。降於劉裕。因說裕曰。燕人所恃者。謂韓範必能致秦師也。今得範以示之。燕必降矣。裕乃表範爲散騎常侍。且以書招之。長水校尉王蒲勸範奔秦。範曰。劉裕起布衣。滅桓玄。復晉室。今興師伐燕。所向崩潰。此殆天授。非人力也。燕亡則秦爲之次矣。吾不可以再辱。遂降於裕。裕將範循城。城中人情離沮。或勸燕主超誅範家。超以範弟諄盡忠無貳。幷範家赦之。冬十月。段宏自魏奔於裕。張綱爲裕造攻具。盡諸奇巧。超怒。縣其母於城上。支解之。六年春正月甲寅朔。南燕主超登天門。朝羣臣於城上。乙卯。超與寵姬魏夫人登城。見晉兵之盛。握手對泣。韓諄諫曰。陛下遭堙厄之運。正當努力自強。以壯士民之志。而更爲兒女子泣邪。超拭目謝之。尚書令董銑勸超降。超怒。囚之。二月癸未。南燕賀賴盧公孫五樓爲地道出擊晉兵。不能卻。城久閉。城中男女病腳弱者太半。出降者相繼。超輦而登城。尚書悅壽說超曰。今天助寇爲虐。戰士凋瘁。獨守窮城。絕望外援。天時人事。亦可知矣。苟曆數有終。堯舜避位。陛下豈可不思變通之計乎。超歎曰。廢興命也。吾寧奮劍而死。不能銜璧而生。丁亥。劉裕悉衆攻城。或曰。今日往亡。不利行師。裕曰。我往彼亡。何爲不利。四面急攻之。悅壽開門納晉師。超與左右數十騎踰城突圍出走。追獲之。裕數以不降之罪。超神色自若。一無所言。惟以母託劉敬宣而已。裕忿廣固久不下。欲盡阬之。以妻女賞將士。韓範諫曰。晉室南遷。中原鼎沸。士民無援。強則附之。既爲君臣。必須爲之盡力。彼皆衣冠舊族。先帝遺民。今王師弔伐而盡阬之。使安所歸乎。竊恐西北之人。無復來蘇之望矣。裕改容謝之。然猶斬王公以下三千人。沒入家口萬餘。夷其城隍。送超詣建康斬之。

魏遷雒陽　齊武帝永明十一年至明帝建武三年

齊武帝永明十一年。魏主以平城地寒。六月雨雪。風沙常起。將遷都雒陽。恐羣臣不從。乃議大舉伐齊。欲以脅衆。齋於明堂左个。使太常卿王諶筮之。遇革。帝曰。湯武革命。應乎天而順乎人。吉孰大焉。羣臣莫敢言。尚書任城王澄曰。陛下奕葉重光。帝有中土。今出師以征未服。而得湯武革命之象。未爲全吉也。帝厲聲曰。繇云大人虎變。何言不吉。澄曰。陛下龍興已久。何得今乃虎變。帝作色曰。社稷我之社稷。任城欲阻衆邪。澄曰。社稷雖爲陛下之有。臣爲社稷之臣。安可知危而不言。帝久之乃解。曰。各言其志。夫亦何傷。既還宮。召澄入見。逆謂之曰。嚮者革卦。今當更與卿論之。明堂之忿。恐人人競言。阻我大計。故以聲色怖文武耳。想識朕意。因屏人謂澄曰。今日之舉。誠爲不易。但國家興自朔土。徙居平城。此乃用武之地。非可文治。今將移風易俗。其道誠難。朕欲因此遷宅中原。卿以爲何如。澄曰。陛下欲卜宅中土以經略四海。此周漢之所以興隆也。帝曰。北人習常戀故。必將驚擾。奈何。澄曰。非常之事。故非常人之所及。陛下斷自聖心。彼亦何所能爲。帝曰。任城吾之子房也。六月丙戌。命作河橋。欲以濟師。祕書監盧淵上表。以爲前世承平之主。未嘗親御六軍。決勝行陳之間。豈非勝之不足爲武。不勝有虧威望乎。昔魏武以弊卒一萬破袁紹。謝玄以步軍三千摧苻秦。勝負之變。決於須臾。不在衆寡也。詔報曰。承平之主。所以不親戎事者。或以同軌無敵。或以懦劣偷安。今謂之同軌則未然。比之懦劣則可恥。必若王者不當親戎。則先王制革輅。何所施也。魏武之勝。蓋由仗順。苻氏之敗。亦由失政。豈寡必能勝衆。弱必能制彊邪。丁未。魏主講武。命尚書李沖典武選。秋九月戊辰。魏主濟河。庚午。至雒陽。魏主自發平城至雒陽。霖雨不止。丙子。詔諸軍前發。丁丑。帝戎服執鞭乘馬而出。羣臣稽顙於馬前。帝曰。廟算已定。大軍將進。諸公更欲何云。尚書李沖等曰。今者之舉。天下所不願。唯陛下欲之。臣不知陛下獨行。竟何之也。臣等有其意而無其辭。敢以死請。帝大怒曰。吾方經營天下。期於混壹。而卿等儒生。屢疑大計。斧鉞有常。卿勿復言。策馬將出。於是安定王休等並慇勤泣諫。帝乃諭羣臣曰。今者興發不小。動而無成。何以示後。朕世居幽朔。欲南遷中土。苟不南伐。當遷都於此。王公以爲何如。欲遷者左。不欲者右。安定王休等相帥如右。南安王楨進曰。成大功者不謀於衆。今陛下苟輟南伐之謀。遷都雒邑。此臣等之願。蒼生之幸也。羣臣皆呼萬歲。時舊人雖不願內徙。而憚於南伐。無敢言者。遂定遷都之計。李沖言於上曰。陛下將定鼎雒邑。宗廟宮室。非可馬上遊行以待之。願陛下暫還代都。俟羣臣經營畢功。然後備文物。鳴和鸞而臨之。帝曰。朕將巡省州郡。至鄴小停。春首卽還。未宜歸北。乃遣任城王澄還平城。諭留司百官以遷都之事。曰。今日眞所謂革也。王其勉之。帝以羣臣意多異同。謂衞尉卿鎭南將軍于烈曰。卿意如何。烈曰。陛下聖略淵遠。非愚淺所測。若隱心而言。樂遷之與戀舊適中半耳。帝曰。卿既不唱異。卽是肯同。深感不言之益。使還鎭平城。曰留臺庶政。一以相委。冬十月戊寅朔。魏主如金墉城。徵穆亮。使與尙書李沖將作大匠董爾經營雒都。己卯。如河南城。乙酉。如豫州。癸巳。舍於石濟。乙未。魏解嚴。設壇於滑臺城東。告行廟以遷都之意。大赦。起滑臺宮。任城王澄至平城。衆始聞遷都。莫不驚駭。澄援引古今。徐以曉之。衆乃開伏。澄還報於滑臺。魏主喜曰。非任城。朕事不成。乙巳。魏主遣安定王休帥從官迎家於平城。魏主築宮於鄴西。冬十一月癸亥。徙居之。明帝建武元年春正月乙亥。魏主如雒陽西宮。中書侍郞韓顯宗上書陳四事。其一以爲竊聞輿駕今夏不巡三齊。當幸中山。往冬輿駕停鄴。當農隙之時。猶比屋供奉。不勝勞費。況今蠶麥方急。將何以堪命。且六軍涉暑。恐生癘疫。臣願早還北京。以省諸州供張之苦。成雒都營繕之役。其二。以爲雒陽宮殿。故基皆魏明帝所造。前世已譏其奢。今茲營繕。宜加裁損。又頃來北都富室。競以第舍相尙。宜因遷徙。爲之制度。及端廣衢路。通利溝渠。其三。以爲陛下之遷雒陽。輕將從騎。王者於闈闥之內。猶施警蹕。況涉履山河。而不加三思乎。其四。以爲陛下耳聽法音。目翫墳典。口對百辟。心虞萬機。景昃而食。夜分而寢。加以孝思之至。隨時而深。文章之業。日成篇卷。雖叡明所用。未足爲煩。然非所以嗇神養性。保無疆之祚也。伏願陛下垂拱司契。而天下治矣。帝頗納之。顯宗。麒麟之子也。顯宗又上言。以爲昔周居雒邑。猶存宗周。漢遷東都。京兆置尹。察春秋之義。有宗廟曰都。無曰邑。況代京。宗廟山陵所託。王業所基。其爲神鄉福地。實亦遠矣。今便同之郡國。臣竊不安。謂宜建畿置尹。一如故事。崇本重舊。光示萬葉。又古者四民異居。欲其業專志定也。太祖道武皇帝。創基撥亂。日不暇給。然猶分別士庶。不令雜居。工伎屠沽。各有攸處。但不設科禁。久而混殽。今聞雒邑居民之制。專以官位相從。不分族類。夫官位無常。朝榮夕悴。則是衣冠皁隸。不日同處矣。借使一里之內。或調習歌舞。或講肄詩書。縱羣兒隨其所之。則必不棄歌舞而從詩書矣。然則使工伎之家。習士人風禮。百年難成。士人之子。效工伎容態。一朝而就。是以仲尼稱里仁之美。孟母勤三徙之訓。此乃風俗之原。不可不察。朝廷每選人士。校其一婚一宦。以爲升降。何其密也。至於度地居民。則清濁連甍。何其略也。今因遷徙之初。皆是空地。分別工伎。在於一言。有何可疑。而闕盛美。帝覽奏。甚善之。二月壬寅。魏主北巡。癸卯。濟河。三月壬申。至平城。使羣臣更論遷都利害。各言其志。燕州刺史穆羆曰。今四方未定。未宜遷都。且征伐無馬。將何以克。帝曰。廐牧在代。何患無馬。今代在恆山之北。九州之外。非帝王之都也。尚書于果曰。臣非以代地爲勝伊雒之美也。但自先帝以來。久居於此。百姓安之。一旦南遷。衆情不樂。平陽公丕曰。遷都大事。當訊之卜筮。帝曰。昔周召聖賢。乃能卜宅。今無其人。卜之何益。且卜以決疑。不疑何卜。黃帝卜而龜焦。天老曰吉。黃帝從之。然則至人之知未然。審於龜矣。王者以四海爲家。或南或北。何常之有。朕之遠祖。世居北荒。平文皇帝始都東木根山。昭成皇帝更營盛樂。道武皇帝遷於平城。朕幸屬勝殘之運。何爲獨不得遷乎。羣臣不敢復言。羆。壽之孫。果。烈之弟也。癸酉。魏主臨朝堂。部分遷留。冬十月戊申。魏主親告太廟。使高陽王雍于烈奉遷神主於雒陽。辛亥。發平城。十一月。魏主至雒陽。欲澄清流品。以尚書崔亮兼吏部郎。十二月。魏主欲變易舊風。壬寅。詔禁士民胡服。國人多不悅。通直散騎常侍劉芳。纘之族弟也。與給事黃門侍郎太原郭祚。皆以文學爲帝所親禮。多引與講論。及密議政事。大臣貴戚皆以爲疏己。怏怏有不平之色。帝使給事黃門侍郎陸凱私諭之曰。至尊但欲廣知古事。詢訪前世法式耳。終不親彼而相疏也。衆意乃稍解。戊申。詔代民遷雒者復租賦三年。二年夏五月。魏主欲變北俗。引見羣臣。謂曰。卿等欲朕遠追商周。爲欲不及漢晉邪。咸陽王禧對曰。羣臣願陛下度越前王耳。帝曰。然則當變風易俗。當因循守故邪。對曰。願聖政日新。帝曰。爲止於一身。爲欲傳之子孫邪。對曰。願傳之百世。帝曰。然則必當改作。卿等不得違也。對曰。上令下從。其誰敢違。帝曰。夫名不正。言不順。則禮樂不可興。今欲斷諸北語。一從正音。其年三十已上。習性已久。容不可猝革。三十已下。見在朝廷之人。語音不聽仍舊。若有故爲。當加降黜。各宜深戒。王公卿士以爲然不。對曰。實如聖旨。帝曰。朕嘗與李沖論此。沖曰。四方之語。竟知誰是。帝者言之。卽爲正矣。沖之此言。其罪當死。因顧沖曰。卿負社稷。當令御史牽下。沖免冠頓首謝。又責留守之官曰。昨望見婦女猶服夾領小袖。卿等何爲不遵前詔。皆謝罪。帝曰。朕言非是。卿等當廷爭。如何入則順旨。退則不從乎。六月己亥。下詔不得爲北俗之語於朝廷。違者免所居官。戊午。魏改用長尺大斗。其法依漢志爲之。秋八月。立國子太學四門小學於雒陽。九月庚午。魏六宮文武悉遷於雒陽。冬十二月甲子。魏主引見羣臣於光極堂。頒賜冠服。三年春正月。魏主下詔以爲北人謂土爲拓。后爲跋。魏之先出於黃帝。以土德王。故爲拓跋氏。夫土者黃中之色。萬物之元也。宜改姓元氏。諸功臣舊族自代來者。姓或重複。皆改之。秋八月。魏太子恂不好學。體素肥大。苦河南地熱。常思北歸。魏主賜之衣冠。恂常私著胡服。八月戊戌。恂密謀召牧馬輕騎犇平城。尚書陸琇啟帝。帝引見恂。數其罪。杖之百餘下。囚於城西。廢爲庶人。

韋叡救鍾離之役 梁武帝天監六年

梁天監六年正月。魏中山王英與平東將軍楊大眼等衆數十萬攻鍾離。鍾離城北阻淮水。魏人於邵陽洲兩岸爲橋。樹柵數百步。跨淮通道。英據南岸攻城。大眼據北岸立城以通糧運。城中衆纔三千人。昌義之督帥將士。隨方抗禦。魏人以車載土塡塹。使其衆負土隨之。嚴騎蹙其後。人有未及回者。因以土迮之。俄而塹滿。衝車所撞。城土輒頹。義之用泥補之。衝車雖入而不能壞。魏人晝夜苦攻。分番相代。墜而復升。莫有退者。一日戰數十合。前後殺傷萬計。魏人死者與城平。二月。魏主召英使還。英表稱臣志殄逋寇。而月初已來。霖雨不止。若三月晴霽。城必可克。願少賜寬假。魏主復詔曰。彼土蒸溼。無宜久淹。埶雖必取。乃將軍之深計。兵久力殆。亦朝廷之所憂也。英猶表稱必克。魏主遣步兵校尉范紹詣英議攻取形埶。紹見鍾離城堅。勸英引還。英不從。上命豫州刺史韋叡將兵救鍾離。受曹景宗節度。叡自合肥取直道。由陰陵大澤行。値澗谷。輒飛橋以濟師。人畏魏兵盛。多勸叡緩行。叡曰。鍾離今鑿穴而處。負戶而汲。車馳卒奔。猶恐其後。而況緩乎。魏人已墮吾腹中。卿曹勿憂也。旬日至邵陽。上豫敕曹景宗曰。韋叡。卿之鄉望。宜善敬之。景宗見叡禮甚謹。上聞之曰。二將和。師必濟矣。景宗與叡進頓邵陽洲。叡於景宗營前二十里夜掘長塹。樹鹿角。截洲爲城。去魏城百餘步。南梁太守馮道根能走馬步地。計馬足以賦功。比曉而營立。魏中山王英大驚。以杖擊地曰。是何神也。景宗等器甲精新。軍容甚盛。魏人望之奪氣。景宗慮城中危懼。募軍士言文達等潛行水底。齎敕入城。城中始知有外援。勇氣百倍。楊大眼勇冠軍中。將萬餘騎來戰。所向皆靡。叡結車爲陳。大眼聚騎圍之。叡以强弩二千一時俱發。洞甲穿中。殺傷甚衆。矢貫大眼右臂。大眼退走。明旦。英自帥衆來戰。叡乘素木輿。執白角如意以麾軍。一日數合。英乃退。魏師復夜來攻城。飛矢雨集。叡子黯請下城以避箭。叡不許。軍中驚。叡於城上厲聲呵之。乃定。牧人過淮北伐芻藁者。皆爲楊大眼所略。曹景宗募勇敢士千餘人。於大眼城南數里築壘。大眼來攻。景宗擊卻之。壘成。使別將趙草守之。有抄掠者。皆爲草所獲。是後始得縱芻牧。上命景宗等豫裝高艦。使與魏橋等。爲火攻之計。令景宗與叡各攻一橋。叡攻其南。景宗攻其北。三月。淮水暴漲六七尺。叡使馮道根與廬江太守裴邃。秦郡太守李文釗等。乘鬭艦競發。擊魏洲上軍盡殪。別以小船載草。灌之以膏。從而焚其橋。風怒火盛。煙塵晦冥。敢死之士。拔柵斫橋。水又漂疾。倏忽之間。橋柵俱盡。道根等皆身自搏戰。軍人奮勇。呼聲動天地。無不一當百。魏軍大潰。英見橋絕。脫身棄城走。大眼亦燒營去。諸壘相次土崩。悉棄其器甲。爭投水。死者十餘萬。斬首亦如之。叡遣報昌義之。義之悲喜不暇答語。但叫曰。更生。更生。諸軍逐北至濊水上。英單騎入梁城。緣淮百餘里。尸相枕藉。生擒五萬人。收其資糧器械山積。牛馬驢騾不可勝計。義之德景宗及叡。請二人共會。設錢二十萬官賭之。景宗擲得雉。叡徐擲得盧。遽取一子反之。曰。異事。遂作塞。景宗與羣帥爭先告捷。叡獨居後。世尤以此賢之。詔增景宗叡爵邑義之等受賞各有差。

臺城之圍 太清三年

初臺城之閉也。公卿以食爲念。男女貴賤並出負米。得四十萬斛。收諸府藏錢帛五十萬億。並聚德陽堂。而不備薪芻魚鹽。至是壞尚書省爲薪。撤薦剉以飼馬。薦盡又食以飯。軍士無膎。或煮鎧熏鼠捕雀而食之。御甘露廚有乾苔。味酸鹹。分給戰士。軍人屠馬於殿省間。雜以人肉。食者必病。侯景衆亦飢。抄掠無所獲。東城有米。可支一年。援軍斷其路。又聞荆州兵將至。景甚患之。王偉曰。今臺城不可猝拔。援軍日盛。吾軍乏食。若僞求和以緩其勢。東城之米。足支一年。因求和之際。運米入石頭。援軍必不得動。然後休士息馬。繕修器械。伺其懈怠。擊之。一舉可取也。景從之。遣其將任約于子悅至城下。拜表求和。乞復先鎭。太子以城中窮困。白上請許之。上怒曰。和不如死。太子固請曰。侯景圍逼已久。援軍相仗不戰。宜且許其和。更爲後圖。上遲回久之。乃曰。汝自圖之。勿令取笑千載。遂報許之。景乞割江右四州之地。並求宣城王大器出送。然後濟江。中領軍傅岐固爭曰。豈有賊舉兵圍宮闕。而更與之和乎。此特欲卻援軍耳。戎狄獸心。必不可信。且宣城嫡嗣之重。國命所繫。豈可爲質。上乃以大器之弟石城公大款爲侍中。出質於景。又敕諸軍不得復進。下詔曰。善兵不戰。止戈爲武。可以景爲大丞相。都督江西四州諸軍事。豫州牧。河南王如故。己亥。設壇於西華門外。遣僕射王克上甲侯詔。吏部郎蕭瑳。與于子悅。任約。王偉。登壇共盟。太子詹事柳津出西華門。景出栅門。遙相對。更殺牲歃血為盟。既盟。而景長圍不解。專修鎧仗。託云無船。不得即發。又云。恐南軍見躡。遣石城公還臺。求宣城王出送。邀求稍廣。了無去志。太子知其詐言。猶羈縻不絕。詔。懿之孫也。庚子。前南兗州刺史南康王會理。前青冀二州刺史湘潭侯退。西昌侯世子彧。衆合三萬。至於馬卬洲。景慮其自白下而上。啟云。請敕北軍聚還南岸。不爾。妨臣濟江。太子即勒會理自白下城移軍江潭苑。退。恢之子也。辛丑。以邵陵王綸為司空。鄱陽王範為征北將軍。柳仲禮為侍中尚書右僕射。景以于子悅任約傅士悊皆為儀同三司。夏侯譒為豫州刺史。董紹先為東徐州刺史。徐思玉為北徐州刺史。王偉為散騎常侍。上以偉為侍中。乙卯。景又啟曰。適有西岸信至。高澄已得壽陽鍾離。臣今無所投足。求借廣陵并譙州。俟得壽陽。即奉還朝廷。又云。援軍既在南岸。須於京口度江。太子并答許之。癸卯。大赦。庚戌。景又啟曰。永安侯確。直閤趙威方。頻隔栅見訴云。天子自與汝盟。我終當破汝。乞召確及威方入。即當引路。上遣吏部尚書張綰召確。辛亥。以確為廣州刺史。威方為盱眙太守。確累啟固辭不入。上不許。確先遣威方入城。因欲南奔。邵陵王綸泣謂確曰。圍城既久。聖上憂危。臣子之情。切於湯火。故欲且盟而遣之。更申後計。成命已決。何得拒違。時臺使周石珍東宮主書左法生在綸所。確謂之曰。侯景雖云欲去。而不解長圍。意可見也。今召僕入城。何益於事。石珍曰。敕旨如此。

耶那得辭。確意倘堅。綸大怒。謂趙伯超曰。譙州爲我斬之。持其首去。伯超揮刃眄確曰。伯超識君侯。刀不識也。確乃流涕入城。上常蔬食。及圍城日久。上廚蔬茹皆絕。乃食雞子。綸因使者甦通。上雞子數百枚。上手自料簡。歔欷哽咽。湘東王繹軍於郢州之武城。湘州刺史河東王譽軍於青草湖。信州刺史桂陽王慥軍於西峽口。託云俟四方援兵。淹留不進。中記室參軍蕭賁。骨鯁士也。以繹不早下。心非之。常與繹雙陸。食子未下。賁曰。殿下都無下意。繹深銜之。乃得上敕。繹欲旋師。賁曰。景以人臣舉兵向闕。今若放兵。未及度江。童子能斬之矣。必不爲也。大王以十萬之衆。未見賊而退。奈何。繹不悅。未幾。因事殺之。慥。懿之孫也。侯景運東府米入石頭。既畢。王偉聞荊州軍退。援軍雖多。不相統一。乃說景曰。王以人臣舉兵。圍守宮闕。逼辱妃主。殘穢宗廟。擢王之髮。不足數罪。今日持此。欲安所容身乎。背盟而捷。自古多矣。願且觀其變。臨賀王正德亦謂景曰。大功垂就。豈可棄去。景遂上啟陳帝十失。且曰。臣方事暌違。所以冒陳讜直。陛下崇飾虛誕。惡聞實錄。以祅怪爲嘉禎。以天譴爲無咎。敷演六藝。排擯前儒。王莽之法也。以鐵爲貨。使輕重無常。公孫之制也。爛羊鐫印。朝章鄙雜。更始趙倫之化也。豫章以所天爲血讎。邵陵以父存而冠布。石虎之風也。修建浮圖。百度糜費。使四民飢餒。笮融姚興之代也。又言建康宮室崇侈。陛下唯與主書參斷萬機。政以賄成。諸閹豪盛。衆僧殷實。皇太子珠玉是好。酒色是耽。吐言止於輕薄。賦詠不出桑中。邵陵所在殘破。湘東羣下貪縱。南康定襄之屬。皆如沐猴而冠耳。親爲孫姪。位則藩屛。臣至百日。誰肯勤王。此而靈長。未之有也。昔鬻拳兵諫。王卒改善。今日之舉。復奚罪乎。伏願陛下小懲大戒。放讒納忠。使臣無再舉之憂。陛下無嬰城之辱。則萬姓幸甚。上覽啟。且慙且怒。三月丙辰朔。立壇於太極殿前。告天地以景違盟。舉烽鼓譟。初閉城之日。男女十餘萬。擐甲者二萬餘人。被圍既久。人多身腫氣急。死者什八九。乘城者不滿四千人。率皆羸喘。橫尸滿路。不可瘞埋。爛汁滿溝。而衆心猶望外援。柳仲禮唯聚妓妾。置酒作樂。諸將日往請戰。仲禮不許。安南侯駿說邵陵王綸曰。城危如此。而都督不救。若萬一不虞。殿下何顏自立於世。今宜分軍爲三道。出賊不意攻之。可以得志。綸不從。柳津登城謂仲禮曰。汝君父在難。不能竭力。百世之後。謂汝爲何。仲禮亦不以爲意。上問策於津。對曰。陛下有邵陵。臣有仲禮。不忠不孝。賊何由平。戊午。南康王會理與羊鴉仁趙伯超等進營於東府城北。約夜度軍。既而鴉仁等曉猶未至。景衆覺之。營未立。景使宋子仙擊之。趙伯超望風退走。會理等兵大敗。戰及溺死者五千人。景積其首於闕下。以示城中。景又使于子悅求和。上使御史中丞沈浚至景所。景實無去志。謂浚曰。今天時方熱。軍未可動。乞且留京師立效。浚發憤責之。景不對。橫刀叱之。浚曰。負恩忘義。違棄詛盟。固天地所不容。沈浚五十之年。嘗恐不得死所。何爲以死相懼邪。因徑去不顧。景以其忠直。捨之。於是景決石闕前水。百道攻城。晝夜不息。邵陵世子堅屯太陽門。終日蒱飲。不恤吏士。

其書佐董勛熊曇朗恨之。丁卯。夜向曉。勛曇朗於城西北樓。引景衆登城。永安侯確力戰不能卻。乃排闥入啟上云。城已陷。上安臥不動曰。猶可一戰乎。對曰。不可。上歎曰。自我得之。自我失之。亦復何恨。因謂確曰。汝速去。語汝父。勿以二宮爲念。因使慰勞在外諸軍。俄而景遣王偉入文德殿奉謁。上命褰簾開戶。引偉入。偉拜呈景啟。稱爲姦佞所蔽。領衆入朝。驚動聖躬。今詣闕待罪。上問景何在。可召來。景入見於太極東堂。以甲士五百人自衞。景稽顙殿下。典儀引就三公榻。上神色不變。問曰。卿在軍中日久。無乃爲勞。景不敢仰視。汗流被面。又曰。卿何州人。而敢至此。妻子猶在北邪。景皆不能對。任約從旁代對曰。臣景妻子皆爲高氏所屠。唯以一身歸陛下。上又問。初度江有幾人。景曰。千人。圍臺城幾人。曰。十萬。今有幾人。曰。率土之內。莫非己有。上俛首不言。景復至永福省。見太子。太子亦無懼容。侍衞皆驚散。唯中庶子徐摛通事舍人陳郡殷不害側侍。摛謂景曰。侯王當以禮見。何得如此。景乃拜。太子與言。又不能對。景退。謂其廂公王僧貴曰。吾嘗跨鞍對陳。矢刃交下。而意氣安緩。了無怖心。今見蕭公。使人自慴。豈非天威難犯。吾不可以再見之。於是悉撤兩宮侍衞。縱兵掠乘輿服御宮人皆盡。收朝士王侯送永福省。使王偉守武德殿。于子悅屯太極東堂。矯詔大赦。自加大都督中外諸軍錄尚書事。建康士民逃難四出。太子洗馬蕭允至京口。端居不行。曰。死生有命。如何可逃。禍之所來。皆生於利。苟不求利。禍從何生。己巳。景遣石城公大款以詔命解外援軍。柳仲禮召諸將議之。邵陵王綸曰。今日之命。委之將軍。仲禮熟視不對。裴之高王僧辯曰。將軍擁衆百萬。致宮闕淪沒。正當悉力決戰。何所多言。仲禮竟無一言。諸軍乃隨方各散。南兗州刺史臨城公大連。湘東世子方等。鄱陽世子嗣。北兗州刺史湘潭侯退。吳郡太守袁君正。晉陵太守陸經等。各還本鎮。君正。昂之子也。邵陵王綸奔會稽。仲禮及弟敬禮羊鴉仁王僧辯趙伯超並開營降。軍士莫不歎憤。仲禮等入城。先拜景而後見上。上不與言。仲禮見父津。津慟哭曰。汝非我子。何勞相見。湘東王繹使全威將軍會稽王琳送米二十萬石以饋軍。至姑孰。聞臺城陷。沈米於江而還。景命燒臺內積尸。病篤未絕者。亦聚而焚之。庚午。詔征鎮牧守可復本任。景留柳敬禮羊鴉仁。而遣柳仲禮歸司州。王僧辯歸竟陵。

江都之亂 唐高祖武德元年

隋煬帝至江都。荒淫益甚。宮中爲百餘房。各盛供張。實以美人。日令一房爲主人。江都郡丞趙元楷掌供酒饌。帝與蕭后及幸姬歷就宴飲。酒卮不離口。從姬千餘人亦常醉。然帝見天下危亂。意亦擾擾不自安。退朝則幅巾短衣。策杖步遊。徧歷臺館。非夜不止。汲汲顧景。唯恐不足。帝自曉占候卜相。好爲吳語。常夜置酒。仰視天文。謂蕭后曰。外間大有人圖儂。然儂不失爲長城公。卿不失爲沈后。且共樂飲耳。因引滿沈醉。又嘗引鏡自照。顧謂蕭后曰。好頭頸。誰當斫之。后驚問故。帝笑曰。貴賤苦樂。更迭爲之。亦復何傷。帝見中原已亂。無心北歸。欲都丹陽。保據江東。命羣臣廷議之。內史侍郎虞世基等皆以爲善。左候衞大將軍李才極陳不可。請車駕還長安。與世基忿爭而出。門下錄事衡水李桐客曰。江東卑溼。土地危狹。內奉萬乘。外給三軍。民不堪命。恐亦將散亂耳。御史劾桐客謗毀朝政。於是公卿皆阿意言江東之民。望幸已久。陛下過江。撫而臨之。此大禹之事也。乃命治丹陽宮。將徙都之。時江都糧盡。從駕驍果多關中人。久客思鄉里。見帝無西意。多謀叛歸。郎將竇賢遂帥所部西走。帝遣騎追斬之。而亡者猶不止。帝患之。虎賁郎將扶風司馬德戡素有寵於帝。帝使領驍果屯於東城。德戡與所善虎賁郎將元禮。直閤裴虔通謀曰。今驍果人人欲亡。我欲言之。恐先事受誅。不言。於後事發。亦不免族滅。奈何。又聞關內淪沒。李孝常以華陰叛。上囚其二弟。欲殺之。我輩家屬皆在西。能無此慮乎。二人皆懼曰。則然計將安出。德戡曰。驍果若亡。不若與之俱去。二人皆曰。善。因轉相招引。內史舍人元敏。虎牙郎將趙行樞。鷹揚郎將孟秉。符璽郎李覆。牛方裕。直長許弘仁。薛世良。城門郎唐奉義。醫正張愷。勳侍楊士覽等皆與之同謀。日夜相結約。於廣座明論叛計。無所畏避。有宮人白蕭后曰。外間人人欲反。后曰。任汝奏之。宮人言於帝。帝大怒。以爲非所宜言。斬之。其後宮人復白后。后曰。天下事一朝至此。無可救者。何用言之。徒令帝憂耳。自是無復言者。趙行樞與將作少監宇文智及素厚。楊士覽。智及之甥也。二人以謀告智及。智及大喜。德戡等期以三月望日結黨西遁。智及曰。主上雖無道。威令尙行。卿等亡去。正如竇賢取死耳。今天實喪隋。英雄並起。同心叛者已數萬人。因行大事。此帝王之業也。德戡等然之。行樞薛世良請以智及兄右屯衛將軍許公化及爲主。結約既定。乃告化及。化及性駑怯。聞之變色流汗。既而從之。德戡使許宏仁張愷入備身府。告所識者云。陛下聞驍果欲叛。多醞毒酒。欲因享會盡鴆殺之。獨與南人留此。驍果皆懼。轉相告語。反謀益急。乙卯。德戡悉召驍果軍吏。諭以所爲。皆曰。唯將軍命。是日。風霾晝昏。晡後。德戡盜御廐馬。潛厲兵刃。是夕。元禮裴虔通直閤下。專主殿內。唐奉義主閉城門。與虔通相知。諸門皆不下鍵。至三更。德戡於東城集兵得數萬人。舉火與城外相應。帝望見火。且聞外諠囂。問何故。虔通對曰。草坊失火。外人共救之耳。時內外隔絕。帝以爲然。智及與孟秉於城外集千餘人。劫候衞虎賁馮普樂布兵分守衢巷。燕王倓覺有變。夜穿芳林門側水竇而入。至玄武門。詭奏曰。臣猝中風。命懸俄頃。請得面辭。裴虔通等不以聞。執囚之。丙辰。天未明。德戡授虔通兵。以代諸門衞士。虔通自門將數百騎至成象殿。宿衞者傳呼有賊。虔通乃還閉諸門。獨開東門。驅殿內宿衞者令出。皆投仗而走。右屯衞將軍獨孤盛謂虔通曰。何物兵。形勢大異。虔通曰。事勢已然。不預將軍事。將軍慎毋動。盛大罵曰。老賊是何物語。不及被甲。與左右十餘人拒戰。爲亂兵所殺。盛。楷之弟也。千牛獨孤開遠帥殿內兵數百人詣玄覽門。叩閤請曰。兵仗尚全。猶堪破賊。陛下若出臨戰。人情自定。不然。禍今至矣。竟無應者。軍士稍散。賊執開遠。義而釋之。先。是帝選驍健官奴數百人。置玄武門。謂之給使。以備非常。待遇優厚。至以宮人賜之。司宮魏氏。爲帝所信。化及等結之。使爲內應。是日。魏氏矯詔。悉聽給使出外。倉猝之際。無一人在者。德戡等引兵自玄武門入。帝聞亂。易服逃於西閣。虔通與元禮進兵排左閤。魏氏啓之。遂入永巷。問陛下安在。有美人出。指之。校尉令狐行達拔刀直進。帝映窗扉謂行達曰。汝欲殺我邪。對曰。臣不敢。但欲奉陛下西還耳。因扶帝下閣。虔通本帝爲晉王時親信左右也。帝見之。謂曰。卿非我故人乎。何恨而反。對曰。臣不敢反。但將士思歸。欲奉陛下還京師耳。帝曰。朕方欲歸。正爲上江米船未至。今與汝歸耳。虔通因勒兵守之。至旦。孟秉以甲騎迎化及。化及戰栗不能言。人有來謁之者。但俯首據鞍稱罪過。化及至城門。德戡迎謁。引入朝堂。號爲丞相。裴虔通謂帝曰。百官悉在朝堂。陛下須親出慰勞。進其從騎。逼帝乘之。帝嫌其鞍勒敝。更易新者。乃乘之。虔通執轡挾刀出宮門。賊徒喜譟動地。化及揚言曰。何用持此物。亟還與手。帝問世基何在。賊黨馬文舉曰。已梟首矣。於是引帝還至寢殿。虔通德戡等拔白刃侍立。帝歎曰。我何罪至此。文舉曰。陛下違棄宗廟。巡游不息。外勤征討。內極奢淫。使丁壯盡於矢刃。女弱塡於溝壑。四民喪業。盜賊蜂起。專任佞諛。飾非拒諫。何謂無罪。帝曰。我實負百姓。至於爾輩。榮祿兼極。何乃如是。今日之事。孰爲首邪。德戡曰。溥天同怨。何止一人。化及又使封德彝數帝罪。帝曰。卿乃士人。何爲亦爾。德彝赧然而退。帝愛子趙王杲年十二。在帝側。號慟不已。虔通斬之。血濺御服。賊欲弒帝。帝曰。天子死自有法。何得加以鋒刃。取鴆酒來。文舉等不許。使令狐行達頓帝令坐。帝自解練巾授行達。縊殺之。初帝自知必及於難。常以罌貯毒藥自隨。謂所幸諸姬曰。若賊至。汝曹當先飲之。然後我飲。及亂。顧索藥。左右皆逃散。竟不能得。蕭后與宮人撤漆牀版爲小棺。與趙王杲同殯於西院流珠堂。帝每巡幸。常以蜀王秀自隨。囚於驍果營。化及弒帝。欲奉秀立之。衆議不可。乃殺秀及其七男。又殺齊王暕及其二子。並燕王倓。隋氏宗室外戚。無少長皆死。唯秦王浩素與智及往來。且以計全之。齊王暕素失愛於帝。恆相猜忌。帝聞亂。顧蕭后曰。得非阿孩邪。化及使人就第誅暕。暕謂帝使收之。曰。詔使且緩兒。兒不負國家。賊曳至街中斬之。暕竟不知殺者爲誰。父子至死不相明。又殺內史侍郎虞世基。御史大夫裴蘊。左翊衞大將軍來護兒。祕書監袁充。右翊衞將軍宇文協。千牛宇文皛。梁公蕭鉅等。及其子。鉅。琮之弟也。難將作。江陽長張惠紹馳告裴蘊。與惠紹謀欲矯詔發郭下兵收化及等。扣門援帝。議定。遣報虞世基。世基疑告反者不實。抑而不許。須臾難作。蘊歎曰。謀及播郎。竟誤人事。虞世基宗人伋謂世基子符璽郎熙曰。事勢已然。吾將濟卿南渡。同死何益。熙曰。棄父背君。求生何地。感尊之懷。從此決矣。世基弟世南抱世基號泣。請以身代。化及不許。黃門侍郎裴矩知必將有亂。雖廝役皆厚遇之。又建策爲驍果娶婦。及亂作。賊皆曰。非裴黃門之罪。既而化及至。矩迎拜馬首。故得免。化及以蘇威不預朝政。亦免之。威名位素重。往參化及。化及集衆而見之。曲加殊禮。百官悉詣朝堂賀。給事郎許善心獨不至。許弘仁馳告之曰。天子已崩。宇文將軍攝政。闔朝文武咸集。天道人事。自有代終。何預於叔。而低回若此。善心怒而不肯行。弘仁反走上馬泣而去。化及遣人就家擒至朝堂。旣而釋之。善心不舞蹈而出。化及怒曰。此人大負氣。復命擒還殺之。其母范氏年九十二。撫柩不哭曰。能死國難。吾有子矣。因臥不食。十餘日而卒。唐王之入關也。張季珣之弟仲琰爲上洛令。帥吏民拒守。部下殺之以降。宇文化及之亂。仲琰弟琮爲千牛左右。化及殺之。兄弟三人皆死國難。時人愧之。化及自稱大丞相。總百揆。以皇后令立秦王浩爲帝。居別宮。令發詔畫敕書而已。仍以兵監守之。化及以弟智及爲左僕射。士及爲內史令。裴矩爲右僕射。

貞觀君臣論治

丙午。上與羣臣論止盜。或請重法以禁之。上哂之曰。民之所以爲盜者。由賦繁役重。官吏貪求。飢寒切身。故不暇顧廉恥耳。朕當去奢省費。輕徭薄賦。選用廉吏。使民衣食有餘。則自不爲盜。安用重法邪。自是數年之後。海內昇平。路不拾遺。外戶不閉。商旅野宿焉。上又嘗謂侍臣曰。君依於國。國依於民。刻民以奉君。猶割肉以充腹。腹飽而身斃。君富而國亡。故人君之患。不自外來。常由身出。夫欲盛則費廣。費廣則賦重。賦重則民愁。民愁則國危。國危則君喪矣。朕常以此思之。故不敢縱欲也。

上謂裴寂曰。比多上書言事者。朕皆粘之屋壁。得出入省覽。每思治道。或深夜方寢。公輩亦當恪勤職業。副朕此意。上厲精求治。數引魏徵入臥內。訪以得失。徵知無不言。上皆欣然嘉納。上遣使點兵。封德彝奏。中男雖未十八。其軀幹壯大者。亦可并點。上從之。敕出。魏徵固執以爲不可。不肯署敕。至於數四。上怒。召而讓之曰。中男壯大者。乃姦民詐妄以避征役。取之何害。而卿固執至此。對曰。夫兵在御之得其道。不在衆多。陛下取其壯健。以道御之。足以無敵於天下。何必多取細弱以增虛數乎。且陛下每云。吾以誠信御天下。欲使臣民皆無欺詐。今卽位未幾。失信者數矣。上愕然曰。朕何爲失信。對曰。陛下初卽位。下詔云。逋負官物。悉令蠲免。有司以爲負秦府國司者。非官物。徵督如故。陛下以秦王升爲天子。國司之物。非官物而何。又曰。關中免二年租調。關外給復一年。旣而繼有敕云。已役已輸者。以來年爲始。散還之後。方復更徵。百姓固已不能無怪。今旣徵得物。復點爲兵。何謂以來年爲始乎。又陛下所與共治天下者。在於守宰。居常簡閱。咸以委之。至於點兵。獨疑其詐。豈所謂以誠信爲治乎。上悅曰。曏者朕以卿固執。疑卿不達政事。今卿論國家大體。咸盡其精要。夫號令不信。則民不知所從。天下何由而治乎。朕過深矣。乃不點中男。賜徵金甕一。上聞景州錄事參軍張玄素名。召見。問以政道。對曰。隋主好自專庶務。不任羣臣。羣臣恐懼。唯知稟受奉行而已。莫之敢違。以一人之智。決天下之務。借使得失相半。乖謬已多。下諛上蔽。不亡何待。陛下誠能謹擇羣臣而分任以事。高拱穆清而考其成敗以施刑賞。何憂不治。又臣觀隋末亂離。其欲爭天下者不過十餘人而已。其餘皆保鄉黨全妻子以待有道而歸之耳。乃知百姓好亂者亦鮮。但人主不能安之耳。上善其言。擢爲侍御史。前幽州記室直中書省張蘊古上大寶箴。其略曰。聖人受命。拯溺亨屯。故以一人治天下。不以天下奉一人。又曰。壯九重於內。所居不過容膝。彼昏不知。瑤其臺而瓊其室。羅八珍於前。所食不過適口。惟狂罔念。丘其糟而池其酒。又曰。勿沒沒而闇。勿察察而明。雖冕旒蔽目而視於未形。雖黈纊塞耳而聽於無聲。上嘉之。賜以束帛。除大理丞。上召傅奕。賜之食。謂曰。汝前所奏幾爲吾禍。然凡有天變。卿宜盡言皆如此。勿以前事爲懲也。上嘗謂奕曰。佛之爲教。玄妙可師。卿何獨不悟其理。對曰。佛乃胡中桀黠。誑耀彼土。中國邪僻之人。取老莊玄談。輔以妖幻之語。用欺愚俗。無益於民。有害於國。臣非不悟。鄙不學也。上頗然之。

夏五月。有上書請去佞臣者。上問佞臣爲誰。對曰。臣居草澤。不能的知其人。願陛下與羣臣言。或陽怒以試之。彼執理不屈者。直臣也。畏威順旨者。佞臣也。上曰。君。源也。臣。流也。濁其源而求其流之清。不可得矣。君自爲詐。何以責臣下之直乎。朕方以至誠治天下。見前世帝王好以權譎小數接其臣下者。嘗竊恥之。卿策雖善。朕不取也。

冬十二月。或告右丞魏徵私其親戚。上使御史大夫溫彥博按之。無狀。彥博言於上曰。徵不存形迹。遠避嫌疑。心雖無私。亦有可責。上令彥博讓徵。且曰。自今宜存形迹。它日。徵入見。言於上曰。臣聞君臣同體。宜相與盡誠。若上下俱存形迹。則國之興喪。尚未可知。臣不敢奉詔。上瞿然曰。吾已悔之。徵再拜曰。臣幸得奉事陛下。願使臣爲良臣。勿爲忠臣。上曰。忠良有以異乎。對曰。稷契皐陶。君臣協心。俱享尊榮。所謂良臣。龍逄比干。面折廷爭。身誅國亡。所謂忠臣。上悅。賜絹五百匹。上神采英毅。羣臣進見者。皆失舉措。上知之。每見人奏事。必假以辭色。冀聞規諫。嘗謂公卿曰。人欲自見其形。必資明鏡。君欲自知其過。必待忠臣。苟其君愎諫自賢。其臣阿諛順旨。君既失國。臣豈能獨全。如虞世基等。諂事煬帝以保富貴。煬帝既弒。世基等亦誅。公輩宜用此爲戒。事有得失。無惜盡言。

六月戊子。上謂侍臣曰。朕觀隋煬帝集。文辭奧博。亦知是堯舜而非桀紂。然行事何其反也。魏徵對曰。人君雖聖哲。猶當虛己以受人。故智者獻其謀。勇者竭其力。煬帝恃其俊才。驕矜自用。故口誦堯舜之言。而身爲桀紂之行。曾不自知。以至覆亡也。上曰。前事不遠。吾屬之師也。

冬十二月壬午。以黃門侍郎王珪爲守侍中。上嘗閒居。與珪語。有美人侍側。上指示珪曰。此廬江王瑗之姬也。瑗殺其夫而納之。珪避席曰。陛下以廬江納之爲是耶。非邪。上曰。殺人而取其妻。卿何問是非。對曰。昔齊桓公知郭公之所以亡。由善善而不能用。然棄其所言之人。

管仲以爲無異於郭公。今此美人。尙在左右。臣以爲聖心是之也。上悅。卽出之。還其親族。

秋七月乙丑。上問房玄齡蕭瑀曰。隋文帝何如主也。對曰。文帝勤於爲治。每臨朝。或至日昃。五品以上引坐論事。衞士傳飧而食。雖性非仁厚。亦勵精之主也。上曰。公得其一。未知其二。文帝不明而喜察。不明則照有不通。喜察則多疑於物。事皆自決。不任羣臣。天下至廣。一日萬機。雖復勞神苦形。豈能一一中理。羣臣旣知主意。唯取決受成。雖有愆違。莫敢諫爭。此所以二世而亡也。朕則不然。擇天下賢才。置之百官。使思天下之事。關由宰相。審熟便安。然後奏聞。有功則賞。有罪則刑。誰敢不竭心力以修職業。何憂天下之不治乎。因敕百司。自今詔敕行下有未便者。皆應執奏。毋得阿從。不盡已意。

冬十二月。諸宰相侍宴。上謂王珪曰。卿識鑒精通。復善談論。玄齡以下。卿宜悉加品藻。且自謂與數子何如。對曰。孜孜奉國。知無不爲。臣不如玄齡。才兼文武。出將入相。臣不如李靖。敷奏詳明。出納惟允。臣不如溫彥博。處繁治劇。衆務畢舉。臣不如戴冑。恥君不及堯舜。以諫爭爲己任。臣不如魏徵。至於激濁揚淸。嫉惡好善。臣於數子。亦有微長。上深以爲然。衆亦服其確論。

三月。長樂公主將出降。上以公主皇后所生。特愛之。敕有司資送。倍於永嘉長公主。魏徵諫曰。昔漢明帝欲封皇子。曰。我子豈得與先帝子比。皆令半楚淮陽。今資送公主。倍於長主。得無異於明帝之意乎。上然其言。入、告皇后、后歎曰。妾亟聞陛下稱重魏徵。不知其故。今觀其引禮義以抑人主之情。乃知眞社稷之臣也。妾與陛下結髮爲夫婦。曲承恩禮。每言必先候顏色。不敢輕犯威嚴。況以人臣之疏遠。乃能抗言如是。陛下不可不從也。因請遣中使賫錢四百緡絹四百匹以賜徵。且語之曰。聞公正直。乃今見之。故以相賞。公宜常秉此心。勿轉移也。上嘗罷朝。怒曰。會須殺此田舍翁。后問爲誰。上曰。魏徵每廷辱我。后退。具朝服立於庭。上驚問其故。后曰。妾聞主明臣直。今魏徵直。由陛下之明故也。妾敢不賀。上乃悅。

冬十二月。魏王泰有寵於上。或言三品以上多輕魏王。上怒。引三品以上作色讓之曰。隋文帝時。一品以下皆爲諸王所顚躓。彼豈非天子兒耶。朕但不聽諸子縱橫耳。聞三品以上皆輕之。我若縱之。豈不能折辱公輩乎。房玄齡等皆惶懼流汗拜謝。魏徵獨正色曰。臣竊計當今羣臣。必無敢輕魏王者。在禮。臣子一也。春秋。王人雖微。序於諸侯之上。三品以上皆公卿。陛下所尊禮。若紀綱大壞。固所不論。聖明在上。魏王必無頓辱羣臣之理。隋文帝驕其諸子。使多行無禮。卒皆夷滅。又足法乎。上悅曰。理到之語。不得不服。朕以私愛忘公義。曏者之忿自謂不疑。及聞徵言。方知理屈。人主發言。何得容易乎。

五月壬申。魏徵上疏。以爲陛下欲善之志。不及於昔時。聞過必改。少虧於曩日。譴罰積多。威怒微厲。乃知貴不期驕。富不期侈。非虛言也。且以隋之府庫倉廩戶口甲兵之盛。考之今日安得擬倫。然隋以富彊動之而危。我以寡弱靜之而安。安危之理。皎然在目。昔隋之未亂也。自謂必無亂。其未亡也。自謂必無亡。故賦役無窮。征伐不息。以至禍將及身。而尚未之寤也。夫鑒形莫如止水。鑒敗莫如亡國。伏願取鑒於隋。去奢從約。親忠遠佞。以當今之無事。行疇昔之恭儉。則盡善盡美。固無得而稱焉。夫取之實難。守之甚易。陛下能得其所難。豈不能保其所易乎。

秋七月。魏徵上疏。以爲文子曰。同言而信。信在言前。同令而行。誠在令外。自王道休明。十有餘年。然而德化未洽者。由待下之情。未盡誠信故也。今立政致治。必委之君子。事有得失。或訪之小人。其待君子也敬而疏。遇小人也輕而狎。狎則言無不盡。疏則情不上通。夫中智之人。豈無小慧。然才非經國。慮不及遠。雖竭力盡誠。猶未免有敗。況內懷姦宄。其禍豈不深乎。夫雖君子不能無小過。苟不害於正道。斯可略矣。既謂之君子。而復疑其不信。何異立直木而疑其影曲乎。陛下誠能愼選君子。以禮信用之。何憂不治。不然。危亡之期。未可保也。上賜手詔褒美曰。昔晉武帝平吳之後。志意驕怠。何曾位極臺司。不能直諫。乃私語子孫。自矜明智。此不忠之大者也。得公之諫。朕知過矣。當置之几案。以比韋弦。

上問侍臣曰。自古或君亂而臣治。或君治而臣亂。二者孰愈。魏徵對曰。君治則善惡賞罰當。臣安得而亂之。苟爲不治。縱暴愎諫。雖有良臣。將安所施。上曰。齊文宣得楊遵彥。非君亂而臣治乎。對曰。彼纔能救亡耳。烏足為治哉。

二十二年春正月己丑。上作帝範十二篇以賜太子。曰君體。建親。求賢。審官。納諫。去讒。戒盈。崇儉。賞罰。務農。閱武。崇文。且曰。修身治國。備在其中。一旦不諱。更無所言矣。又曰。汝當更求古之哲王以為師。如吾不足法也。夫取法於上。僅得其中。取法於中。不免於下。吾居位以來。不善多矣。錦繡珠玉不絕於前。宮室臺榭屢有興作。犬馬鷹隼無遠不致。行遊四方。供頓煩勞。此皆吾之深過。勿以為是而法之。顧我弘濟蒼生。其益多。肇造區夏。其功大。益多損少。故人不怨。功大過微。故業不墮。然比之盡美盡善。固多愧矣。汝無我之功勤。而承我之富貴。竭力為善。則國家僅安。驕惰奢縱。則一身不保。且成遲敗速者。國也。失易得難者。位也。可惜哉。可不慎哉。

高宗立武后 永徽五年 六年

初。王皇后無子。蕭淑妃有寵。王后疾之。上之為太子也。入侍太宗。見才人武氏而悅之。太宗崩。武氏隨眾感業寺為尼。忌日。上詣寺行香。見之。武氏泣。上亦泣。王后聞之。陰令武氏長髮。勸上內之後宮。欲以間淑妃之寵。武氏巧慧多權數。初入宮。卑辭屈體以事后。后愛之。數稱其美於上。未幾大幸。拜為昭儀。后及淑妃寵皆衰。更相與共譖之。上皆不納。昭儀欲追贈其父而無名。故託以褒賞功臣。偏贈屈突通等。而武士彠預焉。王皇后蕭淑妃與武昭儀更相譖訴。上不信后淑妃之語。獨信昭儀。后不能曲事上左右。母魏國夫人柳氏。及舅中書令柳奭入見六宮。又不爲禮。武昭儀伺后所不敬者。必傾心與相結。所得賞賜分與之。由是后及淑妃動靜。昭儀必知之。皆以聞於上。后寵雖衰。然上未有意廢也。會昭儀生女。后憐而弄之。后出。昭儀潛扼殺之。覆之以被。上至。昭儀陽歡笑。發被觀之。女已死矣。即驚啼。問左右。左右皆曰。皇后適來此。上大怒曰。后殺吾女。昭儀因泣數其罪。后無以自明。上由是有廢立之志。又畏大臣不從。乃與昭儀幸太尉長孫無忌第。酣飲極歡。席上拜無忌寵姬子三人皆爲朝散大夫。仍載金寶繒錦十車。以賜無忌。上因從容言皇后無子。以諷無忌。無忌對以他語。竟不順旨。上及昭儀皆不悅而罷。昭儀又令母楊氏詣無忌第。屢有所請。無忌終不許。禮部尚書許敬宗亦數勸無忌。無忌厲色折之。六年夏六月。武昭儀誣王后與其母魏國夫人柳氏爲厭勝。敕禁后母柳氏不得入宮。秋七月戊寅。貶吏部尚書柳奭爲遂州刺史。奭行至扶風。岐州長史于承素希旨。奏奭漏洩禁中語。復貶榮州刺史。唐因隋制。後宮有貴妃淑妃德妃賢妃。皆視一品。上欲特置宸妃。以武昭儀爲之。韓瑗來濟諫。以爲故事無之。乃止。中書舍人饒陽李義府。爲長孫無忌所惡。左遷壁州司馬。敕未至門下。義府密知之。問計於中書舍人幽州王德儉。德儉曰。上欲立武昭儀爲后。猶豫未決者。直恐宰臣異議耳。君能建策立之。則轉禍爲福矣。義府然之。是日代德儉直宿。叩閤上表。請廢皇后王氏。立武昭儀。以厭兆庶之心。上悅。召見與語。賜珠一斗。留居舊職。昭儀又密遣使勞勉之。尋超拜中書侍郎。於是衛尉卿許敬宗。御史大夫崔義玄。中丞袁公瑜。皆潛布腹心於武昭儀矣。秋八月。長安令裴行儉聞將立武昭儀爲后。以國家之禍。必由此始。與長孫無忌褚遂良私議其事。袁公瑜聞之。以告昭儀母楊氏。行儉坐左遷西州都督府長史。行儉。仁基之子也。九月。戊辰。以許敬宗爲禮部尙書。上一日退朝。召長孫無忌李勣于志寧褚遂良入內殿。遂良曰。今日之召。多爲中宮上意既決。逆之必死。太尉元舅。司空功臣。不可使上有殺元舅及功臣之名。遂良起於草茅無汗馬之勞。致位至此。且受顧託。不以死爭之。何以下見先帝。勣稱疾不入。無忌等至內殿上顧謂無忌曰。皇后無子。武昭儀有子。今欲立昭儀爲后。何如。遂良對曰。皇后名家。先帝爲陛下所娶。先帝臨崩。執陛下手謂臣曰。朕佳兒佳婦。今以付卿。此陛下所聞。言猶在耳。皇后未聞有過。豈可輕廢。臣不敢曲從陛下。上違先帝之命。上不悅而罷。明日又言之。遂良曰。陛下必欲易皇后。伏請妙擇天下令族。何必武氏。武氏經事先帝。衆所共知。天下耳目。安可蔽也。萬代之後。謂陛下爲如何。願留三思。臣今忤陛下意。罪當死。因置笏於殿階。解巾叩頭流血曰。還陛下笏。乞放歸田里。上大怒。命引出。昭儀在簾中大言曰。何不撲殺此獠。無忌曰。遂良受先朝顧命。有罪不可加刑。于志寧不敢言。韓瑗因間奏事。涕泣極諫。上不納。明日又諫悲不自勝。上命引出。瑗又上疏諫曰。匹夫匹婦。猶相選擇。況天子乎。皇后母儀萬國。善惡由之。故嫫母輔佐黃帝。妲己傾覆殷王。詩云。赫赫宗周。褒姒滅之。每覽前古。常興歎息。不謂今日。塵黷聖代。作而不法。後嗣何觀。願陛下詳之。無爲後人所笑。使臣言有以益國。葅醢之戮。臣之分也。昔吳王不聽子胥之言。而麋鹿遊於姑蘇。臣恐海內失望。棘荆生於闕廷。宗廟不血食。期有日矣。來濟上表諫曰。王者立后。上法乾坤。必擇禮教名家。幽閒令淑。副四海之望。稱神祇之意。是故周文造舟以迎太姒。而興關雎之化。百姓蒙祚。孝成縱欲。以婢爲后。使皇統亡絕。社稷傾淪。有周之隆既如彼。大漢之禍又如此。惟陛下詳察。上皆不納。它日李勣入見。上問之曰。朕欲立武昭儀爲后。遂良固執以爲不可。遂良既顧命大臣。事當且已乎。對曰。此陛下家事。何必更問外人。上意遂決。許敬宗宣言於朝曰。田舍翁多收十斛麥。尙欲易婦。況天子立一后。何豫諸人事。而妄生異議乎。昭儀令左右以聞。庚午。貶遂良爲潭州都督。冬十月己酉。下詔稱王皇后蕭淑妃謀行鴆毒。廢爲庶人。母及兄弟並除名。流嶺南。乙卯。百官上表請立中宮。乃下詔曰。武氏門著勳庸。地華纓黻。往以才行。選入後庭。譽重椒闈。德光蘭掖。朕昔在儲貳。特荷先慈。常得侍從。弗離朝夕。宮壼之內。恆自飭躬。嬪嬙之間。未嘗迕目。聖情鑒悉。每垂賞歎。遂以武氏賜朕。事同政君。可立爲皇后。丁巳。赦天下。是日。皇后上表稱陛下前以妾爲宸妃。韓瑗來濟面折廷爭。此既事之極難。豈非深情爲國。乞加褒賞。上以表示瑗等。瑗等彌憂懼。屢請去位。上不許。十一月丁卯朔。臨軒命司空李勣齎璽綬册皇后武氏。

是日。百官朝皇后於肅義門。故后王氏。淑妃蕭氏。並囚於別院。上嘗念之。間行至其所。見其室封閉極密。唯竅壁以通食器。惻然傷之。呼曰。皇后淑妃安在。王氏泣對曰。妾等得罪爲宮婢。何得更有尊稱。又曰。至尊若念疇昔。使妾等再見日月。乞名此院爲回心院。上曰。朕卽有處置。武后聞之。大怒。遣人杖王氏及蕭氏各一百。斷去手足。投酒甕中。曰。令二嫗骨醉。數日而死。又斬之。王氏初聞宣敕。再拜曰。願大家萬歲。昭儀承恩。死自吾分。淑妃罵曰。阿武妖猾。乃至於此。願它生我爲貓。阿武爲鼠。生生扼其喉。由是宮中不畜貓。尋又改王氏姓爲蟒氏。蕭氏爲梟氏。武后數見王蕭爲祟。被髮瀝血。如死時狀。後徙居蓬萊宮。復見之。故多在洛陽。終身不歸長安。

玄宗奔蜀 肅宗至德元載

是時。天下以楊國忠驕縱召亂。莫不切齒。又祿山起兵。以誅國忠爲名。王思禮密說哥舒翰。使抗表請誅國忠。翰不應。思禮又請以三十騎劫取以來。至潼關殺之。翰曰。如此。乃翰反。非祿山也。或說國忠。今朝廷重兵。盡在翰手。翰若援旗西指。於公豈不危哉。國忠大懼。乃奏潼關大軍雖盛。而後無繼。萬一失利。京師可憂。請選監牧小兒三千。於苑中訓練。上許之。使劍南軍將李福德等領之。又募萬人屯灞上。令所親杜乾運將之。名爲禦賊。實備翰也。翰聞之。亦恐爲國忠所圖。乃表請灞上軍隸潼關。六月癸未。召杜乾運詣關。因事斬之。國忠益懼。會有告崔乾祐在陝兵不滿四千。皆羸弱無備。上遣使趣哥舒翰進兵復陝洛。翰奏曰。祿山久習用兵。今始爲逆。豈肯無備。是必羸師以誘我。若往。正墮其計中。且賊遠來。利在速戰。官軍據險以扼之。利在堅守。況賊殘虐失衆。兵勢日蹙。將有內變。因而乘之。可不戰擒也。要在成功。何必務速。今諸道徵兵。尙多未集。請且待之。郭子儀李光弼亦上言。請引兵北取范陽。覆其巢穴。質賊黨妻子以招之。賊必內潰。潼關大軍。惟應固守以弊之。不可輕出。國忠疑翰謀己。言於上。以賊方無備。而翰逗留。將失機會。上以爲然。續遣中使趣之。項背相望。翰不得已。撫膺慟哭。丙戌。引兵出關。己丑。遇崔乾祐之軍於靈寶西原。乾祐據險以待之。南薄山。北阻河。隘道七十里。庚寅。官軍與乾祐會戰。乾祐伏兵於險。翰與田良丘浮舟中流以觀軍勢。見乾祐兵少。趣諸軍使進。王思禮等將精兵五萬居前。龐忠等將餘兵十萬繼之。翰以兵三萬登河北阜望之。鳴鼓以助其勢。乾祐所出兵不過萬人。什什伍伍。散如列星。或疏或密。或前或卻。官軍望而笑之。乾祐嚴精兵陳於其後。兵既交。賊偃旗如欲遁者。官軍懈不爲備。須臾。伏兵發。賊乘高下木石。擊殺士卒甚衆。道隘。士卒如束。槍槊不得用。翰以氈車駕馬爲前驅。欲以衝賊。日過中。東風暴急。乾祐以草車數十乘塞氈車之前。縱火焚之。煙燄所被。官軍不能開目。妄自相殺。謂賊在煙中。聚弓弩而射之。日暮矢盡。乃知無賊。乾祐遣同羅精騎自南山過。出官軍之後擊之。官軍首尾駭亂。不知所備。於是大敗。或棄甲竄匿山谷。或相擠排入河溺死。囂聲振天地。賊乘勝蹙之。後軍見前軍敗。皆自潰。河北軍望之亦潰。瞬息間兩岸皆空。翰獨與麾下數百騎走。自首陽山西度河入關。關外先爲三塹。皆廣二丈深丈。人馬墜其中。須臾而滿。餘衆踐之以渡。士卒得入關者纔八千餘人。辛卯。乾祐進攻潼關。克之。翰至關西驛。揭榜收散卒。欲復守潼關。蕃將火拔歸仁等以百餘騎圍驛。入謂翰曰。賊至矣。請公上馬。翰上馬出驛。歸仁帥衆叩頭曰。公以二十萬衆一戰棄之。何面目復見天子。且公不見高仙芝封常淸乎。請公東行。翰不可。欲下馬。歸仁以毛縶其足於馬腹。及諸將不從者。皆執之以東。會賊將田乾眞已至。遂降之。俱送洛陽。安祿山問翰曰。汝常輕我。今定何如。翰伏地對曰。臣肉眼不識聖人。今天下未平。李光弼在常山。李祗在東平。魯炅在南陽。陛下留臣。使以尺書招之。不日皆下矣。祿山大喜。以翰爲司空同平章事。謂火拔歸仁曰。汝叛主。不忠不義。執而斬之。翰以書招諸將。皆復書責之。祿山知無效。乃囚諸苑中。潼關既敗。於是河東華陰馮翊上洛防禦使皆棄郡走。所在守兵皆散。是日。翰麾下來告急。上不時召見。但遣李福德等將監牧兵赴潼關。及暮。平安火不至。上始懼。壬辰。召宰相謀之。楊國忠自以身領劍南。聞安祿山反。卽令副使崔圓陰具儲偫。以備有急投之。至是首唱幸蜀之策。上然之。癸巳。國忠集百官於朝堂。惶懅流涕。問以策略。皆唯唯不對。國忠曰。人告祿山反謀已十年。上不之信。今日之事。非宰相之過。仗下。士民驚擾奔走。不知所之。市里蕭條。國忠使韓虢入宮。勸上入蜀。甲午。百官朝者什無一二。上御勤政樓。下制云欲親征。聞者皆莫之信。以京兆尹魏方進爲御史大夫。兼置頓使。京兆少尹靈昌崔光遠爲京兆尹。充西京留守。將軍邊令誠掌宮闈管鑰。託以劍南節度大使穎王璬將赴鎮。令本道設儲偫。是日。上移仗北內。既夕。命龍武大將軍陳玄禮。整比六軍。厚賜錢帛。選閑廄馬九百餘匹。外人皆莫知之。乙未。黎明。上獨與貴妃姊妹皇子妃主皇孫楊國忠韋見素魏方進陳玄禮及親近宦官宮人出延秋門。妃主皇孫之在外者。皆委之而去。上過左藏。楊國忠請焚之。曰。無爲賊守。上愀然曰。賊來不得。必更斂於百姓。不如與之。無重困吾赤子。是日。百官猶有入朝者。至宮門。猶聞漏聲。三衞兵仗儼然。門既啟。則宮人亂出。中外擾攘。不知上所之。於是王公士民四出逃竄。山谷細民爭入宮禁及王公第舍。盜取金寶。或乘驢上殿。又焚左藏大盈庫。崔光遠邊令誠帥人救火。又募人攝府縣官分守之。殺十餘人。乃稍定。光遠遣其子東見祿山。令誠亦以管鑰獻之。上過便橋。楊國忠使人焚橋。上曰。士庶各避賊求生。奈何絕其路。留內侍監高力士。使撲滅乃來。上遣宦者王洛卿前行。告諭郡縣置頓。食時至咸陽望賢宮。洛卿與縣令俱逃。中使徵召。吏民莫有應者。日向中。上猶未食。楊國忠自市胡餅以獻。於是民爭獻糲飯。雜以麥豆。皇孫輩爭以手掬食之。須臾而盡。猶未能飽。上皆酬其直。慰勞之。衆皆哭。上亦掩泣。有老父郭從謹進言曰。祿山包藏禍心。固非一日。亦有詣闕告其謀者。陛下往往誅之。使得逞其奸逆。致陛下播越。是以先王務延訪忠良以廣聰明。蓋爲此也。臣猶記宋璟爲相。數進直言。天下賴以安平。自頃以來。在廷之臣以言爲諱。惟阿諛取容。是以闕門之外。陛下皆不得而知。草野之臣必知有今日久矣。但九重嚴邃。區區之心。無路上達。事不至此。臣何由得覩陛下之面而訴之乎。上曰。此朕之不明。悔無所及。慰諭而遣之。俄而尚食舉御膳以至。上命先賜從官。然後食之。令軍士散詣村落求食。期未時皆集而行。夜將半。乃至金城。縣令亦逃。縣民皆脫身走。飲食器皿具在。士卒得以自給。時從者多逃。內侍監袁思藝亦亡去。驛中無燈。人相枕藉而寢。貴賤無以復辨。王思禮自潼關至。始知哥舒翰被擒。以思禮爲河西隴右節度使。卽令赴鎭。收合散卒。以俟東討。丙申。至馬嵬驛。將士飢疲。皆憤怒。陳玄禮以禍由楊國忠。欲誅之。因東宮宦者李輔國以告太子。太子未決。會吐蕃使者二十餘人遮國忠馬。訴以無食。國忠未及對。軍士呼曰。國忠與胡虜謀反。或射之中鞍。國忠走至西門內。軍士追殺之。屠割支體。以槍揭其首於驛門外。並殺其子戶部侍郎暄及韓國秦國夫人。御史大夫魏方進曰。汝曹何敢害宰相。衆又殺之。韋見素聞亂而出。爲亂軍所撾。腦血流地。衆曰。勿傷韋相公。救之得免。軍士圍驛。上聞諠譁。問外何事。左右以國忠反對。上杖屨出驛門。慰勞軍士。令收隊。軍士不應。上使高力士問之。玄禮對曰。國忠謀反。貴妃不宜供奉。願陛下割恩正法。上曰。朕當自處之。入門倚杖傾首而立。久之。京兆司錄韋諤前言曰。今衆怒難犯。安危在晷刻。願陛下速決。

因叩頭流血。上曰。貴妃常居深宮。安知國忠反謀。高力士曰。貴妃誠無罪。然將士已殺國忠。而貴妃在陛下左右。豈敢自安。願陛下審思之。將士安則陛下安矣。上乃命力士引貴妃於佛堂。縊殺之。輿尸置驛庭。召玄禮等視之。玄禮等乃免冑釋甲。頓首謝罪。上慰勞之。令曉諭軍士。玄禮等皆呼萬歲。再拜而出。於是始整部伍爲行計。諤。見素之子也。國忠妻裴柔與其幼子晞。及虢國夫人。夫人子裴徽。皆走至陳倉。縣令薛景仙帥吏士追捕。誅之。丁酉。上將發馬嵬。朝臣惟韋見素一人。乃以韋諤爲御史中丞。充置頓使。將士皆曰。國忠謀反。其將吏皆在蜀。不可往。或請之河隴。或請之靈武。或請之太原。或言還京師。上意在入蜀。慮違衆心。竟不言所向。韋諤曰。還京當有禦寇之備。今兵少。未易東向。不如且至扶風。徐圖去就。上詢於衆。衆以爲然。乃從之。及行。父老皆遮道請留。曰。宮闕。陛下家居。陵寢。陛下墳墓。今捨此欲何之。上爲之按轡久之。乃命太子於後宣慰父老。父老因曰。至尊既不肯留。某等願帥子弟從殿下東破賊。取長安。若殿下與至尊皆入蜀。使中原百姓。誰爲之主。須臾。衆至數千人。太子不可。曰。至尊遠冒險阻。吾豈忍朝夕離左右。且吾尚未面辭。當還白至尊。更稟進止。涕泣跋馬欲西。建寧王倓與李國輔執鞚諫曰。逆胡犯闕。四海分崩。不因人情。何以興復。今殿下從至尊入蜀。若賊兵燒絕棧道。則中原之地。拱手授賊矣。人情既離。不可復合。雖欲復至此。其可得乎。不如收西北守邊之兵。召郭李於河北。與之併力東討逆賊。克復二京。削平四海。使社稷危而復安。宗廟毀而更存。埽除宮禁。以迎至尊。豈非孝之大者乎。何必區區溫凊。為兒女之戀乎。廣平王俶亦勸太子留。父老共擁太子馬不得行。太子乃使俶馳白上。上總轡待太子。久不至。使人偵之。還白狀。上曰。天也。乃命分後軍二千人及飛龍廐馬從太子。且諭將士曰。太子仁孝。可奉宗廟。汝曹善輔佐之。又諭太子曰。汝勉之。勿以吾為念。西北諸胡吾撫之素厚。汝必得其用。太子南向號泣而已。又使送東宮內人於太子。且宣旨欲傳位太子。不受。俶倓皆太子之子也。

郭子儀說回紇破吐蕃 代宗永泰元年

冬十月。吐蕃退至邠州。遇回紇。復相與入寇。辛酉。至奉天。癸亥。黨項焚同州官廨民居而去。丙寅。回紇吐蕃合兵圍涇陽。子儀命諸將嚴設守備而不戰。及暮。二虜退屯北原。丁卯。復至城下。是時回紇與吐蕃聞僕固懷恩死。已爭長不相睦。分營而居。子儀知之。回紇在城西。子儀使牙將李光瓚等往說之。欲與之共擊吐蕃。回紇不信。曰。郭公固在此乎。汝紿我耳。若果在此。可得見乎。光瓚還報。子儀曰。今衆寡不敵。難以力勝。昔與回紇契約甚厚。不若挺身往說之。可不戰而下也。諸將請選鐵騎五百為衞從。子儀曰。此適足為害也。郭晞扣馬諫曰。彼虎狼也。大人國之元帥。奈何以身為虜餌。子儀曰。今戰則父子俱死而國家危。往以至誠與之言。或幸而見從。則四海之福也。不然。則身沒而家全。以鞭擊其手曰。去。遂與數騎開門而出。使人傳呼曰。令公來。回紇大驚。其大帥合胡祿都督藥葛羅。可汗之弟也。執弓注矢。立於陳前。子儀免胄釋甲投槍而進。回紇諸酋長相顧曰。是也。皆下馬羅拜。子儀亦下馬。前執藥葛羅手。讓之曰。汝回紇有大功於唐。唐之報汝亦不薄。奈何負約。深入吾地。侵逼畿縣。棄前功。結怨仇。背恩德而助叛臣。何其愚也。且懷恩叛君棄母。於汝國何有。今吾挺身而來。聽汝執我殺之。我之將士。必致死與汝戰矣。藥葛羅曰。懷恩欺我。言天可汗已晏駕。令公亦捐館。中國無主。我是以敢與之來。今知天可汗在上都。令公復總兵於此。懷恩又為天所殺。我曹豈肯與令公戰乎。子儀因說之曰。吐蕃無道。乘我國有亂。不顧舅甥之親。吞噬我邊鄙。焚蕩我畿甸。其所掠之財。不可勝載。馬牛雜畜。長數百里。彌漫在野。此天以賜汝也。全師以繼好。破敵以取富。為汝計。孰便於此。不可失也。藥葛羅曰。吾為懷恩所誤。負公誠深。今請為公盡力擊吐蕃以謝過。然懷恩之子。可敦兄弟也。願捨之勿殺。子儀許之。回紇觀者左右為兩翼。稍前。子儀麾下亦進。子儀揮手卻之。因取酒與其酋長共飲。藥葛羅使子儀先執酒為誓。子儀酹地曰。大唐天子萬歲。回紇可汗亦萬歲。兩國將相亦萬歲。有負約者。身隕陳前。家族滅絕。杯至藥葛羅。亦酹地曰。如令公誓。於是諸酋長皆大喜曰。鄉以二巫師從軍。巫言此行甚安穩。不與唐戰。見一大人而還。今果然矣。子儀遺之綵三千匹。酋長分以賞巫。子儀竟與定約而還。吐蕃聞之。引兵夜遁。去回紇遣其酋長石野那等六人入見天子。藥葛羅帥眾追吐

蕃子儀使白元光帥精騎與之俱癸酉戰於靈臺西原大破之殺吐蕃萬計得所掠士女四千人丙子又破之於涇州東

裴度李愬平蔡之役 憲宗元和十二年

元和十二年春正月甲申貶袁滋爲撫州刺史李愬至唐州軍中承喪敗之餘士卒皆憚戰愬知之有出迓者愬謂之曰天子知愬柔懦能忍恥故使來拊循爾曹至於戰攻進取非吾事也衆信而安之愬親行視士卒傷病者存恤之不事威嚴或以軍政不肅爲言愬曰吾非不知也袁尙書專以恩惠懷賊賊易之聞吾至必增備吾故示之以不肅彼必以吾爲懦而懈惰然後可圖也淮西人自以嘗敗高袁二帥輕愬名位素微遂不爲備李愬謀襲蔡州表請益兵詔以昭義河中鄜坊步騎二千給之丁酉愬遣十將馬少良將十餘騎巡邏遇吳元濟捉生虞候丁士良與戰擒之士良元濟驍將常爲東邊患衆請刳其心愬許之既而召詰之士良無懼色愬曰眞丈夫也命釋其縛士良乃自言本非淮西士貞元中隸安州與吳氏戰爲其所擒自分死矣吳氏釋我而用之我因吳氏而再生故爲吳氏父子竭力昨日力屈復爲公所擒亦分死矣今公又生之請盡死以報德愬乃給其衣服器械署爲捉生將己亥淮西行營奏克蔡州古葛伯城丁士良言於李愬曰吳秀琳擁三千之衆據文城柵爲賊左臂官軍不敢近者有陳光洽爲之謀主也光洽勇而輕好自出戰請爲公先擒光洽則秀琳

自降矣。戊申。士良擒光洽以歸。鄂岳觀察使李道古引兵出穆陵關。甲寅。攻申州。克其外郭。進攻子城。城中守將夜出兵擊之。道古之衆驚亂。死者甚衆。道古臯之子也。淮西被兵數年。竭倉廩以奉戰士。民多無食。采菱芡魚鼈鳥獸食之。亦盡。相帥歸官軍者前後五千餘戶。賊亦患其耗糧食。不復禁。庚申。敕置行縣以處之。爲擇縣令使之撫養。並置兵以衛之。三月乙丑。李愬自唐州徙屯宜陽柵。吳秀琳以文城柵降於李愬。戊子。愬引兵至文城西五里。遣唐州刺史李進誠將甲士八千至城下。召秀琳。城中矢石如雨。衆不得前。進誠還報。賊僞降。未可信也。愬曰。此待我至耳。即前至城下。秀琳束兵投身馬足下。愬撫其背慰勞之。降其衆三千人。秀琳將李憲有材勇。愬更其名曰忠義而用之。悉遷婦女於唐州。於是唐鄧軍氣復振。人有欲戰之志。賊中降者相繼於道。隨其所便而置之。聞有父母者。給粟帛遣之。曰。汝曹皆王人。勿棄親戚。衆皆感泣。官軍與淮西兵夾溵水而軍。諸軍相顧望。無敢度溵水者。陳許兵馬使王沛先引兵五千度溵水。據要地爲城。於是河陽宣武河東魏博等軍相繼皆度。進逼郾城。丁亥。李光顏敗淮西兵三萬於郾城。走其將張伯良。殺士卒什二三。己丑。李愬遣山河十將董少玢等分兵攻諸柵。其日少玢下馬鞍山。拔路口柵。夏四月辛卯。山河十將馬少良下嵖岈山。擒淮西將柳子野。吳元濟以蔡人董昌齡爲郾城令。質其母楊氏。楊氏謂昌齡曰。順死賢於逆生。汝去逆而吾死。乃孝子也。從逆而吾生。是戮吾也。會官軍圍青陵。絕郾城歸路。郾城守將鄧懷金謀於昌齡。昌齡勸之歸國。懷金乃請降於李光顏曰。城人之父母妻子。皆在蔡州。請公來攻城。吾舉烽求救。救兵至。公逆擊之。蔡兵必敗。然後吾降。則父母妻子庶免矣。光顏從之。乙未。昌齡懷金舉城降。光顏引兵入據之。吳元濟聞郾城不守。甚懼。時董重質將騾軍守洄曲。元濟悉發親近及守城卒詣重質以拒之。李愬山河十將嬀雅田智榮下冶爐城。丙申。十將閻士榮下白狗汶港二柵。癸卯。嬀雅田智榮破西平。丙午。遊奕兵馬使王義破楚城。五月辛酉。李愬遣柳子野李忠義襲朗山。擒其守將梁希果。丁丑。李愬遣方城鎮遏使李榮宗擊青喜城。拔之。愬每得降卒。必親引問委曲。由是賊中險易遠近虛實盡知之。愬厚待吳秀琳。與之謀取蔡。秀琳曰。公欲取蔡。非李祐不可。秀琳無能爲也。祐者。淮西騎將。有勇略。守興橋柵。常陵暴官軍。庚辰。祐帥士卒刈麥於張柴村。愬召廂虞候史用誠。戒之曰。爾以三百騎伏彼林中。又使人搖幟於前。若將焚其麥積者。祐素易官軍。必輕騎來逐之。爾乃發騎掩之。必擒之。用誠如言而往。生擒祐以歸。將士以祐曩日多殺官軍。爭請殺之。愬不許。釋縛。待以客禮。時愬欲襲蔡。而更密其謀。獨召祐及李忠義。屏人語。或至夜分。它人莫得預聞。諸將恐祐爲變。多諫愬。愬待祐益厚。士卒亦不悅。諸軍日有牒稱祐爲賊內應。且言得賊諜者具言其事。愬恐謗先達於上。己不及救。乃持祐泣曰。豈天不欲平此賊邪。何吾二人相知之深。而不能勝衆口也。因謂衆曰。諸君既以祐爲疑。請令歸死於天子。乃械祐送京師。

宪密表其狀。且曰。若殺祐則無以成功。詔釋之。取還愬。愬見之喜。執其手曰。爾之得全。社稷之靈也。乃署散兵馬使。令佩刀巡警。出入帳中。或與之同宿。密語不寐達曙。有竊聽於帳外者。但聞祐感泣聲。時唐隨牙隊三千人。號六院兵馬。皆山南東道之精銳也。愬又以祐爲六院兵馬使。舊軍令舍賊諜者屠其家。愬除其令。使厚待之。諜反以情告愬。愬益知賊中虛實。乙酉。愬遣兵攻朗山。淮西兵救之。官軍不利。衆皆悵恨。愬獨歡然曰。此吾計也。乃募敢死士三千人。號曰突將。朝夕自教習之。使常爲行備。欲以襲蔡。會久雨。所在積水。未果。吳元濟見其下數叛。兵勢日蹙。六月壬戌。上表謝罪。願束身自歸。上遣中使賜詔。許以不死。而爲左右及大將董重質所制。不得出。諸軍討淮蔡。四年不克。饋運疲弊。民至有以驢耕者。上亦病之。以問宰相李逢吉等。競言師老財竭。意欲罷兵。裴度獨無言。上問之。對曰。臣請自往督戰。乙卯。上復謂度曰。卿眞能爲朕行乎。對曰。臣誓不與此賊俱生。臣比觀吳元濟表。勢實窘蹙。但諸將心不壹。不併力迫之。故未降耳。若臣自詣行營。諸將恐臣奪其功。必爭進破賊矣。上悅。丙戌。以度爲門下侍郎同平章事。兼彰義節度使。仍充淮西宣慰招討處置使。又以戶部侍郎崔羣爲中書侍郎同平章事。制下。度以韓弘已爲都統。不欲更爲招討。請但稱宣慰處置使。仍奏刑部侍郎馬總爲宣慰副使。右庶子韓愈爲彰義行軍司馬。判官書記。皆朝廷之選。上皆從之。度將行。言於上曰。臣若滅賊。則朝天有期。賊在。則歸闕無日。上爲之流涕。八月庚申。度赴淮西。上御通化門送之。右神武將軍張茂和。茂昭弟也。嘗以膽略自衒於度。度表爲都押牙。茂和辭以疾。度奏請斬之。上曰。此忠順之門。爲卿遠貶。辛酉。貶茂和永州司馬。以嘉王傅高承簡爲都押牙。承簡。崇文之子也。李逢吉不欲討蔡。翰林學士令狐楚與逢吉善。度恐其合中外之埶。以沮軍事。乃請改制書數字。且言其草制失辭。壬戌。罷楚爲中書舍人。李光顏烏重胤與淮西戰。癸亥。敗於賈店。裴度過襄城南白草原。淮西人以驍騎七百邀之。鎮將楚邱曹華知而爲備。擊卻之。度雖辭招討名。實行元帥事。以郾城爲治所。甲申。至郾城。先是諸道皆有中使監陳。進退不由主將。勝則先使獻捷。不利則陵挫百端。度悉奏去之。諸將始得專軍事。戰多有功。九月庚子。淮西兵寇溵水鎮。殺三將。焚芻藁而去。甲寅。李愬將攻吳房。諸將曰。今日往亡。愬曰。吾兵少。不足戰。宜出其不意。彼以往亡不吾虞。正可擊也。遂往。克其外城。斬首千餘級。餘衆保子城。不敢出。愬引兵還以誘之。淮西將孫獻忠果以驍騎五百追擊其背。衆驚將走。愬下馬據胡牀。令曰。敢退者斬。返旆力戰。獻忠死。淮西兵乃退。或勸愬乘勝攻其子城。可拔也。愬曰。非吾計也。引兵還營。李祐言於李愬曰。蔡之精兵皆在洄曲及四境拒守。守州城者皆羸老之卒。可以乘虛直抵其城。比賊將聞之。元濟已成擒矣。愬然之。冬十月甲子。遣掌書記鄭澥至郾城。密白裴度。度曰。兵非出奇不勝。常侍良圖也。裴度帥僚佐觀築城於沱口。董重質帥騎出五溝。邀之。大呼而進。注弩挺刃。埶將及度。李光顏與田布力戰拒之。度僅得入城。賊退。布扼其溝中歸路。賊下馬踰溝。墜壓死者千餘人。辛未。李愬命馬步都虞候隨州刺史史旻留鎮文城。命李祐李忠義帥突將三千爲前驅。自與監軍將三千人爲中軍。命李進誠將三千人殿其後。軍出。不知所之。愬曰。但東行。行六十里。夜至張柴村。盡殺其戍卒及烽子。據其柵。命士少休。食乾糒。整羈靮。留義成軍五百人鎮之。以斷洄曲及諸道橋梁。復夜引兵出門。諸將請所之。愬曰。入蔡州取吳元濟。諸將皆失色。監軍哭曰。果落李祐奸計。時大風雪。旌旗裂。人馬凍死者相望。天陰黑。自張柴村以東。道路皆官軍所未嘗行。人人自以爲必死。然畏愬。莫敢違。夜半。雪愈甚。行七十里。至州城。近城有鵝鴨池。愬令擊之以混軍聲。自吳少誠拒命。官軍不至蔡州城下三十餘年。故蔡人不爲備。壬申。四鼓。愬至城下。無一人知者。李祐李忠義钁其城爲坎以先登。壯士從之。守門卒方熟寐。盡殺之。而留擊柝者。使擊柝如故。遂開門納衆。及裏城亦然。城中皆不之覺。雞鳴雪止。愬入居元濟外宅。或告元濟曰。官軍至矣。元濟尚寢。笑曰。俘囚爲盜耳。曉當盡戮之。又有告者曰。城陷矣。元濟曰。此必洄曲子弟就吾求寒衣也。起聽於廷。聞愬軍號令曰。常侍傳語。應者近萬人。元濟始懼。曰。何等常侍。能至於此。乃帥左右登牙城拒戰。時董重質擁精兵萬餘人據洄曲。愬曰。元濟所望者重質之救耳。乃訪重質家。厚撫之。遣其子傳道持書諭重質。重質遂單騎詣愬降。愬遣李進誠攻牙城。毀其外門。得甲庫。取器械。癸酉。復攻之。燒其南門。民爭負薪芻助之。

城上矢如蝟毛。晡時門壞。元濟於城上請罪。進誠梯而下之。甲戌。愬以檻車送元濟詣京師。且告於裴度。是日申光二州及諸鎮兵二萬餘人相繼來降。自元濟就擒。愬不戮一人。凡元濟官吏帳下廚廐之卒。皆復其職。使之不疑。然後屯於鞠場以待裴度。己卯。淮西行營奏獲吳元濟。光祿少卿楊元卿言於上曰。淮西大有珍寶。臣能知之。往取必得。上曰。朕討淮西。爲人除害。珍寶非所求也。董重質之去洄曲軍也。李光顏馳入其壁。悉降其衆。庚辰。裴度遣馬摠先入蔡州慰撫。辛巳。度建彰義軍節。將降卒萬餘人入城。李愬具櫜鞬出迎。拜於路左。度將避之。愬曰。蔡人頑悖。不識上下之分數十年矣。願公因而示之。使知朝廷之尊。度乃受之。李愬還軍文城。諸將請曰。始公敗於朗山而不憂。勝於吳房而不取。冒大風甚雪而不止。孤軍深入而不懼。然卒以成功。皆衆人所不諭也。敢問其故。愬曰。朗山不利。則賊輕我而不爲備矣。取吳房則其衆奔蔡。併力固守。故存之以分其兵。風雪陰晦。則烽火不接。不知吾至。孤軍深入。則人皆致死。戰自倍矣。夫視遠者不顧近。慮大者不詳細。若矜小勝。恤小敗。先自撓矣。何暇立功乎。衆皆服。愬儉於奉己而豐於待士。知賢不疑。見可能斷。此其所以成功也。裴度以蔡卒爲牙兵。或諫曰。蔡人反仄者尚多。不可不備。度笑曰。吾爲彰義節度使。元惡既擒。蔡人則吾人也。又何疑焉。蔡人聞之感泣。先是吳氏父子阻兵。禁人偶語於塗。夜不然燭。有以酒食相過從者罪死。度既視事。下令惟禁盜賊。餘皆不問。往來者不限晝夜。蔡人始知有生民之樂。甲申。詔韓弘裴度條列平蔡將士功狀及蔡之將士降者。皆差第以聞。淮西州縣百姓給復二年。近賊四州。免來年夏稅。官軍戰亡者。皆爲收葬。給其家衣糧五年。其因戰傷殘廢者。勿停衣糧。十一月。上御興安門受俘。遂以吳元濟獻廟社。斬於獨柳之下。初。淮西之人。劫於李希烈吳少誠之威虐。不能自拔。久而老者衰。幼者壯。安於悖逆。不復知有朝廷矣。自少誠以來。遣諸將出兵。皆不束以法制。聽各以便宜自戰。故人人得盡其才。韓全義之敗於溵水也。於其帳中得朝貴所與問訊書。少誠束以示衆曰。此皆公卿屬全義書。云破蔡州日。乞一將士妻女爲婢妾。由是衆皆憤怒。以死爲賊用。雖居中土。其風俗獷戾。過於夷貊。故以三州之衆。舉天下之兵。環而攻之。四年然後克之。官軍之攻元濟也。李師道募人通使於蔡。察其形勢。牙前虞候劉晏平應募。出汴宋間。潛行至蔡。元濟大喜。厚禮而遣之。晏平還至鄆。師道屏人而問之。晏平曰。元濟暴兵數萬於外。阽危如此。而日與僕妾遊戲博弈於內。晏然曾無憂色。以愚觀之。殆必亡。不久矣。師道素倚淮西爲援。聞之驚怒。尋誣以他過。杖殺之。戊子。以李愬爲山南東道節度使。賜爵涼國公。加韓弘兼侍中。李光顏烏重胤等各遷官有差。

甘露之變　文宗太和九年

十一月丙午。以大理卿郭行餘爲邠寧節度使。癸丑。以河東節度使同平章事李載義兼侍中。丁巳。以戶部尚書判度支王璠爲河東節度使。戊午。以京兆尹李石爲戶部侍郎判度支。以京兆少尹羅立言權知府事。石。神符之五世孫也。己未。以太府卿韓約爲左金吾衛大將軍。始鄭注與李訓謀。至鎭選壯士數百。皆持白梃懷其斧以爲親兵。是月戊辰。王守澄葬於滻水。注奏請入護喪事。因以親兵自隨。仍奏令內臣中尉以下盡集滻水送葬。注因闔門令親兵斧之。使無遺類。約既定。訓與其黨謀。如此事成。則注專有其功。不若使行餘璠以赴鎭爲名。多募壯士爲部曲。並用金吾臺府吏卒。先期誅宦者。已而並注去之。行餘璠立言約及中丞李孝本。皆訓素所厚也。故列置要地。獨與是數人及舒元輿謀之。它人皆莫之知也。壬戌。上御紫宸殿。百官班定。韓約不報平安。奏稱左金吾聽事後石榴夜有甘露。臣遞門奏訖。因蹈舞再拜。宰相亦帥百官稱賀。訓元輿勸上親往觀之。以承天貺。上許之。百官退班於含元殿。日加辰。上乘軟輿出紫宸門。升含元殿。先命宰相及兩省官詣左仗視之。良久而還。訓奏。臣與衆人驗之。殆非眞甘露。未可遽宣布。恐天下稱賀。上曰。豈有是邪。顧左右中尉仇士良魚弘志帥諸宦者往視之。宦者既去。訓遽召郭行餘王璠曰。來受敕旨。璠股栗不敢前。獨行餘拜殿下。時二人部曲數百。皆執兵立丹鳳門外。訓已先使人召之。令入受敕。獨東兵入。邠寧兵竟不至。仇士良等至左仗視甘露。韓約變色流汗。士良怪之曰。將軍何爲如是。俄風吹幕起。見執兵者甚衆。又聞兵仗聲。士良等驚駭走出。門者欲閉之。士良叱之。關不得上。士良等犇詣上告變訓見之。遽呼金吾衛士曰。來上殿衛乘輿者人賞錢百緡。宦者曰事急矣。請陛下還宮。即舉軟輿迎上扶升輿。決殿後罘罳。疾趨北出。訓攀輿呼曰臣奏事未竟陛下不可入宮。金吾兵已登殿。羅立言帥京兆邏卒三百餘自東來。李孝本帥御史臺從人二百餘自西來。皆登殿縱擊。宦官流血呼冤。死傷者十餘人。乘輿迤邐入宣政門。訓攀輿呼益急。上叱之。宦官郗志榮奮拳毆其胸。偃於地。乘輿既入。門隨闔。宦者皆呼萬歲。百官駭愕散出。訓知事不濟。脫從吏綠衫衣之。走馬而出。揚言於道曰。我何罪而竄謫。人不之疑。王涯賈餗舒元輿還中書。相謂曰。上且開延英。召吾屬議之。兩省官詣宰相請其故。皆曰不知何事。諸公各自便。士良等知上豫其謀。怨憤出不遜語。上慚懼不復言。士良等命左右神策副使劉泰倫魏仲卿等各帥禁兵五百人。露刃出閤門討賊。王涯等將會食。吏白有兵自內出。逢人輒殺。涯等狼狽步走。兩省及金吾吏卒千餘人塡門爭出。門尋闔。其不得出者六百餘人皆死。士良等分兵閉宮門。索諸司捕賊黨。諸司吏卒及民酤販在中者皆死。死者又千餘人。橫尸流血。狼籍塗地。諸司印及圖籍帷幕器皿俱盡。又遣騎各千餘出城追亡者。又遣兵大索城中。舒元輿易服單騎出安化門。禁兵追擒之。王涯徒步至永昌里茶肆。禁兵擒入左軍。涯時年七十餘。被以桎梏。掠治不勝苦。自誣服。稱與李訓謀行大逆。尊立鄭注。王璠歸長興里私第。閉門以其兵自防。神策將至門。呼曰。王涯等謀反。欲起尚書爲相。魚護軍令致意。璠喜。

出見之。將趨賀再三。璠知見紿。涕泣而行。至左軍。見王涯曰。二十兄自反。胡爲見引。涯曰。五弟昔爲京兆尹。不漏言於王守澄。豈有今日耶。璠俛首不言。又收羅立言於太平里。及涯等親屬奴婢。皆入兩軍繫之。戶部員外郎李元皐。訓之再從弟也。訓實與之無恩。亦執而殺之。故嶺南節度使胡證家鉅富。禁兵利其財。託以搜賈餗。入其家。執其子溵殺之。又入左常侍羅讓。詹事渾鐬。翰林學士黎埴等家。掠其貨財。埽地無遺。鐬。瑊之子也。坊市惡少年因之報私仇殺人。剽掠百貨。互相攻劫。塵埃蔽天。癸亥。百官入朝。日出。始開建福門。惟聽以從者一人自隨。禁兵露刃夾道。至宣政門。尙未開。時無宰相御史知班。百官無復班列。上御紫宸殿。問宰相何爲不來。仇士良曰。王涯等謀反繫獄。因以涯手狀呈上。召左僕射令狐楚。右僕射鄭覃等升殿示之。上悲憤不自勝。謂楚等曰。是涯手書乎。對曰。是也。誠如此。罪不容誅。因命楚覃留宿中書。參決機務。使楚草制宣告中外。楚敘王涯賈餗反事浮汎。仇士良等不悅。由是不得爲相。時坊市剽掠者猶未止。命左右神策將楊鎭靳遂良等。各將五百人分屯通衢。擊鼓以警之。斬十餘人。然後定。賈餗變服潛民間。經宿。自知無所逃。素服乘驢詣興安門。自言我宰相賈餗也。爲奸人所汚。可送我詣兩軍。門者執送西軍。李孝本改衣綠。猶服金帶。以帽障面。單騎奔鳳翔。至咸陽西。追擒之。甲子。以右僕射鄭覃同平章事。李訓素與終南僧宗密善。往投之。宗密欲剃其髮而匿之。其徒不可。訓出山。將奔鳳翔。爲盩厔鎭遏使宋楚所擒。

械送京師。至昆明池。訓恐至軍中更受酷辱。謂送者曰。得我者則富貴矣。聞禁兵所在搜捕。汝必爲所奪。不若取我首送之。送者從之。斬其首以來。乙丑。以戶部侍郎判度支李石同平章事。仍判度支。前河東節度使李載義復舊任。左神策出兵三百人。以李訓首引王涯王璠羅立言郭行餘。右神策出兵三百人。擁賈餗舒元輿李孝本獻於廟社。徇於兩市。命百官臨視。腰斬於獨柳之下。梟其首於興安門外。親屬無問親疏皆死。孩稚無遺。妻女不死者沒爲官婢。

石敬瑭借兵契丹　後晉高祖天福元年

秋。張敬達圍晉陽。石敬瑭遣間使求救於契丹。令桑維翰草表。稱臣於契丹主。且請以父禮事之。約事捷之日。割盧龍一道及雁門關以北諸州與之。劉知遠諫曰。稱臣可矣。以父事之太過。厚以金帛賂之。自足致其兵。不必許以土田。恐異日大爲中國之患。悔之無及。敬瑭不從。表至契丹。契丹主大喜。白其母曰。兒比夢石郎遣使來。今果然。此天意也。乃爲復書。許俟仲秋傾國赴援。八月。帝聞契丹許石敬瑭以仲秋赴援。屢督張敬達急攻晉陽。不能下。每有營構。多値風雨。長圍復爲水潦所壞。竟不能合。晉陽城中日窘。糧儲浸乏。九月。契丹主將五萬騎。號三十萬。自揚武谷而南。旌旗不絕五十餘里。辛丑。契丹主至晉陽。陳於汾北之虎北口。先遣人謂敬瑭曰。吾欲今日卽破賊可乎。敬瑭遣人馳告。南軍甚厚。不可輕。請俟明日議戰。未晚也。使者未至。契丹已與唐騎將高行周符彥卿合戰。敬瑭乃遣劉知遠出兵助之。張敬達楊光遠安審琦以步兵陳於城西北山下。契丹遣輕騎三千不被甲直犯其陳。唐兵見其羸。爭逐之。至汾曲。契丹涉水而去。唐兵循岸而進。契丹伏兵自東北起。衝唐兵斷爲二。步兵在北。多爲契丹所殺。騎兵在南者。引歸晉安寨。契丹縱兵乘之。唐兵大敗。步兵死者近萬人。騎兵獨全。敬達等收餘衆保晉安。契丹亦引兵歸虎北口。是夕。敬瑭出北門見丹契主。契丹主執敬瑭手。恨相見之晚。敬瑭問曰。皇帝遠來。士馬疲倦。遽與唐戰而大勝。何也。契丹主曰。始吾自北來。謂唐必斷雁門諸路。伏兵險要。則吾不可得進矣。使人偵視。皆無之。吾是以長驅深入。知大事必濟也。兵既相接。我氣方銳。彼氣方沮。若不乘此擊之。曠日持久則勝負不可知矣。此吾所以亟戰而勝。不可以勞逸常理論也。敬瑭甚歎服。壬寅。敬瑭引兵會契丹圍晉安寨。置營於晉安之南。長百餘里。厚五十里。多設鈴索吠犬。人跬步不能過。敬達等士卒猶五萬人。馬萬匹。四顧無所之。甲辰。敬達遣使告敗於唐。自是聲問不復通。唐主大懼。遣彰聖都指揮使符彥饒將洛陽步騎兵屯河陽。詔天雄節度使兼中書令范延光將魏州兵二萬。由青山趣榆次。盧龍節度使東北面招討使兼中書令北平王趙德鈞將幽州兵。由飛狐出契丹軍後。耀州防禦使潘環糾合西路戍兵。由晉絳兩乳嶺出慈石。共救晉安寨。契丹主移帳於柳林。遊騎過石會關。不見唐兵。初。趙德鈞陰蓄異志。欲因亂取中原。自請救晉安寨。唐主命自飛狐踵契丹後。鈔其部落。德鈞請將銀鞍契丹直三千騎由土門路西入。帝許之。趙州刺史北面行營都指揮使劉在明。先將兵戍易州。德鈞過易州。命在明以其衆自隨。在明。幽州人也。德鈞至鎭州。以成德節度使董溫琪領招討副使。邀與偕行。又表稱兵少須合澤潞兵。乃自吳兒谷趣潞州。癸酉至亂柳。時范延光受詔將部兵二萬屯遼州。德鈞又請與魏博軍合。延光知德鈞志趣難測。表稱魏博兵已入賊境。無容南行數百里與德鈞合。乃止。冬十一月戊子。以趙德鈞爲諸道行營都統。依前東北面行營招討使。以趙延壽爲河東道南面行營招討使。以翰林學士張礪爲判官。庚寅。以范延光爲河東道南面行營招討使。以宣武節度同平章事李周副之。辛卯。以劉延朗爲河東道南面行營招討副使。趙延壽遇趙德鈞於西湯。悉以兵屬德鈞。唐主遣呂琦賜德鈞敕告。且犒軍。德鈞志在併延光軍。逗留不進。詔書屢趣之。德鈞乃引兵北屯團柏谷口。契丹主謂石敬瑭曰。吾三千里來赴難。必有成功。觀汝氣貌識量。眞中原之主也。吾欲立汝爲天子。敬瑭辭讓數四。將吏復勸進。乃許之。契丹主作册書。命敬瑭爲大晉皇帝。自解衣冠授之。築壇於柳林。是日卽皇帝位。割幽薊瀛莫涿檀順新嬀儒武雲應寰朔蔚十六州以與契丹。仍許歲輸帛三十萬匹。契丹主雖軍柳林。其輜重老弱皆在虎北口。每日暝。輒結束以備倉猝遁逃。而趙德鈞欲以契丹取中國。至團柏踰月。按兵不戰。去晉安纔百里。聲問不相通。德鈞累表爲延壽求成德節度使。曰臣今遠征。幽州勢孤。欲使延壽在鎮州左右便於接應。唐主曰。延壽方擊賊。何暇往鎮州。俟賊平。當如所請。德鈞求之不已。唐主怒曰。趙氏父子堅欲得鎮州何意也。苟能卻胡寇。雖欲代吾位。吾亦甘心。若玩寇邀君。但恐犬兔俱斃耳。德鈞聞之不悅。閏月。趙延壽獻契丹主所賜詔及甲馬弓劍。詐云德鈞遣使致書契丹主。爲唐結好。說令引兵歸國。其實別爲密書。厚以金帛賂契丹主云。若立己爲帝。請卽以見兵南平洛陽。與契丹爲兄弟之國。仍許石氏常鎮河東。契丹主自以深入敵境。晉安未下。德鈞兵尚強。范延光在其東。又恐山北諸州邀其歸路。欲許其請。帝聞之大懼。亟使桑維翰見契丹主。悅之曰。大國舉義兵以救孤危。一戰而唐兵瓦解。退守一柵。食盡力窮。趙北平父子不忠不信。畏大國之強。且素蓄異志。按兵觀變。非以死徇國之人。何足可畏。且使晉得天下。將竭中國之財以奉大國。豈此小利之比乎。契丹主曰。爾見捕鼠者乎。不備之。猶或齧傷其手。況大敵乎。對曰。今大國已扼其喉。安能齧人乎。契丹主曰。吾非大渝前約也。但兵家權謀。不得不爾。對曰。皇帝以信義救人之急。四海之內俱屬耳目。奈何一旦二三其命。使大義不終。臣竊爲皇帝不取也。跪於帳前。自旦達暮。涕泣爭之。契丹主乃從之。謂德鈞使者曰。我已許石郎。此石爛可改矣。晉安寨被圍數月。高行周符彥卿數引騎出戰。衆寡不敵。皆無功。芻糧俱竭。削杮淘糞以飼馬。馬相齧尾鬣。皆禿死。則將士分食之。援兵竟不至。張敬達性剛。時謂之張生鐵。楊光遠安審琦勸敬達降於契丹。敬達曰。吾受明宗及今上厚恩。爲元帥而敗軍。其罪已大。況降敵乎。今援兵旦暮至。且當俟之。必若力盡勢窮。則諸君斬我首。攜之出降。自求多福。未爲晚也。光遠目審琦欲殺敬達。審琦未忍。高行周知光遠欲圖敬達。常引壯騎尾而衞之。敬達不知其故。謂人曰。行周每踵余後。何意也。行周乃不敢隨之。諸將每旦集於招討使營。甲子。高行周符彥卿未至。光遠乘其無備。斬敬達首。帥諸將上表。降於契丹。契丹主素聞諸將名。皆慰勞。賜以裘帽。因戲之曰。汝輩亦大惡漢。不用鹽酪。啗戰馬萬匹。光遠等大慙。契丹主嘉敬達之忠。命收葬而祭之。謂其下及晉諸將曰。汝曹爲人臣。當效敬達也。帝與契丹主引兵而南。契丹以其將高謨翰爲前鋒。與降卒偕進。丁卯。至團柏。與唐兵戰。趙德鈞趙延壽先遁。符彥饒張彥琦劉延朗劉在明繼之。士卒大潰。相騰踐死者萬計。趙德鈞趙延壽南奔潞州。唐敗兵稍稍從之。甲戌。帝與契丹主至潞州。德鈞父子迎謁於高河。契丹主慰諭之。父子拜帝於馬首。進曰。別後安乎。帝不顧。亦不與之言。契丹主問德鈞曰。汝在幽州所置銀鞍契丹直何在。德鈞指示之。契丹主命盡殺之於西郊。凡三千人。遂鎖德鈞延壽。送歸其國。德鈞見述律太后。悉以所齎寶貨幷籍其田宅獻之。太后問曰。汝近者何爲往太原。德鈞曰。奉唐主之命。太后指天曰。汝從吾兒求爲天子。何妄語耶。又自指其心曰。此不可欺也。又曰。吾兒將行。吾戒之云。趙大王若引兵北向渝關。急須引歸。太原不可救也。汝欲爲天子。何不先擊退吾兒。徐圖亦未晚。汝爲人臣。負其主。

不能擊敵。又欲乘亂邀利。所爲如此。何面目復求生乎。德鈞俛首不能對。又問器玩在此。田宅何在。德鈞曰在幽州。太后曰幽州今屬誰。德鈞曰屬太后。太后曰然則又何獻焉。德鈞益慙。自是鬱鬱不多食。踰年而卒。帝將發上黨。契丹主舉酒屬帝曰。余遠來徇義。今大事已成。我若南向。河南之人必大驚駭。汝宜自引漢兵南下。人必不甚懼。我令太相温將五千騎衞送汝至河梁。欲與之渡河。多少隨意。余且留此。俟汝音聞。有急則下山救汝。若洛陽既定。吾卽北返矣。與帝執手相泣。久之不能別。解白貂裘以衣帝。贈帝良馬二十匹。戰馬千二百匹。曰。世世子孫勿相忘。

史書治要卷一

附錄

通志

宋鄭樵撰。樵字漁仲。莆田人。居夾漈山。世稱夾漈先生。博學強記。好爲考證倫類之學。自負不凡。紹興中。以薦召對。給札使歸鈔此書。書成。入爲樞密院編修。是書凡二百卷。規仿正史紀傳之體。而不斷於一代。與司馬遷史記正同。淸四庫書目載於別史類。惟論者謂其書中紀傳之文。大抵因襲舊文。略爲刪潤。無甚可觀。其二十略則采摭詳博。議論警闢。爲全書精華所在。故書目家一列爲政書。與通典通考並稱三通。淸乾隆間。敕撰官書。又有續三通皇朝三通六種。與前三種相合。世稱九通。全書共二千餘卷。洵數典家之淵海也。

總序

百川異趨。必會於海。然後九州無浸淫之患。萬國殊途。必通諸夏。然後八荒無壅滯之憂。會通之義大矣哉。自書契以來。立言者雖多。惟仲尼以天縱之聖。故總詩書禮樂而會於一手。然後能同天下之文。貫二帝三王而通爲一家。然後能極古今之變。是以其道光明。百世之上。百世之下。不能及。仲尼既沒。百家諸子興焉。各效論語以空言著書。至於歷代實蹟。無所紀繫。迨漢建元元封之後。司馬氏父子出焉。司馬氏世司典籍。工於制作。故能上稽仲尼之意。會詩書左傳國語世本戰國策楚漢春秋之言。通黃帝堯舜至於秦漢之世。勒成一書。分爲五體。本紀紀年。世家傳代。表以正歷。書以類事。傳以著人。使百代而下。史官不能易其法。學者不能舍其書。六經之後。惟有此作。故謂周公五百歲而有孔子。孔子五百歲而在斯乎。是其所以自待者已不淺。然大著述者必深於博雅。而盡見天下之書。然後無遺恨。當遷之時。挾書之律初除。得書之路未廣。亘三千年之史籍而跼蹐於七八種書。所可爲遷恨者博不足也。凡著書者雖採前人之書。必自成一家言。左氏楚人也。所見多矣。而其書盡楚人之辭。公羊齊人也。所聞多矣。而其書皆齊人之語。今遷書全用舊文。間以俚語。良由採摭未備。筆削不遑。故曰予不敢墮先人之言。乃述故事。整齊其傳。非所謂作也。劉知幾亦譏其多聚舊記。時插雜言。所可爲遷恨者。雅不足也。大抵開基之人。不免草創。全屬繼志之士爲之彌縫。晉之乘。楚之檮杌。魯之春秋。其實一也。乘檮杌無善後之人。故其書不行。春秋得仲尼挽之於前。左氏推之於後。故其書與日月並傳。不然則一卷事目。安能行於世。自春秋之後。惟史記擅制作之規模。不幸班固非其人。遂失會通之旨。司馬氏之門戶。自此衰矣。班固者浮華之士也。全無學術。專事剽竊。肅宗問以制禮作樂之事。固對以在京諸儒必能知之。儻臣鄰皆如此。則顧問何取焉。及諸儒各有所陳。固惟竊叔孫通十二篇之儀。以塞白而已。儻臣鄰皆如此。則奏議何取焉。肅宗知其淺陋。故語竇憲曰。公愛班固而忽崔駰。此葉公之好龍也。固於當時。已有定價。如此人材。將何著述。史記一書。功在十表。猶衣裳之有冠冕。木水之有本原。班固不通旁行邪上。以古今人物。彊立差等。且謂漢紹堯運。自當繼堯。非遷作史記廁於秦項。此則無稽之談也。由其斷漢爲書。是致周秦不相因。古今成間隔。自高祖至武帝。凡六世之前。盡竊遷書。不以爲慚。自昭帝至平帝。凡六世。資於賈逵劉歆。復不以爲恥。況又有曹大家終篇。則固之自爲書也幾希。往往出固之胸中者。古今人表耳。他人無此謬也。後世衆手修書。道傍築室。掠人之文。竊鐘掩耳。皆固之作俑也。固之事業如此。後來史家。奔走班固之不暇。何能測其淺深。遷之於固。如龍之於豬。奈何諸史棄遷而用固。劉知幾之徒。尊班而抑馬。且善學司馬遷者。莫如班彪。彪續遷書。自孝武至於後漢。欲令後人之續己。如己之續遷。既無衍文。又無絕緒。世世相承。如出一手。善乎其繼志也。其書不可得而見。所可見者。元成二帝贊耳。皆於本紀之外。別記所聞。可謂深入太史公之閫奧矣。凡左氏之有君子也者。皆經之新意。史記之有太史公曰者。皆史之外事。不爲褒貶也。間有及褒貶者。褚先生之徒雜之耳。且紀傳之中。既載善惡。足爲鑒戒。何必於紀傳之後。更加褒貶。此乃諸生決科之文。安可施於著述。殆非遷彪之意。況謂爲贊。豈有貶辭。後之史家。或謂之論。或謂之序。或謂之銓。或謂之評。皆效班固。臣不得不劇論固也。司馬談有其書。而司馬遷能成其父志。班彪有其業。而班固不能讀父之書。固爲彪之子。既不能保其身。又不能傳其業。又不能教其子。爲人如此。安在乎言爲天下法。范曄陳壽之徒繼踵。率皆輕薄無行。以速罪辜。安在乎筆削而爲信史也。孔子曰。殷因於夏禮。所損益。可知也。周因於殷禮。所損益。可知也。此言相因也。自班固以斷代爲史。無復相因之義。雖有仲尼之聖。亦莫知其損益。會通之道。自此失矣。諸其同也。則紀而復紀。一帝而有數紀。傳而復傳。一人而有數傳。天文者。千古不易之象。而世世作天文志。洪範五行者。一家之書。而世世序五行傳。如此之類。豈勝繁文。語其異也。則前王不列於後王。後事不接於前事。郡縣各爲區域。而昧遷革之源。禮樂自爲更張。遂成殊俗之政。如此之類。豈勝斷綆。曹魏指吳蜀爲寇。北朝指東晉爲僭。南謂北爲索虜。北謂南爲島夷。齊史稱梁軍爲義軍。謀人之國。可以爲義乎。隋書稱唐兵爲義兵。伐人之君。可以爲義乎。房元齡董史冊。故房彥謙擅美名。虞世南預修書。故虞荔虞寄有嘉傳。甚者桀犬吠堯。吠非其主。晉史黨晉而不有魏。凡忠於魏者。目爲叛臣。王淩諸葛誕毌邱儉之徒。抱屈黃壤。齊史黨齊而不有宋。凡忠於宋者。目爲逆黨。袁粲劉秉沈攸之之徒。含冤九原。噫。天日在上。安可如斯。似此之類。歷世有之。傷風敗義。莫大乎此。遷法既失。固弊日深。自東都至江左。無一人能覺其非。惟梁武帝爲此慨然。乃命吳均作通史。上自太初。下終齊室。書未成而均卒。隋楊素又奏令陸從典續史記。訖於隋書。未成而免官。豈天之靳斯文而不傳與。抑非其人而不祐之與。自唐之後。又莫覺其非。凡秉史筆者。皆準春秋。專事褒貶。夫春秋以約文見義。若無傳釋。則善惡難明。史冊以詳文該事。善惡已彰。無待美刺。讀蕭曹之行事。豈不知其忠良。

見莽卓之所爲。豈不知其凶逆。夫史者國之大典也。而當職之人。不知留意於憲章。徒相尚於言語。正猶當家之婦。不事饔飧。專鼓脣舌。縱然得勝。豈能肥家。此臣之所深恥也。江淹有言。修史之難。無出於志。誠以志者。憲章之所繫。非老於典故者。不能爲也。不比紀傳。紀則以年包事。傳則以事繫人。儒學之士。皆能爲之。惟有志難。其次莫如表。所以范曄陳壽之徒。能爲紀傳。而不敢作表志。志之大原。起於爾雅。司馬遷曰書。班固曰志。蔡邕曰意。華嶠曰典。張勃曰錄。何法盛曰說。餘史並承班固謂之志。皆詳於浮言。略於事實。不足以盡爾雅之義。臣今總天下之大學術。而條其綱目。名之曰略。凡二十略。百代之憲章。學者之能事。盡於此矣。其五略。漢唐諸儒所得而聞。其十五略。漢唐諸儒所不得而聞也。生民之本。在於姓氏。帝王之制。各有區分。男子稱氏。所以別貴賤。女子稱姓。所以別婚姻。不相紊濫。秦幷六國。姓氏混而爲一。自漢至唐。歷世有其書。而皆不能明姓氏。原此一家之學。倡於左氏。因生賜姓。胙土命氏。又以字以諡。以官以邑命氏。邑亦土也。左氏所言。惟茲五者。臣今所推。有三十二類。左氏不得而聞。故作氏族略。書契之本。見於文字。獨體爲文。合體爲字。文有子母。主類爲母。從類爲子。凡爲字書者。皆不識子母。文字之本。出於六書。象形指事。文也。會意諧聲轉注。字也。假借者。文與字也。原此一家之學。亦倡於左氏。然止戈爲武。不識諧聲。反正爲乏。又昧象形。左氏既不別其源。後人何能別其流。是致小學一家。皆成鹵莽。經旨不明。穿鑿蠭起。盡由於此臣於是驅天下文字盡歸六書。軍律既明。士乃用命。故作六書略。天籟之本。是成經緯。縱有四聲以成經。橫有七音以成緯。皇頡制字。深達此機。江左四聲。反沒其旨。凡爲韻書者。皆有經無緯。字書眼學。韻書耳學。眼學以母爲主。耳學以子爲主。母主形。子主聲。二家俱失所主。今欲明七音之本。擴六合之情。然後能宣仲尼之教。以及人間之俗。使裔夷之俘。皆知禮義。故作七音略。天文之家。在於圖象。民事必本於時。時序必本於天。爲天文志者。有義無象。莫能知天。臣今取隋丹元子步天歌。句中有圖。言下成象。靈臺所用。可以仰觀。不取甘石本經。惑人以妖妄。速人於罪累。故作天文略。地理之家。在於封圻。而封圻之要。在於山川。禹貢九州。皆以山川定其經界。九州有時而移。山川千古不易。是故禹貢之圖。至今可別。班固地理。主於郡國。無所底止。雖有其書。不如無也。後之史氏。正以方隅郡國。併遷方隅。顛錯皆因司馬遷無地理書。班固爲之創始。致此一家。俱成謬舉。臣今準禹貢之書。而理川源。本開元十道圖。以續今古。故作地理略。都邑之本。金湯之業。史氏不書。黃圖難考。臣上稽三皇五帝之形勢。遠探四夷八蠻之巢穴。仍以梁汴者。四朝舊都。爲痛定之戒。南陽者。疑若可爲中原之新宅。故作都邑略。諡法一家。國之大典。史氏無其書。奉常失其旨。周人以諱事神。諡法之所由起也。古之帝王。存亡皆用名。自堯舜禹湯。至於桀紂。皆名也。周公制禮。不忍名其先君。武王受命之後。乃追諡太王王季文王。此諡法所由立也。本無其書。後世僞作周公諡法。欲以生前之善惡。爲死後之勸懲。且周公之意。既不忍稱其名。豈忍稱其惡。如是。則春秋爲尊者諱。爲親者諱。不可行乎周公矣。此不道之言也。幽厲桓靈之字。本無凶義。謚法欲名其惡。則引辭以遷就其意。何爲皇頡制字。使字與義合。而周公作法。使字與義離。臣今所纂。並以一字見義。削去引辭。而除其曲說。故作謚略。祭器者。古人飲食之器也。今之祭器。出於禮圖。徒務說義。不思適用。形制既乖。豈便歆享。夫祭器尙象者。古之道也。器之大者。莫如罍。故取諸雲山。其次莫如尊。故取諸牛象。其次莫如彝。故取諸雞鳳。最小者莫如爵。故取諸雀。其制皆象其形。鑿項及背以出內酒。惟劉杳能知此義。故引魯郡地中所得齊子尾送女器有犧尊。及齊景公家中所得牛尊象尊以爲證。其義甚明。世莫能用。故作器服略。樂以詩爲本。詩以聲爲用。風土之音曰風。朝廷之音曰雅。宗廟之音曰頌。仲尼編詩。爲正樂也。以風雅頌之歌。爲燕享祭祀之樂。工歌鹿鳴之三。笙吹南陔之三。歌閒魚麗之三。笙閒崇邱之三。此大合樂之道也。古者絲竹有譜無辭。所以六笙但存其名。序詩之人。不知此理。謂之有其義而亡其辭。良由漢立齊魯韓毛四家博士。各以義言詩。遂使聲歌之道日微。至後漢之末。詩三百。僅能傳鹿鳴騶虞伐檀文王四篇之聲而已。太和末。又失其三。至於晉室。鹿鳴一篇又無傳。自鹿鳴不傳。後世不復聞詩。然詩者人心之樂也。不以世之興衰而存亡。繼風雅之作者。樂府也。史家不明仲尼之意。棄樂府不收。乃取工伎之作。以爲志。臣舊作系聲樂府。以集漢魏之辭。正爲此也。今取篇目以爲次。曰樂府正聲者。所以明風雅。曰祀享正聲者。所以明頌。又以琴操明絲竹。以遺聲準逸詩。語曰。韶盡美矣。又盡善也。武盡美矣。未盡善也。此仲尼所以正舞也。韶卽文舞。武卽武舞。古樂甚希。而文武二舞猶傳於後世。良由有節而無辭。不爲義說家所惑。故得全仲尼之意。五聲八音十二律者。樂之制也。故作樂略。學術之苟且。由源流之不分。書籍之散亡。由編次之無紀。易雖一書。而有十六種學。有傳學。有注學。有章句學。有圖學。有數學。有讖緯學。安得總言易類乎。詩雖一書。而有十二種學。有詁訓學。有傳學。有注學。有圖學。有譜學。有名物學。安得總言詩類乎。道家則有道書。有道經。有科儀。有符籙。有吐納。內丹。有爐火。外丹。凡二十五種。皆道家。而渾爲一家。可乎。醫方則有脈經。有灸經。有本草。有方書。有炮炙。有病源。有婦人。有小兒。凡二十六種。皆醫家。而渾爲一家。可乎。故作藝文略。册府之藏。不患無書。校讐之司。未聞其法。欲三館無素餐之人。四庫無蠹魚之簡。千章萬卷。日見流通。故作校讐略。河出圖。天地有自然之象。圖譜之學由此而興。洛出書。天地有自然之文。書籍之學由此而出。圖成經。書成緯。一經一緯。錯綜而成文。古之學者。左圖右書。不可偏廢。劉氏作七略。收書不收圖。班固卽其書爲藝文志。自此以還。圖譜日亡。書籍日冗。所以困後學。而墮良材者。皆由於此。何哉。卽圖而求易。卽書而求難。舍易從難。成功者少。臣乃立爲二記。一曰記有。記今之所有者。不可不聚。二曰記無。記今之所無者。不可不求。故作圖譜略。方册者。古人之言語。款識者。古人之面貌。方册所載。經數千萬傳。款識所勒。猶存其舊。蓋金石之功。寒暑不變。以茲稽古。庶不失眞。今藝文有志。而金石無紀。臣於是採三皇五帝之泉幣。三王之鼎彝。秦人石鼓。漢魏豐碑。上自蒼頡石室之文。下逮唐人之書。各列其人而名其地。故作金石略。洪範五行傳者。巫瞽之學也。歷代史官。皆本之以作五行志。天地之間。災祥萬種。人間禍福。冥不可知。若之何。一蟲之妖。一物之戾。皆繩之以五行。又若之何。晉厲公一視之遠。周單子一言之徐。而能關於五行之沴乎。晉申生一衣之偏。鄭子臧一冠之異。而能關於五行之沴乎。董仲舒以陰陽之學。倡爲此說。本於春秋。牽合附會。歷世史官。自愚其心目。俛首以受籠罩。而欺天下。臣故削去五行。而作災祥略。語言之理易推。名物之狀難識。農圃之人。識田野之物。而不達詩書之旨。儒生達詩書之旨。而不識田野之物。五方之名本殊。萬物之形不一。必廣覽動植。洞見幽潛。通鳥獸之情狀。察草木之精神。然後參之載籍。明其品彙。故作昆蟲草木略。凡十五略。出臣胸臆。不涉漢唐諸儒議論。禮略所以敍五禮。職官略所以秩百官。選舉略言掄材之方。刑法略言用刑之術。食貨略言財貨之源流。凡茲五略。雖本前人之典。亦非諸史之文也。古者記事之史。謂之志。書大傳曰。天子有問無以對。責之疑。有志而不志。責之丞。是以宋鄭之史。皆謂之志。太史公更志爲記。今謂之志。本其舊也。桓君山曰。太史公三代世表。旁行邪上。並效周譜。古者紀年別繫之書。謂之譜。太史公改而爲表。今復表爲譜。率從舊也。然西周經幽王之亂。紀載無傳。故春秋編年。以東周爲始。自皇甫謐作帝王世紀及年歷。上極三皇。譙周陶宏景之徒。皆有其書。學者疑之。而以太史公編年爲正。故其年始於共和。然共和之名。已不可據。況其年乎。仲尼著書。斷自唐虞。而紀年始於魯隱。以西周之年無所考也。今之所譜。自春秋之前。稱世謂之世譜。春秋之後。稱年謂之年譜。太史公紀年以六甲。後之紀年者。以六十甲。或不用六十甲。而用歲陽歲陰之名。今之所譜。卽太史公法。既簡且明。循環無滯。禮言臨文不諱。謂私諱不可施之於公也。若廟諱則無所不避。自漢至唐。史官皆避諱。惟新唐書無所避。臣今所修。準舊史例。閒有不得而避者。如謚法之類。改易本字。則其義不行。故亦準唐舊。夫學術超詣。本乎心識。如人入海。一入一深。臣之二十略。皆臣自有所得。不用舊史之文。紀傳者。編年紀事之實蹟。自有成規。不爲智而增。不爲愚而減。故於紀傳。卽其舊文。從而損益。若紀有制詔之辭。傳有書疏之章。入之正書。則據實事。寘之別錄。則見類例。唐書五代史。皆本朝大臣所修。微臣所不敢議。故紀傳訖隋。若禮樂政刑。務存因革。故引而至唐。云嗚呼。酒醴之末。自然澆漓。學術之末。自然淺近。九流設敎。至末皆弊。然他敎之弊。微有典刑。惟儒家一家。去本太遠。此理何由。班固有言。自武帝立五經博士。開弟子員。設科射策。勸以官祿。訖於元始。百有餘年。傳業者寖盛。枝葉繁滋。一經說之百餘萬言。大師衆至千餘人。蓋祿利之路然也。且百年之間。其患至此。千載之後。弊將若何。況祿利之路。必由科目。科目之設。必由乎文辭。三百篇之詩。盡在聲歌。自置詩博士以來。學者不聞一篇之詩。六十四卦之易。該於象數。自置易博士以來。學者不見一卦之易。皇頡制字。盡由六書。漢立小學。凡文字之家。不明一字之宗。伶倫制律。盡本七音。江左置聲韻。凡音律之家。不達一音之旨。經既苟且。史又荒唐。如此流離。何時返本。道之汙隆。存乎時。時之通塞。存乎數。儒學之弊。至此而極。寒極則暑至。否極則泰來。此自然之道也。臣蒲柳之質。無復餘齡。葵藿之心。惟期盛世。謹序。

文獻通考

元馬端臨撰。端臨字貴與。鄱陽人。父廷鸞。為宋丞相。宋亡。端臨隱居不仕。遠近師之。是書凡二百四十八卷。自序謂欲觀聖王之迹。則於其粲然者。後王是也。昔司馬溫公作通鑑。取千三百餘年之事。著其理亂興衰。使人有所鑑戒。獨至經國典章之要。歷代之因仍損益。而鮮自為之條理貫通者。因仿唐杜祐通典。而推廣之。以通典八門（食貨、選舉、職官、禮、樂、兵、刑、州郡、邊防） 析為一十有九。而增以經籍帝系封建象緯物異五門。共為二十四門。所述事上起黃虞。下訖宋寧。分條排纂。加以論斷。與通典並為數典家之要籍。鄭志非其倫也。

序二十四篇

昔荀卿子曰。欲觀聖王之跡。則於其粲然者矣。後王是也。君子審後王之道。而論於百王之前。若端拜而議。然則考制度。審憲章。博聞而強識之。固通儒事也。詩書春秋之後。惟太史公號稱良史。作為紀傳書表。紀傳以述理亂興衰。八書以述典章經制。後之執筆操簡牘者。卒不易其體。然自班孟堅而後。斷代爲史。無會通因仍之道。讀者病之。至司馬溫公作通鑑。取千三百餘年之事跡。十七史之紀述。萃爲一書。然後學者開卷之餘。古今咸在。然公之書詳於理亂興衰。而略於典章經制。非公之智有所不逮也。編簡浩如煙埃。著述自有體要。其勢不能以兩得也。竊嘗以爲理亂興衰。不相因者也。晉之得國。異乎漢。隋之喪邦。殊乎唐。代各有史。自足以該一代之始終。無以參稽互察爲也。典章經制。實相因者也。殷因夏。周因殷。繼周者之損益。百世可知。聖人蓋已預言之矣。爰自秦漢。以至唐宋。禮樂兵刑之制。賦斂選舉之規。以至官名之更張。地理之沿革。雖其終不能以盡同。而其初亦不能以遽異。如漢之朝儀官制。本秦規也。唐之府衞租庸。本周制也。其變通張弛之故。非融會錯綜。原始要終而推尋之。固未易言也。其不相因者。猶有溫公之成書。而其本相因者。顧無其書。獨非後學之所宜究心乎。唐杜岐公始作通典。肇自上古。以至唐之天寶。凡歷代因革之故。粲然可考。其後宋白嘗續其書。至周顯德。近代魏了翁。又作國朝通典。然宋之書成而傳習者少。魏嘗屬稿而未成書。今行於世者。獨杜公之書耳。天寶以後。蓋闕焉。有如杜書綱領宏大。考訂該洽。固無以議爲也。然時有古今。述有詳略。則夫節目之間。未爲明備。而去取之際。頗欠精審。不無遺憾焉。蓋古者因田制賦。賦乃米粟之屬。非可析之於田制之外也。古者任土作貢。貢乃包篚之屬。非可雜之於稅法之中也。乃若敍選舉。則秀孝與銓選不分。敍典禮。則經文與傳注相汨。敍兵則盡遺賦調之規。而姑及成敗之跡。諸如此類。寧免小疵。至於天文五行藝文。歷代史各有志。而通典無述焉。馬班二史。各有諸侯王列侯表。范曄東漢書以後無之。然歷代封建王侯。未嘗廢也。王溥作唐及五代會要。首立帝系一門。以敍各帝歷年之久近傳授之始末。次及后妃皇子公主之名氏封爵。後之編會要者倣之。而唐以前則無其書。凡是二者。蓋歷代之統紀典章係焉。而杜書亦復不及。則亦未爲集著述之大成也。愚自蚤歲。蓋嘗有志於綴緝。顧百憂薰心。三餘少暇。吹竽已濫。汲綆不修。豈復敢以斯文自詭。昔夫子言夏殷之禮。而深慨文獻之不足徵。釋之者曰。文典籍也。獻賢者也。生乎千百載之後。而欲尙論千百載之前。非史傳之實錄具存。何以稽考。儒先之緒言未遠。足資討論。雖聖人亦不能臆爲之說也。竊伏自念。業紹箕裘。家藏墳索。插架之收儲。趨庭之問答。其於文獻。蓋庶幾焉。嘗恐一旦散軼失墜。無以屬來哲。是以忘其固陋。輒加考評。旁搜遠紹。門分彙別。曰田賦。曰錢幣。曰戶口。曰職役。曰征榷。曰市糴。曰土貢。曰國用。曰選舉。曰學校。曰職官。曰郊社。曰宗廟。曰王禮。曰樂。曰兵。曰刑。曰輿地。曰四裔。俱倣通典之成規。自天寶以前。則增益其事跡之所未備。離析其門類之所未詳。自天寶以後。至宋嘉定之末。則續而成之。曰經籍。曰帝系。曰封建。曰象緯。曰物異。則通典元未有論述。而採摭諸書以成之者也。凡敍事。則本之經史。而參之以歷代會要。以及百家傳記之書。信而有證者從之。乖異傳疑者不錄。所謂文也。凡論事。則先取當時臣僚之奏疏。次及近代諸儒之評論。以至名流之燕談。稗官之紀錄。凡一話一言。可以訂典故之得失。證史傳之是非者。則採而錄之。所謂獻也。其載諸史傳之紀錄而可疑。稽諸先儒之論辨而未當者。研精覃思。悠然有得。則竊著己意。附其後焉。命其書曰文獻通考。爲門二十有四。卷三百四十有八。而其每門著述之成規。考訂之新意。各以小序詳之。昔江淹有言。修史之難。無出於志。誠以志者憲章之所繫。非老於典故者不能爲也。陳壽號善敍述。李延壽亦稱究悉舊事。然所著二史。俱有紀傳而獨不克作志。重其事也。況上下數千年。貫串二十五代。而欲以末學陋識。操觚竄定其間。雖復窮老盡氣。劌目鉥心。亦何所發明。聊輯見聞。以備遺忘耳。後之君子。儻能芟削繁蕪。增廣闕略。矜其仰屋之勤。而俾免於覆車之愧。庶有志於經邦稽古者。或可考焉。

古之帝王未嘗以天下自私也。故天子之地千里。公侯皆方百里。伯七十里。子男五十里。而王畿之內。復有公卿大夫采地祿邑。各私其土。子其人。而子孫世守之。其土壤之肥磽。生齒之登耗。視之如其家。不煩考覈。而姦僞無所容。故其時天下之田悉屬於官。民仰給於官者也。故受田於官。食其力而輸其賦。仰事俯育。一視同仁。而無甚貧甚富之民。此三代之制也。秦始以宇內自私。一人獨運於其上。而守宰之任。驟更數易。視其地如傳舍。而閭里之情僞。雖賢且智者不能周知也。守宰之遷除。其歲月有限。而田土之還受。其姦敝無窮。故秦漢以來。官不復可授田。遂爲庶人之私有。亦其勢然也。雖其間如元魏之太和。李唐之貞觀。稍欲復三代之規。然不久而其制遂隳者。蓋以不封建而井田不可復行故也。三代而上天下非天子所得私也。秦廢封建而始以天下奉一人矣。三代以上田產非庶人所得私也。秦廢井田而始捐田產以予百姓矣。秦於其當與者取之。所當取者與之。然所襲既久。反古實難。欲復封建。是自割裂其土宇以啟紛爭。欲復井田。是强奪民之田畝以召怨讟。書生之論所以不可行也。隨田之在民者稅之。而不復問其多寡。始於商鞅。隨民之有田者稅之。而不復視其丁中。始於楊炎。三代井田之良法壞於鞅。唐租庸調之良法壞於炎。二人之事君子所羞稱。而後之爲國者莫不一遵其法。一或變之。則反至於煩擾無稽。而國與民俱受其病。則以古今異宜故也。作田賦考第一。敍歷代因田制賦之規。而以水利屯田官田附焉。凡七卷。

生民所資。曰衣與食。物之無關於衣食而實適於用者。曰珠玉五金。先王以爲衣食之具未足以周民用也。於是以適用之物。作爲貨幣以權之。故上古之世。以珠玉爲上幣。黃金爲中幣。刀布爲下幣。然珠玉黃金爲世難得之貨。至若權輕重。通貧富。而可以通行者。惟銅而已。故九府圜法。自周以來。未之有改也。然古者俗朴而用簡。故錢有餘。後世俗侈而用糜。故錢不足。於是錢之直日輕。錢之數日多。數多而直輕。則其致遠也難。自唐以來。始創爲飛劵鈔引之屬。以通商賈之厚齎貿易者。其法蓋執劵引以取錢。而非以劵引爲錢也。宋慶歷以來。

蜀始有交子。建炎以來。東南始有會子。自交會既行。而始直以楮爲錢矣。夫珠玉黃金。可貴之物也。銅雖無足貴。而適用之物也。以其可貴且適用者制幣。而通行。古人之意也。至於以楮爲幣。則始以無用爲用矣。舉方尺腐敗之券。而足以奔走一世。寒藉以衣。飢藉以食。貧藉以富。蓋未之有。然銅重而楮輕。鼓鑄繁難。而印造簡易。今捨其重且難者。而用其輕且易者。而又下免犯銅之禁。上無搜銅之苛。亦一便也。作錢幣考第二。凡二卷。

古者戶口少。而皆才智之人。後世生齒繁。而多窳惰之輩。鈞是人也。古之人。方其爲士。則道問學。及其爲農。則力稼穡。及其爲兵。則善戰陣。投之所向。無不如意。是以千里之邦。萬家之聚。皆足以世守其國。而捍城其民。民衆則其國強。民寡則其國弱。蓋當時國之與立者民也。光嶽既分。風氣日漓。民生其閒。才益乏而智益劣。士拘於文墨。而授之介胄則慚。農安於犂鋤。而問之刀筆則廢。以至九流百工釋老之徒。食土之毛者。日以繁夥。其肩摩袂接。三孱不足以滿隅者。總總也。於是民之多寡。不足爲國之盛衰。官既無藉於民之材。而徒欲多爲之法。以征其身。戶調口賦。日增月益。上之人厭棄賤薄。不倚民爲重。而民益窮苦憔悴。祇以身爲累矣。作戶口考第三。敘歷代戶口之數。與其賦役。而以奴婢占役附焉。凡二卷。

役民者官也。役於官者民也。郡有守。縣有令。鄉有長。里有正。其位不同。而皆役民者也。在軍旅則執干戈。興土木則親畚鍤。調征行則負羈紲。以至追胥力作之任。其事不同。而皆役於

官者也。役民者逸。役於官者勞。其理則然。然則鄉長里正非役也。後世乃虐用其民。爲鄉長
里正者。不勝誅求之苛。各萌避免之意。而始命之曰戶役矣。唐宋而後。下之任戶役者其費
日重。上之議戶役者其制日詳。於是曰差曰僱曰義。紛紜雜襲。而法出姦生。莫能禁止。噫。成
周之里宰黨長。皆有祿秩之命官。兩漢之三老嗇夫。皆有譽望之名士。蓋後世之任戶役者
也。曷嘗凌暴之至此極乎。作職役考第四。敍歷代役法之詳。而以復除附焉。凡二卷
征榷之途有二。一曰山澤。茶鹽坑冶是也。二曰關市。酒酤征商是也。羞言利者則曰。縣官當
食租衣稅而已。而欲與民庶爭貨殖之利。非王者之事也。善言利者則曰。山海天地之藏。而
豪強擅之。關市貨物之聚。而商賈擅之。取之於豪強商賈。以助國家之經費。而毋專仰給於
百姓之賦稅。是崇本抑末之意。乃經國之遠圖也。自是說立。而後之加詳於征榷者。莫不以
藉口。征之不已。則併其利源奪之。官自煮鹽酤酒。採茶鑄鐵。以至市易之屬。利源日廣。利額
日重。官既不能自辦。而豪強商賈之徒。又不可復擅。然既以立爲課額。則有司者不任其虧
減。於是又爲均派之法。或計口而課鹽錢。或望戶而榷酒酤。或於民之有田者計其頃畝。令
於賦稅之時。帶納以求及額。而征榷偏於天下矣。蓋昔之榷利。曰取之豪強商賈之徒。以優
農民。及其久也。則農民不獲豪強商賈之利。而代受豪強商賈之權。有識者知其苛橫。而國
計所需。不可止也。作征榷考第五。首敍歷代征商之法。鹽鐵始於齊。則次之。榷酤始於漢。榷

茶始於唐則又次之雜征斂者若津渡間架之屬以至漢之告緡唐之率貸宋之經總制錢皆衰世一切之法也故又次之凡六卷

市者商賈之事也古之帝王其物貨取之任土所貢而有餘未有國家而市物者也而市之說則昉於周官之泉府後世因之曰均輸曰市易曰和買皆以泉府藉口者也糴者民庶之事古之帝王其米粟取之什一所賦而有餘未有國家而糴粟者也而糴之說則昉於齊桓公魏文侯之平糴後世因之曰常平曰義倉曰和糴皆以平糴藉口者也然泉府與平糴之立法也皆所以便民方其滯於民用也則官買之糴之及其適於民用也則官賣之糶之蓋懋遷有無曲爲貧民之地初未嘗有一毫征利富國之意然沿襲既久古意寖失其市物也亦諉曰權蓄賈居貨待價之謀及其久也則官自效商賈之爲而指爲富國之術矣其糴粟也亦諉曰捄貧民穀賤錢荒之弊及其久也則官未嘗有及民之惠而徒利積粟之入矣至其極弊則名曰和買和糴而强配數目不給價直鞭笞取足視同常賦蓋古人恤民之事後世反藉以厲民不可不究其顛末也作市糴考第六凡二卷

禹貢八州皆有貢物而冀州獨無之甸服有米粟之輸而餘四服俱無之說者以爲王畿之外八州俱以田賦所當供者市易所貢之物故不輸粟然則土貢卽租稅也漢唐以來任土所貢無代無之著之令甲猶曰當其租入然叔季之世務爲苛橫往往租自租而貢自貢矣

至於珍禽奇獸。袤服異味。或荒淫之君。降旨取索。或姦諂之臣。希意創貢。往往有出於經常之外者。甚至掯留官賦。陰增民輸。而命之曰羨餘。以供貢奉。上下相蒙。苟悅其名。而於百姓則重困矣。作土貢考第七。凡一卷。

賈山至言曰。昔者周蓋千八百國。以九州之民。養千八百國之君。君有餘財。民有餘力。而頌聲作。秦皇帝以千八百國之民自養。力罷而不能勝其役。財盡而不能勝其求。一君之身耳。所自養者。馳騁弋獵之娛。天下弗能供也。然則國之廢興。非財也。財少而國延。財多而國促。其效可覩矣。然自周官六典。有太府。又有王府。內府。且有惟王不會之說。後之為國者因之。兩漢財賦曰大農者。國家之帑藏也。曰少府。曰水衡者。人主之私蓄也。唐既有轉運度支。而復有瓊林大盈。宋既有戶部三司。而復有封樁內藏。於是天下之財。其歸於上者。復有公私。恭儉賢主。常捐內帑以濟軍國之用。故民裕而其祚昌。淫侈僻王。至糜外府以供耳目之娛。故財匱而其民怨。此又歷代制國用者。龜鑑也。作國用考第八。敘歷代財計首末。而以漕運賑恤蠲貸附焉。凡五卷。

古之用人。德行為首。才能次之。虞朝載采。亦有九德。周家賓興。考其德行。於才不屑屑也。兩漢以來。刺史守相。得以專辟召之權。魏晉而後。九品中正。得以司人物之柄。皆考之以里閈之毀譽。而試之以曹掾之職業。然後俾之入備王宮。以階清顯。蓋其為法。雖有愧於古人德行之舉。而猶可以得才能之士也。至於隋而州郡僚屬。皆命於銓曹。搢紳發軔。悉由於科目。自以銓曹署官。而所按者資格而已。於是勘籍小吏。得以司升沈之權。自以科目取士。而所試者詞章而已。於是操觚末技。得以階榮進之路。夫其始進也。試之以操觚末技。而專主於詞章。其既仕也。付之於勘籍小吏。而專校其資格。於是選賢與能之意。無復存者矣。然此二法者。歷數百年而不可以復更。一或更之。則蕩無法度。而僥濫者愈不可澄汰。亦獨何哉。又古人之取士。蓋將以官之。三代之時。法制雖簡。而考核本明。毀譽既公。而賢愚自判。往往當時士之被舉者。未有不入官。初非有二途也。降及後世。巧僞日甚。而法令亦滋多。遂以科目爲取士之途。銓選爲舉官之途。二者各自爲防閑檢柅之法。至唐則以試士屬之禮部。試吏屬之吏部。於是科目之法。銓選之法。日新月異。不相爲謀。蓋有舉於禮部而不得官者。不舉於禮部而得官者。而士之所以進身之塗轍。亦復不一。不可比而同之也。於是立舉士舉官兩門以該之。作選舉考第九。凡十二卷。

古之教者。家有塾。黨有庠。術有序。國有學。所謂學校。至不一也。然惟國學有司樂司成專主教事。而州閭鄉黨之學。則未聞有司職教之任者。及考周禮地官黨正。各掌其黨之政令教治。孟月屬民而讀法。祭祀則以禮屬民。州長掌其州之教治政令。考其德行道藝。糾其過惡而勸戒之。然後知黨正卽一黨之師也。州長卽一州之師也。以至下之爲比長閭胥。上之爲鄉遂大夫。莫不皆然。蓋古之爲吏者。其德行道藝。俱足以爲人之師表。故發政施令。無非敎也。以至使民興賢。出使長之。使民興能。入使治之。蓋役之則爲民。敎之則爲士。官之則爲吏。尊之則爲師。鈞是人也。秦漢以來。儒與吏始異。趨政與敎始殊途。於是曰郡守。曰縣令。則吏所以治其民。曰博士官。曰文學掾。則師所以敎其弟子。二者漠然不相爲謀。所用非所敎。所敎非所用。士方其從學也。曰習讀。及進而登仕版。則棄其詩書禮樂之舊習。而從事乎簿書期會之新規。古人有言。曰吾聞學而後入政。未聞以政學者。後之爲吏者。皆以政學者也。自其以政學。則儒者之學術。皆筌蹄也。國家之學官。皆芻狗也。民何由而見先王之治哉。又況榮途捷徑。旁午雜出。蓋未嘗由學而升者。滔滔也。於是所謂學者。姑視爲粉飾太平之一事。而庸人俗吏。直以爲無益於興衰理亂之故矣。作學校考第十。敍歷代學校之制。及祠祭褒贈先聖先師之首末。幸學養老之儀。而郡國鄉黨之學。附見焉。凡七卷。

古者因事設官。量能授職。無淸濁之殊。無內外之別。無文武之異。何也。唐虞之時。禹宅揆。契掌敎。皐陶明刑。伯夷典禮。羲和掌曆。夔典樂。益作虞。垂共工。蓋精而論道經邦。麤而飭財辨器。其位皆公卿也。其人皆聖賢也。後之居位臨民者。則自詭以淸高。而下視曲藝多能之流。其執技事上者。則自安於鄙俗。而難語以輔世長民之事。於是審音治曆醫祝之流。特設其官以處之。謂之雜流。擯不得與搢紳伍。而官之淸濁始分矣。昔在成周。設官分職。綴衣趣馬。

倶籲俊之流。宮伯內宰。盡興賢之侶。逮夫漢代。此意猶存。故以儒者爲侍中。以賢士備郎署。如周昌袁盎汲黯孔安國之徒。得以出入宮禁。陪侍宴私。陳誼格非。拾遺補過。其才能卓異者。至爲公卿將相。爲國家任大事。霍光張安世是也。中漢以來。此意不存。於是非閹豎嬖倖不得以日侍宮庭。而賢能搢紳。特以之備員表著。漢有宮中府中之分。唐有南司北司之黨。職掌不相爲謀。品流亦復殊異。而官之內外始分矣。古者文以經邦。武以撥亂。其在大臣則出可以將。入可以相。其在小臣。則簪筆可以待問。荷戈可以前驅。後世人才日衰。不供器使。司文墨者不能知戰陣。被介冑者不復識簡編。於是官人者制爲左右兩選。而官之文武始分矣。至於有侍中給事中之官。而未嘗司宮禁之事。是名內而實外也。有太尉司馬之官。而未嘗司兵戎之事。是名武而實文也。太常有卿佐。而未嘗審音樂。將作有監貳。而未嘗諳營繕。不過爲儒臣養望之官。是名濁而實淸也。尚書令在漢爲司牘小吏。而後世則爲大臣所不敢當之穹官。校尉在漢爲兵師要職。而後世則爲武弁所不齒之冗秩。蓋官之名同而古今之崇卑懸絕如此。參稽互考。曲暢旁通。而因革之故。可以類推。作職官考第十一。首敍官制。次序官數。內官則自公師宰相而下。外官則自州牧郡守而下。以至散官祿秩品從之詳。凡二十一卷。

郊特牲曰。禮之所尊。尊其義也。失其義。陳其數。祝史之事也。故其數可陳也。其義難知也。苟卿子曰。不知其義。謹守其數。愼不敢損益。父子相傳。以待王公。是故三代雖亡。治法猶存。是官人百吏之所以取祿秩也。然則義者。祭之理也。數者。祭之儀也。古者人習於禮。故家國之祭祀。其品節儀文。祝史有司皆能知之。然其義則非儒宗講師不能明也。周衰禮廢。而其儀亡矣。秦漢以來。諸儒口耳所授。簡册所載。特能言其義理而已。戴記是也。儀禮所言。止於卿士大夫之禮。六典所載。特以其有關於職掌者則言之。而國之大祀。蓋未有能知其品節儀文者。漢鄭康成深於禮學。作爲傳注。頗能補經之所未備。然以讖緯之言而釋經。以秦漢之事而擬三代。此其所以舛也。蓋古者郊與明堂之祀。祭天而已。秦漢始有五帝泰一之祠。而以古者郊祀明堂之禮禮之。蓋出於方士不經之說。而鄭注禮經二祭。曰天曰帝。或以爲靈威仰。或以爲耀魄寶。襲方士緯書之荒誕。而不知其非。夫禮莫先於祭。祭莫重於天。而天之名義且乖異如此。則其他節目注釋。雖復博贍。不知其果得禮經之意否乎。王肅諸儒雖引正論以力排之。然魏晉以來。祀天之禮。常參酌王鄭二說而迭用之。竟不能偏廢也。至於禘祫之節。宗祧之數。禮經之明文無所稽據。而注家之聚訟。莫適折衷。其叢雜牴牾。與郊祀之說。無以異也。近世三山信齋楊氏得考亭勉齋之遺文奧義。著爲祭禮一書。詞義正大。考訂精核。足爲千載不刊之典。然其所述。一本經文。不復以注疏之說攙補。故經之所不及者。則闕略不接續。杜氏通典之書。有祭禮。則參用經註之文。兩存王鄭之說。雖通暢易曉。而不如楊氏之純正。今並錄其說。次及歷代祭祀禮儀本末。而唐開元宋政和二禮書中所載諸祀儀注。併詳著焉。作郊祀考第十二。以敍古今天神地祇之祀。首郊。次明堂。次后土。次雩。次五帝。次日月星辰寒暑。次六宗四方。次社稷山川。次封禪。次高禖。次八蜡。次五祀。次籍田祭先農。次親蠶祭先蠶。次祈禳。次告祭。而後以雜祠淫祠終焉。凡二十三卷。作宗廟考第十三。以敍古今人鬼之祀。首國家宗廟。次時享。次祫禘。次功臣配享。次祠先代君臣。次諸侯宗廟。而以大夫士庶宗廟時享終焉。凡十五卷。

古者經禮禮儀。皆曰三百。蓋無有能知其節目之詳者矣。然總其凡有五。曰吉凶軍賓嘉。舉其大有六。曰冠昏喪祭鄉相見。此先王制禮之略也。秦漢而後。因革不同。有古有而今無者。如大射聘禮士相見鄉飲酒投壺之類是也。有古無而今有者。如聖節上壽上尊號拜表之類是也。有其事通乎古今。而後世未嘗制爲一定之禮者。若臣庶以下冠昏喪祭是也。凡若是者。皆本無沿革。不煩紀錄。而通乎古今而代有因革者。惟國家祭祀學校選舉以至朝儀巡狩田獵冠冕服章圭璧符璽車旗鹵簿及凶禮之國恤耳。今除國祀學校選舉已有專門。外。朝儀以下。則總謂之王禮。而備著歷代之事迹焉。蓋本晦菴儀禮經傳通解所謂王朝之禮也。其本無沿革者。若古禮則經傳所載。先儒所述。自有專書。可以尋求。無庸贅敍。若今禮則雖不能無失。而議禮制度。又非書生所得預聞也。是以亦不復措辭焉。作王禮考第十四。

凡二十二卷。

記曰。聲音之道。與政通矣。故審樂以知政。蓋言樂之正哇。有關於時之理亂也。然自三代以後。號爲歷年多施澤久而民安樂之者。漢唐與宋。漢莫盛於文景之時。然至孝武時。河間獻王始獻雅樂。天子下太樂官。常存肄之。歲時以備數。然不常御。常御及郊廟。皆非雅聲。至哀帝時。始罷鄭聲。用雅樂。而漢之運祚。且移於王莽矣。唐莫盛於貞觀開元之時。然所用者多敎坊俗樂。太常閱工人常肄習之。其不可敎者。乃習雅樂。然則其所謂樂者可知矣。宋莫盛於天聖景祐之時。然當時胡瑗李照阮逸范鎭之徒。拳拳以律呂未諧。聲音未正爲憂。而卒不克更置。至政和時。始製大晟樂。自謂古雅。而宋之士宇。且陷入女眞矣。蓋古者因樂以觀政。而後世則方其發政施仁之時。未暇制樂。及其承平之後。綱紀法度。皆已具擧。敵國外患。皆已銷亡。君相他無所施爲。學士大夫他無所論說。然後始及制樂。樂旣成而政已秕。國已衰矣。昔隋開皇中制樂。用何妥之說。而擯萬寶常之議。及樂成。寶常聽之。泫然曰。樂聲淫厲而哀。不久天下將盡。噫。使當時一用寶常之議。能救隋之亡乎。然寶常雖不能制樂以保隋之長存。而猶能聽樂而知隋之必亡。其宿悟神解。亦有過人者。竊嘗以爲世之興衰理亂。固未必由樂。然若欲議樂。必如師曠州鳩萬寶常王令言之徒。其自得之妙。豈有法之可傳者。而後之君子。乃欲强爲議論。究律呂於黍之縱橫。求正哇於聲之淸濁。或證之以殘缺斷爛之簡編埋沒銷蝕之尺量而自謂得之。何異刻舟覆蕉叩槃捫燭之爲愚固不知其說也。作樂考第十五首敍歷代樂制。次律呂制度。次八音之屬。各分雅部胡部俗部。以盡古今樂器之本末。次樂縣。次樂歌。次樂舞。次散樂鼓吹。而以徹樂終焉。凡十五卷

按周官小司徒五人爲伍。五伍爲兩。四兩爲卒。五卒爲旅。五旅爲師。五師爲軍。上地家七人。可任也者家三人。中地家六人。可任也者二家五人。下地家五人。可任也者家二人。此教練之數也。司馬法。地方一里爲井。四井爲邑。四邑爲邱。四邱爲甸。甸六十四井。有戎馬四匹。兵車一乘。牛十二頭。甲士三人。卒七十二人。此調發之數也。教練則不厭其多。故凡食土之毛者。除老弱不任事之外。家家使之爲兵。人人使之知兵。故雖至小之國。勝兵萬數。可指顧而集也。調發則不厭其簡。甸六十四井。爲五百一十二家。而所調者止七十五人。是六家調發共出一人也。每甸姑通以中地二家五人計之。五百一十二家。可任者一千二百八十人。而所調者止七十五人。是十六次調發方及一人也。教練必多。則人皆習於兵革。調發必簡。則人不疲於征戰。此古者用兵制勝之道也。後世士自爲士。農自爲農。工商末技自爲工商末技。凡此四民者平時不識甲兵爲何物。而所謂兵者。乃出於四民之外。故爲兵者甚寡。知兵者甚少。一有征戰則盡數驅之以當鋒刃。無有休息之期。甚則以未嘗訓練之民而使之戰。是棄民也。唐宋以來。始專用募兵。於是兵與民判然爲二途。諺曰。教養於平時而驅用於一

且。然其季世。則兵數愈多。而驕悍。而劣弱。爲害不淺。不惟足以疲國力。而反足以促國祚矣。作兵考第十六。首敘歷代兵制。次禁衞及郡國之兵。次敎閱之制。次車戰舟師馬政軍器。凡十三卷。

昔漢陳咸言。爲人議法。當依於輕。雖有百金之利。愼無與人重比。蓋漢承秦法。過於嚴酷。重以武宣之君。張趙之臣。淫刑喜殺。習以爲常。咸之言蓋有激也。竊嘗以爲劓刵椓黥。蚩尤之刑也。而唐虞遵之。收孥赤族。亡秦之法也。而漢魏以來遵之。以賢聖之君。而不免襲亂虐之制。由是觀之。咸言尤爲可味也。漢文除肉刑。善矣。而以髡笞代之。髡法過輕。而略無懲創。笞法過重。而至於死亡。其後乃去笞而獨用髡。減死罪一等。卽止於髡鉗。進髡鉗一等。卽入於死。而深文酷吏。務從重比。故死刑不勝其衆。魏晉以來病之。然不知減笞數而使之不死。乃徒欲復肉刑。以全其生。肉刑卒不可復。遂獨以髡鉗爲生刑。所欲活者傅生議。於是傷人者或折腰體。而纔翦其毛髮。所欲陷者與死比。於是犯罪者既已刑殺。而復誅其宗親。輕重失宜。莫此爲甚。及隋唐以來。始制五刑。曰笞杖徒流死。此五者卽有虞所謂鞭扑流宅。雖聖人復起。不可偏廢也。若夫苟慕輕刑之名。而不恤惠姦之患。殺人者不死。傷人者不刑。俾無辜罹毒虐者。抱沈冤而莫伸。而舞文利賕賄者。無後患之可惕。則亦非聖人明刑弼敎之本意也。作刑考第十七。首刑制。次徒流。次詳讞。次贖刑赦宥。凡十二卷。

昔秦燔經籍。而獨存醫藥卜筮種樹之書。學者抱恨終古。然以今考之。易與春秋二經。首末具存。詩亡其六篇。或以為笙詩。元無其辭。是詩亦未嘗亡也。禮本無成書。戴記雜出漢儒所編。儀禮十七篇。及六典最晚出。六典僅亡冬官。然其書純駁相半。其存亡未足為經之疵也。獨虞夏商周之書。亡其四十六篇耳。然則秦所燔除書之外。俱未嘗亡也。若醫藥卜筮種樹之書。當時雖未嘗廢錮。而並無一卷流傳至今者。以此見聖經賢傳。終古不朽。而小道異端雖存必亡。初不以世主之好惡為興廢也。漢隋唐宋之史。俱有藝文志。然漢志所載之書。以隋志考之。十已亡其六七。以宋志考之。隋唐亦復如是。豈亦秦為之厄哉。昌黎公所謂為之也易。則其傳之也不遠。豈不信然。夫書之傳者已鮮。傳而能習者加鮮。蓄而能閱者尤加鮮焉。宋皇祐時。命名儒王堯臣等作崇文總目。記館閣所儲之書。而論列於其下方。然止及經史。而亦多闕略。子集則但有其名目而已。近世昭德鼂氏公武有讀書記。直齋陳氏振孫有書錄解題。皆聚其家藏之書而評之。今所錄先以四代史志列其目。其存於近世而可考者。則採諸家書目所評。并旁搜史傳文集雜說詩話。凡議論所及。可以紀其著作之本末。考其流傳之眞偽。訂其文理之純駁者。則具載焉。俾覽之者如入群玉之府。而閱木天之藏。不特有其書者。稍加研窮。卽可以洞究旨趣。雖無其書者。味茲題品。亦可蠡窺端倪。蓋殫見洽聞之一也。作經籍考第十八。經之類十有三。史之類十有四。子之類二十有二。集之類六。凡七十六卷。

昔太史公言儒者斷其義。馳說者騁其辭。不務綜其始終。蓋譏世之學者以空言著書。而歷代統系無所考訂也。於是作爲三代世表。自黃帝以下譜之。然五帝之事遠矣。而遷必欲詳其世次。按圖而索。往往牴牾。故歐陽公復譏其不能缺所不知而務多聞以爲勝。然自三代以後。至於近世。史牒所載。昭然可考。始學者童而習之。屈伸指而得其大概。至其傳世歷年之延促。枝分派別之遠近。猝然而問。雖華顚鉅儒。不能以遽對。則以無統系之書故也。今倣王溥唐及五代會要之體。首敍帝王之姓氏出處。及其享國之期。改元之數。以及各代之始終。次及后妃皇子公主皇族。其可考者。悉著於篇。而歷代所以尊崇之禮。册命之儀。幷附見焉。作帝系考第十九。凡十卷。

封建莫知其所從始也。禹塗山之會。號稱萬國。湯受命時。凡三千國。周定五等之封。凡千七百七十三國。至春秋之時。見於經傳者。僅一百六十五國。而蠻夷戎狄亦在其中。蓋古之國至多。後之國日寡。國多則土宜促。國少則地宜曠。而夷考其故。則不然。試以殷周上世言之。殷契至成湯八遷。史以爲自商而砥石。自砥石而復居商。又自商而亳。周棄至文王亦屢遷。史以爲自邰而豳。自豳而岐。自岐而豐。夫湯七十里之國也。文王百里之國也。然以所遷之地考之。蓋有出於七十里百里之外者矣。又如泰伯之爲吳。鬻繹之爲楚。箕子之爲朝鮮。其初不過自屏於荒裔之地。而其後因以有國傳世。竊意古之諸侯者。雖曰受封於天子。然亦由其行義德化足以孚信於一方。人心翕然歸之。故其子孫因之。遂君其地。或有災否。則轉徙他之。而人心歸之不能釋去。故隨其所居皆成都邑。蓋古之帝王未嘗以天下爲己私。而古之諸侯亦未嘗視封內爲己物。上下之際。均一至公。非如後世分疆晝土。爭城爭地。必若是其截然也。秦既滅六國。舉宇內而郡縣之。尺土一民。始皆視爲己有。再傳而後。劉項與羣雄共裂其地而分王之。高祖既誅項氏之後。凡當時諸侯王之自立者與爲項氏所立者。皆擊滅之。然後裂土以封韓彭英盧張吳之屬。蓋自是非漢之功臣不得王矣。逮數年之後。反者九起。異姓諸侯王多已夷滅。於是悉取其地以王子弟親屬。如荊吳齊楚淮南之類。蓋自是非漢之同姓不得王矣。然一再傳而後。賈誼鼂錯之徒。拳拳有諸侯强大之慮。以爲親者無分地而疏者偪天子。必爲子孫之憂。於是或分其國。或削其地。其負强而動如七國者。則六師移之。蓋西漢之封建。其初則剿滅異代所封而以畀其功臣。繼而剿滅異姓諸侯而以畀其同宗。又繼而剿滅疏屬劉氏王而以畀其子孫。蓋檢制益密而猜防益深矣。昔湯武雖以征伐取天下。然商惟十一征。周惟滅國者五十。其餘諸侯。皆襲前代所封。未聞盡以宇內易置而封其私人。周雖大封同姓。然文昭武穆之邦。與國咸休。亦未聞成康而後。復畏文武之族偪而必欲夷滅之。以建置己之子孫也。愚嘗謂必有公天下之心。而後可以行封建。自其出於公心。則選賢與能。而大小相維之勢。足以縣千載。自其出於私心。則忌疏畏偪。而上下相猜之形。不能以一朝居矣。景武之後。令諸侯王不得治民補吏。於是諸侯雖有君國子民之名。不過食其邑入而已。土地甲兵。不可得而擅矣。然則漢雖懲秦之弊。復行封建。然爲人上者。苟慕美名。而實無唐虞三代之公心。爲諸侯者。既獲裂土。則遽欲效春秋戰國之餘習。故不久而遂廢。逮漢之亡。議者以爲乏藩屏之助。而成孤立之勢。然愚又嘗夷考歷代之故。魏文帝忌其諸弟。帝子受封。有同幽縶。再傳之後。主勢稍弱。司馬氏父子卽攘臂取之。曾無顧憚。晉武封國至多。宗藩强壯。俱自得以領兵卒。置官屬。可謂懲魏之弊矣。然八王首難。阻兵安忍。反以召五胡之釁。宋齊皇子。俱童孺當方面。名爲藩鎭。而實受制於典籤長史之手。每一易主。則前帝之子孫殲焉。而運祚卒以不永。梁武享國最久。諸子孫皆以盛年雄材。出爲邦伯。專制一方。可謂懲宋齊之弊矣。然諸王擁兵。捐置君父。卒不能止侯景之難。然則魏宋齊疏忌骨肉。固以取亡。而晉梁崇奬宗藩。亦不能救亂。於是封建之得失。不可復議。而王綰李斯陸士衡柳宗元輩所論之是非。亦不可得而偏廢矣。今所論著。三皇而後。至春秋之前。國名之見於經傳。而事跡可考者。略著之。如共工防風氏以至邶鄘樊檜之類是也。春秋十二列國。既有太史世家。詳其事跡。不復贅敍。姑紀其世代歷年而已。若諸小國之事跡。見於春秋三傳雜記者。則倣世家之例。敍其梗概。邾莒許滕以下是也。漢初諸侯王王子侯功臣外戚恩澤侯則悉本馬班二史年表。東漢以後。無年表可據。則採摭諸傳。各訂其受封傳授之本末而備著焉。列侯不世襲始於唐。親王不世襲始於宋。則姑志其始受封者之名氏而已。作封建考第二十。凡十八卷。

昔三代之時。俱有太史。其所職掌者。察天文。記時政。蓋合占候紀載之事以一人司之。漢時太史公。掌天官。不治民。而紬史記金匱石室之書。猶是任也。至宣帝時。以其官爲令。行太史公文書。其修撰之職。以他官領之。於是太史之官。惟知占候而已。蓋必二任合而爲一。則象緯有變。紀錄無遺。斯可以考一代天文運行之常變。而推其休祥。然二任之隳廢離隔。不相爲謀。蓋已久矣。昔春秋日食不書日。而史氏以爲官失之。可見當時掌占候與司紀載者各爲一人。故疏略如此。又嘗考之春秋二百四十二年。而日食三十六。自魯定公十五年至漢高帝之三年。其間二百九十三年。而搜考史傳書日食凡七而已。然則遺缺不書者多矣。自漢而後。史錄具在。天下一家之時。紀載者遞相沿襲。無以知其得失也。及南北分裂之後。國各有史。今考之南自宋武帝永初元年。至陳後主禎明二年。北自魏明帝泰常五年。至隋文帝開皇八年。此一百六十九年之間。南史所書日食僅三十六。而北史所書乃七十九。其間年歲之相合者纔二十七。又有年合而月不合者。夫同此一蒼旻也。食於北者。其數過倍於南。理之所必無者。而又日月不相脗合。豈天有二日乎。蓋史氏之差謬牴牾。其失大矣。懸象著明。莫大乎日月。雖庸奴舉目可知。而所書薄蝕之謬且如此。則星辰之遲留伏逆陵犯往來。其所紀述。豈足憑乎。姑述故事。廣異聞耳。天文志莫詳於晉隋。至丹元子之步天歌。尤爲簡明。宋兩朝史志言諸星去極之遠近。中興史志採近世諸儒之論。亦多前史所未發。故擇其尤明暢有味者。具列於篇。作象緯考第二十一。首三垣二十八宿之星名度數。次天漢起沒。次日月五星行度。次七曜之變。次雲氣。凡十七卷。

記曰。國家將興。必有禎祥。國家將亡。必有妖孽。蓋天地之間。有妖必有祥。因其氣之所感而證應隨之。自伏勝作五行傳。班孟堅而下。踵其說。附以各代證應。爲五行志。始言妖而不言祥。然則陰陽五行之氣。獨能爲妖孽而不能爲禎祥乎。其亦不達理矣。雖然。妖祥之說。固未易言也。治世則鳳凰見。故有虞之時。有來儀之祥。然漢桓帝元嘉之初。靈帝光和之際。鳳凰亦屢見矣。而桓靈非治安之時也。誅殺過當。其應爲恆寒。故秦始皇時。有四月雨雪之異。然漢文帝之四年。亦以六月雨雪矣。而漢文帝非淫刑之主也。斬蛇夜哭。在秦則爲妖。在漢則爲祥。而概謂之龍蛇之孼可乎。僵樹蟲文。在漢昭帝則爲妖。在宣帝則爲祥。而概謂之木不曲直可乎。前史於此。不得其說。於是穿鑿附會。强求證應。而罙有所不通。竊嘗以爲物之反常者。異也。其祥則爲鳳凰麒麟甘露醴泉慶雲芝草。其妖則山崩川竭水湧地震豕禍魚孼。妖祥不同。然皆反常而罕見者。均謂之異可也。故今取歷代史五行志所書。幷旁搜諸史本紀。及傳記中所載祥瑞。隨其朋類。附入各門。不曰妖。不曰祥。而總名之曰物異。如恆雨恆暘恆燠恆寒恆風水潦火災之屬。俱妖也。不可言祥。故仍前史之舊名。至如魏晉時魚集武庫屋上。前史所謂魚孽也。若周武王之白魚入舟。則祥而非孽。然妖祥雖殊。而其爲異一爾。故均謂之魚異。秦孝公時馬生人。前史所謂馬禍也。若伏羲之龍馬負圖。則祥而非禍。然妖祥雖殊。而其爲異亦一爾。故均謂之馬異。其餘鳥獸昆蟲草木金石。以至童謠詩讖之屬。前史謂之羽蟲毛蟲龍蛇之孽。或曰詩妖華孽。今所述皆並載妖祥。故不曰妖。不曰孽。而均以異名之。其豕禍鼠妖。則無祥可述。故亦仍前史之舊名。至於木不曲直者。木失其常性而爲妖。如桑穀共生之類是也。若雨木冰。乃寒氣脅木而成冰。其咎不在木也。而劉向以雨木冰爲木不曲直。華孽者。花失其常性而爲妖。如冬桃李華之類是也。若冰花乃冰有異而結花。其咎不在花也。而唐志以冰花爲華孽。二者俱失其倫類。今革而正之。俱以入恆寒門。附雨雹之後。又前志以鼠妖爲青眚青祥。物自動爲木沴金。物自壞爲金沴木。其說俱後學所未諭。今以鼠妖青眚。各自爲一門。而自動自壞。直以其事名之。庶覽者易曉云。作物異考第二十二。凡二十卷。

昔堯時禹別九州。至舜分爲十二州。周職方復分爲九州。而又與禹異。漢承秦分天下爲郡國。而復以十三州統之。晉時分州爲十九。自晉以後。爲州寖多。所統寖狹。且建治之地。亦不一所。姑以揚州言之。自漢以來。或治歷陽。或治壽春。或治曲阿。或治合肥。或治建業。而唐始治廣陵。至南北分裂之後。務爲夸大。僑置諸州。以會稽爲東揚。京口爲南徐。廣陵爲南兗。歷陽爲南豫。歷城爲南冀。襄陽爲南雍。魯郡在禹跡爲徐州。而漢則屬豫州所領。陳留在禹跡爲豫州。而晉則屬兗州所領。離析磔裂。循名失實。而禹跡之九州。寀不復可考矣。夾漈鄭氏曰。州縣之設。有時而更。山川之秀。千古不易。故禹貢分州。必以山川定疆界。兗州可移。而濟河之兗州不可移。梁州可遷。而華陽黑水之梁州不可遷。故禹貢爲萬世不易之書。後之作史者。主於郡縣。故州縣移易。其書遂廢矣。善哉言也。杜氏通典。亦以歷代郡縣析於禹九州之中。今所論著九州。則以禹跡所統爲準。沿而下之。府州軍監。則以宋朝所置爲準。泝而上之。而備歷代之沿革焉。至冀之幽朔。雍之銀夏。南粤之交趾。元未嘗入宋之職方者。則以唐郡爲準。追考前代。以補其缺。而於每州總論之下。復各爲一圖。先以春秋時諸國之可考者。分入九州。次則及秦漢晉隋唐宋所分郡縣。考其地理。悉以附禹九州之下。而漢以來各州刺史州牧所領之郡。其不合禹九州者。悉改而正之。作輿地考第二十三。凡九卷。

昔先王疆理天下。制立五服。所謂蠻夷戎狄。其在要荒之內。九州之中者。則被之聲教。疆以戎索。唐虞三代之際。其詳不可得而知矣。春秋所錄。如蠻則荆舒之屬也。夷則萊夷之屬也。戎則山戎北戎陸渾赤駒之屬也。狄則赤狄白狄皐落鮮虞之屬也。載之經傳。如齊桓之所攘。魏絳之所和。其種類雖曰戎狄。而皆錯處於華地。故不容不有以制服而羈縻之。至於沙磧之濱。瘴海之外。固未嘗窮兵黷武。絕大漠。踰懸度。必欲郡縣其部落。衣冠其旃毳。以震耀當時。而誇示後世也。秦始皇既幷六國。始北卻匈奴。南取百粵。至漢武帝時。東幷朝鮮。西收甘涼。南闢交趾。珠厓。北斥朔方。河南。以至車師。大宛。夜郎。昆明之屬。俱遣信使。齎重賄。招來而羈置之。俾得通於上國。窺其廣大。制齊民以附夷狄。弊所恃以事無用。自是之後。世謹梯航。歷代載記所敍。其風氣之差殊。習俗之詭異。可考而索。至其世代傳授之詳。則固不能以備知也。作四裔考第二十四。凡二十五卷。

史書治要卷二

史評二種

史通

唐劉知幾撰。知幾彭城人。字子玄。以字行。領修國史垂三十年。開元初遷左散騎常侍。封居巢縣子。卒。知幾嘗言史有三難。才學識。世罕兼之。又嘗與蕭至忠宗楚客爭論史事。不合。遂發憤著此書。內外四十九篇。內篇論史家體例。外篇論史籍源流。與歷代史書得失。其議論縱橫透闢。凡所駁詰馬班。或不能自解。徐堅見而歎曰。爲史氏者。皆當署此座右。世人以爲知言。（或曰史官兼司掌故。而知幾之意。惟以襃貶爲宗。餘事皆視爲枝贅。殊非古法。案此論切中劉氏之失。講史學者亦不可不知）

六家

自古帝王編述文籍。外篇言之備矣。古往今來。質文遞變。諸史之作。不恆厥體。榷而爲論。其流有六。一曰尚書家。二曰春秋家。三曰左傳家。四曰國語家。五曰史記家。六曰漢書家。今略陳其義。列之於後。

浦起龍曰、此篇序也、史體盡此六家、六家各有原委、其舉數也、欲溢爲七而無欠、欲減爲五則不全、是史通總挈之綱領也、其辨體也、援駁儷純而派同、移甲置乙則族亂、是六家類從之畛涂也、注家認家字不清、要領全沒、今爲顯說之、一尚書、記言家也、二春秋、記事家也、三左傳、編年家也、四國語、國別家也、五史記、通古紀傳家也、六漢書、斷代紀傳家也、會此分配、以觀六章、觀全書、如視掌文矣、（以後各篇中注字、皆據浦氏通釋本摘錄、不再舉名）

尚書家者。其先出於太古。易曰。河出圖。洛出書。聖人則之。故知書之所起遠矣。至孔子觀書於周室。得虞夏商周四代之典。乃刪其善者。定爲尚書百篇。孔安國曰。以其上古之書。謂之尚書。尚書璇璣鈐曰。尚者。上也。上天垂文爲（古象字、一作以）布節度。如天行也。王肅曰。上所言。下爲史所書。故曰尚書也。此三說。其義不同。蓋書之所主。本於號令。所以宣王道之正義。發話言於臣下。故其所載。皆典謨訓誥誓命之文。至如堯舜二典。直序人事。禹貢一篇。唯言地理。洪範總述災祥。顧命都陳喪禮。茲亦爲例不純者也。又有周書者。與尚書相類。卽孔氏刊約百篇之外。凡爲七十一章。上自文武。下終靈景。甚有明允篤誠。典雅高義。時亦有淺末恆說。滓穢相參。殆似後之好事者所增益也。至若職方之言。與周官無異。時訓之說。比月令多同。斯百王之正書。五經之別錄者也。自宗周旣殞。書體遂廢。迄乎漢魏。無能繼者。至晉廣陵相魯國孔衍。以爲國史所以表言行。昭法式。至於人理常事。不足備列。乃刪漢魏諸史。取其美詞典言。足爲龜鏡者。定以篇第。纂成一家。由是有漢尚書。後漢尚書。魏尚書。凡爲二十六卷。至隋祕書監太原王邵。又錄開皇仁壽時事。編而次之。以類相從。各爲其目。勒成隋書八十卷。尋其義例。皆準尚書。原夫尚書之所記也。若君臣相對。詞旨可稱。則一時之言。累篇咸載。如言無足紀。語無可述。若此故事。雖有脫略。而觀者不以爲非。爰逮中葉。文籍大備。必翦截今文。摸擬古法。事非改轍。理涉守株。故舒元所撰漢魏等書。不行於代也。若乃帝王無紀。公卿缺傳。則年月失序。爵里難詳。斯並昔之所忽。而今之所要。如君懋隋書。雖欲祖述商周。憲章虞夏。觀其所述。乃似孔子家語。臨川世說。可謂畫虎不成。反類犬也。故其書受嗤當代。良有以焉。春秋家者。其先出於三代。案汲冢瑣語記太丁時事。目爲夏殷春秋。孔子曰。疏通知遠。書敎也。屬辭比事。春秋之敎也。知春秋始作。與尙書同時。瑣語又有晉春秋。記獻公十七年事。國語云。晉羊舌肸習於春秋。悼公使傅其太子。左傳昭二年。晉韓獻子來聘。見魯春秋。曰周禮盡在魯矣。斯則春秋之目。事匪一家。至於隱沒無聞者。不可勝載。又案竹書紀年。其所紀事。皆與魯春秋同。孟子曰。晉謂之乘。楚謂之檮杌。而魯謂之春秋。其實一也。然則乘與紀年檮杌。其皆春秋之別名者乎。故墨子曰。吾見百國春秋。蓋皆指此也。逮仲尼之修春秋也。乃觀周禮之舊法。遵魯史之遺文。據行事。仍人道。就敗以明罰。因興以立功。假日月而定曆數。籍（藉）朝聘而正禮樂。微婉其說。志（一作隱）晦其文。爲不刊之言。著將來之法。故能彌歷千載。而其書獨行。又案儒者之說春秋也。以事繫日。以日繫月。言春以包夏。舉秋以兼冬。年有四時。故錯舉以爲所記之名也。苟如是。則晏子虞卿呂氏陸賈。其書篇第。本無年月。而亦謂之春秋。蓋有異於此者也。至太史公著史記。始以天子爲本紀。考其宗旨。如法春秋。自是爲國史者。皆用斯法。然時移世異。體式不同。其所書之事也。皆言罕褒諱。事無黜陟。故馬遷所謂整齊故事耳。安得比於春秋哉。左傳家者。其先出於左丘明。孔子既著春秋。而丘明受經作傳。蓋傳者轉也。轉受經旨。以授後人。或曰傳者傳也。所以傳示來世。案孔安國注尚書。亦謂之傳。斯則傳者亦訓釋之義乎。觀左傳之釋經也。言見經文而事詳內傳。或傳無而經有。或經闕而傳存。其言簡而要。其事詳而博。信聖人之羽翮。而述者之冠冕也。逮孔子云沒。經傳不作。於時文籍。唯有戰國策及太史公書而已。至晉著作郎魯國樂資。乃追采二史。撰爲春秋後傳。其書始以周貞王續前傳魯哀公後。至王赧（同赧）入秦。又以秦文王之繼周。終於二世之滅。合成三十卷。當漢代史書。以遷固爲主。而紀傳互（古互字）出。表志相重。於文爲煩。頗難周覽。至孝獻帝。始命荀悅撮其書爲編年體。依左傳著漢紀三十篇。自是每代國史。皆有斯作。起自後漢。至於高齊。如張璠孫盛干寶徐賈（當是廣字）裴子野吳均何之元王邵等。其所著書。或謂之春秋。或謂之紀。或謂之略。或謂之典。或謂之志。雖（當有其字）名各異。大抵皆依左傳以爲的準焉。國語家者。其先亦出於左丘明。既爲春秋內傳。又稽其逸文。纂其別說。分周魯齊晉鄭楚吳越八國事。起自周穆王。終於魯悼公。別爲春秋外傳國語。合爲二十一篇。其文以方內傳。或重出而小異。然自古名儒賈逵王肅虞翻韋曜之徒。並申以注釋。治其章句。此亦六經之流。三傳之亞也。暨縱橫互起。力戰爭雄。秦兼天下。而著戰國策。其篇有東西二周秦齊燕楚三晉宋衛中山。合十二國。分爲三十三卷。夫謂之策者。蓋錄而不序。故卽簡以爲名。或云漢代劉向以戰國游士爲之策謀。因謂之戰國策。至孔衍又以戰國策所書。未爲盡善。乃引太史公所記。參其異同。刪彼二家。聚爲一錄。號爲春秋後語。除二周及宋衞中山。其所留者七國而已。始自秦孝公。終於秦漢之際。比於春秋。亦盡二百三十餘年行事。始衍撰春秋時國語。復撰春秋後語。勒成二書。各爲十卷。今行於世者。唯後語存焉。案其書序云。雖左氏莫能加。世人皆尤其不量力。不度德。尋衍之此義。自比於丘明者。當謂國語非春秋傳也。必方以類聚。豈多嗤乎。當漢氏失馭。英雄角力。司馬彪又錄其行事。因爲九州春秋。州爲一篇。合爲九卷。尋其體統。亦近代之國語也。自魏都許洛。三方鼎峙。晉宅江淮。四海幅裂。其君雖號同王者。而地實諸侯。所在史官。記其國事。爲紀傳者。則規模班馬。創編年者。則議擬荀袁。於是史漢之體。大行而國語之風替矣。史記家者。其先出於司馬遷。自五經間行。百家競列。事跡錯糅。前後乖舛。至遷乃鳩集國史。採訪家人。上起黃帝。下窮漢武。紀傳以統君臣。書表以譜年爵。合百三十卷。因魯史舊名。目之曰史記。自是漢世史官所續。皆以史記爲名。迄乎東京著書。猶稱漢記。至梁武帝。又敕其羣臣。上自太初。下終齊室。撰成通史。六百二十卷。其書自秦以上。皆以史記爲本。而別採他說。以廣異聞。至兩漢已還。則全錄當時紀傳。而上下通達。臭味相依。又吳蜀二主。皆入世家。五胡及拓拔氏。列於夷狄傳。大抵其體皆如史記。其所爲異者。唯無表而已。其後元魏濟陰王暉業（當爲常山王暉。詳北史魏宗室傳。）又著科錄二百七十卷。其斷限亦起自上古。而終於宋年。其編次多依放通史。而取其行事尤相似者。共爲一科。故以科錄爲號。皇家顯慶中。符璽郎隴西李延壽。鈔撮近代諸史。南起自宋。終於陳。北始自魏。卒於隋。合一百八十篇。號曰南北史。其君臣流例。（恐當作別）紀傳羣分。皆以類相從。各附於本國。凡此諸作。皆史記之流也。尋史記疆宇遼闊。年月遐長。而分以紀傳。散以書表。每論家國一政。而胡越相懸。敍君臣一時。而參商是隔。此其爲體之失者也。兼其所載。多聚舊記。時採雜言。故使覽之者。事罕異聞。而語饒重出。此撰錄之煩者也。況通史以降。蕪累尤深。遂使學者寧習本書。而怠窺新錄。且撰次無幾。而殘缺遽多。可謂勞而無功。述者所宜深誡也。漢書家者。其先出於班固。馬遷撰史記。終於今上。自太初已下。闕而不錄。班彪因之演成後記。以續前篇。至子固。乃斷自高祖。盡於王莽。爲十二紀。十志。八表。七十列傳。勒成一史。目爲漢書。昔虞夏之典。商周之誥。孔氏所撰。皆謂之書。夫以書爲名。亦稽古之偉稱。尋其創造。皆準子長。但不爲世家。改書曰志而已。自東漢以後。作者相仍。皆襲其名號。無所變革。唯東觀曰記。三國曰志。然稱謂雖別。而體制皆同。歷觀自古。史之所載也。尙書記周事。終秦穆。春秋述魯文。止哀公。紀年不逮於魏亡。史記唯論於漢始。如漢書者。究西都之首末。窮劉氏之廢興。包舉一代。撰成一書。言皆精練。事甚該密。故學者尋討。易爲其功。自爾迄今。無改斯道。於是考茲六家。商榷千載。蓋史之流品。亦窮之於此矣。而朴散淳銷。時移世異。尙書等四家。其體久廢。所可祖述者。唯左氏及漢書二家而已。

二體

三五之代。書有典墳。悠哉邈矣。不可得而詳。自唐虞以下。迄於周。是爲古文尙書。然世猶淳質。文從簡略。求諸備體。固以闕如。既而丘明傳春秋。子長著史記。載筆之體。於斯備矣。後來繼作。相與因循。假有改張。變其名目。區域有限。孰能踰此。蓋荀悅張璠。丘明之黨也。班固華嶠。子長之流也。惟此二家。各相矜尙。必辨其利害。可得而言之。夫春秋者。繫日月而爲次。列時歲以相續。中國外夷。同年共世。莫不備載其事。形於目前。理盡一言。語無重出。此其所以爲長也。至於賢士貞女。高才儁德。事當衝要者。必盱衡而備言。跡在沈冥者。不枉道而詳說。如絳縣之老。杞梁之妻。或以酬晉卿而獲記。或以對齊君而見錄。其有賢如柳惠。仁若顏回。終不得彰其名氏。顯其言行。故論其細也。則纖芥無遺。語其粗也。則丘山是棄。此其所以爲短也。史記者。紀以包舉大端。傳以委曲細事。表以譜列年爵。志以總括遺漏。逮於天文地理。國典朝章。顯隱必該。洪纖靡失。此其所以爲長也。若乃同爲一事。分在數篇。斷續相離。前後屢出。於高紀則云語在項傳。於項傳則云事具高紀。又編次同類。不求年月。後生而擢居首帙。先輩而抑歸末章。遂使漢之賈誼。將楚屈原同列。魯之曹沫。與燕荊軻並編。此其所以爲短也。考茲勝負。互有得失。而晉世干寶著書。乃盛譽丘明而深抑子長。其義云。能以三十卷之約。括囊二百四十年之事。靡有遺也。尋其此說。可謂勁挺之詞乎。案春秋時事。入於左氏所書者蓋三分得其一耳。丘明自知其略也。故爲國語以廣之。然國語之外。尚多亡逸。安得言其括囊靡遺者哉。向使丘明世爲史官。皆倣左傳也。至於前漢之嚴君平。鄭子眞。後漢之郭林宗。黃叔度。晁錯。董生之對策。劉向谷永之上書。斯並德冠人倫。名馳海內。識洞幽顯。言窮軍國。或以身隱位卑。不預朝政。或以文煩事博。難爲次序。皆略而不書。斯則可也。必情有所恡。不加刊削。則漢氏之志傳百卷。併列於十二紀中。將恐碎瓅多蕪。闌單失力者矣。故班固知其若此。設紀傳以區分。使其歷然可觀。綱紀有別。荀悅厭其迂闊。又依左氏成書。翦截班史。篇才三十。歷代褒之。有踰本傳。然則班荀二體。角力爭先。欲廢其一。固亦難矣。後來作者。不出二途。故晉史有王虞。而副以干紀。宋書有徐沈。而分爲裴略。各有其美。並行於世。異夫令升之言。唯守一家而已。

採撰

子曰。吾猶及史之闕文。是知史文有闕。其來尚矣。自非博雅君子。何以補其遺逸者哉。蓋珍裘以衆腋成溫。廣廈以羣材合構。自古探穴藏山之士。懷鉛握槧之客。何嘗不徵求異說。採摭羣言。然後能成一家。傳諸不朽。觀夫丘明受經立傳。廣包諸國。蓋當時有周志晉乘鄭書楚杌等篇。遂乃聚而編之。混成一錄。向使專憑魯策。獨詢孔氏。何以能殫見洽聞。若斯之博也。馬遷史記。採世本國語戰國策楚漢春秋。至班固漢書。則全同太史。自太初已後。又雜引劉氏新序說苑七略之辭。此並當代雅言。事無邪僻。故能取信一時。擅名千載。但中世作者。其流日煩。雖國有冊書。殺青不暇。而百家諸子。私存撰錄。寸有所長。實廣聞見。其失之者。則有苟出異端。虛益新事。至如禹生啟石。伊產空桑。海客乘槎以登漢。姮娥竊藥以奔月。如斯蹐駁。不可殫論。固難以汙南董之片簡。霑班華之寸札。而嵇康高士傳。好聚七國寓言。玄晏帝王紀。多採六經圖讖。引書之誤。其萌於此矣。至范曄增損東漢一代。自謂無慚良直。而王喬鳧履。出於風俗通。左慈羊鳴。傳於抱朴子。朱紫不別。穢莫大焉。沈氏著書。好誣先代。於晉則故造奇說。在宋則多出謗言。前史所載。已譏其謬矣。而魏收黨附北朝。尤苦南國。承其詭妄。重以加諸。遂云馬叡出於牛金。劉駿上淫路氏。可謂助桀爲虐。幸人之災。尋其生絕胤嗣。死遭剖斲。蓋亦陰過之所致也。晉世雜書。諒非一族。若語林世說幽明錄搜神記之徒。其所載或恢諧小辯。或神鬼怪物。其事非聖。揚雄所不觀。其言亂神。宣尼所不語。皇朝新撰晉史。多採以爲書。夫以干鄧之所糞除。王虞之所糠粃。持爲逸史。用補前傳。此何異魏朝之撰皇覽。梁世之修徧略。務多爲美。聚博爲功。雖取說於小人。終見嗤於君子矣。夫郡國之記。譜諜之書。務欲矜其州里。誇其氏族。讀之者安可不練其得失。明其眞僞者乎。至如江東五儁。始自會稽典錄。潁川八龍。出於荀氏家傳。而修晉漢史者。皆徵彼虛譽。定爲實錄。苟不別加研覈。何以詳其是非。又訛言難信。傳聞多失。至如曾參殺人。不疑盜嫂。翟義不死。諸葛猶存。此皆得之於行路。傳之於衆口。儻無明白。其誰曰（疑脫不字）然。故蜀相薨於渭濱。晉書稱嘔血而死。魏君崩於馬圈。齊史云中矢而亡。沈炯罵書。河北以爲王偉。魏收草檄。關西謂之邢邵。夫同說一事而分爲兩家。蓋言之者彼此有殊。故書之者是非無定。況古今路阻。視聽壤隔。而談者或以前爲後。或以有爲無。涇渭一亂。莫之能辨。而後來穿鑿。喜出異同。不憑國史。別訊流俗。及其記事也。則有師曠將軒轅並世。公明與方朔同時。堯有八眉。夔唯一足。烏白馬角。救燕丹而免禍。犬吠雞鳴。逐劉安以高蹈。此之乖濫。往往有旃。故作者惡道聽塗說之違理。街談巷議之損實。觀夫子長之撰史記也。殷周已往。採彼家人。安國之述陽秋也。梁益舊事。訪諸故老。夫以芻蕘鄙說。刊爲竹帛正言。而輒欲與五經方駕。三志競爽。斯亦難矣。嗚呼。逝者不作。冥漠九泉。毀譽所加。遠誣千載。異辭疑事。學者宜善思之。

載文

夫觀乎人文以化成天下。觀乎國風。以察興亡。是知文之爲用。遠矣大矣。若乃宣僖善政。其美載於周詩。懷襄不道。其惡存乎楚賦。讀者不以吉甫奚斯爲諂。屈平宋玉爲謗者。何也。蓋不虛美。不隱惡故也。是則文之將史。其流一焉。固可以方駕南董。俱稱良直者矣。爰洎中葉。文體大變。樹理者多以詭妄爲本。飾辭者務以淫麗爲宗。譬如女工之有綺縠。音樂之有鄭衛。蓋語曰。不作無益害有益。至如史氏所書。固當以正爲主。是以虞帝思理。夏后失御。尙書載其元首禽荒之歌。鄭莊至孝。晉獻不明。春秋錄其大隧狐裘之什。其理讜而切。其文簡而要。足以懲惡勸善。觀風察俗者矣。若馬卿之子虛上林。揚雄之甘泉羽獵。班固兩都。馬融廣成。喩過其體。詞沒其義。繁華而失實。流宕而忘返。無裨勸獎。有長奸詐。而前後史漢。皆書諸列傳。不其謬乎。且漢代詞賦。雖云虛矯。自餘它文。大抵猶實。至於魏晉已下。則僞謬雷同。權而論之。其失有五。一曰虛設。二曰厚顏。三曰假手。四曰自戾。五曰一概。何者。昔大道爲公。以能而授。故堯咨爾舜。舜以命禹。自曹馬已降。其取之也則不然。若乃上出禪書。下陳讓表。其間勸進殷勤。敦諭重沓。跡實同於莽卓。言乃類於虞夏。且始自納陛。迄於登壇。彤弓盧矢。新君膺九命之錫。白馬侯服。舊主蒙三恪之禮。徒有其文。竟無其事。此所謂虛設也。古者兩軍爲敵。二國爭雄。自相稱述。言無所隱。何者。國之得喪。如日月之蝕焉。非由飾辭矯說所能掩蔽也。逮於近古則不然。曹公歎蜀主之英略。曰劉備吾儔。周帝美齊宣之强盛。云高歡不死。或移都以避其鋒。或斵冰以防其渡。及其申誥誓。降移檄。便稱其智昏菽麥。識昧玄黃。列宅建都。若鷦鷯之巢葦。臨戎賈勇。猶螳螂之拒轍。此所謂厚顏也。古者國有詔命。皆人主所爲。故漢光武時。第五倫爲督鑄錢掾。見詔書而歎曰。此聖主也。一見決矣。至於近古則不然。凡有詔敕。皆責成羣下。但使朝多文士。國富辭人。肆其筆端。何事不錄。是以每發璽誥。下綸言。申惻隱之渥恩。敍憂勤之至意。其君雖有反道敗德。唯頑與暴。觀其政令。則辛癸不如。讀其詔誥。則勳華再出。此所謂假手也。蓋天子無戲言。苟言之有失。則取尤天下。故漢光武謂寵萌可以託六尺之孤。及聞其叛也。乃謝百官曰。諸君得無笑朕乎。是知褒貶之言。哲王所愼。至於近古則不然。凡百具寮。王公卿士。始有褒崇。則謂其珪璋特達。善無可加。旋有貶黜。則比諸斗筲下才。罪不容責。夫同爲一士之行。同取一君之言。愚智生於倏忽。是非變於俄頃。帝心不一。皇鑒無恆。此所謂自戾也。夫國有否泰。世有汚隆。作者形言。本無定準。故觀猗與之頌。而驗有殷方興。觀魚藻之刺。而知宗周將殞。至於近代則不然。夫談主上之聖明。則君盡三五。述宰相之英偉。則人皆二八。國止方隅。而言併吞六合。福不盈眥。而稱感致百靈。雖人事屢改。而文理無易。故善之與惡。其說不殊。欲令觀者疇爲準的。此所謂一概也。於是考茲五失。以尋文義。雖事皆形似。而言必憑虛。夫鏤冰爲璧。不可得而用也。畫地爲餅。不可得而食也。是以行之於世。則上下相蒙。傳之於後。則示人不信。而世之作者。恆不之察。聚彼虛說。編而次之。創自起居。成於國史。連章疏錄。一字無廢。非復史書。更成文集。若乃歷選衆作。求其穢累。王沈魚豢。是其甚焉。裴子野何之元。抑其次也。陳壽干寶。頗從簡約。猶時載浮詭。罔盡機要。唯王邵撰齊隋二史。其所取也。文皆詣實。理多可信。至於悠悠飾詞。皆不之取。此實得去邪從正之理。捐華摭實之義也。蓋山有木。工則度之。況舉世文章。豈無其選。但苦作者書之不讀耳。至如詩有韋孟諷諫。賦有趙壹嫉邪。篇則賈誼過秦。論則班彪王命。張華述箴於女史。張載題銘於劍閣。諸葛表主以出師。王昶書字以誡子。劉向谷永之上疏。晁錯李固之對策。荀伯子之彈文。山巨源之啟事。此皆言成軌則。爲世龜鏡。求諸歷代。往往而有。苟書之竹帛。持以不刊。則其文可與三代同風。其事可與五經齊列。古猶今也。何遠近之有哉。昔夫子修春秋。別是非。申黜陟。而賊臣逆子懼。凡今之爲史而載文也。苟能撥浮華。採貞實。亦可使夫彫蟲小技者。聞義而知徙矣。此乃禁淫之隄防。持雅之管轄。凡爲載削者。可不務乎。

言語

蓋樞機之發。榮辱之主。言之不文。行之不遠。則知飾詞專對。古之所重也。夫上古之世。人惟朴略。言語難曉。訓釋方通。是以尋理則事簡而意深。考文則詞艱而義釋。若尚書載伊尹之訓。皐陶之謨。洛誥康誥牧誓泰誓是也。周監二代。郁郁乎文。大夫行人。尤重詞命。語微婉而多切。言流靡而不淫。若春秋載呂相絕秦。子產獻捷。臧孫諫君納鼎。魏絳對戮揚干。是也。戰國虎爭。馳說雲湧。人持弄丸之辯。家挾飛鉗之術。劇談者以譎誑爲宗。利口者以寓言爲主。若史記載蘇秦合從。張儀連橫。范睢反間以相秦。魯連解紛而全趙。是也。逮漢魏已降。周隋而往。世皆尚文。時無專對。運籌畫策。自具於章表。獻可替否。總歸於筆札。宰我子貢之道不行。蘇秦張儀之業遂廢矣。假有忠言切諫。答戲解嘲。其可稱者。若朱雲折檻以抗憤。張綱埋輪而獻直。秦宓之酬吳客。王融之答虜使。此之小辯。曾何足云。是以歷選載言。布諸方册。自漢已下。無足觀焉。尋夫戰國已前。其言皆可諷詠。非但筆削所致。良由體質素美。何以覈諸。至如鶉賁鸜鵒。童豎之謠也。山木輔車。時俗之諺也。皤腹棄甲。城者之謳也。原田是謀。輿人之誦也。斯皆芻詞鄙句。猶能溫潤若此。況乎束帶立朝之士。加以多聞博古之識者哉。則知時人出言。史官入記。雖有討論潤色。終不失其梗槩者也。夫三傳之說。既不習於尚書。兩漢之詞。又多違於戰策。足以驗氓俗之遞改。知歲時之不同。而後來作者。通無遠識。記其當世口語。罕能從實而書。方復追效昔人。示其稽古。是以好丘明者。則偏摸左傳。愛子長者。則全學史公。用使周秦言辭。見於魏晉之代。楚漢應對。行乎宋齊之日。而僞修混沌。失彼天然。今古以之不純。眞僞由其相亂。故裴少期譏孫盛錄曹公平素之語。而全作夫差亡滅之詞。雖言似春秋。而事殊乖越者矣。然自咸洛不守。龜鼎南遷。江左爲禮樂之鄉。金陵實圖書之府。故其俗猶能語存規檢。言喜風流。顛沛造次。不忘經籍。原注、若梁史載高祖在圍中見蕭正德、而謂之曰、啜其泣矣、何嗟及矣、湘東王聞世子方等見殺、謂其次子方諸曰、不有其廢、君何以興、皆其類也、而史臣修飾。無所費功。其於中國則不然。何者。於斯時也。先王桑梓。翦爲蠻貊。被髮左衽。充牣神州。其中辯若駒支。學如郯子。有時而遇。不可多得。而彥鸞修僞國諸史。收弘撰魏周二書。必諱彼夷音。變成華語。等楊由之聽雀。如介葛之聞牛。斯亦可矣。而於其間。則有妄益文彩。虛加風物。援引詩書。憲章史漢。遂使沮渠乞伏。儒雅比於元封拓跋宇文德音同於正始華而失實過莫大焉唯王宋著書敘元高時事抗詞正筆務存直道方言世語由此畢彰而今之學者皆尤二子以言多滓穢語傷淺俗夫本質如此而推過史臣猶鑑者見嫫姆多媸而歸罪於明鏡也又世之議者咸以北朝衆作周史爲工蓋賞其記言之體多同於古故也夫以枉飾虛言都損實事便號以良直師其模楷是則董狐南史舉目可求班固華嶠比肩皆是者矣近有燉煌張太素中山郎餘令並稱述者自負史才郎著孝德傳張著隋後略凡所撰今語皆依倣舊辭若選言可以效古而書其難類者則忽而不取料其所棄可勝紀哉蓋江芉罵商臣曰呼役夫宜君王廢汝而立職漢王怒酈生曰豎儒幾敗乃公事單固謂楊康曰老奴汝死自其分樂廣歎衞玠曰誰家生得寧馨兒斯並當時侮嫚之詞流俗鄙俚之說必播以脣吻傳諸諷誦而世人皆以爲上之二言不失清雅而下之兩句殊爲魯朴者何哉蓋楚漢世隔事已成古魏晉年近言猶類今已古者卽謂其文猶今者乃鷩其質夫天地長久風俗無恆後之視今亦猶今之視昔而作者皆怯書今語勇效昔言不其惑乎苟記言則約附五經載語則依憑三史是春秋之俗戰國之風亙兩儀而並存經千載其如一奚以今來古往質文之屢變者哉蓋善爲政者不擇人而理故俗無精麤咸被其化工爲史者不選事而書故言無美惡盡傳於後若事皆不謬言必近眞庶幾可與古人同居何止得其糟粕而已

敘事

夫史之稱美者。以敘事爲先。至若書功過。記善惡。文而不麗。質而非野。使人味其滋旨。懷其德音。三復忘疲。百遍無斁。自非作者曰聖。其孰能與於此乎。昔聖人之述作也。上自堯典。下終獲麟。是爲屬詞比事之言。疏通知遠之旨。子夏曰。書之論事也。昭昭然若日月之代明。揚雄有云。說事者莫辨乎書。說理者莫辨乎春秋。然則意指深奧。誥訓成義。微顯闡幽。婉而成章。雖殊途異轍。亦各有差焉。諒以師範億載。規模萬古。爲述者之冠冕。實後來之龜鏡。既而馬遷史記。班固漢書。繼聖而作。抑其次也。故世之學者。皆先曰五經。次云三史。經史之目。於此分焉。嘗試言之曰。經猶日也。史猶星也。夫杲日流景。則列星寢耀。桑榆既夕。而辰象粲然。故史漢之文。當乎尙書春秋之世也。則其言淺俗。涉乎委巷。垂翅不舉。懘籥無聞。逮於戰國已降。去聖彌遠。然後能露其鋒穎。倜儻不羈。故知人才有殊。相去若是。校其優劣。詎可同年。自漢已降。幾將千載。作者相繼。非復一家。求其善者。蓋亦幾矣。夫班馬執簡。既五經之罪人。而晉宋殺靑。又三史之不若。譬夫王霸有別。粹駁相懸。才難不其甚乎。然則人之著述。雖同自一手。其間則有善惡不均。精麤非類。若史記之蘇張蔡澤等傳。是其美者。至於三五本紀。日者太倉公龜策傳。固無所取焉。又漢書之帝紀陳項諸篇。是其最也。至於淮南王司馬相如東方朔傳。又安足道哉。豈繪事以丹素成妍。帝京以山水爲助。故言媸者其史亦拙。事美著其書亦工。必時乏異聞。世無奇事。英雄不作。賢儁不生。區區碌碌。抑惟恆理。而責史臣顯其良直之體。申其微婉之才。蓋亦難矣。故揚子有云。虞夏之書渾渾爾。商書灝灝爾。周書噩噩爾。下周者其書憔悴乎。觀丘明之記事也。當桓文作霸。晉楚更盟。則能飾彼詞句。成其文雅。及王室大壞。事益縱橫。則春秋美辭。幾乎翳矣。觀子長之敍事也。自周已往。言所不該。其文闊略。無復體統。洎秦漢已下。條貫有倫。則煥炳可觀。有足稱者。至若荀悅漢紀。其才盡於十帝。陳壽魏書。其美窮於三祖。觸類而長。他皆若斯。夫識寶者稀。知音蓋寡。近有裴子野宋略。王邵齊志。此二家者。並長於敍事。無愧古人。而世人議者。皆雷同譽裴。而共詆王氏。夫江左事雅。裴筆所以專工。中原跡穢。王文由其屢鄙。且幾原務飾虛辭。君懋志存實錄。此美惡所以爲異也。設使丘明重出。子長再生。記言於賀六渾之朝。書事於士尼干之代。將恐輟毫栖牘。無所施其德音。而作者安可以今方古。一概而論得失。夫敍事之體。其流甚多。非復片言所能覼縷。今輒區分類聚。定爲三篇。列之於下。夫國史之美者。以敍事爲工。而敍事之工者。以簡要爲主。簡之時義大矣哉。歷觀自古。作者權輿。尙書發蹤。所載務於寡事。春秋變體。其言貴於省文。斯蓋澆淳殊致。前後異跡。然則文約而事豐。此述作之尤美者也。始自兩漢。迄乎三國。國史之文。日傷煩富。逮晉已降。流宕逾遠。尋其冗句。摛其煩詞。一行之間。必謬增數字。尺紙之內。恆虛費數行。夫聚蚊成雷。羣輕折軸。況於章句不節。言詞莫限。載之兼兩。曷足道哉。蓋敍事之體。其別有四。有直紀其才行者。有唯書其事跡者。有因言語而可知者。有假讚論而自見者。至如古文尚書稱帝堯之德。標以允恭克讓。春秋左傳言子太叔之狀。目以美秀而文。所稱如此。更無他說。所直紀其才行者。又如左氏載申生爲驪姬所譖。自縊而亡。班史稱紀信爲項籍所圍。代君而死。此則不言其節操而忠孝自彰。所謂唯書其事跡者。又如尚書稱武王之罪紂也。其誓曰。焚炙忠良。刳剔孕婦。左傳紀隨會之論楚也。其詞曰。蓽輅藍縷。以啟山林。此則才行事跡莫不闕如。而言有關涉。事便顯露。所謂因言語而可知者。又如史記衞青傳後太史公曰。蘇建嘗責大將軍不薦賢待士。漢書孝文紀末其讚曰。吳王詐病不朝。賜以几杖。此則傳之與紀並所不書。而史臣發言。別出其事。所謂假讚論而自見者。然則才行事跡言語讚論。凡此四者。皆不相須。若兼而畢書。則其費尤廣。原注、近史紀傳、欲言人居哀毀損、則先云至性純孝、欲言人盡夜觀書、則先云篤志好學、欲言人赴敵不顧、則先云武藝絕倫、欲言人下筆成篇、則先云文章敏速、此則既述才行、又彰事跡也、如穀梁傳云、驪姬以酖爲酒、藥脯以毒、獻公田來、驪姬曰、世子已祀、故致福於君、君將食、驪姬跪曰、食自外來者、不可不試也、覆酒於地、而地墳、以脯與犬、犬斃、驪姬下堂而啼、呼曰、天乎天乎、國子之國也、子何遲乎爲君、又禮記云、陽門之介夫死、司城子罕入而哭之哀、晉人之覘宋者反報於晉侯曰、陽門之介夫死、而子罕哭之哀、而民說、殆不可伐也、此則既書事跡、又載言語也、又近代諸史、人有行事美惡、皆已具其紀傳中、續以讚論、重述前事、此則才行事跡紀傳已書、讚論又載也、按此注舊本多譌、今照傳記改正、但自古經史通多此類。此九字一本混入注中○原注、公梁禮新序說苑戰國策楚漢春秋史記、迄於皇家所撰五代史皆有之、能獲免者。蓋十無一二。原注、唯左丘明裴子野王邵無此也、文敍事之省。其流有二焉。一曰省句。二曰省字。如左傳宋華耦來盟。稱其先人得罪於宋。

魯人以爲敏。夫以鈍者稱敏。則明賢達所嗤。此爲省句也。春秋經曰。隕石於宋五。夫聞之隕。視之石。數之五。加以一字太詳。減其一字太略。求諸折中。簡要合理。此爲省字也。其有反於是者。若公羊稱郤克眇。季孫行父禿。孫良夫跛。齊使跛者逆跛者。禿者逆禿者。眇者逆眇者。蓋宜除跛者已下句。但云各以其類逆。必事加再述。則於文殊費。此爲煩句也。漢書張蒼傳云。年老口中無齒。蓋於此一句之內。去年及口中可矣。夫此六文成句。而三字妄加。此爲煩字也。然則省句爲易。省字爲難。洞識此心。始可言史矣。苟句盡餘賸。字皆重複。史之煩蕪。職由於此。蓋餌巨魚者。垂其千鈞。而得之在於一筌。捕高鳥者。張其萬罝。而獲之由於一目。夫敘事者。或虛益散辭。廣加閑說。必取其所要。不過一言一句耳。苟能同夫獵者漁者。既執而（說文、當是廣置之義）宜鈞必收其所留者。唯一筌一目而已。則庶幾駢枝盡去。而塵垢都捐。華逝而實存。滓去而瀋在矣。嗟乎。能損之又損。而玄之又玄。輪扁所不能語斤。伊摯所不能言鼎也。夫飾言者爲文。編文者爲句。句積而章立。章積而篇成。篇目既分。而一家之言備矣。古者行人出境。以詞令爲宗。大夫應對。以言文爲主。況乎列以章句。刊之竹帛。安可不勵精雕飾。傳諸諷誦者哉。自聖賢述作。是曰經典。句皆韶夏。言盡琳瑯。秩秩德音。洋洋盈耳。譬夫游滄海者。徒驚其浩曠。登太山者。但嗟其峻極。必摘以尤最。不知何者爲先。然章句之言。有顯有晦。顯也者。繁詞縟說。理盡於篇中。晦也者。省字約文。事溢於句外。然則晦之將顯。優劣不同。較可知矣。夫能略小存大。舉重明輕。一言而巨細咸該。片語而洪纖靡漏。此皆用晦之道也。昔古文義務卻浮詞。虞書云。帝乃殂落。百姓如喪考妣。夏書云。啟呱呱而泣。予不子。周書稱前徒倒戈。血流漂杵。虞書云。四罪而天下咸服。此皆文如闊略。而語實周贍。故覽之者初疑其易。而為之者方覺其難。固非雕蟲小技。所能斥苦其說也。既而丘明受經。師範尼父。夫經以數字包義。而傳以一句成言。雖繁約有殊。而隱晦無異。故其綱紀而言邦俗也。則有士會為政。晉國之盜奔秦。邢遷如歸。衛國忘亡。其款曲而言人事也。則有犀革裹之。比及宋。手足皆見。三軍之士。皆如挾纊。斯皆言近而旨遠。辭淺而義深。雖發語已殫。而含意未盡。使夫讀者望表而知裏。捫毛而辨骨。覩一事於句中。反三隅於字外。晦之時義。不亦大哉。洎班馬二史。雖多謝五經。必求其所長。亦時值斯語。至若高祖亡蕭何。如失左右手。漢兵敗績。睢水為之不流。董生乘馬。三年不知牝牡。翟公之門。可張雀羅。則其例也。自茲已降。史道陵夷。作者蕪音累句。雲蒸泉涌。其為文也。大抵編字不隻。捶句皆雙。修短取均。奇偶相配。故應以一言蔽之者。輒足為二言。應以三句成文者。必分為四句。彌漫重沓。不知所裁。是以處道受責於少期。原注、魏書鄧哀王傳曰、容貌姿美、有殊於衆、故特見寵異、裴松之曰、一類之言、而分以為三、亦敘屬之一病也、子昇取譏於君懋。原注、王邵齊志曰、時議很邪子才不得掌興魏之書、悵快、溫子昇亦若此、而撰永安記、率是支言、○支言舊譌六言、非不幸也。蓋作者言雖簡略。理皆要害。故能疏而不遺。儉而無闕。譬如用奇兵者。持一當百。能全克敵之功也。若才乏雋穎。思多昏滯。費詞既甚。

敍事纔周。亦猶售鐵錢者。以兩當一。方成貿遷之價也。然則史漢已前。省要如彼。國晉已降。煩碎如此。必定其姸媸。甄其善惡。夫讀古史者。明其章句。皆可詠歌。觀近史者。悅其緒言。直求事意而已。是則一貴一賤。不言可知。無假推揚。而其理自見矣。

昔文章既作。比興由生。鳥獸以媲賢愚。草木以方男女。詩人騷客。言之備矣。洎乎中代。其體稍殊。或擬人必以其倫。或述事多比於古。當漢氏之臨天下也。君實稱帝。理異殷周。子乃封王。名非魯衛。而作者猶謂帝家爲王室。公輔爲王臣。盤石加建侯之言。帶河申俾侯之誓。而史臣撰錄。亦同彼文章。假託古詞。翻易今語。潤色之濫。萌於此矣。降及近古。彌見其甚。至如諸子短書。雜家小說。論逆臣則呼爲問鼎。稱巨寇則目以長鯨。邦國初基。皆云草昧。帝王兆跡。必號龍飛。斯並理兼諷諭。言非指斥。異乎游夏措詞。南董顯書之義也。如魏收代史。吳均齊錄。或牢籠一世。或苞舉一家。自可申不刊之格言。弘至公之正說。而收稱劉氏納貢。則曰來獻百牢。均敍元日臨軒。必云朝會萬國。夫以吳徵魯賦。禹計塗山。持彼往事。用爲今說。置於文章則可。施於簡冊則否矣。亦有方以類聚。譬諸昔人。如王隱稱諸葛亮挑戰。冀獲曹咎之利。崔鴻稱慕容沖見幸。爲有龍陽之姿。其事相符。言之讜矣。而盧思道稱邢邵喪子不慟。自東門吳已來。未之有也。李百藥稱王琳雅得人心。雖李將軍恂恂善誘。無以加也。斯則虛引古事。妄足庸音。苟矜其學。必辨而非當者矣。昔禮記檀弓。工言物始。夫自我作故。首創新儀。前史所刊。後來取證。是以漢初立轉。轉、當作子長當作孟堅、所書。魯始爲鬭。丘明是記。河橋可作。元凱取驗於毛詩。男子有笄。伯支遠徵於內則。卽其事也。案裴景仁秦記稱苻堅方食撫盤而詬。王邵齊志述洛干感恩。脫帽而謝。及彥鸞撰以新史。重規刪其舊錄。乃易撫盤以推案。變脫帽爲免冠。夫近世通無案食。胡俗不施冠冕。直以事不類古。改從雅言。欲令學者何以考時俗之不同。察古今之有異。又自雜種稱制。充牣神州。事異諸華。言多醜俗。至如翼犍道武原諱。黑獺周文本名。而伯起革以他語。德棻闕而不載。蓋厖降蒯聵字之嫌也。重耳黑臀名之鄙也。舊皆列以三史。傳諸五經。未聞後進談講。別加刊定。況齊丘之犢。彰於載識。原注、杜臺卿齊記載讖云、首牛入西谷、逆犢上齊丘也、河邊之狗。著於謠詠。原注、王劭齊志載謠云、羅羅頭團圞、河中狗子破爾菀也、明如日月。難爲蓋藏。此而不書。何以示後。亦有氏姓本複。減省從單。或去万紐而留于。或止存狄而除庫。求諸自古。罕聞茲例。昔夫子有云。文勝質則史。故知史之爲務。必藉於文。自五經已降。三史而往。以文敘事。可得言焉。而今之所作。有異於是。其立言也。或虛加練飾。輕事雕彩。或體兼賦頌。詞類俳優。文非文。史非史。譬夫烏孫造室。雜以漢儀。而刻鵠不成。反類於鶩者也。

書事

昔荀悅有云。立典有五志焉。一曰達道義。二曰彰法式。三曰通古今。四曰著功勳。五曰表賢能。干寶之釋五志也。體國經野之言則書之。用兵征伐之權則書之。忠臣烈士孝子貞婦之節則書之。文誥專對之辭則書之。才力技藝殊異則書之。於是採二家之所議。徵五志之所取。蓋記言之所網羅。書事之所總括。粗得於茲矣。然必謂故無遺恨。猶恐未盡者乎。今更廣以三科。用增前目。一曰敍沿革。二曰明罪惡。三曰旌怪異。何者。禮儀用舍。節文升降則書之。君臣邪僻。國家喪亂。則書之。幽明感應。禍福萌兆。則書之。於是以此三科。參諸五志。則史氏所載。庶幾無闕。求諸筆削。何莫由斯。但自古作者。鮮能無病。苟書而不法。則何以示後。蓋班固之譏司馬遷也。論大道則先黃老而後六經。序游俠則退處士而進姦雄。述貨殖則崇勢利而羞賤貧。此其所蔽也。又傅玄之貶班固也。論國體則飾主闕而折忠臣。敍世教則貴取容而賤直節。述時務則謹辭章而略事實。此其所失也。尋班馬二史。咸擅一家。而各自彈射。遞相瘡痏。夫雖自卜者審。而自見為難。可謂笑他人之未工。忘己事之已拙。上智猶其若此。而況庸庸者哉。苟目前哲之指蹤。校後來之所失。若王沈孫盛之伍。伯起德棻之流。論王業則黨悖逆而誣忠義。敍國家則抑正順而褒篡奪。述風俗則矜夷狄而陋華夏。此其大較也。必伸以糺擿。窮其負累。雖擢髮而數。庸可盡邪。子曰。於予何誅。於此數家見之矣。抑又聞之。怪力亂神。宣尼不語。而事鬼求福。墨生所信。故聖人於其間。若存若亡而已。若吞燕卵而商生。啟龍漦而周滅。厲壞門以禍晉。鬼謀社而亡曹。江使返璧於秦皇。圯橋授書於漢相。此則事關軍國。理涉興亡。有而書之。以彰靈驗。可也。而王隱何法盛之徒。所撰晉史。乃專訪州閭細事委巷瑣言。聚而編之。目爲鬼神傳錄。其事非要。其言不經。異乎三史之所書五經之所載也。范曄博採衆書。裁成漢典。觀其所取。頗有奇工。至於方術篇及諸蠻夷傳。乃錄王喬左慈。廩君槃瓠。言唯迂誕。事多詭越。可謂美玉之瑕。白圭之玷。惜哉。無是可也。又自魏晉已降。著述多門。語林笑林世說俗說。皆喜載調謔小辯。嗤鄙異聞。雖爲有識所譏。頗爲無知所說。而斯風一扇。國史多同。至如王思狂躁。起驅蠅而踐筆。畢卓沈湎。左持螯而右杯。劉邕榜吏以膳痂。齡石戲舅而傷贅。其事蕪穢。其辭猥雜。而歷代正史。持爲雅言。苟使讀之者爲之解頤。聞之者爲之撫掌。固異乎記功書過。彰善癉惡者也。大抵近代史筆。敍事爲煩。推而論之。其尤甚者有四。夫祥瑞者。所以發揮盛德。幽贊明王。至如鳳皇來儀。嘉禾入獻。秦得若雉。魯獲如麕。求諸尙書春秋。上下數千載。其可得言者。蓋不過一二而已。爰及近古。則不然。凡祥瑞之出。非關理亂。蓋主上所惑。臣下相欺。故德彌少而瑞彌多。政逾劣而祥逾盛。是以桓靈受祉。比文景而爲豐。劉石應符。比曹馬而益倍。而史官徵其謬說。錄彼邪言。眞僞莫分。是非無別。其煩一也。當春秋之時。諸侯力爭。各擅雄伯。自相君臣。經書某使來聘。某君來朝者。蓋明和好所通。盛德所及。此皆國之大事。不可闕如。而自史漢已還。相承繼作。至於呼韓入侍。肅愼來庭。如此之流。書之可也。若乃藩王岳牧。朝會京師。必也書之本紀。則異乎春秋之義。夫臣謁其君。子覲其父。抑惟恆理。非復異聞。載之簡策。一何辭費。其煩二也。若乃百職遷除。

千官黜免。其可以書名本紀者。蓋惟槐鼎而已。故西京撰史。唯編丞相大夫。東觀著書。止列司徒太尉。而近世自三公以下。一命已上。苟沾厚祿。莫不備書。且一人之身。兼預數職。或加其號而闕其位。或無其實而有其名。贊唱爲之口勞。題署由其力倦。具之史牘。夫何足觀。其煩三也。夫人之有傳也。蓋唯書其邑里而已。其有開國承家。世祿不墜。積仁累德。良弓無改。項籍之先。世爲楚將。石建之後。廉謹相承。此則其事尤異。略書於傳可也。其失之者。則有父官令長。子秩丞郎。聲不著於一鄉。行無聞於十室。而乃敍其名位。一二無遺。此實家諜。非關國史。其煩四也。於是考茲四事。以觀今古。足驗積習忘返。流宕不歸。乖作者之規模。違哲人之準的也。孔子曰。吾黨之小子狂簡。斐然成章。不知所以裁之。其斯之謂矣。亦有言或可記。功或可書。而紀闕其文。傳亡其事者。何則。始自太上。迄於中古。其間文籍。可得言焉。夫以仲尼之聖也。訪諸郯子。始聞少皞之官。叔向之賢也。詢彼國僑。載辨黃能之祟。或八元才子。因行父而獲傳。或五羖大夫。假趙良而見識。則知當時正史。流俗所行。若三墳五典。八索九丘之書。虞夏商周春秋檮杌之記。其所缺略者多矣。旣而汲冢所述。方五經而有殘。馬遷所書。比三傳而多別。裴松補陳壽之闕。謝綽拾沈約之遺。斯又言滿五車。事逾三篋者矣。夫記事之體。欲簡而且詳。疏而不漏。若煩則盡取。省則多捐。此乃忘折中之宜。失均平之理。惟夫博雅君子。知其利害者焉。

古今正史

易曰。上古結繩以理。後世聖人易之以書契。儒者云。伏犧氏始畫八卦。造書契以代結繩之政。由是文籍生焉。又曰。伏犧神農黃帝之書謂之三墳。言大道也。少昊顓頊高辛唐虞之書。謂之五典。言常道也。春秋傳載楚左史能讀三墳五典。禮記曰。外史掌三皇五帝之書。由斯而言。則墳典文義。三五史策。至於春秋之時。猶大行於世。爰及後古。其書不傳。惟唐虞已降。可得言者。然自堯而往。聖賢猶述。求其一二。髣髴存焉。而後來諸子。廣造奇說。其語不經。其書非聖。故馬遷有言。神農已前。吾不知矣。班固亦曰。顓頊之事。未可明也。斯則墳典所記。無得而稱者焉。案堯舜相承。已見墳典。周監二代。各有書籍。至孔子討論其義。刪爲尙書。始自唐堯。下終秦穆。其言百篇。而各爲之序。屬秦爲不道。坑儒禁學。孔子之末孫曰惠。壁藏其書。漢室龍興。旁求儒雅。聞故秦博士伏勝能傳其業。詔太常使掌故晁錯受焉。時伏生年且百歲。言不可曉。口授其書。纔二十九篇。自是傳其學者。有歐陽氏大小夏侯。宣帝時。復有河內女子。得泰誓一篇獻之。與伏生所誦。合三十篇。行之於世。其篇所載年月。不與序相符會。又與左傳國語孟子所引泰誓不同。故漢魏諸儒。咸疑其繆。古文尙書者。卽孔惠之所藏。科斗之文字也。魯恭王壞孔子舊宅。始得之於壁中。博士孔安國以校伏生所誦。增多二十五篇。更以隸古字寫之。編爲四十六卷。司馬遷屢訪其事。故多有古說。安國又受詔爲之訓傳。値武帝末。巫蠱事起。經籍道息。不獲奏上。藏諸私家。劉向取校歐陽大小夏侯三家經文脫誤甚衆。至於後漢。孔氏之本遂絕。其有見於經典者。諸儒皆謂之逸書。王肅亦注今文尚書而大與古文孔傳相類。或肅私見其本而獨祕之乎。晉元帝時。豫章內史梅賾始以孔傳奏上。而缺舜典一篇。乃取肅之堯典。從愼徽以下分爲舜典以續之。自是歐陽大小夏侯家等學。馬融鄭玄王肅諸注廢。而古文孔傳獨行。列於學官。永爲世範。齊建武中。吳興人姚方興采馬王之義。以造孔傳舜典。云於大航購得。詣闕以獻。舉朝集議。咸以爲非。及江陵板蕩。其文入北。中原學者得而異之。隋學博（當作）士劉炫遂取此一篇列諸本第。故今人所習尙書舜典。元出於姚氏者焉。當周室微弱。諸侯力爭。孔子應聘不遇。自衞而歸。乃與魯君子左丘明觀書於太史氏。因魯史記而作春秋。上遵周公遺制。下明將來之法。自隱及哀（一有盡字）十二公行事。經成以授弟子。弟子退而異言。丘明恐失其眞。故論本事而爲傳。明夫子不以空言說經也。春秋所貶當世君臣。其事實皆形於傳。故隱其書而不宣。所以免時難也。及末世口說流行。故有公羊穀梁鄒夾之傳。鄒氏無師。夾氏有錄無書。故不顯於世。漢興。董仲舒公孫弘並治公羊。其傳習者有嚴顏二家之學。宣帝卽位。聞衞太子私好穀梁。乃召名儒蔡千秋蕭望之等大議殿中。因置博士。平帝初立左氏。逮於後漢。儒者數廷毀之。會博士李封卒。遂不復補。逮和帝元興十一年。鄭興父子奏請重立於學官。至魏晉。其書漸行。而二傳亦廢。今所用左氏本。卽杜預所注者。又當春秋之世。諸侯國自有史。故孔子求衆家史記。而得百二十國書。如楚之書。鄭之志。魯之春秋。魏之紀年。此其可得言者。左丘明旣配經立傳。又撰諸異同。號曰外傳國語二十一篇。斯蓋採書志等文。非唯魯之史記而已。楚漢之際。有好事者錄自古帝王公侯卿大夫之世。終乎秦末。號曰世本十五篇。春秋之後。七雄並爭。秦幷諸侯。則有戰國策三十三篇。漢興。太中大夫陸賈紀錄時功。作楚漢春秋九篇。孝武之世。太史公司馬談欲錯綜古今。勒成一史。其意未就而卒。子遷乃述父遺志。採左傳國語。刪世本戰國策。據楚漢列國時事。上自黃帝。下訖麟止。作十二本紀。十表。八書。三十世家。七十列傳。凡百三十篇。都謂之史記。厥協六經異傳。整齊百家雜言。藏諸名山。副在京師。以俟後聖君子。至宣帝時。遷外孫楊惲祖述其書。遂宣布焉。而十篇未成。有錄而已。元成之間。褚先生更補其缺。作武帝紀。三王世家。龜策日者等傳。辭多鄙陋。非遷本意也。晉散騎常侍巴西譙周以遷書周秦已上。或采家人諸子。不專據正經。於是作古史考二十五篇。皆憑舊典。以糺其繆。今則與史記並行於代焉。史記所書。年止漢武太初已後。闕而不錄。其後劉向向子歆及諸好事者。若馮商衞衡揚雄史岑梁審肆仁晉馮段肅金丹馮衍韋融蕭奮劉恂等。相次撰續。迄於哀平間。猶名史記。至建武中。司徒掾班彪以爲其言鄙俗。不足以踵前史。又雄歆褒美僞新。誤後惑衆。不當垂之後代者也。於是採其舊事。旁貫異聞。作後傳六十五篇。其子固以父所撰。

未盡一家。乃起元高皇。終乎王莽。十有二世。二百三十年。綜其行事。上下通洽。爲漢書紀表志傳百篇。其事未畢。會有上書云固私改作史記者。有詔京兆收繫。悉錄家書封上。固弟超詣闕自陳。明帝引見。言固續父所作。不敢改易舊書。帝意乃解。即出固。徵詣校書。受詔卒業。經二十餘載。至章帝建初中乃成。固後坐竇氏事。卒於洛陽獄。書頗散亂。莫能綜理。其妹曹大家博學能屬文。奉詔校敍。又選高才郎馬融等十人。從大家受讀。其八表及天文志等猶未克成。多是待詔東觀馬續所作。而古今人表。尤不類本書。始自漢末。迄乎陳世。爲其注解者。凡二十五家。至於專門受業。遂與五經相亞。初漢獻帝以固書文煩難省。乃詔侍中荀悅依左氏傳體。刪爲漢紀三十篇。命祕書給紙筆。經五六年乃就。其言簡要。亦與紀傳並行。在漢中興。明帝始詔班固與睢陽令陳宗。長陵令尹敏。司隸從事孟異。作世祖本紀。并撰功臣及新市平林公孫述事。作列傳載記二十八篇。自是以來。春秋考紀。亦以煥炳。而忠臣義士莫之撰勒。於是又詔史官謁者僕射劉珍及諫議大夫李尤。雜作紀表名臣節士儒林外戚諸傳。起自建武。訖乎永初。事業垂竟而珍尤繼卒。復命侍中伏無忌與諫議大夫黃景作諸王王子功臣恩澤侯表。南單于西羌傳。地理志。至元嘉元年。復令太中大夫邊韶大軍營司馬崔寔議郎朱穆曹壽雜作孝穆崇二皇及順烈皇后傳。又增外戚傳入安思等后。儒林傳入崔篆諸人。寔壽又與議郎延篤雜作百官表。順帝功臣孫程郭願及鄭衆蔡倫等傳。凡百十有四篇。號曰漢記。熹平中。光祿大夫馬日磾。議郎蔡邕。楊彪。盧植。著作東觀。接續紀傳之可成者。而邕別作朝會車服二志。後坐事徙朔方。上書求還。續成十志。會董卓作亂。大駕西遷。史臣廢棄舊文。散佚及在許都。楊彪頗存注記。至於名賢君子。自永初已下闕續。魏黃初中。唯著先賢表。故漢記殘缺。至晉無成。泰始中。祕書丞司馬彪。始討論衆書。綴其所聞。起元光武。終於孝獻。錄世十二。編年二百。通綜上下。旁引庶事。爲紀志傳凡八十篇。號曰續漢書。又散騎常侍華嶠。刪定東觀記。爲漢後書。帝紀十二。皇后紀二。典十。列傳七十。譜三。總九十七篇。其十典竟不成而卒。自斯已往。作者相繼。爲編年者四族。創紀傳者五家。推其所長。華氏居最。而遭晉室東徙。三惟一存。至宋宣城太守范曄。乃廣集學徒。窮覽舊籍。刪煩補略。作後漢書。凡十紀。十志。八十列傳。合爲百篇。會曄以罪被收。其十志亦未成而死。先是晉東陽太守袁宏。鈔撮漢氏後書。依荀悅體。著後漢紀三十篇。世言漢中興史者。唯范袁二家而已。魏史。黃初太和中。始命尚書衞覬繆襲。草創紀傳。累載不成。又命侍中韋誕。應璩。祕書監王沈。大將軍從事中郞阮籍。司徒右長史孫該。司隸校尉傅玄等。復共撰定。其後王沈獨就其業。勒成魏書四十四卷。其書多爲時諱。殊非實錄。吳大帝之季年。始命太史令丁孚。郞中項峻。撰吳書。孚峻俱非史才。其文不足紀錄。至少帝時。更敕韋曜。周昭。薛瑩。梁廣。華覈。訪求往事。相與記述。並作之中。曜。瑩爲首。當歸命侯時。昭廣先亡。曜。瑩徙黜。史官久闕。書遂無聞。覈表請召曜瑩續成前史。其後曜獨終其書。定爲五十五卷。主晉受命。海內大同。著作陳壽乃集三國史。撰爲國志。凡六十五篇。夏侯湛時亦著魏書。見壽所作。便壞已草而罷。及壽卒。梁州大中正范頵表言。國志明乎得失。辭多勸誡。有益風化。願垂採錄。於是詔下河南尹。就家寫其書。先是魏時京兆魚豢私撰魏略。事止明帝。其後孫盛撰魏氏春秋。王隱撰蜀記。張勃撰吳錄。異聞錯出。其流最多。宋文帝以國志載事傷於簡略。乃命中書郎裴松之兼採衆書。補注其闕。由是世言三國志者。以裴注爲本焉。晉史洛京時著作郎陸機始撰三祖紀。佐著作郎束晳又撰十志。會中朝喪亂。其書不存。先是歷陽令陳郡王銓有著述才。每私錄晉事。及功臣行狀。未就而卒。子隱博學多聞。受父遺業。西都事跡。多所詳究。過江爲著作郎。受詔撰晉史。爲其同僚虞預所訴。坐事免官。家貧無資。書未遂就。乃依征西將軍庾亮於武昌鎭。亮給其紙墨。由是獲成。凡爲晉書八十九卷。咸康六年。始詣闕奏上。隱雖好述作。而辭拙才鈍。其書編次有序者。皆銓所修。章句混漫者。必隱所作。時尙書郎領國史干寶亦撰晉紀。自宣訖愍七帝。五十三年。凡二十二卷。其書簡略。直而能婉。甚爲當時所稱。晉江左史自鄧粲孫盛檀道鸞王韶之已下。相次繼作。遠則偏記兩帝。近則唯敍八朝。至宋湘東太守何法盛。始撰晉中興書。勒成一家。首尾該備。齊隱士東莞臧榮緒又集東西二史。合成一書。皇家貞觀中。有詔以前後晉史十有八家。制作雖多。未能盡善。乃勑史官更加纂錄。採正典與雜說數十餘部。兼引僞史十六國書。爲紀十。志二十。列傳七十。載記三十。並敍例目錄。合爲百三十二卷。自是言晉史者。皆棄其舊本。競從新撰者焉。宋史元嘉中。著作郎何承天草創紀傳。自此以外。悉委奉朝請山謙之補承天殘缺。後又命裴松之續成國史。松之尋卒。史佐孫沖之表求別自創立。爲一家之言。孝建初。又敕南臺侍御史蘇寶生續造諸傳。元嘉名臣皆其所撰。寶生被誅。大明六年。又命著作郎徐爰踵成前作。爰因何孫山蘇所述。勒爲一書。其臧質魯爽王僧達諸傳。又皆孝武自造。而序事多虛。難以取信。自永光已後至禪讓。十餘年中。闕而不載。至齊著作郎沈約。更補綴所遺。製成新史。始自義熙肇號。終乎昇明三年。爲紀十。志三十。列傳六十。合百卷。名曰宋書。永明末。其書既行。河東裴子野更刪爲宋略二十卷。沈約見而歎曰。吾所不逮也。由是世之言宋史者。以裴略爲上。沈書次之。齊史江淹始受詔著述。以爲史之所難。無出於志。故先著十志。以見其才。沈約復著齊紀二十篇。梁天監中。太尉錄事蕭子顯啟撰齊史。書成表奏之。詔付祕閣。起昇明之年。盡永元之代。爲紀八。志十一。列傳四十。合成五十九篇。時奉朝請吳均亦表請撰齊史。乞給起居注并羣臣行狀。有詔齊氏故事。布在流俗。聞見既多。可自搜訪也。均遂撰齊春秋三十篇。其書稱梁帝爲齊明佐命。帝惡其實。詔燔之。然其私本竟能與蕭氏所撰並傳於後。梁史。武帝時沈約與給事中周興嗣。步兵校尉鮑行卿。祕書監謝昊相承撰錄。已有百篇。值承聖淪沒。並從焚蕩。廬江何之元沛國劉璠以所聞見究其始末合撰梁典三十篇而紀傳之書未有其作陳祠部郎中姚察有志撰勒施功未周但既當朝務兼知國史至於陳亡其書不就陳史初有吳郡顧野王北地傅縡各爲撰史學士其武文二帝紀卽顧傅所修太建初中書郎陸瓊續撰諸篇事傷煩雜姚察就加刪改粗有條貫及江東不守持以入關隋文帝嘗索梁陳事跡察具以所成每篇續奏而依違荏苒竟未絕筆皇家貞觀初其子思廉爲著作郎奉詔撰成二史於是憑其舊藁加以新錄彌歷九載方始畢功定爲梁書五十卷陳書三十六卷今並行世焉十六國史前趙劉聰時領左國史公師彧撰高祖本紀及功臣傳二十人甚得良史之體凌修譖其訕謗先帝聰怒而誅之劉曜時平輿子和苞撰漢趙記十篇事止當年不終曜滅後趙石勒命其臣徐光宗歷傅暢鄭愔等撰上黨國記起居注趙書其後又令王蘭陳晏程陰徐機等相次撰述至石虎並令刋削使勒功業不傳其後燕太傅長史田融宋尚書庫部郎郭仲產北中郎參軍王度追撰二石事集爲鄴都記趙記等書前燕有起居注杜輔全（疑詮字、脫旁、）錄以爲燕紀後燕建興元年董統受詔草創後書著本紀並佐命功臣王公列傳合三十卷慕容垂稱其敍事富贍足成一家之言但褒述過美有慙董史之直其後申秀范亨各取前後二燕合成一史南燕有趙郡王景暉嘗事德超撰二主起居注超亡仕於馮氏官至中書令仍撰南燕錄六卷蜀初號曰成後改稱漢李勢散騎常侍常璩撰漢書十卷後入晉祕閣改爲蜀李書。璩又撰華陽國志。具載李氏興滅。前涼張駿十五年。命其西曹邊瀏集內外事。以付秀才索綏作涼國春秋五十卷。又張重華護軍參軍劉慶。在東苑專修國史二十餘年。著涼記十二卷。建康太守索暉。從事中郎劉昞。又各著涼書。前秦史官。初有趙淵車敬梁熙韋譚相繼著述。苻堅嘗取而觀之。見苟太后幸李威事。怒而焚滅其本。後著作郎董誼追錄舊語。十不一存。及宋武帝入關。曾訪秦國事。又命梁州刺史吉翰問諸仇池。並無所獲。先是秦祕書郎趙整參撰國史。值秦滅。隱於商洛山。著書不輟。有馮翊車頻助其經費。整卒。翰乃啟頻纂成其書。以元嘉九年起。至二十八年方罷。定爲三卷。而年月失次。首尾不倫。河東裴景仁又正其訛僻。刪爲秦紀十一篇。後秦扶風馬僧虔。河東衞隆景。並著秦史。及姚氏之滅。殘缺者多。泓從弟和都仕魏爲左民尚書。又追撰秦紀十卷。夏天水趙思羣北地張淵。於眞興承光之世。並受命著其國書。及統萬之亡。多見焚燒。西涼與西秦。其史或當代所書。或他邦所錄。段龜龍記呂氏。宗欽記沮渠氏。失名記禿髮氏。韓顯宗記馮氏。唯有三者可知。自餘不詳誰作。魏世黃門侍郎崔鴻。乃考覈衆家。辨其同異。除煩補闕。錯綜綱紀。易其國書曰錄。主紀曰傳。都謂之十六國春秋。鴻始以景明之初。求諸國逸史。逮正始元年。鳩集稽備。而猶闕蜀事。不果成書。推求十有五年。始於江東購獲。乃增其篇目。勒爲一百二卷。鴻歿後。永安中其子繕寫奏上。請藏諸祕閣。由是僞史宣布。大行於時。元魏史道武時。始令鄧淵著國記。唯爲十卷。而條例未成。暨乎明元。廢而不述。神䴥二年。又詔集諸文士崔浩浩弟覽高讜鄧穎晃繼范亨黃輔等撰國書爲三十卷。又特命浩總監史任。務從實錄。復以中書郎高允散騎侍郎張偉竝參著作續成前史（史字疑衍）書敘述國事。無隱所惡。而刊石寫之。以示行路。浩坐此夷三族。同作死者百二十八人。自是遂廢史官。至文成帝和平元年。始復其職。而以高允典著作修國記。允年已九十。手目俱衰。時有校書郎劉模長於緝綴。乃令執筆。而口占授之。如是者五六歲。所成篇卷。模有力焉。初國記自鄧崔以下。皆相承作編年體。至孝文太和十一年。詔祕書丞李彪著作郎崔光。始分爲紀傳異科。宣武時。命邢巒追撰孝文起居注。既而崔光王遵業補續。下訖孝明之世。溫子昇復修孝莊紀。濟陰王暉業撰辨宗室錄。魏史官私所撰。盡於斯矣。齊天保二年。敕祕書監魏收博採舊聞。勒成一史。又命刁柔辛元植房延祐睦仲讓裴昂之高孝幹等助其編次。收所取史官。懼相凌忽。故刁辛諸子竝乏史才。唯以𩑦鬜學流憑附得進。於是大徵百家譜狀。斟酌以成魏書。上自道武。下終孝靖。紀傳與志凡百三十卷收詔齊氏。於魏室多不平。既黨北朝。又厚誣江左。性憎勝己。喜念舊惡。甲門盛德與之有怨者。莫不被以醜言。沒其善事。遷怒所至。毀及高曾。書成始奏。詔收於尚書省與諸家論討。前後列訴者百有餘人。時尚書令楊遵彥一代貴臣。勢傾朝野。收撰其家傳甚美。是以深被黨援。諸訟史者。皆獲重罰。或有斃於獄中。羣怨謗聲不息。孝昭世。敕收更加研審。然後宣布於外。武成嘗訪諸羣臣。猶云不實。又令治改。其所變易甚多。由是世薄其書。號爲穢史。至隋開皇。敕著作郎魏澹與顏之推辛德源更撰魏書。矯正收失。澹以西魏爲眞。東魏爲僞。故文恭列紀。孝靖稱傳。合紀傳論例。總九十二篇。煬帝以澹書猶未能善。又敕左僕射楊素別撰。學士潘徽褚亮歐陽詢等佐之。會素薨而止。今世稱魏史者。猶以收本爲主焉。高齊史。天統初。太常少卿祖孝徵述獻武起居。名曰黃初傳天錄。時中書侍郎陸元規常從文宣征討。著皇帝實錄。唯記行師。不載它事。自武平後。史官陽休之杜臺卿祖崇儒崔子發等相繼注記。逮於齊滅。隋祕書監王邵內史令李德林並少仕鄴中。多識故事。王乃憑述起居注。廣以異聞。造編年書。號曰齊志。十有六卷。李在齊預修國史。創紀傳書二十七卷。至開皇初奉詔續撰。增多齊史三十八篇。以上送官。藏之祕府。皇家貞觀初。敕其子中書舍人百藥仍其舊錄。雜採它書。演爲五十卷。今之言齊史者。唯王李二家云。宇文周史。大統年有祕書丞柳虬兼領著作。直辭正色。事有可稱。至隋開皇中。祕書監牛弘追撰周紀十有八篇。略敍紀綱。仍皆抵忤。皇家貞觀初。敕祕書丞令狐德棻祕書郎岑文本共加修緝。定爲周書五十卷。隋史當開皇仁壽時。王邵爲書八十卷。以類相從。定其篇目。至於編年紀傳。並闕其體。煬帝世唯有王胄等所修大業起居注。及江都之禍。仍多散逸。皇家貞觀初。敕中書侍郎顏師古給事中孔穎達共撰成隋書五十五卷。與新撰周書並行於時。初太宗以梁陳及齊周隋氏並未有書。

乃命學士分修。事具於上。仍使祕書監魏徵總知其務。凡有讚論。徵多預焉。始以貞觀三年創造。至十八年方就。合爲五代紀傳。並目錄凡二百五十二卷。書成。下於史閣。唯有十志。斷爲三十卷。尋擬續奏。未有其文。又詔左僕射于志寧。太史令李淳風。著作郎韋安仁。符璽郎李延壽同撰。其先撰史人。唯令狐德棻重預其事。太宗崩後。刋勒始成。其篇第雖編入隋書。其實別行。俗呼爲五代史志。惟大唐之受命也。義寧武德間。工部尚書溫大雅首撰創業起居注三篇。自是司空房玄齡。給事中許敬宗。著作佐郎敬播。相次立編年體。號爲實錄。迄乎三帝。世有其書。貞觀初。姚思廉始撰紀傳。粗成三十卷。至顯慶元年。太尉長孫無忌與于志寧。令狐德棻。著作郎劉胤之。楊仁卿。起居郎顧胤等。因其舊作。綴以後事。復爲五十卷。雖云繁雜。時有可觀。龍朔中。敬宗又以太子少師總統史任。更增前作。混成百卷。如高宗本紀及永徽名臣四夷等傳。多是其所造。又起草十志。未半而終。敬宗所作紀傳。或曲希時旨。或猥飾私憾。凡有毀譽。多非實錄。必方諸魏伯起。亦猶張衡之蔡邕焉。其後左史李仁實續撰于志寧。許敬宗。李義府等傳。載言記事。見推直筆。惜其短歲。功業未終。至長壽中。春官侍郎牛鳳及。又斷自武德。終於弘道。撰爲唐書百有十卷。鳳及以喑聾不才。而輒議一代大典。凡所撰錄。皆素責私家行狀。而世人敘事。罕能自遠。或言皆比興。全類詠歌。或語多鄙樸。實同文案。而總入編次。了無釐革。其有出自胸臆。申其機杼。發言則嗤鄙怪誕。敘事則參差倒錯。故閱其篇第。豈謂可觀。披其章句。不識所以。既而悉收姚許諸本。欲使其書獨行。由是皇家舊事。殘缺殆盡。長安中。余與正諫大夫朱敬則。司封郎中徐堅。左拾遺吳兢。奉詔更撰唐書。勒成八十卷。神龍元年。又與堅兢等重修則天實錄。編爲三十卷。夫舊史之壞。其亂如繩。錯綜艱難。朞月方畢。雖言無可擇。事多遺恨。庶將來刪稾。猶有憑焉。大抵自古史臣撰錄。其梗槩如此。蓋屬詞比事。以月繫年。爲史氏之根本。作生人之耳目者。略盡於斯矣。自餘偏記小說。則不暇具而論之。

史書治要卷二

史評二種

文史通義　清章學誠撰。學誠會稽人。號實齋。乾隆進士。邃於史學。以修方志爲時所稱。是書推闡史法。雖不如史通之縝密。而持論能見大體。時有創獲。嘗自稱吾於史學自信發凡起例。多爲後世開山。而人乃擬吾於劉知幾。不知劉言史法。吾言史意。劉議館局纂修。吾議一家著述。觀此語可以知章氏所自負及其與劉氏不同者矣。

書教上

周官外史掌三皇五帝之書。今存虞夏商周之策而已。五帝僅有二。而三皇無聞焉。左氏所謂三墳五典。今不可知。未知即是其書否也。以三皇之誓誥貢範諸篇。推測三皇諸帝之義例。則上古簡質。結繩未遠。文字肇興。書取足以達微隱通形名而已矣。因事命篇。本無成法。不得如後史之方圓求備。拘於一定之名義者也。夫子敍而述之。取其疏通知遠。足以垂教矣。世儒不達。以謂史家之初祖。實在尚書。因取後代一成之史法。紛紛擬書者。皆妄也。三代以上之爲史。與三代以下之爲史。其同異之故可知也。三代以上。記注有成法。而撰述無定名。三代以下。撰述有定名。而記注無成法。夫記注無成法。則取材也難。撰述有定名。則成書也易。成書易。則文勝質矣。取材難。則僞亂眞矣。僞亂眞而文勝質。史學不亡而亡矣。良史之才。間世一出。補偏救弊。憊且不支。非後人學識不如前人。周官之法亡。而尙書之敎絕。其勢不得不然也。

周官三百六十。具天下之纖析矣。然法具於官。而官守其書。觀於六卿聯事之義。而知古人之於典籍。不憚繁複周悉。以爲記注之備也。卽如六典之文。繁委如是。太宰掌之。小宰副之。司會司書太史又爲各掌其貳。則六典之文。蓋五倍其副貳。而存之於掌故焉。其他篇籍。亦當稱是。是則一官失其守。一典出於水火之不虞。他司皆得藉徵於副策。斯非記注之成法。詳於後世歟。漢至元成之間。典籍可謂備矣。然劉氏七略。雖溯六典之流別。亦已不能具其官。而律令藏於法曹。章程存於故府。朝儀守於太常者。不聞石渠天祿別儲副貳。以備校司之討論。可謂無成法矣。漢治最爲近古。而荒略如此。又何怪乎後世之文章典故。雜亂而無序也哉。

孟子曰。王者之迹熄而詩亡。詩亡。然後春秋作。蓋言王化之不行也。推原春秋之用也。不知周官之法廢而書亡。書亡而後春秋作。則言王章之不立也。可識春秋之體也。何謂周官之法廢而書亡哉。蓋官禮制密。而後記注有成法。記注有成法。而後撰述可以無定名。以謂纖悉委備。有司具有成書。而吾特舉其重且大者。筆而著之。以示帝王經世之大略。而典謨訓誥貢範官刑之屬。詳略去取。惟意所命。不必著爲一定之例焉。斯尙書之所以經世也。至官禮廢而記注不足備其全春秋比事以屬辭而左氏不能不取百司之掌故與夫百國之寶書以備其事之始末其勢有然也馬班以下演左氏而益暢其支焉所謂記注無成法而撰述不能不有定名也故曰王者迹熄而詩亡見春秋之用周官法廢而書亦亡見春秋之體也

記曰左史記言右史記動其職不見於周官其書不傳於後世殆禮家之衍文歟後儒不察而以尚書分屬記言春秋分屬記事則失之甚也夫春秋不能舍傳而空存其事目則左氏所記之言不啻千萬矣尚書典謨之篇記事而言亦具焉訓誥之篇記言而事亦見焉古人事見於言言以爲事未嘗分事言爲二物也劉知幾以二典貢範諸篇之錯出轉譏尚書義例之不純毋乃因後世之空言而疑古人之實事乎記曰疏通知遠書教也豈曰記言之謂哉

六藝並立樂亡而入於詩禮書亡而入於春秋皆天時人事不知其然而然也春秋之事則齊桓晉文而宰孔之命齊侯王子虎之命晉侯皆訓誥之文也而左氏附傳以翼經夫子不與文侯之命同著於編則書入春秋之明證也馬遷紹法春秋而刪潤典謨以入紀傳班固承遷有作而禹貢取冠地理洪範特志五行而書與春秋不得不合爲一矣後儒不察又謂紀傳法尚書而編年法春秋是與左言右事之强分流別又何異哉

書敎中

書無定體。故易失其傳。亦惟書無定體。故託之者衆。周末文勝。官禮失其職守。而百家之學。多爭託於三皇五帝之書矣。藝植託於神農。兵法醫經託於黃帝。好事之徒。傳爲三墳之逸書。而五典之別傳矣。不知書固出於依託。旨亦不盡無所師承。官禮政舉而人存。世氏師傳之掌故耳。惟三五之留遺。多存於周官之職守。則外史所掌之書。必其籍之別具。亦如六典各存其副之制也。左氏之所謂三墳五典。或其槩而名之。或又別爲一說。未可知也。必欲確指如何爲三皇之墳。如何爲五帝之典。則鑿矣。

逸周書七十一篇。多官禮之別記。與春秋之外篇。殆治尙書者雜取以備經書之旁證耳。劉班以爲孔子所論百篇之餘。則似逸篇初與典謨訓誥同爲一書。而孔子爲之刪彼存此耳。毋論其書文氣不類。純駁互見。卽如職方時訓諸解。明用經記之文。太子晉解。明取春秋時事。其爲外篇別記。不待繁言而決矣。而其中實有典言寶訓。識爲先王誓誥之遺者。亦未必非百篇之逸旨。而不可遽爲刪略之餘也。夫子曰信而好古。先王典誥。衰周猶有存者。而夫子刪之。豈得爲好古哉。惟書無定體。故春秋官禮之別記外篇。皆得從而附合之。亦可明書敎之流別矣。

書無定體。故附之者雜。後人妄擬書以定體。故守之也拘。古人無空言。安有記言之專書哉。

漢儒誤信玉藻記文。而以尙書爲記言之專書焉。於是後人削趾以適屨。轉取事文之合者。削其事而輯錄其文。以爲尙書之續焉。若孔氏漢魏尙書王氏續書之類皆是也。無其實而但貌古人之形似。譬如畫餠餌之不可以充飢。況尙書本不止於記言。則孔衍王通之所擬。併古人之形似而不得矣。劉知幾嘗患史策記事之中。忽間長篇文筆。欲取君上詔誥臣工奏章。別爲一類。編次紀傳史中。略如書志之各爲篇目。是劉亦知尙書折而入春秋矣。然事言必分爲二。則有事言相貫。質與文宣之際。如別自爲篇。則不便省覽。如仍然合載。則爲列不純。是以劉氏雖有是說。後人訖莫之行也。至如論事章疏。本同口奏。辨難書牘。不異面論。次於紀傳之中。事言無所分析。後史恪遵成法可也。乃若揚馬之辭賦。原非政言。嚴徐之上書。亦同獻頌。鄒陽枚乘之縱橫。杜欽谷永之附會。本無關於典要。馬班取表國華。削之則文采滅如。存之則記傳猥濫。斯亦無怪劉君之欲議更張也。

杜氏通典。爲卷二百。而禮典乃八門之一。已占百卷。蓋其書本官禮之遺。宜其於禮事加詳也。然敍典章制度。不異諸史之文。而禮文疑似。或事變參差。博士經生。折中詳議。或取裁而徑行。或中格而未用。入於正文。則繁複難勝。削而去之。則事理未備。杜氏並爲採輯其文。附著禮門之後。凡二十餘卷。可謂窮天地之際而通古今之變者矣。史遷之書。蓋於秦紀之後。存錄秦史原文。惜其義例未廣。後人亦不復踵行。斯並記言記事之窮。別有變通之法。後之君子所宜參取者也。

濫觴流爲江河。事始簡而終鉅也。東京以還。文勝篇富。史臣不能槩見於記傳。則彙次爲文苑之篇。文人行業無多。但著官階貫系。略如文選人名之注。試榜履歷之書。本爲麗藻篇名。轉覺風華消索。則知一代文章之盛。史文不可得而盡也。蕭統文選以還。爲之者衆。今之尤表表者。姚氏之唐文粹。呂氏之宋文鑑。蘇氏之元文類。並欲包括全代。與史相輔。此則轉有似乎言事分書。其實諸選乃是春華。正史其秋實爾。史與文選各有言與事。故僅可分華與實。不可分言與事。

四部既分。集林大暢。文人當誥。則內制外制之集。自爲編矣。宰相論思。言官白簡。卿曹各言職事。閫外料敵善謀。陸贄奏議之篇。蘇軾進呈之策。又各著於集矣。萃合則有名臣經濟策府議林。連編累牘。可勝數乎。大抵前人著錄。不外別集總集二種。蓋以一人文字觀也。其實應隸史部。追源當系尚書。但訓誥乃尚書之一端。不得如漢人之直以記言之史目尚書耳。

名臣章奏。隸於尚書。以擬訓誥。人所易知。撰輯章奏之人。宜知訓誥之記言。必敘其事以備所言之本末。故尚書無一空言。有言必措諸事也。後之輯章奏者。但取議論曉暢。情辭慨切。以爲章奏之佳也。不備其事之始末。雖有佳章。將何所用。文人尚華之習見。不可語於經史也。班氏董賈二傳。則以春秋之學爲尚書也。即尚書折入春秋之證也。其敘賈董生平行事。無意求詳。前後寂寥數言。不過爲政事諸疏。天人三策。備始末爾。賈董未必無事可敘。班氏重在疏策。不妨略去一切。但錄其言。前後略綴數語。

備本末耳。不似後人作傳。必盡生平。斤斤求備。噫觀史裁者。必知此意。而始可與言尙書春秋之學。各有其至當。不似後世類鈔徵事但知方圓求備而已也

書教下

易曰。蓍之德。圓而神。卦之德。方以智。間嘗竊取其義。以槩古今之載籍。撰述欲其圓而神。記注欲其方以智也。夫智以藏往。神以知來。記注欲往事之不忘。撰述欲來者之興起。故記注藏往似智。而撰述知來擬神也。藏往欲其賅備無遺。故體有一定。而其德爲方。知來欲其決擇去取。故例不拘常。而其德爲圓。周官三百六十。天人官曲之故。可謂無不備矣。然諸史皆掌記注。而未嘗有撰述之官。祝史命告。未嘗非撰述。然無撰史之人。如尙書誓誥。自出史職。至於帝典諸篇。並無應撰之官。則傳世行遠之業。不可拘於職司。必待其人而後行。非聖哲神明。深知二帝三皇精微之極致。不足以與此。此尙書之所以無定法也。

尙書春秋。皆聖人之典也。尙書無定法。而春秋有成例。故書之支裔。折入春秋。而書無嗣音。有成例者易循。而無定法者難繼。此人之所知也。然圓神方智。自有載籍以還。二者不可偏廢也。不能究六藝之深耳。未有不得其遺意者也。史氏繼春秋而有作。莫如馬班。馬則近於圓而神。班則近於方以智也。

尙書一變而爲左氏之春秋。尙書無成法。而左氏有定例。以緯經也。左氏一變而爲史遷之

紀傳。左氏依年月而遷書分類例。以搜逸也。遷書一變而爲班氏之斷代。遷書通變化。而班氏守繩墨。以示包括也。就形貌而言。遷書遠異左氏。而班史近同遷書。蓋左氏體直自爲編年之祖。而馬班曲備皆爲紀傳之祖也。推精微而言。則遷書之去左氏也近。而班史之去遷書也遠。蓋遷書體圓用神。多得尚書之遺。班氏體方用智。多得官禮之意也。

遷書紀表書傳本左氏而略示區分。不甚拘拘於題目也。伯夷列傳乃七十篇之序例。非專爲伯夷傳也。屈賈列傳。所以惡絳灌之讒。其敍屈之文。非爲屈氏表忠。乃弔賈之賦也。倉公錄其醫案。貨殖兼書物產。龜策但言卜筮。亦有因事命篇之意。初不沾沾爲一人具始末也。張耳陳餘。因此可以見彼耳。孟子荀卿總括遊士著書耳。名姓標題。往往不拘義例。僅取名篇。譬如關雎鹿鳴。所指乃在嘉賓淑女。而或且譏其位置不倫。（如孟子與三鄒子。）或又摘其重複失檢。（如子貢已在弟子傳。又見於貨殖。）不知古人著書之旨。而轉以後世拘守之成法。反訾古人之變通。亦知遷書體圓而用神。猶有尚書之遺者乎。遷史不可爲定法。固書因遷之體而爲一成之義例。遂爲後世不祧之宗焉。三代以下。史才不出。而謹守繩墨。待其人而後行。勢之不得不然也。然而固書本撰述而非記注。則於近方近智之中。仍有圓且神者。以爲之裁制。是以能成家而可以傳世行遠也。後史失班史之意。而以紀表志傳同於科舉之程式。官府之簿書。則於記注撰述。兩無所似。而古人著書之宗旨。不可復言矣。史不成家。而事文皆晦。而猶拘守成法。以爲其書固祖馬而宗班也。而史學之失傳也久矣。
憲法久則必差。推步後而愈密。前人所以論司天也。而史學亦復類此。尚書變而爲春秋。則因事命篇。不爲常例者。得從比事屬辭爲稍密矣。左國變而爲紀傳。則年經事緯。不能旁通者。得從類別區分爲益密矣。紀傳行之千有餘年。學者相承。殆如夏葛冬裘渴飲飢食無更易矣。然無別識心裁。可以傳世行遠之具。而斤斤如守科舉之程式。不敢稍變。如治胥吏之簿書。繁不可刪。以云方智。則冗複疏舛。難爲典據。以云圓神。則蕪濫浩瀚。不可誦識。蓋族史但知求全於紀表志傳之成規。而書爲體例所拘。但欲方圓求備。不知紀傳原本春秋。春秋原合尚書之初意也。易曰。窮則變。變則通。通則久。紀傳實爲三代以後之良法。而演習既久。先王之大經大法。轉爲末世拘守之紀傳所蒙。曷可不思所以變通之道歟。
左氏編年不能曲分類例。史漢紀表志傳。所以濟類例之窮也。族史轉爲類別所拘。以致書繁而事晦。亦猶訓詁注疏所以釋經。俗師反溺訓詁注疏而晦經旨也。夫經爲解晦。當求無解之初。史爲例拘。當求無例之始。例自春秋左氏始也。盍求尚書未入春秋之初意歟。
神奇化臭腐。臭腐復化爲神奇。解莊書者以爲天地自有變化。人則從而奇腐云耳。事屢變而復初。文飾窮而反質。天下自然之理也。尚書圓而神。其於史也。可謂天之至矣。非其人不行。故折入左氏。而又合流於馬班。蓋自劉知幾以還。莫不以爲書教中絕。史官不得衍其緒矣。又自隋經籍志著錄。以紀傳爲正史。編年爲古史。歷代依之。遂分正附。莫不甲紀傳而乙編年。則馬班之史。以支子而嗣春秋。荀悅袁宏。且以左氏大宗而降爲旁庶矣。司馬通鑑病紀傳之分。而合之編年。袁樞紀事本末。又病通鑑之合。而分之以事類。按本末之爲體也。因事命篇。不爲常格。非深知古今大體。天下經綸。不能網羅隱括。無遺無濫。文省於紀傳。事豁於編年。決斷去取。體圓用神。斯眞尙書之遺也。在袁氏初無其意。且其學亦未足與此。書亦不盡合於所稱。故歷代著錄諸家。次其書於雜史。自屬纂錄之家。便觀覽耳。但卽其成法。沈思冥索。加以神明變化。則古史之原。隱然可見。書有作者甚淺。而觀者甚深。此類是也。故曰。神奇化臭腐。而臭腐復化爲神奇。本一理耳。

夫史爲記事書。事實萬變而不齊。史文屈曲而適如其事。則必因事命篇。不爲常例所拘。而後能起訖自如。無一言之或遺而或溢也。此尙書之所以神明變化。不可方物。降而左氏之傳。已不免於以文徇例。理勢不得不然也。以上古神聖之制作。而責於晚近之史官。豈不懸絕歟。不知經不可學而能。意固可師而倣也。且尙書固有不可盡學者也。卽紀事本末不過纂錄小書。亦不盡取以爲史法。而特以義有所近。不得以辭害意也。斟酌古今之史。而定文質之中。則師尙書之意。而以遷史義例。通左氏之裁制焉。所以救紀傳之極弊。非好爲更張也。

紀傳雖創於史遷。然亦有所受也。觀於太古年紀。殷夏春秋。竹書紀年。則本紀編年之例。自文字以來。即有之矣。尚書爲史文之別具。如用左氏之例。而合於編年。即傳也。以尚書之義。爲春秋之傳。則左氏不致以文徇例。而浮文之刊落者多矣。以尚書之義。爲遷史之傳。則八書三十世家。不必分類。皆可倣左氏而統名曰傳。或考典章制作。或敘人事終始。或究一人之行。即列傳本體。或合同類之事。或錄一時之言。訓誥之類。或著一代之文。因事命篇。以緯本紀。則較之左氏翼經。可無局於年月後先之累。較之遷史之分列。可無歧出互見之煩。文省而事益加明。例簡而事益加精。豈非文質之適宜。古今之中道歟。至於人名事類。合於本末之中。難於稽檢。則別編爲表以經緯之。天象地形。輿服儀器。非可本末該之。且亦難以文字著者。別繪爲圖以表明之。蓋通尚書春秋之本原。而拯馬史班書之流弊。其道莫過於此。至於創立新裁。疏別條目。較古今之述作。定一書之規模。別具圓通之篇。此不具言。邵氏晉涵云。紀傳史裁參仿袁樞。是貌同心異。以之上接尚書家言。是貌異心同。是篇所推。於六藝爲支子。於史學爲大宗。於前史爲中流砥柱。於後學爲蠶叢開山。

言公上

古人之言。所以爲公也。未嘗矜於文辭。而私據爲己有也。志期於道。言以明志。文以足言。其道果明於天下。而所志無不申。不必其言之果爲我有也。虞書曰。敷奏以言。明試以功。此以言語觀人之始也。必於試功。而庸服則所貴不在言辭也。誓誥之體。言之成文者也。苟足立政而敷治。君臣未嘗分居立言之功也。周公曰。王若曰。多方誥四國之文也。說者以謂周公將王之命。不知斯言固本於周公。成王允而行之。是卽成王之言也。蓋聖臣爲賢主立言。是謂賢能任聖。是亦聖人之治也。曾氏翬曰。典謨載堯舜功績。并其精微之意而亦載之。是豈尋常所及哉。當時史臣載筆。亦皆聖人之徒也。由是觀之。賢臣爲聖主述事。是謂賢能知聖。是亦聖人之言也。文與道爲一貫。言與事爲同條。猶八音相須而樂和。不可分屬一器之良也。五味相調而鼎和。不可標識一物之甘也。故曰古人之言。所以爲公也。未嘗矜於文辭而私據爲己有也。

司馬遷曰。詩三百篇。大抵賢聖發憤所爲作也。是則男女慕悅之辭。思君懷友之所託也。征夫離婦之怨。忠國憂時之所寄也。必泥其辭而爲其人之質言。則鴟鴞實鳥之哀音。何怪鮒魚忿誚於莊周。萇楚樂草之無家。何怪雌風慨嘆於宋玉哉。夫詩人之旨。溫柔而敦厚。主文而譎諫。言之者無罪。聞之者足戒。舒其所憤懣而有裨於風教之萬一焉。是其所志也。因是以爲名。則是爭於藝術之工巧。古人無是也。故曰古人之言。所以爲公也。未嘗矜於文辭而私據爲己有也。

夫子曰。述而不作。六藝皆周公之舊典。夫子無所事作也。論語則記夫子之言矣。不恆其德。證義巫醫。未嘗明著易文也。不忮不求之美。季路誦。不以富之歎。夷齊未嘗言出於詩也。允執厥中之述。堯言。元牡昭告之述。湯誓。未嘗言出於書也。（墨子引湯誓。）論語記夫子之微言。而詩書初無識別。蓋亦述作無殊之旨也。（王伯厚常据古書出孔子前者。考證論語所記夫子之言。多有所本。古書或有僞託。不盡可憑。要之古人引用成說。不甚拘別。）夫子之言。見於諸家之稱述。（諸家不無眞僞之參。而子思孟子之書所引精粹之言。亦多出於論語所不載。）而論語未嘗兼收。蓋亦詳略互託之旨也。夫六藝爲文字之權輿。論語爲聖言之薈萃。創新述故。未嘗有所用心。蓋取足以明道而立敎。而聖作明述。未嘗分居立言之功也。故曰古人之言。所以爲公也。未嘗矜於文辭而私據爲己有也。

周衰文弊。諸子爭鳴。蓋在夫子既沒。微言絕而大義之已乖也。然而諸子思以其學易天下。固將以其所謂道者。爭天下之莫可加。而語言文字。未嘗私其所出也。先民舊章。存錄而不爲識別者。幼官弟子之篇。月令土方之訓是也。（管子地圓。淮南地形。皆土訓之遺。）輯其言行。不必盡其身所論述者。管仲之述其身死後事。韓非之載其李斯駁議是也。莊子讓王漁父之篇。蘇氏謂之僞託。非僞託也。爲莊氏之學者所附益爾。晏子春秋。柳氏以謂墨者之言。非以晏子爲墨。爲墨學者述晏子事。以名其書。猶孟子之告子萬章名其篇也。呂氏春秋先儒與淮南鴻烈之解。同稱蓋謂集衆賓客而爲之。不能自命專家。斯固然矣。然呂氏淮南。未嘗以集衆爲諱。如後世之掩人所長。以爲己有也。二家固以裁定之權。自命家言。故其宗旨未嘗不約於一律。（呂氏將爲一代之典要。劉安託於道家之支流。）斯又出於賓客之所不與也。諸子之奮起。由於道術既裂。而各以聽明才力之所偏。每有得於大道之一端。而遂欲以之易天下。其持之有故。而言之成理者。故將推衍其學術而傳之其徒焉。苟足顯其術而立其宗。而援述於前。與附衍於後者。未嘗分居立言之功也。故曰古人之言所以爲公也。未嘗矜於文辭而私據爲己有也。

夫子因魯史而作春秋。孟子曰。其事則齊桓晉文。其文則史。孔子自謂竊取其義焉耳。載筆之士有志春秋之業。固將惟義之求。其事與文。所以藉爲存義之資也。世之譏史遷者。責其裁裂尙書左氏國語國策之文。以謂割裂而無當。出蘇明允史論。世之譏班固者。責其孝武以前之襲遷書。以爲盜襲而無恥。出鄭漁仲通志。此則全不通乎文理之論也。遷史斷始五帝。沿及三代周秦。使舍尙書左國。豈將爲憑虛亡是之作賦乎。必謂左國而下。爲遷所自撰。則陸賈之楚漢春秋。高祖孝文之傳。皆遷之所採摭。其書後世不傳。而徒以所見之尙書左國。怪其割裂焉。可謂知一十而不知二五者矣。固書斷自西京一代。使孝武以前不用遷史。豈將爲經生決科之同題而異文乎。必謂孝武以後爲固之自撰。則馮商揚雄之紀。劉歆賈護之書。皆固之所原本。其書後人不見。而徒以所見之遷史。怪其盜襲焉。可謂知白出而不知黑入者矣。以載言爲翻空歟。揚馬詞賦。尤空而無實者也。馬班不爲文苑傳。藉是以存風流文采焉。乃述事之大者也。以敘事爲徵實歟。年表傳目。尤實而無文者也。屈賈孟荀老莊申韓之標目。同姓侯王異姓侯王之分表。初無發明。而僅存題目。褒貶之意。默寓其中。乃立言之大者也。作史貴知其意。非同於掌故。僅求事文之末也。夫子曰。我欲託之空言。不如見諸行事之深切著明也。此則史氏之宗旨也。苟足取其義而明其志。而事次文篇。未嘗分居立言之功也。故曰古人之言。所以爲公也。未嘗矜於文辭而私據爲己有也。

漢初經師。抱殘守缺。以其畢生之精力。發明前聖之緒言。師授淵源。等於宗支譜系。觀弟子之術業。而師承之傳授。不啻凫鵠黑白之不可相淆焉。學者不可不盡其心也。公穀之於春秋。後人以謂假設問答以闡其旨爾。不知古人先有口耳之授。而後著之竹帛焉。非如後人作經義。苟欲名家。必以著述爲功也。商瞿授易於夫子。其後五傳而至田何。施孟梁邱皆田何之弟子也。然自田何而上。未嘗有書。則三家之易。著於藝文。皆悉本於田何以上口耳之學也。是知古人不著書。其言未嘗不傳也。治韓詩者。不雜齊魯。傳伏書者。不知孔學。諸家章句訓詁。有專書矣。門人弟子。據引稱述。雜見傳紀章表者。不盡出於所傳之書也。而宗旨卒亦不背乎師說。則諸儒著述成書之外。別有微言緒論。口授其徒。而學者神明其意。推衍變化。著於文辭。不復辨爲師之所詔。與夫徒之所衍也。而人之觀之者。亦以其人而定爲其家之學。不復辨其孰爲師說。孰爲徒說也。蓋取足以通其經而傳其學。而口耳竹帛。未嘗分居立言之功也。故曰古人之言。所以爲公也。未嘗矜於文辭而私據爲己有也。

史德

才學識三者。得一不易。而兼三尤難。千古多文人而少良史。職是故也。昔者劉氏子元。蓋以是說謂足盡其理矣。雖然。史所貴者義也。而所具者事也。所憑者文也。孟子曰。其事則齊桓晉文。其文則史。義則夫子自謂竊取之矣。非識無以斷其義。非才無以善其文。非學無以練其事。三者固各有所近也。其中固有似之而非者也。記誦以為學也。辭采以為才也。擊斷以為識也。非良史之才學識也。雖劉氏之所謂才學識。猶不足以盡其理也。夫劉氏以謂有學無識。如愚估操金。不解貿化。推此說以證劉氏之指。不過欲於記誦之間。知所決擇以成文理耳。故曰古人史取成家。退處士而進奸雄。排死節而飾主闕。亦曰一家之道然也。此猶文士之識。非史識也。能具史識者。必知史德。德者何。謂著書者之心術也。夫穢史者所以自穢。謗書者所以自謗。素行為人所羞。文辭何足取重。魏收之矯誣。沈約之陰惡。讀其書者先不信其為人。其患未至於甚也。所患夫心術者。謂其有君子之心而所養未底於粹也。夫有君子之心。而所養未粹。大賢以下所不能免也。此而猶患於心術。自非夫子之春秋。不足當也。以此責人。不亦難乎。是亦不然也。蓋欲為良史者。當慎辨於天人之際。盡其天而不益以人也。盡其天而不益以人。雖未能至。苟允知之。亦足以稱著述者之心術矣。而文史之儒。競言才學識。而不知辨心術以議史德。烏乎可哉。夫是堯舜而非桀紂。人皆能言矣。崇王道而斥霸功。又儒者之習故矣。至於善善而惡惡。褒正而嫉邪。凡欲託文辭以不朽者。莫不有是心也。然而心術不可不慮者。則以天與人參。其端甚微。非是區區之明所可恃也。夫史所載者事也。事必藉文而傳。故良史莫不工文。而不知文又患於爲事役也。蓋事不能無得失是非。一有得失是非。則出入予奪相奮摩矣。奮摩不已。而氣積焉。事不能無盛衰消息。一有盛衰消息。則往復憑弔生流連矣。流連不已。而情深焉。凡文不足以動人。所以動人者氣也。凡文不足以入人。所以入人者情也。氣積而文昌。情深而文摯。氣昌而情摯。天下之至文也。然而其中有天有人。不可不辨也。氣得陽剛。而情合陰柔。人麗陰陽之間。不能離焉者也。氣合於理。天也。氣能違理以自用。人也。情本於性。天也。情能汩性以自恣。人也。史之義出於天。而史之文不能不藉人力以成之。人有陰陽之患。而史文即忤於大道之公。其所感召者微也。夫文非氣不立。而氣貴於平。人之氣燕居莫不平也。因事生感。而氣失則宕。氣失則激。氣失則驕。毗於陽矣。文非情不深。而情貴於正。人之情虛置無不正也。因事生感。而情失則流。情失則溺。情失則偏。毗於陰矣。陰陽伏沴之患。乘於血氣而入於心知。其中默運潛移。似公而實逞於私。似天而實蔽於人。發爲文辭。至於害義而違道。其人猶不自知也。故曰心術不可不愼也。夫氣勝而情偏。猶曰動於天而參於人也。才藝之士。則又溺於文辭。以爲觀美之具焉。而不知其不可也。史之賴於文也。猶衣之需乎采。食之需乎味也。采之不能無華樸。味之不能無濃淡。勢也。華樸爭而不能無邪色。濃淡爭而不能無奇味。邪色害目。奇味爽口。起於華樸濃淡之爭也。文辭有工拙。而族史方且以是爲競焉。是舍本而逐末矣。以此爲文。未有見其至者。以此爲史。豈可與聞古人大體乎。韓氏愈曰。仁義之人。其言藹如。仁者情之普。義者氣之遂也。程子嘗謂有關雎麟趾之意。而後可以行周官之法度。吾則以謂通六義比興之旨。而後可以講春王正月之書。蓋言心術貴於養也。史遷百三十篇。報任安書所謂究天地之際。通古今之變。成一家之言。自序以謂紹名世。正易傳。本詩書禮樂之際。其本旨也。所云發憤著書。不過敍述窮愁。而假以爲辭耳。後人泥於發憤之說。遂謂百三十篇。皆爲怨誹所激發。王允亦斥其言爲謗書。於是後世論文。以史遷爲譏謗之能事。以微文爲史職之大權。或從羨慕而仿效爲之。是直以亂臣賊子之居心。而妄附春秋之筆削。不亦悖乎。今觀遷所著書。如封禪之惑於鬼神。平準之算及商販。孝武之秕政也。後世觀於相如之文。桓寬之論。何嘗待史遷而後著哉。游俠貨殖諸篇。不能無所感慨。賢者好奇。亦洵有之。餘皆經緯古今。折衷六藝。何嘗敢於訕上哉。朱子嘗言離騷不甚怨君。後人附會之過。吾則以爲史遷未敢謗主。讀者之心自不平耳。夫以一身坎軻。怨誹及於君父。且欲以是邀千古之名。此乃愚不安分名教中之罪人。天理所誅。又何著述之可傳乎。夫騷與史。千古之至文也。其文之所以至者。皆抗懷於三代之英。而經緯乎天人之際者也。所遇皆窮。固不能無感慨。而不學無識者流。且謂誹君謗主。不妨尊爲文辭之宗焉。大義何由得明。心術何由得正乎。夫子曰。詩可以輿。說者以謂輿起好善惡惡之心也。好善惡惡之心。懼其似之而非。故貴平日有所養也。騷與史皆深於詩者也。言婉多風。皆不背於名教而梏於文者不辨也。故曰必通六義比興之旨。而後可以講春王正月之書。

史釋

或問周官府史之史。與內史外史太史小史御史之史有異義乎。曰。無異義也。府史之史。庶人在官供書役者。今之所謂書吏是也。五史則卿大夫士爲之。所掌圖書記載命令法式之事。今之所謂內閣六科翰林中書之屬是也。官役之分。高下之隔。流別之判。如霄壤矣。然而無異議者。則皆守掌故而以法存先王之道也。

史守掌故而不知擇。猶府守庫藏而不知計也。先王以謂太宰制國用。司會質歲之成。皆有調劑盈虛均平秩序之義。非有道德賢能之選。不能任也。故任之以卿士大夫之重。若夫守庫藏者。出納不敢自專。庶人在官。足以供使而不乏矣。然而卿士大夫討論國計。得其遠大。若問庫藏之纖悉。必曰府也。

五史之於文字。猶太宰司會之於財貨也。典謨訓誥。曾氏以爲唐虞三代之盛。載筆而紀。亦皆聖人之徒。其見可謂卓矣。五史以卿士大夫之選。推論精微。史則守其文誥圖籍章程故事。而不敢自專。然而問掌故之委折。必曰史也。

夫子曰。民可使由之。不可使知之。先王道法。非有二也。卿士大夫能論其道。而府史僅守其法。人之知識。有可使能與不可使能爾。非府史所守之外。別有先王之道也。夫子曰。俎豆之事。則嘗聞之矣。曾子乃曰君子所貴乎道者三。籩豆之事。則有司存。非曾子之言異於夫子也。夫子推其道。曾子恐人泥其法也。子貢曰。文武之道。未墜於地。在人。夫子焉不學。亦何嘗師之有。入太廟。每事問。則有司賤役。巫祝百工。皆夫子之所師矣。問禮問官。豈非學於掌故者哉。故道不可以空詮。文不可以空著。三代以前。未嘗以道名教。而道無不存者。無空理也。三代以前。未嘗以文爲著作。而文爲後世不可及者。無空言也。蓋自官師治教分。而文字始有私門之著述。於是文章學問。乃與官師掌故爲分途。而立教者可得離法而言道體矣。易曰。苟非其人。道不虛行。學者祟奉六經。以謂聖人立言以垂教。不知三代盛時。各守專官之掌故。而非聖人有意作爲文章也。

傳曰。禮時爲大。又曰。書同文。蓋言貴時王之制度也。學者但誦先聖遺言。而不達時王之制度。是以文爲鞶帨絺繡之玩。而學爲鬬奇射覆之資。不復計其實用也。故道隱而難知。士大夫之學問文章。未必足備國家之用也。法顯而易守。書吏所存之掌故。實國家之制度所存。亦卽堯舜以來。因革損益之實迹也。故無志於學則已。君子苟有志於學。則必求當代典章。以切於人倫日用。必求官司掌故。而通於經術精微。則學爲實事。而文非空言。所謂有體必有用也。不知當代而言好古。不通掌故而言經術。有鞶帨之文。射覆之學。雖極精能。其無當於實用也審矣。

孟子曰。力能舉百鈞。而不足舉一羽。明足察秋毫之末。而不見輿薪。難其所易。而易其所難。謂失權度之宜也。學者昧今而博古。荒掌故而通經術。是能勝周官卿士之所難。而不知求府史之所易也。故舍器而求道。舍今而求古。舍人倫日用而求學問精微。皆不知府史之史。通於五史之義者也。

以吏爲師。三代之舊法也。秦人之悖於古者。禁詩書而僅以法律爲師耳。三代盛時。天下之學。無不以吏爲師。周官三百六十。天人之學備矣。其守官舉職而不墜天工者。皆天下之師資也。東周以還。君師政教不合於一。於是人之學術。不盡出於官司之典守。秦人以吏爲師。始復古制。而人乃狃於所習。轉以秦人爲非耳。秦之悖於古者多矣。猶有合於古者。以吏爲師也。

孔子曰。生乎今之世。反古之道。裁及其身者也。李斯禁詩書。亦以謂儒者是古而非今。其言若相近。而其意乃大悖。後之君子。不可不察也。夫三王不襲禮。五帝不沿樂。不知禮時爲大。而動言好古。必非眞知古制者也。是不守法之亂民也。故夫子惡之。若夫殷因夏禮。百世可知。損益雖曰隨時。未有薄堯舜而詆斥禹湯文武周公而可以爲治者。李斯請禁詩書。君子以謂愚之首也。後世之去虞唐三代。則更遠矣。要其一朝典制。可以垂奕世而致一時之治平者。未有不於古聖先王之道。得其彷彿者也。故當代典章官司掌故。未有不可通於詩書六藝之所垂。而學者昧於知時。動矜博古。譬考西陵之蠶桑。而講神農之樹藝。以謂可禦飢寒而不須衣食也。

史注

昔夫子之作春秋也。筆削既具。復以微言大義。口授其徒。三傳之作。因得各据聞見。推闡經蘊。於是春秋以明。諸子百家。既著其說。亦有其徒相與守之。然後其說顯於天下。至於史事。則古人以業世其家。學者就其家以傳業。孔子問禮必於柱下史。蓋以域中三大。非取備於一人之手。程功於翰墨之林者也。史遷著百三十篇。漢書為太史公。隋志始曰史記。乃云藏之名山。傳之其人。其後外孫楊惲。始布其書。班固漢書。自固卒後。一時學者。未能通曉。馬融乃伏閣下。從其女弟昭受業。然後其學始顯。夫馬班之書。今人見之悉矣。而當日傳之必以其人。受讀必有所自者。古人專門之學。必有法外傳心。筆削之功所不及。則口授其徒。而相與傳習其業。以垂永久也。遷書自裴駰為注。固書自應劭作解。其後為之注者。猶若干家。則皆闡其家學者也。魏晉以來。著作紛紛。前無師承。後無從學。且其為文也。體既濫漫。絕無古人筆削謹嚴之義。旨復淺近。亦無古人隱微難喻之故。自可隨其詣力。孤行於世耳。至於史籍之掌。代有其人。而古學失傳。史存具體。惟於文誥案牘之類。次月日記注之先後。不勝擾擾。而文亦煩蕪複沓。盡失遷固之舊也。是豈盡作者才力之不逮。抑史無注例。其勢不得不日趨於繁富也。古人一書而傳者數家。後代數人而共成一書。夫傳者廣則簡盡微顯之法存。作者多則牴牾複沓之弊出。循流而日忘其源。古學如何得復。而史策何從得簡乎。是以唐書倍漢。宋史倍唐。檢閱者不勝其勞。傳習之業。安得不亡。夫同聞而異述者。見崎而分道也。源正而流別者。歷久而失眞也。九師之易。四氏之詩。師儒林立。傳授已不勝其紛紛。士生三古而後。能自得於古人勒成一家之作。方且徬徨乎兩關。孤立無徒。而欲抱此區區之學。待發揮於子長之外孫。孟堅之女弟。必不得之數也。太史自敍之作。其自注之權輿乎。明述作之本旨。見去取之從來。已似恐後人不知其所云。而特書以標之。所謂不離古文。乃考信六藝云云者。皆百三十篇之宗旨。或殿卷末。或冠篇端。未嘗不反復自明也。班書年表十篇。與地理藝文二志。皆自注則又大綱細目之規矩也。其陳范二史。尚有松之章懷爲之注。至席惠明注秦記。劉孝標注世說新語。則雜史支流。猶有子注。是六朝史學家法未亡之一驗也。自後史權既散。紀傳浩繁。惟徐氏五代史注。亦已簡略。尚存餼羊於一綫。而唐宋諸家。則茫乎其不知涯涘焉。宋范沖修神宗實錄。別爲考異五卷。以發明其義。是知後無可代之人。而自爲之解。當與通鑑舉要考異之屬。同爲近代之良法也。劉氏史通畫補注之例。爲三條。其所爲小書人物之三輔決錄。華陽士女與所謂史臣自刊之洛陽伽藍關東風俗者。雖名爲二品。實則一例。皆近世議史諸家之不可不亟復者也。惟其所謂思廣異聞之松之三國。劉昭後漢。一條則史家之舊法。與索隱正義之流。大同而小異者也。夫文史之籍。日以繁滋。一編刊定。則徵材所取之書。不數十年。嘗失亡其十之五六。宋元修史之成規。可復按焉。使自注之例得行。則因援引所及。而得存先世藏書之大槩。因以校正藝文著錄之得失。是亦史法之一助也。且人心日漓。風氣日變。缺文之義不聞。而附會之習。且愈出而愈工焉。在官修書。惟冀塞責。私門著述。苟飾浮名。或剽竊成書。或因陋就簡。使其術稍黠。皆可愚一時之耳目。而著作之道益衰。誠得自注以標所去取。則聞見之廣狹。功力之疏密。心術之誠僞。灼然可見於開卷之頃。而風氣可以漸復於質古。是又爲益之尤大者也。然則考之往代。家法既如彼。揆之後世。繁重又如此。夫翰墨省於前。而功效多於舊。孰有加於自注也哉。

釋通 節錄

班固承建初之詔。作白虎通義。儒林傳稱通義。固本傳稱通德論。後人去義字。稱白虎通。非是。應劭愍時流之失。作風俗通義。蓋章句訓詁。末流寖失。而經解論議。家言起而救之。二子爲書。是後世標通之權輿也。自是依經起義。則有集解。杜預左傳。范寧穀梁。何晏論語。集註。荀爽九家易。崔靈恩毛詩。孔倫裴松之喪服九傳。異同。許慎五經異義。賀瑒五經異同評。然否。何休公羊墨守。鄭元駁議。譙周五經然否論。諸名。離經爲書。則有六藝。鄭元論。聖證。王肅論。匡謬。唐顏師古匡謬正俗。兼明。宋邱光庭兼明書。諸目。其書雖不標通。而體實存通之義。經部流別。不可不辨也。若夫堯舜之典。統名夏書。左傳稱虞書爲夏書。馬融鄭元王肅三家首篇皆題虞夏書。伏生大傳首篇亦題虞夏傳。國語國策不從周紀。太史百三十篇自名一子。本名太史公書。不名史記也。班固五行地理。上溯夏周。地理始禹貢。五行合春秋。補司馬遷之闕略。不必以漢爲斷也。古人一家之言。文成法立。離合銓配。惟禮是視。固未嘗別爲標題。分其部次也。梁武帝以遷固而下。斷代爲書。於是上起三皇。下訖梁代。撰爲通史一編。欲以包羅衆史。史籍標通。此濫觴也。嗣是而後源流漸別。總古今之學術。而紀傳一規乎史遷。鄭樵通志作焉。通志精要在乎義例。蓋一家之言。諸子之學識。而寓於諸史之規矩。原不以考據見長也。後人議其疏陋。非也。統前史之書志。而撰述取法乎官禮。杜佑通典作焉。通典本劉秩致典。合紀傳之互文。紀傳之文互爲詳略。而編次總括乎荀袁。荀悅漢紀三十卷。袁宏後漢紀三十卷。皆易紀傳爲編年。司馬光資治通鑑作焉。彙公私之述作。而銓錄略依倣乎孔蕭。孔逭文苑百卷。昭明太子蕭統文選三十卷。裴潾太和通選作焉。此四子者。或存正史之規。通志是也。自隋志以後。皆以紀傳一類爲正史。或正編年之的。通鑑。或以典故爲紀綱。通典。或以詞章存文獻。通選。史部之通。於斯爲極盛也。大部總選。意存掌故者。當隸史部。與論文家言不一例。至於高氏小史。唐元和中高峻及子迥。姚氏統史。唐姚康復。之屬。則撙節繁文。自就隱括者也。羅氏路史。宋羅泌。鄧氏函史。明鄧元錫。之屬。則自具別裁。成其家言者也。譙周古史考。蘇轍古史。馬驌繹史之屬。皆採摭九傳之書。與通史異。范氏五代通錄。宋范質以編年體紀梁唐晉漢周事實。熊氏九朝通略。宋熊克合呂夷簡三朝國史。王珪兩朝國史。李燾洪邁等四朝國史。以編年體爲九朝書。標通而限以朝代者也。易姓爲代。傳統爲朝。李氏南北史。李延壽。薛歐五代史。薛居正歐陽修俱有五代史。斷代而仍行通法者也。

已上二類雖通數代。終有限斷。非如梁武帝之通史。統合古今。其餘紀傳故事之流。補緝纂錄之策。紛然雜起。雖不能一律以繩要皆仿蕭梁通史之義而取便耳目。史部流別。不可不知也。夫師法失傳。而人情怯於復古。末流浸失。而學者囿於見聞。訓詁流而爲經解。一變而入於子部儒家。應邵風俗通義。蔡邕獨斷之類。再變而入於俗儒語錄。程朱語錄。記者有未別擇處。及至再傳。而後浸失。故曰俗儒。三變而入於庸師講章。蒙存淺達之類。支離蔓衍。甚於語錄。不知者習而安焉。知者鄙而斥焉。而不知出於經解之通。而失其本旨者也。載筆彙而有通史。一變而流爲史鈔。小史通史之類。但節正史。並無別裁。當入史鈔。向來著錄入於通史。非是。史部有史鈔。始於宋史。再變而流爲策士之括類。文獻通考之類。雖倣通典。而分析次比。實爲類書之學。書無別析通裁。便於對策敷陳之用。三變而流爲兔園之摘比。綱鑑合纂。及時務策括之類。不知者習而安焉。知者鄙而斥焉。而不知出於史部之通。而亡其大原者也。且七略流而爲四部。類例顯明。無復深求古人家法矣。然以語錄講章之混合。則經不爲經。子不成子也。策括類摘之淆雜。則史不成史。集不成集也。四部不能收。九流無所別。紛紜雜出。妄欲附於通裁。不可不嚴其辨也。夫古人著書。即彼陳編。就我創制。所以成專門之業也。後人併省凡目。取便檢閱。所以入記誦之陋也。夫經師但殊章句。即自名家。費直之易。申培之詩。儒林傳言其別無著述訓詁。而藝文志有費氏說。申公魯詩。蓋即口授章句也。史書因襲相沿。無妨並見。司馬遷本春秋國策諸書。漢書本史遷所記及劉歆所著者。當時兩書並存。不以因襲爲嫌。專門之業別具心裁。不嫌貌似也。勦襲講義。沿習久而本旨已非。明人修大全。改先儒成說以就己意。摘比典故。原書出而舛訛莫掩。記誦之陋。漫無家法。易爲剽竊也。然而專門之精。與剽竊之陋其相判也。蓋在幾希之間。則別擇之不可不愼者也。

通史之修。其便有六。一曰免重複。二曰均類例。三曰便銓配。四曰平是非。五曰去牴牾。六曰詳鄰事。其長有二。一曰具翦裁。二曰立家法。其弊有三。一曰無短長。二曰仍原題。三曰忘標目。何謂免重複。夫鼎革之際。人物事實。同出並見。勝國無徵。新王興瑞。卽一事也。前朝草竊。新主前驅。卽一人也。董卓呂布。范陳各爲立傳。禪位册詔。梁陳並載全文。所謂複也。通志總合爲書。事可互見。文無重出。不亦善乎。何謂均類例。夫馬立天官。班創地理。齊志天文。不載推步。唐書藝文。不敘淵源。依古以來。參差如是。鄭樵著略。雖變史志章程。自成家法。但六書七音。原非沿革。昆蟲草木。何嘗必欲一代相仍乎。惟通前後而勒成一家。則例由義起。自就隱括。隋書五代史志。梁陳北齊周隋。終勝沈蕭魏氏之書矣。沈約宋志。蕭子顯南齊志。魏收魏志。皆參差不齊也。何謂便銓配。包羅諸史。制度相仍。惟人物挺生。各隨時世。自后妃宗室標題。著其朝代。至於臣下。則約略先後。以次相比。南北史以宗室分冠諸臣之上。以爲識別。歐陽五代史始標別朝代。然子孫附於祖父。世家會聚宗支。南北史王謝諸傳。不盡以朝代爲斷。一門血脈相承。時世盛衰。亦可因而見矣。卽楚之屈原。將漢之賈生。同傳。周之太史。偕韓之公子。同科。古人正有深義。相附而彰。義有獨斷。末學膚受。豈得從而妄議耶。何謂平是非。夫曲直之中。定於易代。然晉史終須帝魏。而周臣不立韓通。雖作者挺生。而國嫌宜愼。則亦無可如何者也。惟事隔數代。而衡鑑至公。庶幾筆削平允。而折衷定矣。何謂去牴牾。

斷代爲書。各有裁制。詳略去取。亦不相妨。惟首尾交錯。互有出入。則牴牾之端。從此見矣。居攝之事。班殊於范。二劉始末。劉表劉焉。范異於陳。統合爲編。庶幾免此。何謂詳鄰事。僭國載紀。四裔外國。勢不能與一代同其終始。而正朔紀傳。斷代爲編。則是中朝典故居全。而蕃國載紀乃參半也。惟南北統史。則後梁東魏。悉其端。而五代彙編。斯吳越荊潭。終其紀也。凡此六者。所謂便也。何謂具翦裁。通合諸史。豈第括其凡例。亦當補其缺略。截其浮辭。平突塡砌。乃就一家繩尺。若李氏南北二史。文省前人。事詳往牒。故稱良史。蓋生乎後代。耳目聞見。自當有補前人所謂憑藉之資。易爲力也。何謂立家法。陳編具在。何貴重事編摩。專門之業。自具體要。若鄭氏通志。卓識名理。獨見別裁。古人不能任其先聲。後代不能出其規範。雖事實無殊舊錄。而辨名正物。諸子之意。寓於史裁。終爲不朽之業矣。凡此二者。所謂長也。何謂無短長。纂輯之書。略以次比。本無增損。但易標題。則劉知幾所謂學者寧習本書。怠窺新錄者矣。何謂仍原題。諸史異同。各爲品目。作者不爲更定。自就新裁。南史有孝義而無列女。詳列女篇。通志稱史記以作時代。通志漢魏諸人。皆標漢魏。稱時代。非稱史書也。而史記所載之人。亦標史記。而不標時代。則誤仍原文也。一隅三反。則去取失當者多矣。何謂忘題目。帝王后妃宗室世家。標題朝代。其別易見。臣下列傳。自有與時事相値者。見於文辭。雖無標別。但玩敍次。自見朝代。至於獨行方伎文苑列女諸篇。其人不盡涉於世事。一例編次。若南史吳逵韓靈敏諸人。幾何不至於讀其書不知其世耶。凡此三者。所謂弊也。

中華經典套書—語文類

國學治要 第二編 史書治要

1912

作　　者／張文治　編
主　　編／劉郁君
美術編輯／中華書局編輯部

出 版 者／中華書局
發 行 人／張敏君
行銷經理／王新君
地　　址／11494 台北市內湖區舊宗路二段181巷8號5樓
客服專線／02-8797-8396　　傳　真／02-8797-8909
網　　址／www.chunghwabook.com.tw
匯款帳號／華南商業銀行　西湖分行
179-10-002693-1　中華書局股份有限公司

法律顧問／安侯法律事務所
製版印刷／維中科技有限公司　海瑞印刷品有限公司
出版日期／2015年11月三版一刷
版本備註／據1971年12月二版復刻重製
定　　價／NTD 480（平裝）

國家圖書館出版品預行編目（CIP）資料

國學治要：第二編 史書治要 / 張文治編. --
三版. -- 臺北市 : 中華書局, 2015.11
冊 ; 公分. -- (中華語文叢書)
ISBN 978-957-43-2887-1(第2冊 : 平裝)

1.漢學

030　　104020474

NO.H1004-2

ISBN 978-957-43-2887-1（平裝）